초보자도 기업한다
재린이 재무관리

초판 발행 2024년 11월 20일

지은이 강원, 정무권
펴낸이 류원식
펴낸곳 교문사

편집팀장 성혜진 | **책임진행** 김성남 | **디자인** 김도희 | **본문편집** 박미라

주소 10881, 경기도 파주시 문발로 116
대표전화 031-955-6111 | **팩스** 031-955-0955
홈페이지 www.gyomoon.com | **이메일** genie@gyomoon.com
등록번호 1968.10.28. 제406-2006-000035호

ISBN 978-89-363-2591-6 (93320)
정가 28,000원

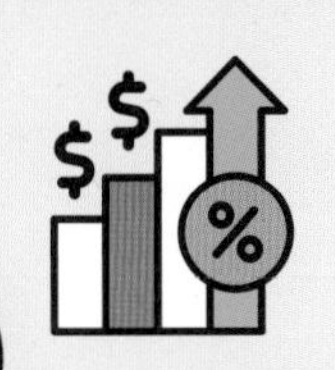
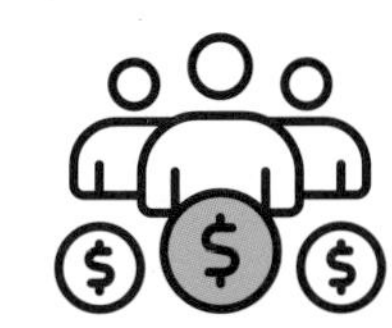

초 보 자 도
기 업 한 다

재린이 재무관리

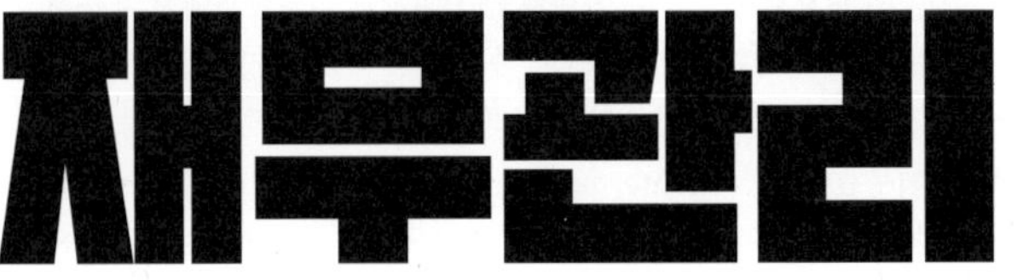

16장 집약본!

NEW
최신시장상황 업데이트!

강원 · 정무권 지음

MZ
세대 맞춤!

재무 초보 재린이도 쉽게 배우는,
트렌디한 재무 수업!

교문사

저자 소개

강원

세종대학교 경영학과 재무전공
kangwon@sejong.ac.kr

연세대학교에서 경영학 학사, 미국 듀크대학교(Duke University) Fuqua School of Business에서 경영학석사(MBA)를 수여받은 뒤, 프랑스 파리 10 대학(Paris-X)에서 재무전공으로 경영학박사(Ph.D)를 취득하였다. 삼성경제연구소 경영전략실에서 수석연구원으로 활동하다가 현재 세종대학교 경영학과에서 재무전공 교수로 재직 중이다. 경영대 부학장, 국민경제자문회의 파견을 역임했고, 기획재정부, 코스닥협회, 중소기업청, 다양한 경영단체와 기업의 대외 프로젝트도 다수 수행하였다. 학회활동으로는 벤처창업학회 회장, 재무관리연구와 『International Journal of Entrepreneurship』의 편집위원, 여러 재무관련 등재학회의 이사로 활동하면서, SSCI와 등재지에 가치평가, M&A, 지배구조, 벤처 관련 다수의 연구논문을 게재하였다. 주요 저서 및 역서로는 『The Changing Face of Korean Management』(Routledge), 『브랜드가 모든 것을 결정한다』(삼성경제연구소), 『창업론』(명경사), 『한국기업의 글로벌 경영』(위즈덤하우스), 『Ross의 핵심재무관리』(McGraw Hill, 역서) 외 다수가 있다.

정무권

국민대학교 경영대학 재무전공

mjung@kookmin.ac.kr

연세대학교 경영학과와 미국 뉴욕주립대학교(SUNY at Buffalo) MBA 졸업 후, LG증권과 조흥은행 국제금융부에서 다년간 실무경력을 쌓은 뒤 미국 휴스턴대학교(University of Houston)에서 재무금융(Finance) 전공으로 박사학위(2001년)를 받았다. 미국 남유타대학교(Southern Utah University) 교수 등을 거쳐 국민대학교 경영대학 교수로 재직 중이다. 국민대학교 금융보험 MBA 주임교수를 역임하였으며 현재 금융서비스 연구소장을 맡고 있다. 재무학회, 증권학회, 재무관리학회, 선물학회, 금융공학회 등 학회 임원과 학술지 편집위원(장)을 역임하였다. 활발한 연구활동을 통해 『Journal of Corporate Finance』, 『Journal of Business Research』, 『Journal of Empirical Finance』, 『European Journal of Finance』, 『International Review of Economics and Finance』, 『International Finance』, 『Information Systems Management』, 『Asia Pacific Journal of Financial Studies』 등 다수의 SSCI 저널과 재무연구, 증권학회지, 재무관리연구, 경영학연구, 금융공학연구 등에 많은 연구논문을 게재하였다. 주요 저서 및 역서로는 『Ross의 핵심재무관리』, 『자본시장법하의 증권투자』, 『핵심경영경제통계학』 등이 있다. 주요 연구 및 자문 분야는 ESG, 기업혁신, 전환사채, 자사주매입, 인수합병, 기업분할, 스톡옵션, IPO, 증권발행, 대출금리 등이다.

머리말

재무를 가르치다 보면 기업경영 전반을 가르치게 된다. 기업의 모든 활동은 결국 돈으로 환원되기 때문이다. 이익이 되는 사업안을 선택하는 재무기법, 비용을 줄이면서 자금을 조달하는 재무기법을 배우며 학생은 동시에 제품시장과 자금시장을 이해하게 된다. 인사, 생산, 마케팅, 전산 등 각 직무별로 수익 기여도를 평가하는 재무기법은 학생에게 현업에 대한 이해를 갖게 해 준다.

또한 재무는 창업, 소유지배구조, M&A, 파산 등 기업의 생애주기를 따라가며 돈의 관점에서 각 주제를 구체적으로 이해시키는 역할도 한다. 모두 돈의 맥락에서 설명하다 보니 개념적인 설명를 넘어 경영자에게 법제도와 시장에 기초한 실질적이고 적용가능한 판단기준을 만들어 준다. 학생은 법과 시장경제도 이해하게 된다.

이렇게 재무는 경영전반에 대한 이해를 전제로 하기 때문에 만약 현장에 대한 배경설명 없이 이론만 가르치면 그만큼 난해하고 재미없는 학문으로 받아들여질 수 있다. 대신 현장을 잘 설명하며 가르친다면 기업경영을 하려는 사람에게는 재무뿐만 아니라 경영전반도 배울 수 있는 기회로 다가온다.

본 교재는 기업경영에 관심은 있지만 경영을 전공하지 않은 비전공자도 쉽게 이해할 수 있도록, 각 주제별로 현장과의 연계성을 설명하고 이에 적용될 수 있는 재무기법을 간략하게 소개하는 구조로 설계되었다. 소개되는 재무기법의 이론적 도출은 책의 마지막 파트에 별도로 설명하여, 비전공 독자가 지리한 이론전개 도중에 관심을 잃어버리지 않도록 집필하였다.

현장과의 연계성을 높이기 위해 각 장의 주제를 설명하는 중에 이에 관련된 최신 내용 및 사례를 여러 곳에서 간략히 소개하였다. 또한 많은 예제를 추가하여 설명되는 재무기법의 내용을

쉽게 이해하고 오래 기억할 수 있도록 하였다.

한편, 해당 재무기법도 주입식으로 소개하지 않았다. 먼저, 각 재무기법을 백과사전식으로 나열하지 않고, 다른 재무주제와의 연결관계를 되도록이면 많이 설명하였다. 이러한 설명은 'BOX 재무( )'라는 칼럼에 넣어 본문에 삽입하였다. 이를 통해 독자는 재무의 각 주제를 유기적으로 연결하여 자유자재로 활용할 수 있기를 바랐다. 다음으로 각 재무기법의 의미를 시장경제로 넓혀 시사점을 도출하였다. 이는 '재린이 생각하기( )'라는 칼럼에 넣어 본문에 삽입하였다. 이를 바탕으로 독자는 해당 재무기법을 시장의 맥락에서 좀 더 깊이 이해하고, 동시에 그 배경이 되는 현장도 재차 부연설명되도록 구성하였다.

교과내용 이외에도 디자인과 분량에 각별한 주의를 기울였다. 각 챕터의 디자인을 전통적 시각에서 탈피하여 MZ 세대의 감성에 공감할 수 있도록 구성하였고, 교양 및 기초 재무관리 '한 학기 수업'에 적합하도록 분량을 조절하였다. 또한 출판사의 도움을 받아 얇고 가벼워 휴대하기 편리하며 교재가격도 부담이 없도록 제작하였다.

본 교재가 전공자, 비전공자, 경영을 희망하는 모든 독자에게 큰 도움이 되기를 바라며, 저자의 의도와 다른 어색한 부분이나 편집상의 오타가 발견되면 저자들(kangwon@sejong. ac.kr, mjung@kookmin.ac.kr)에게 많은 피드백을 주실 것을 기대한다. 마지막으로, 본 교재의 출판을 위해 혼신의 힘을 기울여 주신 교문사 관계자분들에게 감사의 말씀을 드린다.

2024년 11월

저자 일동

차례 한눈에 보기

차례

Part 1
기업과 투자

Part 2

부채와 자기자본

Part 3
기업성장과 구조조정

OPTIONAL
Part 4
재무이론과 뉴트렌드

PART 1

기업과 투자

CHAPTER 1

회사란 무엇인가

이 책을 읽는 당신은 한 회사의 CFO(Chief Financial Officer)가 될 사람이다. CFO는 회사에서 자금 조달, 투자 결정, 수익률 관리 등 매우 중요한 역할을 담당하는 중역이다. 따라서 회사가 앞으로 나아갈 비전과 이를 실행하기 위해 무엇이 필요한지 잘 파악하고 있어야 한다. 한편 회사는 경제적 목표를 이루기 위해 법이 인정한 인격체이다. 친한 친구와도 서로의 성격을 알고 있어야 더 원만한 관계로 발전할 수 있듯이, CFO는 자신이 몸담은 회사가 갖는 법인격이 무엇인지 잘 알고 있어야 회사를 이용하여 경제적 목표를 효율적으로 달성할 수 있다. 또한 회사의 법적인 지위와 경제적인 의미를 이해하는 것은 기업윤리의 기초이기도 하다.

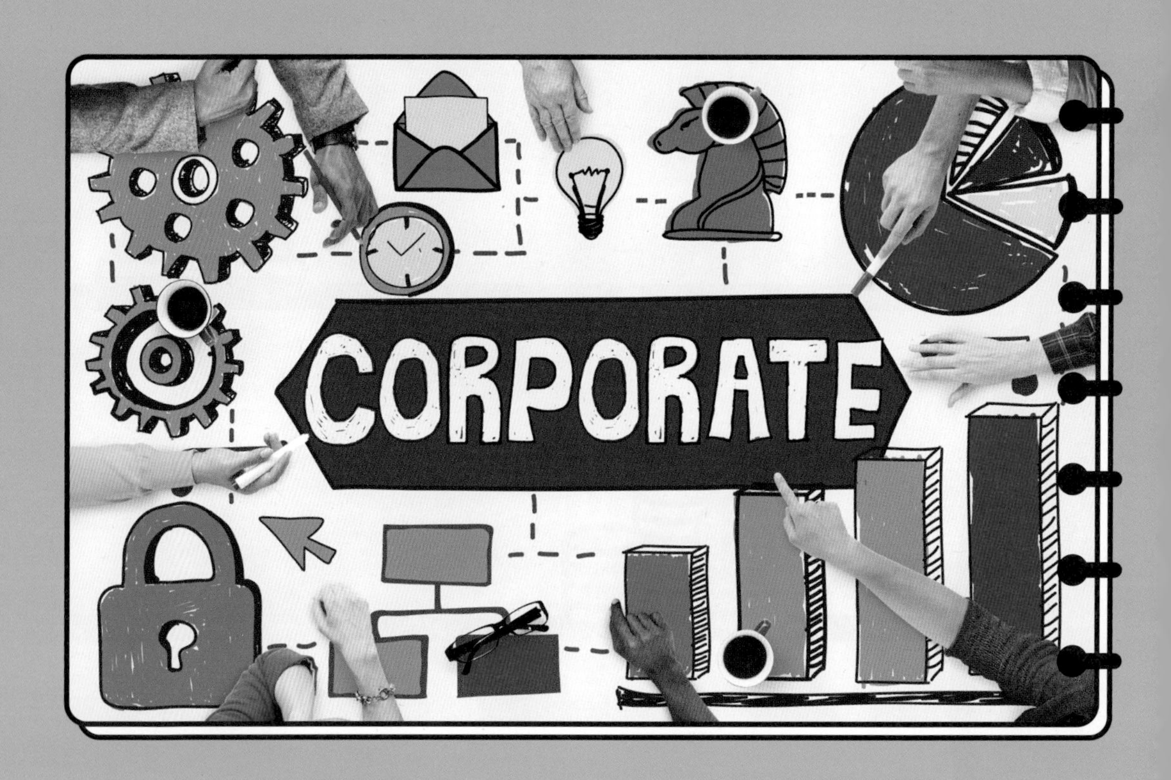

다양한 시장의 연결 주체

회사는 노동시장, 자본시장, 제품시장을 유기적으로 결합하여 경제가 돌아가게 만드는 선한 마법사이다

❶ 각 시장참여자의 욕구 충족 회사는 분리된 시장들을 유기적으로 결합하면서 모든 이해관계자를 만족시킨다

자유시장경제에서 각각의 시장은 독립적이다

자유시장경제는 중앙에서 모든 것을 통제하지 않고 각각의 시장이 자율적으로 작동한다. 즉, 임금은 노동시장에서, 제품가격은 상품시장에서, 이자는 자금시장에서 독립적으로 정해진다. 회사는 이렇게 독립적으로 정해진 임금, 이자, 부품가격을 합친 금액이 이를 이용해 만들어진 최종 제품가격보다 훨씬 적어지도록 경영의 마법을 발휘하는 집단이다. 흔히 회사가 임금을 정하고 제품가격을 정한다고 생각하지만, 이는 잘못된 생각이다. 회사는 밖에서 정해진 요소가격에 맞춰 직무와 공정을 지혜롭게 결합하여 시장가격보다 싸게 제품을 생산하고 이윤을 창출하게 된다.

따라서 경제적인 의미에서 회사는 물건을 시장에서 거래되는 가격보다 더 싸게 만들 수 있는 경제집단이라고 할 수 있다. 이를 '제조원가를 시장가격에 맞춘다'라고 표현한다. 아무리 좋은 사람들이 회사에 모여 있더라도 이들이 모여 생산하는 재화가 시장의 가격보다 높다면 팔리지 않고, 결국 회사는 청산하게 된다.

자유시장경제에서 이윤을 낸 회사는 모든 이해관계자를 만족시킨다

정상적으로 운영하는 회사가 이윤을 창출했다는 것은, 이미 직원과 납품업체와 채권자에게 그들이 원하는 보상, 즉 노동시장과 상품시장과 자금시장에서 자유롭게 형성된 가격을 모두 주고도 이윤이 남아 주주에게도 돌아갈 돈이 생겼다는 뜻이다. 정상적인 회사가 이렇게 경영을 잘해서 주주가 많은 이윤을 가져갈 때, 이 이윤이 노동자를 착취해서 주주가 가져가는 돈이라고 주장하기는 어려운 것이다.

이 회사의 역할로 인해 각각의 독립적인 시장은 이제 한 경제에서 유기적으로 결합하여 돌아가게 되었으며, 이 역할을 수행한 회사는 가히 마법사라고 할 수 있다.

재린이 생각하기

시장경제

시장경제는 자본가, 노동자, 소비자가 모두 자유를 가지고 계약을 통해 운영되는 경제체제이다. 따라서 모두 협상을 통해 동의할 때 계약이 이루어지며, 정상적인 계약이라면 각자는 만족하게 된다. 만약 만족하지 않는다면, 노동자는 파업을 할 수 있는 자유가 있고, 소비자는 불매운동을 할 자유가 있으며, 자본가는 투자를 하지 않을 자유가 있다. 이러한 의사표현을 통해 다시 협상이 시작되면 각자는 자신의 욕심을 약간 줄이면서 새로운 계약을 하게 된다.

하지만 인류는 한쪽의 자유를 억압하면서 경제를 운영했던 경험을 이미 해 보았다. 노동자의 자유를 억압해서 주어진 일을 무조건 하도록 만들었던 체제가 노예를 인정하던 경제였고, 자본가의 자유를 억압해서 무조건 투자하도록 만들었던 체제가 공산경제였으며, 소비자의 자유를 억압해서 허락된 것만 소비하도록 만들었던 체제가 귀족사회 또는 계급사회였다. 이렇게 한쪽의 자유를 억압하는 이유는, 그렇게 할 때 권력자가 더 많은 권력을 갖기도 하지만 경제를 운영하기도 더 쉬워지기 때문이다. 모두에게 자유를 주고 모두가 만족할 해결안을 도출하는 것은 너무 고차원 방정식이기 때문에 권력기구 혼자서는 할 수 없다. 이 어려운 일을 해내는 것이 권력자의 힘이 희석된 자유시장경제이고, 그 안에서 생산을 담당하는 회사라고 할 수 있다. 각각 분리되어 있는 시장, 즉 각자 자유를 가지고 결정되는 임금과 상품가격과 금리를 유기적으로 결합하여 모두가 만족할 해결안을 도출하는 회사는 과연 마술사라고 해도 과언이 아닐 것이다.

② 시장가보다 낮은 제조원가 회사는 직무의 분업화와 전문화를 통해 제조원가를 시장가격보다 낮출 수 있다

경영은 6대 직무로 구성된다

가령 당신이 친구들과 함께 창업을 한다고 가정해 보자. 처음 아이디어를 내고(인사), 아이디어 실현을 위해 돈을 모아 기계를 사고(재무), 돈의 출납을 관리하기 위해 장부를 만들고(회계), 기계를 돌려 제품을 생산하고(생산), 유통과 판촉활동을 통해 제품을 팔고(마케팅), 이후 회사가 커지면 사무와 공장을 자동화할(전산정보) 것이다. 이 일련의 과정은 처음엔 동업자들이 맡아서 직접 하다가 회사가 커지면 전문성을 가진 사람을 채용하여 그들에게 맡겨진다. 거의 모든 회사가 위의 6개 직무를 모두 가지고 있으며, 경영대학의 교육과정도 6대 전공으로 편성되어 있다.

6대 직무가 분업/전문화되면 낮은 원가로 제품을 생산할 수 있다

좋은 핸드폰 한 대가 시장에서 100만원에 팔린다고 하자. 당신이 혼자서 핸드폰을 만든다면 100만원보다 싸게 만들 수 있는가? 디자인도 혼자 하고, 인터넷에서 재료를 조달해서 뒤뜰에서 혼자 조립한 다음, 온라인으로 팔려고 노력해 보라. 당신이 핸드폰을 만드는 비용에는 재료값과 광고비뿐만 아니라 제작 기간 당신의 식대와 생활비도 들어가야 한다. 하지만 신기하게도 사람들이 모여 회사를 차리면 혼자서는 못 만들 핸드폰을 100만원에, 그것도 짧은 기간에 만들 수가 있다. 그것이 가능한 이유는 회사는 각 기능이 분리되고 전문화되어 있기 때문이다. 가령 연구에 특화된 직원이 공정을 개발하고, 재무에 특화된 직원이 회사의 이름으로 수조원의 자금을 저렴하게 조달하고, 기술에 특화된 직원이 설비를 설치하여 작동하면 원가는 낮아진다.

③ 양질의 상품 제공 회사는 양질의 상품을 착한 가격으로 사회에 제공하는 선한 경제주체이다

만약 당신의 회사가 정상적인 경영을 하여 성공했다면, 당신의 회사는 선한 경제주체이며 당신은 다음과 같은 칭찬을 받을 만하다.

회사의 구성원은 소비자를 행복하게 해 준다

자유시장경제에서는 제품을 싸게 만들 뿐 아니라 사람들이 원하는 제품이 무엇인지를 먼저 파악하고 제공하는 회사만 살아남는다. 즉, 성공한 회사는 제품을 통해 소비자인 이웃을 행복하게 해 준 경제주체들이다. 한편 중앙집권경제에서는 일반인들이 어떤 물건을 원하는지 그리고 그 물건을 사기 위해 얼마까지 돈을 낼 수 있는지 정부가 파악하기 힘들다. 중앙에서 계획한 대로 물건을 만들고 미리 정해진 가격으로 제공하는 중앙경제의 회사는 시장경제의 회사처럼 이웃에게 선한 역할을 했다고 보기 힘들다.

회사의 구성원이 투하하는 노동은 신성하다

노동은 이웃에게 도움을 줄 때 신성하지, 아무에게도 도움을 주지 못하고 자기만 만족하는 노동은 신성하다고 보기 힘들다. 어떤 회사가 시장에서 정상적으로 매출을 일으키고 있다는 사실은 그 회사는 이미 소비자인 이웃에게 행복을 주고 있다는 증거이기 때문에 이 회사 직원들의 노동은 충분히 신성하다고 볼 수 있다.

회사의 구성원은 겸손하다

회사의 구성원은 사람들을 기쁘게 해 준 대가로 월급과 보상을 받은 것에 만족하지, 그 업적을 선전하며 자신이 선하고 정의롭다고 주장하지 않는다. 오히려 단지 돈을 벌기 위해 일한 것뿐이라며 겸손한 태도를 견지한다. 하지만 회사 내에서 CFO로부터 위와 같은 칭찬을 듣는다면 그들은 더욱 만족할 것이다.

재산가치를 극대화하는 법인격

회사는 재산권이 보장된 인격체이며, 재산가치의 극대화라는 임무를 수행한다

회사는 법이 인정하는 인격체이다. 따라서 내가 세운 회사도 법인설립등기를 하고 나면 그 회사는 남이 된다. 내가 남에게 함부로 하지 않듯이 내가 소유한 회사에게도 내가 지켜야 할 규칙이 있다.

① 자산의 소유 주체 회사로 들어온 돈은 회사의 재산이기 때문에 회사의 100% 지분을 가지고 있는 사장도 회사 돈을 함부로 가져가면 횡령이다

친구에게 빌려 주거나 투자했던 돈도 친구의 허락 없이 내가 함부로 빼 갈 수 없듯이 회사에 투자한 내 돈은 이미 내 돈이 아니고 회사의 돈이기 때문에 합법적인 방법을 통하지 않고 내가 사용하는 것은 범죄행위다. 지분 100%를 소유한 사장도 회사에서 받는 월급, 배당 또는 청산배당 이외에는 회사 돈을 사익의 목적으로 가져갈 수 없다.

② 주주 이익 추구 회사는 대주주뿐만 아니라 소액주주를 위해서도 일하는 인격이기 때문에 대주주가 소액주주의 장기적인 이익을 침해하면 법적인 책임을 물을 수 있다

대주주가 자신의 사익을 위해 소액주주의 장기적인 이익을 침해하는 경영을 한다면 회사의 인격을 무시하는 것이고, 이를 징벌하는 법들이 이미 작동 중이다(배임죄, 일감 몰아주기, 일감 떼어 주기에 대한 증여세, 분할 후 상장 등에 대한 논란 등). 대주주와 소액주주 간의 갈등도 대리인문제라고 볼 수 있다.

③ 채권자와의 계약 주체 회사가 계약의 주체이기 때문에 주주는 채권자에게 무한책임을 지지 않는다

채권자는 회사를 인격으로 보고 회사에게 돈을 빌려 주는 것이기 때문에 회사가 채무를 갚지 못할 때 주주가 책임지지 않는다. 이 **유한책임제도**는 거대자본이 회사에 모일 수 있도록 하여 대량생산을 가능케 한 원동력이 되었다.

④ 주주와의 계약 주체 회사가 계약의 주체이기 때문에 만약 기타 이해관계자가 회사에게 기부금을 요구하면 이는 회사에게 주주와의 계약을 위반하라고 요구하는 것과 같다

직원과 노동자는 노동시장에서 결정된 가격으로 회사와 계약을 해서 임금을 받아 가고, 채권자는 자금시장에서 결정된 이자율로 회사와 계약을 해서 이자를 받아 가고, 소비자는 상품시장에서 결정된 가격으로 회사의 제품을 사서 만족하였고, 주주는 앞의 비용을 모두 제하고 남은 세후이익을 가져가는 것으로 회사와 계약을 한 것이다. 여기서 만약 사회가 회사에게 사회단체와 정부단체에 기부를 하도록 압박한다면, 회사는 노동자에게 줄 임금과 채권자에게 줄 이자 등에서 일부 갹출하여 기부금을 조성하지 않고 결국 주주가 받아 가기로 계약된 이익에서 기부금을 조성하게 된다. 이는 사실 기타 이해관계자가 회사를 인격체로 인정하지 않는다는 의미로 해석할 수 있다.

⑤ 잔여청구권자에 의한 경영 노동자나 정부가 회사를 경영할 때도 과연 회사가 자유시장경제에서 가장 선한 주체가 될 수 있을지는 매우 의문이다

잔존가치를 가져가는 주주가 회사를 경영하면 기본적으로 시장가격보다 적은 원가로 제품을 생산하려고 안간힘을 쓴다. 하지만 임금을 받아 가는 노동자나 이자를 받아 가는 채권자 또는 세금을 받아 가는 정부가 회사를 경영할 때는, 자신들이 받아 갈 보상 이상으로 실적을 내려고 하지 않을 것이다. 이런 경우 저렴한 양질의 제품으로 소비자를 행복하게 해 주거나 신성한 노동의 장을 제공하거나 정치적인 구호 없이 겸손하게 이웃을 섬기는 회사가 될 수 있을지는 매우 의문이다.

회사의 종류

회사는 여러 형태로 존재하며 각기 문제점을 갖고 있다

① 법적 형태 회사는 주식회사 이외에도 여러 형태의 법적 형태를 갖는다

개인회사

앞서 보았듯이 회사는 법인격이다. 법으로 인격을 인정받기 위해서는 설립등기를 해야 하는데, 개인적으로 사업을 하는 경우는 설립등기를 하지 않기 때문에 법인이 될 수 없다. 단지 「상법」에서는 상행위를 하는 사람(상인)은 회계장부와 대차대조표 등 상업장부를 작성해야 하고 상업등기를 해야 함을 말하고 있으나, 이마저도 소상인에게는 적용되지 않는다. 다만 국세청에서 개인적으로 사업하는 사람들로부터 소득세를 징수할 목적으로 개인사업자등록을 제도화하였고, 이를 통해 개인사업자를 **개인회사**라고 부르게 된 것으로 추정된다.

개인사업자는 사업에 사용되는 자산과 부채가 모두 개인에게 귀속된다. 사업소득에 대한 세금도 법인세가 아닌 개인소득세로 징수되고, 사업에서 발생한 비용과 개인비용의 구분이 애매하기 때문에 비용으로 인정받지 못해서 과세표준이 높아지는 경우도 많다. 사업의 규모가 작을 때는 개인사업자가 편하고 비용도 적게 들지만, 매출규모가 커지기 시작하면 과세표준이 올라가기 때문에 결국 법인사업자로 전환하는 것이 유리하다.

개인회사에서는 부채나 기타 의무에 대한 이행도 개인이 무한책임을 지게 된다. 즉, 사업이 실패하면 집을 팔아서라도 부채를 갚아야 한다는 큰 단점을 가진다.

주식회사

법인설립등기를 하면 법적인 인격을 부여받게 된다. 법인이 되면 법인의 이름으로 돈도 빌릴 수 있고, 땅도 살 수 있고, 타인과 계약을 맺을 수도 있다. 법인은 크게 비영리법인인 재단법인과 영리법인인 사단법인으로 나뉜다. 사단법인은 다시 주식회사, 유한회사, 유한책임회사, 합자회사, 합명회사 등으로 세분된다. 「상법」에서는 특히 사단법인 5종을 회사라고 부른다.

먼저 **주식회사**는 회사에 자본을 출자하는 자연인이나 법인에게 주식을 발행하고 주식소유주가 회사를 운영하는 형태이다. 그리고 각 주주는 자신이 출자한 금액만큼만 책임을 진다. 가령 법인이 부도가 났다면, 채권자는 법인의 자산으로 변제되지 못한 부분에 대해 주주에게 청구권을 행사할 수 없다. 이는 채권자는 처음부터 법인을 대표하는 주주에게 돈을 빌려 준 것이 아니고 법인에게 준 것이기 때문이다.

이를 **유한책임**이라고 하는데, 바로 주주의 이러한 유한책임 때문에 많은 사람들이 큰 부담 없이 주식회사에 투자해 볼 수 있게 되었고, 이렇게 수많은 소액주주들의 존재로 인해 주식회사는 불특정다수인에게 주식을 발행하여 거액의 자본을 손쉽게 조달할 수 있게 되었다. 거대자본의 형성은 대형투자를 통한 규모의 경제를 실현하게 해 주었고, 시장경제가 급격히 발전할 수 있는 토대가 되었다.

법인사업자가 되면 비용을 인정받기가 쉽고 또한 개인소득세보다 낮은 세율의 법인소득세를 납부하기 때문에 세금 면에서 큰 혜택을 볼 수 있다.

합명회사와 합자회사

합명회사는 무한책임을 지는 사람들만 모여 설립한 법인이다. 이들을 **무한책임사원**이라고 하는데, 회사의 출자, 채무, 경영에 대해서 무한한 연대책임을 져야 한다. 사원은 금전 이외에도 자유로운 형태로 출자할 수 있다는 장점이 있지만, 대신 유한책임을 지는 일반투자자에게 주식을 발행해서 자금을 조달할 수 없다.

만약 회사의 운영은 무한책임사원이 하되 유한책임을 지는 소수에게 주식을 발행해서 자본을 조달하려면, **합자회사**의 형태로 설립해야 한다. 합자회사는 1인 이상의 유한책임사원과 무한책임사원으로 구성된다. **유한책임사원**은 자신이 출자한 금액에 대해서만 책임을 진다. 대신 업무집행권이나 대표권을 갖지 못한다.

유한회사와 유한책임회사

유한회사와 유한책임회사는 모두 1인 이상의 **유한책임사원**으로 구성되는 법인이다. 즉 모든 사원은 주식회사의 주주와 같이 자신이 출자한 한도 내에서만 책임을 진다. 그러나 주식회사와 달리 사원의 출자 사항이 정관에 명기되기 때문에 지분의 신규발행, 유통이 어렵다. 또한 사채발행도 불가능하여 자금조달에 큰 제약을 받는다.

경영방식과 의결권 행사방식에서는 두 형태가 차이를 보인다. 유한회사는 사원 중에서 경영이사를 선임하고 나머지는 의결권만 행사하지만, 유한책임회사에서는 업무집행자를 선출하지 않는 한 모든 사원이 경영에 참여하고 의결권도 행사한다. 또한 유한회사는 각 사원이 자신의 출자금에 비례하여 의결권을 보유하지만, 유한책임회사는 각 사원마다 1개의 의결권을 보유하는 조합의 성격을 가지고 있다.

② 소유 유형 회사는 여러 소유지배구조를 가지고 있으나 어느 유형이 항상 좋다고 할 수 없다

경제적으로 주목을 받는 대부분의 회사는 법적으로 주식회사의 형태를 띠고 있다. 이들은 다시 **기업소유지배구조(corporate control and governance structure)**의 형태에 따라 분류가 가능하다. 민간이 소유하는 민간기업, 국가가 소유하는 공기업, 창업가 가족이 소유하는 **가족기업(family business)**, 여러 기업이 지분으로 얽혀 있는 **기업집단(conglomerate)**, 가족기업과 기업집단의 교집합이라고 할 수 있는 **재벌기업(Chaebol)**, 대주주가 없이 소액주주만 존재하여 전문경영자가 지배하는 **전문경영기업(managerial company)** 등 분류기준에 따라 여러 유형의 소유지배구조가 존재한다.

이들 중 우리나라 언론에서 가장 많이 언급되는 유형은 재벌과 전문경영기업일 것이다. 우리나라에만 있는 재벌은 세계적으로도 Chaebol이라고 불릴 만큼 유명하다. 하지만 정도의 차이가 있을 뿐 가족이 경영에 영향을 미치면서 기업집단을 이루고 있는 형태의 대기업은 중진국은 물론 유럽, 미국, 일본 등 선진국에도 상당수 존재한다. 또한 전 세계에서 공기업을 제외하고 상장기업 중 대주주가 없는 전문경영기업은 의외로 소수에 불과하며 가족이 지배하거나 사실상 대주주가 있는 기업이 대부분이다.

③ 대리인문제 대리인문제는 실질적이며 시장은 이를 최소화하는 소유지배구조를 찾으려 한다

소유지배구조와 함께 대리인문제는 기업재무에서 중요한 연구주제다. 고전적인 의미에서 **대리인문제(agency problem)**는 주주가 직접 경영을 하지 않고 전문경영인이 경영을 하는 경우, 즉 소유와 경영이 분리됐을 때 발생한다. 회사가 거대해지면서 대주주가 사라지고 나면 전문경영인이 실질적으로 회사를 통제하게 된다. 이때 전문경영인은 회사의 지분이 없기 때문에 회사의 가치가 올라도 정해진 월급 말고는 비례적으로 보상을 받지 못한다. 여기서 전문경영인은 열심히 일할 동기를 잃어버리게 되고, 오히려 과대투자 등 회사가치를 훼손하는 행동을 하게 되는데, 이를 대리인비용이라고 한다.

스톡옵션은 대리인문제 해결책인가 아니면 고급 인재 유인책인가?

대리인문제의 대응방법으로 스톡옵션이 많이 거론된다. 전문경영인에게 고정된 월급 외에 회사의 주가와 연동된 스톡옵션을 허락하면 주주와 전문경영인 간의 이해상충이 일부 해소될 수 있다는 논리다. 최근 선진국의 거대 기술기업을 중심으로 스톡옵션을 변형한 다양한 보상제도가 등장하고 있다. 미국의 S&P500 기업과 빅테크 기업이 많이 활용하며 국내 몇몇 대기업도 도입한 양도제한조건부주식(Restricted Stock Unit: RSU), 챗GPT를 운영하는 OpenAI가 실행 중인 PPU(Profit Participation Unit) 등이 그에 속한다. 기업의 실적과 연계된 이러한 보상체계는 세금, 권리행사의 시점과 조건, 기존주주의 희석 여부 등에서 차이를 보이며, 각 기업은 자신에게 가장 효율적인 방안을 찾아가고 있다. 특히 Nasdaq 상장기업 중에는 CEO가 월급을 받지 않고 스톡옵션만 받아 가는 경우도 있다.

한편, 경영실적과 연계된 보상제도는 단지 대리인문제의 해결책으로만 제시되는 것은 아니다. 높은 보상의 가능성은 유능한 인재를 유입하기 위한 좋은 수단이다. 특히 현재 현금흐름이 충분하지 않지만 성장가능성이 높은 벤처기업에서는 스톡옵션으로 보상하는 경우가 많다.

1990년대 말에 LLSV[1]는 전 세계 주요 상장사의 소유구조를 조사하고, 소유와 경영이 분리된 대기업은 생각보다 많지 않고 지역별로도 차이가 있음을 발견하였다. 영미법을 사용하는 지역과 대륙법을 사용하는 지역이 다르고, 이후 연구에서는 한 지역에서도 언론이나 기술집약산업 등 업종에 따라 소유구조가 다르다는 사실이 관찰되기도 하였다. 이 같은 사실은, 시장은 주어진 법제도와 산업환경에 따라 대리인문제를 최소화하기 위한 최적의 소유구조를 유기적으

1 R. La Porta, F. Lopez-de-Silanes, A. Shleifer, R. Vishny (1998)

로 찾아가고 있음을 시사한다. 이와는 별도로 1970년대에는 젠슨(Michael Jensen)과 멕클링(William Meckling)이 경영자의 소유지분과 대리인비용을 연구하며 전문경영인과 주주 간의 대리인문제는 물론 주주와 채권자 간의 대리인문제도 이론화하였다.

대리인문제는 자금을 공급한 사람이 직접 경영하지 않고 대리인이 경영을 담당하는 곳에서는 항상 대두된다. 특히 자금 공급자가 대리인을 밀착감시하지 못하는 경우 심화된다. 따라서 우리나라와 같이 대주주가 확실히 있는 상황에서는 이론적으로 주주와 전문경영인 간의 대리

이익참여 보상제도

경영실적과 연계된 보상은 기본적으로 직원에게도 이익에 참여할 수 있는 권리를 주는 것이다. 그럼 어떤 업종의 기업이든 흑자가 났을 때는 모든 직원에게 이익의 일부분을 수여하는 것이 옳은 보상방법일까? 스톡옵션은 이익의 일부를 임직원에게 줄 때 기업의 경영실적이 더 좋아져서 기존주주의 부가 증가한다고 기대되기 때문에 주주가 이사회를 통해 승인한 것이다. 반대로 스톡옵션을 수여했을 때 비용만 늘어나고 수익은 늘어나지 않는다고 예상되는 업종이나 직무의 경우에는 주주가 스톡옵션을 승인할 동인이 없다. 이처럼 기업가치가 증가하지 않음에도 불구하고 대주주가 없는 기업에서 경영진이 이익참여 보상제도를 도입한다면, 이는 대리인문제의 해결이 아니고 오히려 대리인문제의 증거가 될 것이다.

또한 스톡옵션은 전문경영인이 자신의 옵션 행사를 위해 단기 업적에 집중하게 만들 수 있다는 단점을 가진다. 이러한 도덕적 해이를 막기 위해 여러 변형이 더해지면서 스톡옵션은 다양한 형태로 존재한다.

인문제는 발생하기 어렵다. 오히려 대주주와 소액주주 간의 대리인문제가 발생할 수 있다. 소액주주가 대주주에게 정직한 공시와 경영의 투명성을 요구하는 이유가 이 때문이다. 같은 논리를 적용하자면, 거대한 공적연금도 연금납부자와 운용주체가 다르기 때문에 정부나 정치집단이 심사위원이나 운용주체에 영향을 주면서 민간기업보다 심각한 대리인문제를 발생시킬 수 있다. 공기업도 대리인문제 앞에서 매우 취약한 구조를 가지고 있다. 출자와 출연의 주체인 정부가 공기업 경영진을 지속적이고 철저하게 감시할 동기와 기제를 가지고 있다고 보기는 어렵다.

경제가 발전할수록 그리고 자금규모가 커질수록 대리인문제는 사회 곳곳에서 상존할 수밖에 없다. 언제 어느 곳에 제도적인 규제와 시장의 규율을 적절히 섞어 적용해야 최적의 효과가 나오는지를 연구하는 것도 재무에서 중요한 과제이다.

연습문제

회사의 정의

1 한 회사를 인수하기 위해 시장가치를 측정했더니 회사가 보유한 현금을 포함해서 100억원이었다. 그런데 이 회사가 가지고 있는 자산을 중고시장에서 개별적으로 구매한다고 가정하고 그 합계액에 보유한 현금까지 더해 보니 120억원이었다. 그럼 이 회사를 인수해야 하는가? 만약 인수한다면 어떤 목적으로 인수해야 하는가?

주식회사

2 다른 형태의 법인과 비교했을 때 주식회사가 자본조달의 장점을 가지고 있는 이유에 대해 논하시오.

대리인문제

3 우리나라 대기업집단의 대리인문제에 대해 논하시오.

CHAPTER 2

재무란 무엇인가

CFO(Chief Finance Officer)가 담당하는 역할을 설명하며 재무란 무엇인지 살펴보자. 재무담당임원이라고 할 수 있는 CFO는 회사가 무슨 사업을 할지를 정하는 투자의사결정을 하고, 이 사업에 필요한 자금을 어떻게 조달할지를 정하는 자금조달의사결정을 하고, 매 순간 회사가 부도가 나지 않도록 단기자금관리를 한다. 이 세 가지 역할을 수행하는 과정에서 기업의 대차대조표가 완성된다.

투자의사결정

CFO는 소비자, 노동자, 납품업자, 투자자 모두를 만족시킬 수 있는 최적의 사업을 결정한다

재무를 담당하는 CFO는 회사의 미래를 결정하는 가장 중요한 핵심임원 중 한 명이다. CFO는 사업부서가 제시한 사업안이 회사에게 이익이 되는지 아닌지를 평가하는 역할을 수행하며, 이를 CFO의 첫 번째 임무인 **투자의사결정**(investment decision making)이라고 한다. CFO가 어떤 방법으로 각 사업안의 수익성과 타당성을 평가하는지를 이해하는 것이 매우 중요하다.

① 사업후보군의 결정 CFO는 먼저 모든 이해관계자를 만족시킬 수 있는 사업후보군을 정한다

먼저 CFO는 제안된 사업안이 모든 이해관계자를 만족시킬 수 있는지 검토한다. 이는 사업의 수익성과 직접적으로 연결되어 있지 않더라도 간접적으로는 충분히 수익성에 영향을 미치기 때문에 필수적인 평가사항이다.

가령 인건비가 싼 해외에서 생산하는 투자안을 상정했다고 하자. 하지만 CFO가 심사하는 동안에 해외 노동력은 미성년자가 되어야 한다는 사실을 발견했다. 또한 해외 공장도 저렴하게 건설하려다 보니 환경보호장치가 전혀 마련되어 있지 않음도 발견하였다. 이 상황에서 비록 회계 수치로는 이익인 투자안이라고 해도 과연 CFO가 이를 승낙해야 하는가? 만약 회사가 이 사업으로 시장에서 아동노동착취기업 또는 환경파괴기업으로 낙인찍힌다면, 법적 대응비용은 물론 소비자 불매운동으로 인한 피해, 기관들의 투자 보이콧 등으로 미래의 손실은 눈덩이처럼 불어날 수 있다.

그 밖에도 이 신사업이 기존의 납품업체나 판매처에 주는 영향, 사업에 필요한 재료나 부품의 지속적인 조달 가능성, 노조와의 향후 협상 등 여러 차원에서 평가를 진행하게 된다. 이처럼 CFO는 사업투자안을 평가할 때 사내외 이해관계자들이 만족할 수 있는가를 먼저 살펴보게 되는데, 결국 사업수익성을 넘어 장기적으로 회사의 지속가능성에 어떤 영향을 줄지를 검토하는 것이라고 볼 수 있다. 이러한 비재무적인 평가는 ESG가 사회에서 갖는 영향력이 높아질수록 더 중요해질 것으로 예상된다.

❷ 투자안의 결정 CFO는 투자후보군 중 투자자의 최소 요구를 만족시키는 투자안은 모두 선택한다

주가를 올릴 사업안은 모두 투자한다

비재무적인 평가가 통과됐다면, CFO는 사업안이 주주의 수익을 올리는지를 판단하게 된다. 여기서 주주의 수익성은 단지 회계상의 순이익으로 측정하지 않는다. 오히려 주주가 기업을 소유하고 있는 부분, 즉 총자산에서 부채를 차감한 순자산의 시장가치가 해당 사업안으로 증가할지 아닐지를 기준으로 평가한다. 이를 '사업안이 기존주주의 부를 증가시킨다'고 표현하는데, 기존

NPV 입문

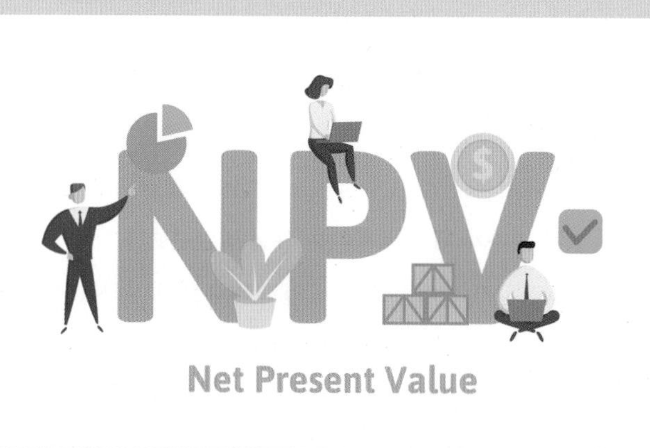

한 투자안이 투자자가 원하는 수익률보다 높은 수익을 줄 것으로 기대되면 해당 투자안의 NPV는 양수가 된다.

- ✔ 10% 수익률을 원하는 투자자에게 12% 수익이 기대되는 사업을 제안
  - 사업안의 NPV > 0 ⇒ 사업안 채택
- ✔ 10% 수익률을 원하는 투자자에게 정확히 10% 수익이 기대되는 사업을 제안
  - 사업안의 NPV = 0 ⇒ 사업안 채택
- ✔ 10% 수익률을 원하는 투자자에게 8% 수익밖에 기대할 수 없는 사업을 제안
  - 사업의 NPV < 0 ⇒ 사업안 기각

주주의 부는 오직 새로운 사업이 기존주주가 요구하는 수익률 이상의 수익을 낼 것으로 기대될 때만 증가한다. 만약 해당 회사가 상장사라면 주가가 오르게 됨을 뜻한다. 쉽게 말하자면, CFO는 주가를 올리거나 적어도 유지할 것으로 기대되는 사업안은 채택하고, 주가를 떨어뜨릴 것으로 기대되는 사업안은 기각해야 한다는 뜻이다. 사업안을 이렇게 평가하는 방법을 뒤에 가서 NPV(Net Present Value)라는 이름으로 자세히 설명하기로 한다.

만약 사업안 결정을 할 때 투자자보다는 노동자 위주로 평가하는 방법이 있다면 어떨까? 즉, 투자자가 요구하는 수익보다는 낮은 수익률을 주지만 적어도 노동자의 월급은 충분히 줄 수 있는 사업안이 있다면 이런 사업안은 모두 채택하는 것이다. 이런 평가방법을 사용한다면 그동안 기각되던 수많은 사업안이 다시 채택되어 고용에 대한 기대가 폭증할 것이다. 다만 시장경제에서 이런 회사는 자금조달에 어려움을 겪을 것이다. 왜냐하면 어떤 투자자도 자신이 요구하는 수익률보다 낮은 수익률을 약속하는 회사에는 투자하지 않기 때문이다.

자금조달이 되지 않으니 사업을 시작할 수 없고, 사업이 없으니 기대하던 고용도 창출되지 못한다. 만약 투자를 한다고 해도 아주 많은 할인을 요구해서 회사는 높은 자금조달비용에 시달릴 것이고, 곧 회사는 경쟁에서 밀려나게 되어 고용도 사라지게 될 것이다.

결국 자본을 가진 투자자들이 노동자들의 수입을 위해 자신의 자본을 희생할 수 있는 경우에만 노동자 위주의 투자의사결정이 성립할 수 있다. 하지만 이는 앞서 보았던 '회사는 모든 이해관계자를 만족시킨다'는 원칙을 훼손하기 때문에 더 이상 자유시장경제에 속하는 회사라고 보기 힘들다.

회사가 충분한 투자금을 보유하지 않아도 사업안은 채택한다

여기서 잊지 말아야 할 한 가지 법칙이 있는데, CFO는 현재 회사가 보유하고 있는 자금이 있든 없든 상관하지 말고, 투자자가 요구하는 수익률 이상의 수익을 내는 사업안은 모두 채택해야 한다는 것이다. 그리고 모자라는 돈은 시장에서 조달하면 된다. 신기하게도 정상적인 경제 상황의 시장에서는 수익률이 높은 사업에 투자하려고 대기하고 있는 자금이 얼마든지 많이 존재한다.

③ 고정자산의 결정 회사의 사업이 확정되는 과정에서 대차대조표의 차변, 특히 고정자산이 결정된다

사업의 선정은 곧 고정자산의 선택이다

이렇게 사업이 확정되고 나면 회사는 그 사업을 추진하기 위해 필요한 자산을 매입해야 한다. 회사에서 어떤 사업을 확정한다는 것은 곧 그 사업이 필요로 하는 시설, 토지, 건물 등과 같은 고정자산(fixed assets)의 매입을 결정했다는 것과 같다. 그 해당 자산을 매입하게 되면, 이 사실은 회사 대차대조표(balance sheet)의 차변에 기록된다. **그림 2-1**과 같이 대차대조표의 차변의 하단이 완성된다.

결국 CFO는 회사 대차대조표의 고정자산을 결정하는 사람이라고 볼 수 있다. 어느 회사든 대차대조표에 기록된 고정자산만 봐도 그 회사가 어떤 사업을 영위하고 있는지 대략적으로 파악할 수 있다. 커피머신을 제조하는 회사의 대차대조표에서 공장과 창고는 찾아볼 수 있겠지만,

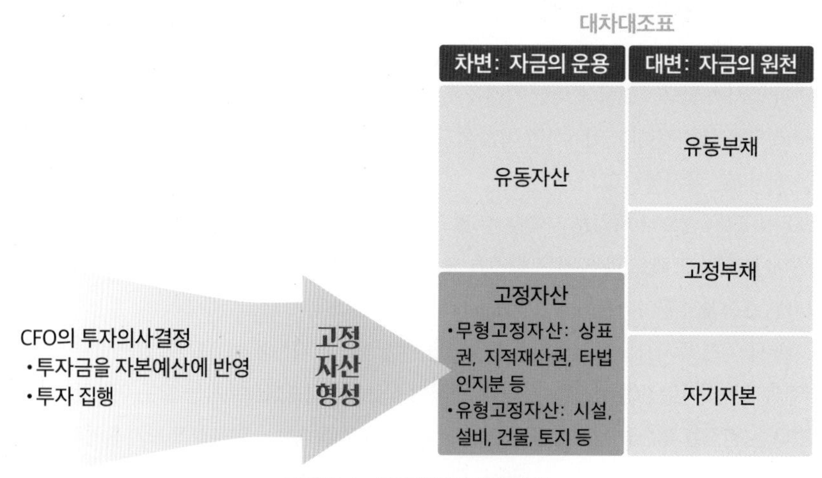

그림 2-1 투자결정과 고정자산

고정자산의 구성

A사는 데이터센터 사업을 계획하고 세운 기업이다. 먼저 센터를 세울 부지를 100억원에 구입하고, 50억원을 들여 센터를 건축하고, 서버를 200억원에 사들일 예정이다. A사가 데이터센터 사업을 시작할 때 대차대조표의 차변을 작성하시오.

차변		대변	
유동자산	?	유동부채	?
고정자산	350	고정부채	?
서버 및 시설	200	자기자본	?
건물	50	납입금	?
토지	100	이익잉여금	?
자산총액	?	부채와 자본총액	?

항만이나 건설 크레인이 나타나지는 않을 것이다. 만약 어떤 회사가 대차대조표에 건설 크레인을 기록했다면, 그 회사는 분명 중기계 리스회사이거나 건설회사일 것이다.

자금조달의사결정

CFO는 투자자가 각자의 취향에 맞춰 회사에 투자할 수 있도록 다양한 투자방법을 제공하며 필요한 자금을 조달한다

CFO의 두 번째 임무는 회사가 투자와 운영에 필요한 자금을 조달하는 것이다. 이를 **자금조달의 사결정**(financing decision making)이라고 부른다.

① 자금조달의 기본조건 수익성 있는 사업은 항상 외부에서 자금을 어렵지 않게 조달할 수 있다

어디서 돈을 조달해 오라고 하면 누구나 어려워한다. 특히 벤처기업은 항상 자금조달에서 가장 큰 좌절을 경험한다. 그러나 놀랍게도 시장에는 좋은 투자안이 있으면 얼마든지 자금을 대려는 사람들로 가득 차 있다. 만약 당신이 좋은 아이디어를 가지고 창업을 하려는데 IR을 아무리 해도 돈이 안 들어온다면, 이는 당신의 사업아이디어가 당신에게는 좋아 보이지만 시장은 동의하지 않기 때문이다. 일반 회사도 만약 누가 봐도 수익성이 좋은 사업프로젝트를 가지고 있다면, 사업자금조달을 위해 채권이나 주식을 발행할 때 일반투자자나 기관투자자의 청약이 쇄도할 것이다.

② 자금조달의 유형 투자자 취향에 맞춰 다양한 투자기회를 제공하기 때문에 조달은 그만큼 쉬워진다

만약 좋은 투자안을 가지고 있어 외부투자자를 찾는 것이 어렵지 않다면, 높은 위험을 감당하며 높은 수익을 원하는 투자자(주주)와 위험은 최소화하고 대신 낮은 수익에 만족하는 투자자(채권자)들을 만나게 된다. 자유시장경제에서 회사는 이렇게 제품으로만 소비자의 다양한 소비욕구를 충족시키는 것이 아니라, 투자자에게도 각자의 취향에 맞춰 투자할 수 있도록 여러 방법을 제공하는 좋은 경제주체라고 할 수 있다.

채권발행

사람들은 일정기간 사용하지 않는 여윳돈이 있을 때 주로 은행 예금이나 적금으로 예치해 둔다. 그러나 은행 예금과 비슷하면서도 더 많은 수익률을 얻을 수 있는 방법이 있는데, 바로 회사가 발행하는 채권을 직접 인수하는 것이다. 채권을 인수하면 정해진 기간 후에 원금을 돌려받고 그 사이 약속된 이자도 지급받기 때문에 정기예금을 드는 것과 같다. 대신 은행 예금은 원금을 잃어버릴 염려가 거의 없는 반면, 채권은 회사가 부도날 경우 이자손실은 물론 원금손실도 볼 수 있다는 위험이 있다. 하지만 회사마다 사업의 위험도가 다르고 또한 투자자마다 감내하려는 위험의 정도가 다르기 때문에 **채권발행**(bond issue)을 통해서도 다양한 투자자를 만족시킬 수 있다.

주식발행

고정된 이자보다는 회사의 사업결과에 비례하는 수익을 얻으려는 투자자도 있다. 이들은 그 회사가 발행하는 주식을 인수하려 할 것이다. 주식을 인수한 투자자는 배당이나 시세차액을 통해 수익을 실현할 수 있다. 이러한 투자욕구를 가지고 있는 투자자에게서 자금을 조달하기 위해 회사는 **주식발행**(share issue)을 한다. 그런데 문제는 배당금은 약속된 것이 아니고 회사가 마음대로 결정하는 것이고, 회사의 가치가 높아져서 주식을 팔려고 해도 살 사람을 찾기가 쉽지 않기 때문에, 사실 주식을 통해 수익을 실현하기는 매우 어렵다. 일반투자자는 이러한 사실을 잘 알고 있기 때문에, 개인적으로 아는 회사가 아니라면 쉽게 회사의 주식을 인수하지 않을 것이다.

IPO

이러한 일반투자자의 걱정을 덜고 일반투자자가 가지고 있는 주식을 언제라도 팔거나 살 수 있도록 하기 위해 회사는 증권거래소에 자기 주식을 상장하기 원한다. 즉, 상장사로 업그레이드되는 것이다. 비상장사의 CFO가 해야 하는 중요한 일 중 하나가 바로 자기 회사의 주식을 상장하는 것인데 이를 기업공개 또는 **최초기업공개**(initial public offering : IPO)라고 부른다.

IPO를 통해 회사의 주식이 증권거래소에 상장이 되면, 기존의 소액주주는 주식을 언제든지 팔고 나갈 수 있다는 장점이 있고, 또한 회사 입장에서도 새로운 주식을 발행할 때 투자자 모집이 쉬워진다는 장점이 있다. 이렇게 회사의 주식을 쉽게 팔고 살 수 있는 상태를 유동성이 높다고 표현한다. 이 외에도 회사가 상장사가 되면 채권발행이 쉬워진다는 매우 큰 장점이 있다. 채권을 정상적으로 발행하기 위해서는 신용평가사로부터 신용등급을 받는 것이 필요하다. 그런데 상장사는 투자적격 이상의 채권등급을 받기가 쉽다.

이렇게 IPO를 하고 채권이나 주식을 발행하는 일이 CFO가 장기자금조달을 위해 하는 주요 업무라고 볼 수 있다. 채권과 주식 또는 메자닌 등과 같은 자금조달은 자금을 장기로 사용하려 할 때 선택하는 방법이다. 즉, 이렇게 조달된 돈은 기계, 시설, 건물 등과 같은 고정자산을 매입하거나 운전자본을 충당하는 데 사용된다.

③ 장기부채와 자본의 결정 그 과정에서 회사 대차대조표의 대변이 결정되며 회사의 조달비용도 결정된다

따라서 CFO가 누구로부터 얼마의 자금을 조달받느냐를 선택하면서 회사 대차대조표의 대변이 결정되고, 이에 따라 회사의 **자금조달비용**도 결정된다. 주식에 투자한 주주는 아무리 유동성이 많아도 어차피 회사 사업의 위험을 모두 감수하기 때문에 신주를 인수할 때 할인을 많이 해서 싸게 사려고 한다. 즉, 회사 입장에서는 조달비용이 높은 것이다. 반면 채권에 투자한 채권자는 사업의 위험을 주주보다 훨씬 적게 감수하고 이자와 원금도 정해져 있기 때문에 채권을 인수할 때 할인을 많이 요구하지 않는다. 즉, 회사의 입장에서는 조달비용이 낮은 것이다. 대부분의 회사는 주식과 채권을 모두 발행하기 때문에, 결국 이 두 종류의 조달 비중을 어떻게 가져가느냐에 따라 회사 전체 자금의 비용이 결정된다. 또한 채권이나 주식을 발행하여 조달한 자금은 모두 **장기자금**이어서 회사는 자금운용에 이점을 가진다.

WACC

주식과 채권의 비용을 각각의 시장가치로 가중평균한 것을 **가중평균자본비용**(weighted average cost of capital : WACC)이라고 부르는데 뒤에 자세한 설명이 나올 것이다. 제품의 원가가 높

비상장 주식과 IPO

- 비상장사의 주식은 특수관계인이 아니면 기피 대상
  - 경영이 투명하지도 않고 주식을 쉽게 팔 수 없어 유동성이 매우 낮음
- 상장사의 주식은 거래소에 상장되어 있어 일반투자자에게 선호 대상
  - 기존주주는 시가로 언제든 팔고 나갈 수 있음
  - 회사는 불특정다수에게 신주공모발행이 가능
  - 감독기관 공시요구로 경영의 투명성이 제고
- IPO : 증권거래소에 회사의 신주와 구주를 최초 상장하는 것
  - 비상장사가 IPO에 성공하면 이후부터 상장사
  - 상장사가 되면 신용등급이 높아져 채권발행도 용이

재린이 생각하기

사유재산과 자본이익

여기서 과연 노동을 하지 않고 이렇게 돈만 투자해서 보상을 받아 가는 것이 사회정의인가라는 질문을 던질 수 있다. 자유시장경제의 근간은 사유재산제도에 있으며, 사람은 사유재산을 가지고 있어야 자유를 누릴 수 있다. 내 집이 있고 모아 둔 현금이 있어야 남의 눈치를 크게 보지 않고 자기의 삶을 살기가 쉬워지기 때문이다.

사유재산이 인정되지 않으면 노동을 해서 번 돈 중에 자기가 소비하고 남은 돈은 모두 국가로 돌려줘야 한다. 그러면 사람들이 일을 열심히 그리고 창의적으로 하려고 할까? 반대로 사유재산이 인정되면 노동을 해서 번 돈 중에 소비하고 남은 돈은 저축을 하게 되고 더 모으면 집도 사고 땅도 사고 회사에 투자도 할 것이다. 이렇게 자신이 열심히 일해 모은 돈으로 다른 회사에 주주로 채권자로 투자하는 사람들을 두고, 노동 없이 돈만 투자하는 것은 사회정의가 아니라며 책망하기는 쉽지 않다.

으면 이익률이 떨어지는 것처럼 자본의 비용이 높으면 회사 전체의 수익률이 떨어지기 때문에 자본비용을 낮추는 것은 매우 중요하다. 유능한 CFO일수록 사업의 위험대비 자본비용을 낮출 수 있다. 자본비용이 어떻게 회사 전체의 수익률에 영향을 미치는지는 뒤에서 NPV를 설명하며 다시 언급하기로 한다.

이렇게 자금이 조달되고 나면 그 사실이 회사 대차대조표의 대변에 기록되는데, 이를 통해 **그림 2-2**와 같이 대차대조표의 대변 중 일부분이 완성된다.

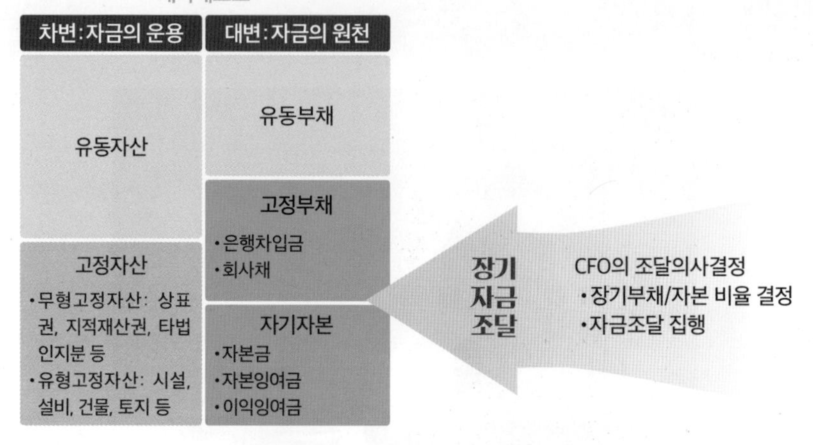

그림 2-2 자금조달과 장기자금

예제 2.2 장기자금의 구성

A사는 데이터센터 사업에 필요한 자금을 조달하기 위해 주주에게 200억원 상당의 주식을 발행하고, 채권자로부터 200억원을 차입할 계획이다. 비록 고정자산을 매입하기 위해 350억만 필요하지만, A사는 400억을 장기조달하여 자금을 넉넉하게 가져갈 예정이다. A사가 데이터센터 사업을 시작할 때 대차대조표의 대변을 작성하고 차변도 변화가 있으면 수정하시오.

차변		대변	
유동자산	?	유동부채	?
현금	50	매입채무	?
재고 및 매출채권	?	단기차입금	?
고정자산	350	고정부채	200
서버 및 시설	200	자기자본	200
건물	50	납입금	200
토지	100	이익잉여금	0
자산총액	?	부채와 자본총액	?

WACC 입문

✔ 자본과 부채 간 가중평균자본비용 : WACC

- 주주는 20%의 수익률을 요구하고 채권자는 5%의 수익률을 요구
- 주식으로 100억원을 조달했고 회사채로 200억원을 조달
- 회사WACC은…

$$0.2 \times 100/300 + 0.05 \times 200/300 = 0.1 = 10\%$$

✔ '회사WACC'은 이자를 고려하지 않는 '사업WACC'과 차별됨에 유의(10장 참조)

현금과 운영관리

CFO는 회사가 자금경색을 피하고 이해관계자가 만족할 수 있도록 지속 관리한다

① 흑자도산 회사는 흑자경영을 하고 있을 때도 일시적으로 현금이 부족할 수 있다

매출과 생산이 늘어나면서 영업이 잘되면, 반대로 현금이 부족해지는 경우가 많다. 왜냐하면 실제로 매출은 현금으로 결제하기보다는 어음으로 결제하는 경우가 많기 때문이다. 물건은 팔았는데 현금은 안 들어오고 매출채권(accounts receivable)만 늘어난다. 또 생산을 늘릴수록 원자재나 부품을 미리 많이 사서 창고에 쌓아 둬야 하고, 완제품도 팔리기 전에 창고에 쌓아 두어야

한다. 즉, 영업이 잘될수록 재고(inventory)가 늘어나는 것이다. 흔히 이런 현상을 '현금이 채권과 재고로 깔린다'고 한다. 이렇게 현금이 채권과 재고로 깔리다 보니, 월급이나 이자를 지급하려 할 때는 막상 현금이 부족하게 되는 것이다.

② 현금관리 흑자도산과 노사분규를 방지하기 위해 CFO는 꾸준히 현금관리를 해야 한다

회사가 납품을 하고 어음을 받게 되면 현금정산이 되기 전에 어음이 부도날 위험도 감수해야 하고, 회사는 자금경색을 경험할 수도 있다. 흑자를 내는 회사도 이러한 자금경색 때문에 이자나 원금을 제때 갚지 못하면 부도가 날 수 있고, 월급을 주지 못하면 노사분규에 시달릴 수 있다. 이러한 불행을 미리 막는 것이 CFO의 일이다.

대부분의 회사는 매출채권과 재고를 현금화하기 위해 파이낸싱 또는 팩토링(factoring) 서비스를 찾는다. 파이낸싱 회사는 고객(A부품회사)의 매출채권이나 재고를 원래 가격보다 약간 싸게 할인해서 사거나, 또는 이를 담보로 대출을 해 주는 대부업체다. A부품회사는 할인된 금액이라는 불이익을 감수하는 대신 현금을 당장 확보할 수 있다는 이익을 선택한 것이다. 이러한 대부업은 경제가 발전할수록 함께 규모도 커지고 고도화되며 투명성도 개선된다.

재린이 생각하기 어음의 의미

왜 시장경제에서는 어음을 발행하는 것일까?

1. 가난한 사람도 사업을 시작해서 부자가 될 수 있다. (임금기금의 기각)
반도체 부속을 만드는 A부품회사는 스마트폰 조립을 하는 B조립회사에게 납품을 할 때 현금이 아닌 어음을 받는다. 그리고 B조립회사는 소비자에게 스마트폰을 팔 때 현금을 받게 된다. 이제 B조립회사는 소비자로부터 받은 현금을 가지고 과거에 어음을 주었던 A부품회사에게 반도체 부품값을 현금으로 정산하게 된다. 그리고 A부품회사는 이 현금으로 직원들에게 월급을 준다. 이 일련의 과정에서 발견되는 재미있는 사실은 돈이 없는데도 미래 사업성이 예상되자 먼저 사업이 시작되었다는 점이다. B조립회사는 스마트폰의 사업성을 예견하고 이를 바탕으로 A부품회사에게 주문을 주었으며, A부품회사는 B조립회사가 스마트폰을 잘 팔 것이라고 믿고 현금을 아직 받지 않은 상태에서 생산을 시작했고, A부품회사의 직원은 사장이 월급을 줄 것을 믿고 현금을 아직 받지 않은 상태에서 일을

시작했다.

모두 미래의 사업성과 서로의 신뢰를 바탕으로 경제가 움직이기 시작한 것이다. 이렇게 사업성과 신뢰를 바탕으로 노동이 먼저 시작되는 것은 시장경제의 특징이며, 신뢰와 신용은 시장경제가 크게 성장할 수 있는 원동력이다.

반대로 현금을 먼저 주지 않으면서 하청을 넣거나 노동자에게 일을 시키는 것은 사회정의가 아니라고 가정해 보자. 그러면 수익성이 있는 기회가 포착되었을 때 이를 사업화할 수 있는 사람은 누구일까? 이미 부자인 사람 이외에는 사업을 시작할 사람이 없을 것이다. 사회정의를 부르짖었지만, 결국 부자만 돈 버는 사회가 되어 버렸다.

2. 불확실성을 낮추기 위해 모두 열심히 일한다. (사업의 불확실성)

B조립회사의 입장에서는 앞으로 물건이 시장에서 잘 팔릴지 모르는 상태에서 A부품회사에게 먼저 부품값을 현금으로 지급한다면 혼자서 불확실성을 모두 감당해야 한다. 반대로 부품을 받을 때 B조립회사가 A부품회사에게 어음으로 지불한다면, A부품회사는 물건이 안 팔릴 경우 자신도 어음이 부도 맞을 수 있다는 생각에 부품을 아주 잘 만들려는 동기를 얻게 된다. 불확실성을 B조립회사뿐만 아니라 A부품회사도 감당하면서 결국 상품의 전반적인 품질이 올라가게 되는 것이다. 이렇게 미래에 대한 불확실성으로 인해 모든 경제주체가 긴장하고 최선을 다하게 되는 것은 시장경제의 특징이라고 할 수 있다.

반대로 밸류체인을 중앙에서 모두 관리해서, 소비자는 B조립회사의 스마트폰만 사야 하고 B조립회사는 몇 개를 반드시 생산해야 하고 A부품회사는 반도체를 생산해서 반드시 B조립회사에게만 팔아야 한다고 정한다면 어떻게 될까? 각자 생각해 보자.

③ 회사운영 관리 또한 현금관리를 통해 CFO는 회사 운영의 완급을 조절할 수 있다. 이는 회사가 경영환경에 따라 성장과 내실 다지기를 적절하게 선택할 수 있게 한다

회사가 매출채권, 재고, 매입채무를 얼마나 가져갈지는 큰 회사일수록 자신이 직접 정할 수 있는 힘을 갖는다. 물건을 많이 주문하거나 납품하는 회사는 협상력이 높기 때문에 가격과 어음의 조건을 상대방에게 일방적으로 제시할 수 있다. 한편 협상력이 낮은 회사는 반대로 거래상대방의 요구를 따를 수밖에 없으며 그만큼 현금운용에 어려움을 겪게 된다.

이러한 **단기자금정책**도 회사의 CFO가 정하게 되는데, 이러한 정책은 회사 내부에서도 큰 영향을 끼치게 된다. CFO가 **받을어음**의 기간을 길게 책정하면 회사의 영업부는 쉽게 매출을 늘릴 수 있지만 대신에 신용도가 낮은 거래처가 편입되면서 향후 대손이 발생할 수 있다. 반대로 CFO가 받을어음의 기간을 짧게 책정하면 회사의 매출은 줄어들지만 내실을 기할 수 있게 될 것이다. CFO가 지불할 어음에 대해서도 어떻게 정책을 펴느냐에 따라 조달부서와 생산부서에 같은 방식의 영향을 미치게 된다.

CFO는 이렇게 장기자금조달뿐만 아니라 단기자금조달 및 운영을 통해서도 회사의 지속경영을 담보하는 역할을 한다. 이렇게 단기자금의 조달과 운영에 대한 정책을 결정하면서 CFO는 **그림 2-3**과 같이 대차대조표 대변과 차변의 상단을 정하게 된다.

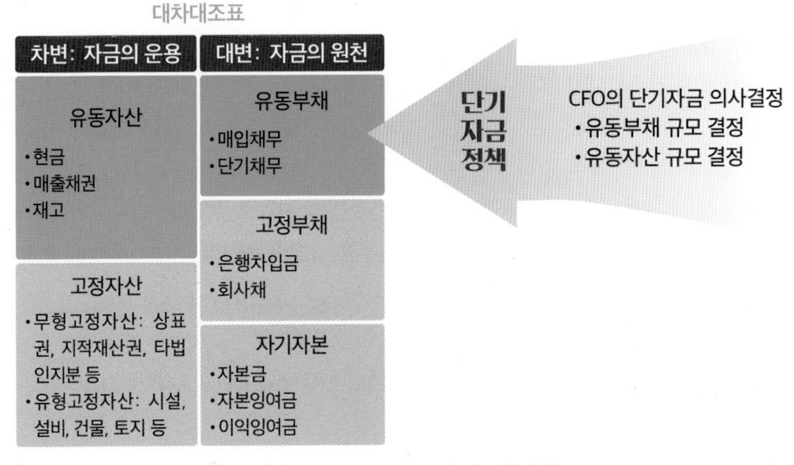

그림 2-3 단기자금조달과 유동자산

유동자산, 유동부채의 구성과 대차대조표의 완성

A사는 데이터센터를 운영하면서 필요한 서버, 공조, 화재 관련 비품을 40억원 정도 재고로 비치해야 하는데, 이 중 25억원은 외상으로 공급받고, 나머지 15억은 현금결제하기로 했다. A사가 데이터센터 사업을 시작할 때 대차대조표를 완성하시오.

차변		대변	
유동자산	75	유동부채	25
현금	35	매입채무	25
재고	40	단기차입금	0
고정자산	350	고정부채	200
서버 및 시설	200	자기자본	200
건물	50	납입금	200
토지	100	이익잉여금	0
자산총액	425	부채와 자본총액	425

CFO의 역할

1 CFO의 세 가지 역할에 대해 논하시오.

CFO의 역할과 대차대조표

2 CFO가 위의 역할을 하나씩 수행할 때마다 대차대조표의 어느 부분이 완성되는지 설명하시오.

대차대조표

3 ㈜서울은 전기차 부품을 생산하기 위해 설립된 신생기업이다. 필요한 공장설비를 20억원에 구입하기로 했고, 공장을 돌리기 위한 초기 원자재 재고와 현금이 10억원 들어갈 것으로 예상된다. 창업자가 15억원을 출자하고, 은행에서 10억원을 장기차입하기로 했다. 그리고 원자재 재고 중 5억원에 해당하는 물건은 납품업체로부터 외상으로 매입하기로 했다. 위의 계획이 모두 실현되었을 때 ㈜서울의 대차대조표를 작성하시오.

대차대조표의 항목 구별

4 **아래의 각 거래가 유동자산, 고정자산, 유동부채, 고정부채 등 대차대조표의 어느 항목에 영향을 주는지 말하시오.**

a. 공급업체로부터 부품 5,000만원어치를 받고 현금 대신 어음을 주었다.

b. 판매업체에게 4,000만원어치 제품을 납품하고 현금 대신 어음을 받았다.

c. 6개월 동안 사용할 2,000만원을 신용으로 차입하였다.

d. 1억 5,000만원짜리 기계를 구입하였다.

e. 3년 동안 사용할 1억원을 은행에서 대출받았다.

f. 다른 회사의 브랜드(상표권)를 8,000만원에 매입하였다.

g. 원자재를 3,000만원어치 현금으로 구입하였다.

h. 현재 회사 통장에 1,000만원의 잔액이 있다.

대차대조표의 대차 비교

5 **만약 위 문제 4번의 정보가 한 회사가 설립한 직후의 총자산과 총부채를 나타낸다면 설립 시 이 회사의 주주는 얼마를 납입했어야 하는가?**

CHAPTER 3

재무제표와 현금흐름

CFO는 회사의 상황을 파악하고 관리할 때 주로 대차대조표(balance sheet), 손익계산서(income statement), 현금흐름표(cash flow statement) 등 세 가지 재무제표를 참조한다. 대차대조표가 자금조달, 투자, 단기운영의 결과를 한 시점에서 나타낸다면, 손익계산서는 회사가 일정기간에 수행했던 사업실적을 보여 준다. 한편 현금흐름표는 회사의 현금이 일정기간 어떻게 변했는지를 보여 주면서 회사의 현금관리를 책임지는 CFO에게 중요한 정보를 제공한다.

대차대조표의 재무적 의미

CFO의 의사결정은 모두 대차대조표에 그 결과가 남으며 회사의 재무적 건강상태도 대차대조표에 나타난다

앞서 대차대조표의 차변 아래에는 CFO의 투자의사결정의 결과가 남고, 대변 아래에는 CFO의 조달의사결정의 결과가 남고, 차변과 대변 위에는 CFO의 단기자금관리의 결과가 남는다고 하였다. 여기서는 대변에 대해 좀 더 자세히 살펴본다.

❶ 장기부채와 단기부채

은행차입금과 회사채

1년 이상의 만기를 갖는 장기부채로는 은행에서 빌린 **은행차입금**(bank loans)이 대표적이다.

또 다른 장기부채로 **회사채**(corporate bonds)가 있다. 회사채는 담보나 보증이 있는 담보부사채와 보증사채, 담보나 보증 없이 신용에 근거하여 발행하는 무보증사채, 향후 주식으로 전환이 가능한 **전환사채**(convertible bonds) 등 수많은 종류가 있다. 이처럼 종류가 많다는 것은 곧 다양한 취향의 투자자들에게 투자기회를 제공할 수 있다는 뜻이기 때문에, 많은 종류의 회사채를 잘 알고 있을수록 CFO는 장기투자자의 저변을 확대할 수 있다.

기업어음

한편, 단기자금은 모두 1년 이내에 갚아야 하는 돈이다. CFO가 직접 조달하는 대표적인 단기부채는 **기업어음**(commercial paper : CP)이다. **약속어음**이라고도 불리는 기업어음은 담보 없이 신용에 기초하여 발행되기 때문에 발행회사는 신용등급이 B 이상이어야 하고, 실제로는 A등급 이상만 시중에서 거래된다. 따라서 비상장사는 기업어음을 발행하기 매우 어렵다고 볼 수 있다. 기업어음은 표에서 단기채권의 항목에 속한다.

진성어음

CFO가 직접 조달하지 않고 영업과정에서 납품업자에게 발행되는 매입채무는 **진성어음** 또는 **상업어음**이라고 하며, 역시 1년 안에 갚아야 하는 단기부채이다. 특히 기업어음을 발행하기 어려운 비상장사에게 진성어음은 현금이 없어도 사업이 돌아가게 하는 중요한 수단이라 할 수 있다.

외상매입금

외상매입금도 회사의 입장에서는 중요한 단기자금조달 방법이다. 외상매입금은 납품업자가 회사에게 돈을 빌려 주고 회사는 그 돈으로 다시 같은 납품업자로부터 부품을 매입했다고 볼 수 있기 때문이다.

② 자기자본

주주로부터 조달받은 장기자금은 두 가지로 나뉠 수 있다. 첫째는 주주가 신주를 인수하면서 회사에 직접 납입한 돈이다. 이는 대차대조표의 **자기자본**(equities) 중 **자본금**(common stock)과 **자본잉여금**(paid-in capital)으로 기록된다. 둘째는 회사가 사업을 통해 번 돈, 즉 당기순이익 중에 주주에게 배당하지 않고 회사에 남긴 돈이다. 이는 주주가 직접 회사에 납입한 돈이 아니고 회사로부터 받아야 할 자기의 수익금을 주주가 회사에 다시 투자한 돈이라고 볼 수 있다. 이를 내부유보라고 하는데, 자기자본 중 **이익잉여금**(retained earnings : RE)으로 기입된다.

자본금과 자본잉여금

주식을 발행해서 주주가 납입한 금액 중 액면가에 해당하는 돈은 자기자본 중 자본금 항목에 기입되고, 발행가와 액면가 차이에 해당하는 돈은 자본잉여금 항목에 기입된다. 주식발행 시 발행가가 액면가보다 높다면 이는 시장이 그 회사가 앞으로 돈을 많이 벌 유망한 기업이라고 판단했기 때문일 것이다.

가령 100원의 액면가 주식을 1만 주 발행했는데, 발행가가 150원이었다고 하면, 총납입액 150만원 중 100만원은 자본금으로 가고, 나머지 50만원은 자본잉여금에 기록된다. 이 50만원은 **주식발행초과금**, 흔히 주발초라고 부른다. 주발초는 특히 초기에 투자한 대주주에게 의미가 많다. 주발초가 많다는 것은 회사가 그동안 증자를 해 오면서 신주를 액면가보다 비싸게 팔았다는 뜻이기 때문에 회사는 그만큼 싸게 자금을 조달한 것이고, 기존주주는 그만큼 지분희석을 면하게 된 것이다.

표 3-1 자금의 조달처와 조달방법

<table>
<tr><th>조달처</th><th>조달방법</th><th>장·단기 특징</th></tr>
<tr><td>거래처</td><td>매입채무(상업어음, 외상매입금)</td><td rowspan="2">단기조달</td></tr>
<tr><td rowspan="2">채권자</td><td>단기채무(기업어음)</td></tr>
<tr><td>회사채(장기사채)</td><td rowspan="4">장기조달</td></tr>
<tr><td>은행(채권자)</td><td>은행차입금(장기대출)</td></tr>
<tr><td>주주</td><td>자본금과 자본잉여금(증자)</td></tr>
<tr><td>회사내부유보(주주)</td><td>이익잉여금(당기순이익)</td></tr>
</table>

이익잉여금

이익잉여금(RE)은 매해 당기순이익에서 주주에게 배당하지 않고 남은 유보금이 누적된 돈이다. 이 내부유보금은 내부자금조달의 원천이 된다. 증자나 부채를 통해 자금을 유치하는 것이 외부자금조달이라면, 회사가 번 돈을 주주에게 주지 않고 재투자하는 것을 **내부자금조달**(internal financing)이라고 한다. 주주가 매해 자신이 받아야 할 **배당금**(dividend : div.)을 받지 않고 회사에 남겨 놓는 것은, 이론적으로 보자면, 배당금을 해당 회사에 다시 투자하는 것이 다른 곳에 투자하는 것보다 더 높은 수익률을 안겨 준다고 주주가 판단하기 때문이다.

따라서 회사가 자금을 조달하는 방법은 조달처에 따라 크게 다섯 가지가 있으며 각각은 대차대조표의 대변에 순서대로 기록되어 있음을 기억하자.

③ 순운전자본

대차대조표에는 **유동자산**(current assets : CA)과 **유동부채**(current liabilities : CL)가 표시되어 있는데, 재무적으로 건강한 기업일수록 유동자산이 유동부채보다 많다. 이 경우 두 방향에서 해석이 가능하다.

먼저 부채의 관점에서 봤을 때, 유동자산이 유동부채보다 많다는 것은 유동자산만 현금화하면 유동부채 전액을 충분히 상환할 수 있다는 뜻이다. 유동부채는 만기가 1년 이내로 도래하는 빚이기 때문에 이를 제때에 상환하기 위해서는 단기적으로 현금화할 수 있는 자산이 충분해야 한다. 현금, 매출채권, 재고 등의 유동자산은 모두 팩토링 등을 통해 현금화하기가 쉬운 항목들이다. 이런 회사는 그만큼 원금상환 불이행의 위험이 적기 때문에 재무적으로 건강한 회사라고 볼 수 있다.

한편 자산의 관점에서 봤을 때, 유동자산이 유동부채보다 많다는 것은 유동자산의 일부분은

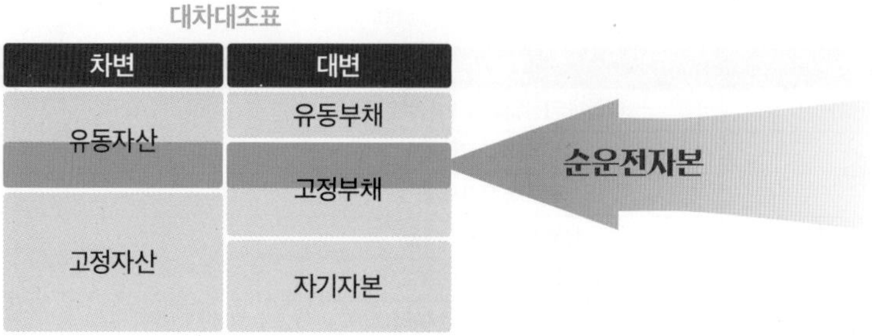

대차대조표

차변	대변
유동자산	유동부채
	고정부채
고정자산	자기자본

순운전자본

그림 3-1 순운전자본

단기자금으로 조달되었고, 나머지 부분은 장기자금으로 조달되었다는 뜻이다. 이렇게 장기자금으로 조달되어 안정적으로 사용할 수 있는 유동자산을 **순운전자본**(net working capital : NWC)이라고 부른다. 순운전자본이 존재하는 이유는 회사가 고정자산을 매입할 때 그 설비나 건물을 운영하기 위해서는 항상 일정액의 유동자산이 필요하기 때문이다. 순운전자본은 고정자산이 살아 있는 동안 계속 필요하기 때문에 장기자금으로 조달되어야 한다.

예제 3.1

순운전자본의 계산

가령 A기업이 공장을 구입하는 데 매입원가가 10억원이 필요하다고 하자. 이때 은행에서 10억원만 차입한다면 공장은 구입할 수 있어도 실제로 공장을 돌릴 수는 없다. 공장이 돌아가기 위해서는 원재료나 제품 등의 재고가 있어야 하는데, 이들 유동자산은 별도의 단기자금으로 조달하기보다는, 처음 은행에서 장기로 차입할 때 12억원을 조달해서 10억원으로 공장을 구입하고 남은 2억원을 순운전자본으로 사용해야 한다.

순운전자본이 단기부채로 조달되면 회사가 자금경색을 겪기 쉬워진다. 앞서 언급한 현금이 재고와 채권에 깔리게 되는 현상이 심화되면서 흑자경영을 하면서도 부도를 맞을 수 있는 위험이 커진다.

손익계산서의 재무적 의미

회사가 사업을 통해 소비자, 노동자, 납품업자 등의 이해관계자를 만족시키고 있는지 여부는 손익계산서에 나타난다

손익계산서는 회사가 과거 1년 동안 혹은 특정 기간에 수행했던 사업실적을 보여 주는 표이다. 회사는 사업에 참여하는 모든 이해관계자를 만족시킨다고 했는데, 손익계산서를 보면 한 해 동안 그렇게 했는지 여부를 알 수 있다.

① 매출의 의미 매출은 회사의 제품과 서비스가 소비자를 만족시켜 주었는지를 알려 준다

회사는 제품의 시장가격보다 낮은 원가로 동시에 소비자를 만족시킬 만한 품질의 제품을 만들어야 존재의 가치가 있다. 과연 회사가 지난 기간에 소비자를 가격과 품질 면에서 모두 만족시켰는지는 동기간 회사가 기록한 매출을 보면 알 수 있다. 매출이 지난 기간에 비해 높아지고 경쟁사와 비교해 더 높은 성장률을 보였다면 해당 회사는 분명히 소비자를 만족시키고 있다고 볼 수 있다.

② 비용의 의미 매출에서 영업이익(EBIT)에 도달할 때까지 차감되는 비용은 노동과 재화로 회사에 기여한 사람들에게 주는 보상이다

매출로 벌어들인 총수입은 회사의 것이 아니다. 이 매출을 발생시키는 데 기여한 여러 이해관계자에게 먼저 합당한 보상을 해야 하기 때문이다. 손익계산서에서 매출 이하 모든 항목은 이렇게 회사의 매출에 기여한 주체에게 지불할 보상을 차감하는 항목들이다.

매출원가

처음 보상해 주어야 할 대상은 납품업체와 직원들이다. 납품업체에게 납품가를 정산해 주고, 공장에서 일하는 직원에게 임금을 지불한다. 그다음 제품을 만드는 데 기여했던 기계나 시설 등의 고정자산에도 일종의 보상을 해 주며 차감하는데, 이를 감가상각(depreciation : dep.)이라고 한다. 물론 고정자산의 감가상각은 보상이라기보다는 감가상각 금액을 회사가 다른 곳에 사용하지 말고 모아 두었다가 해당 자산이 내용연수가 지나 교체가 필요할 때 신규자산의 매입자금으로 사용하라고 세무적인 배려를 해 준 것이라고 볼 수 있다. 이들 비용항목은 소위 **매출원가**(cost of goods sold : COGS)라고 할 수 있다.

간접비

매출액에서 매출원가를 차감한 다음에는 **간접비**를 차감한다. 여기서는 공장이 아니고 사무실에서 일하는 직원들의 급여와 광고, 판촉, 영업, 공과금 등 판매와 관리에 필요한 비용이 주로 들

재린이 생각하기 단가 후려치기: 하청업체 단가 후려치기

하청업체의 단가를 후려치는 것이 무조건 나쁘다고 볼 수는 없다. 주문업체가 하청업체에게 낮은 단가를 요구하는 대신 꾸준히 많은 양의 주문을 약속한다면 하청업체로서는 자신이 원하는 투자수익률 또는 자본수익률을 얻을 수 있기 때문이다. 또한 가격경쟁이 심화된 완제품 시장에서 경쟁하는 주문업체는 부품의 단가를 낮춰야만 생존할 수 있기 때문에 하청업체에게 낮은 단가를 요구하는 것은 시장경제에서 당연한 현상이다. 이를 견디어 낸다면 하청업체는 체질이 개선될 수 있을 것이다. 이러한 가격경쟁은 기업에게는 힘들지만, 소비자는 상품을 싸게 살 수 있는 혜택을 누리게 되고, 기업은 효율성이 높아지면서, 결국 시장경제의 장점이 발휘되는 과정이라고 볼 수 있다.
다만, 부품단가 하락이 완제품 가격의 하락으로 이어지지 않고, 단지 주문업체 주주의 이익을 극대화하기 위해 또는 주문업체의 직원들에게 더 높은 월급을 주기 위해 하청업체에게 낮은 단가를 요구했다면, 이 경우 회사는 모든 이해관계자를 만족시킨다는 규칙에서 멀어진 것이라고 할 수 있다.

어간다. 본사의 직원과 영업사원 등도 매출에 기여를 했으니 보상을 받는 것이다. 그리고 만약 회사가 사무용 건물을 소유하고 있다면 이 건물에 대한 감가상각도 간접비에 반영된다.

③ 영업이익의 의미 영업이익 이후부터는 채권자와 주주 등 돈으로 회사에 기여한 사람들에게 주는 보상이다

EBIT

매출액에서 물건이나 노동을 통해 매출에 기여한 주체(납품업자, 노동자, 기계 등)에 대한 보상을 다 차감하고 남는 돈을 **영업이익**이라고 하며, 흔히 EBIT(Earnings Before Interest and Tax)라고 부른다. 한편 회사의 매출에 기여한 주체로서 이들 이외에 또 다른 형태로 기여한 주체가 있는데, 바로 돈으로 기여한 사람들이다. EBIT에서부터는 이렇게 돈으로 기여한 사람들에게 보상하기 시작한다.

돈으로 기여한 사람으로는 대표적으로 채권자와 주주가 있다. 이들 중에 채권자가 주주보다 우선권이 있기 때문에, 채권자에게 주는 **이자**(interest : int.)를 먼저 차감한다. 이자를 차감한 잔액을 과세표준 또는 **법인세전이익**(earning before tax : EBT)이라고 한다. 정부는 이 표준액에 법인세율을 적용하여 세금, 즉 법인세를 징수한다. 정부는 회사가 안전하게 경영을 할 수 있도록 치안과 제도적인 서비스를 제공했으니 이에 대한 보상을 한 것이라고 생각하자. EBIT가 돈으로 기여한 주체에게 보상하는 재원이라는 사실은 CFO에게 또는 재무이론에서 EBIT가 얼마나 중요한 항목인지를 잘 나타낸다. 돈으로 기여한 주체를 만족시킬 수 있는지 여부를 EBIT가 보여 주기 때문에, CFO가 투자안 평가를 할 때나 회사의 가치평가를 할 때 항상 EBIT를 사용하게 된다.

당기순이익

EBIT에서 이자와 법인세까지 차감하고 난 이후의 잔액을 **당기순이익**(net income : NI)이라고 한다. 회사에 돈으로 기여하면서 동시에 사업위험을 모두 감수하는 주주가 받게 되는 보상이다. 주주 이전의 모든 기여자들은 사전에 계약을 통해 얼마의 보상을 받겠다는 약속을 받지만, 주주는 이렇게 고정된 수입을 약속받지 못한다. 회사의 실적에 따라 당기순이익이 될 수도 있고 당기순손실이 될 수도 있다. 당기순손실의 경우는 결국 주주가 손해를 보고 아무런 보상도 받지 못한다는 뜻이다. 따라서 한 회사가 정상적으로 일해서 당기순이익을 냈다면, 이 회사는 매출에 기여한 모든 이해관계자들을 만족시킨 선한 경제주체라고 해석할 수 있다.

이중과세

당기순이익의 전부 또는 일부를 주주에게 배당을 하게 되면 주주는 받은 배당금에 대해 다시 배당소득세를 개인적으로 납부해야 한다. 따라서 주주는 세금을 결국 두 번 내게 되는 셈이다. 채권자는 법인세를 차감하기 전에 이자를 받았기 때문에 이자소득세를 개인적으로 납부하더라도 자신의 소득에 대해 한 번 세금을 낸다. 그러나 주주는 법인세를 내고 난 차액을 배당으로 받았는데도 이에 대해 다시 개인적으로 세금을 내야 한다. 이처럼 이중과세의 대표적인 사례가 상속세와 법인세이다. 우리는 가끔 해외 또는 국내에서 상속세와 법인세를 철폐해야 한다는 주장을 듣는데, 이러한 주장의 배경에는 모두 **이중과세(double taxation)**라는 지적이 깔려 있다.

예제 3.2 EBIT와 당기순이익의 계산

A기업은 2024년 매출 5,000억원, 매출원가 1,500억원, 간접비 3,000억원이 발생했고, 이자로 150억원을 지출했다. 법인세율은 20%이다. EBIT와 당기순이익을 구하시오.

EBIT = 매출액 − 원가 − 간접비 = 5,000 − 1,500 − 3,000 = 500억원

법인세전이익 = EBIT − 이자 = 500 − 150 = 350억원

법인세 = 법인세전이익 × 법인세율 = 350 × 0.2 = 70억원

당기순이익 = 법인세전이익 − 법인세 = 350 − 70 = 280억원

현금흐름의 재무적 의미

회사가 투자자를 만족시키는지를 알기 위해서는 현금흐름을 측정해야 한다

비록 회계상으로는 당기순이익이 주주의 몫으로 표시되지만 실제로 주주와 채권자가 당해에 받을 수 있는 보상은 현금흐름으로 정의되기 때문에 주주에게 현금흐름은 매우 중요하다. 대차대조표상에 기록된 현금이 한 시점에서 회사가 보유하고 있는 현금이라면 현금흐름은 회사가 일정기간에 경영활동을 통해 창출한 새로운 현금이다. 현금흐름은 영업활동, 투자활동, 재무활동 등 세 가지 활동에서 발생한다.

① 영업활동에서 발생한 현금흐름

앞서 보았듯이 **영업활동에서 발생한 현금흐름**(operation cashflow : OCF)은 매출에서 노동과 물건으로 기여한 주체에게 보상을 하고 남은 EBIT이다. 그런데 잘 살펴보면, 다른 비용은 전부 회사로부터 지급, 즉 유출되었는데, 감가상각만은 실제 지급된 적이 없고 계속 회사에 남아 있다. 따라서 영업활동에서 발생한 현금흐름은 EBIT+감가상각이 되어야 한다. 이를 EBITDA (Earnings Before Interest, Tax, Depreciation, and Amortization)라고 한다. 이렇게 비용으로 인식은 되었으나 유출되지 않고 회사에 계속 남아 있는 현금흐름을 비현금항목(non cash item)이라고 하며, 대표적으로 감가상각이나 이연법인세 등이 여기에 속한다. 끝으로 영업활동이 이익을 냈다면 법인세를 내야 하는데, 이는 회사에서 유출되는 금액이기 때문에, 앞의 금액에서 법인세를 차감하면 영업활동에서 발생한 현금흐름의 최종 정의가 만들어진다.

영업활동에서 발생한 현금흐름 = EBIT + 감가상각 - 법인세

OCF = EBIT + dep. – tax

② 투자활동에서 발생한 현금흐름

회사는 자산을 매입 또는 매각하면서 현금흐름을 발생시킨다. 이를 **투자활동에서 발생한 현금흐름**(investment cash flow : ICF)이라고 한다. 자산을 매입하면 현금이 유출되고 매각하면 현금

OCF의 계산

예제 3.2의 A기업이 보고한 매출원가와 간접비 중에 감가상각액이 500억 포함되어 있다고 할 때, A기업의 2024년도 OCF를 구하시오.

OCF = EBIT + 감가상각 − 세금 = 500 + 500 − 70 = 930억원

이 유입되기 때문이다. 이는 올해 기말 고정자산과 작년 기말 고정자산을 비교하면서 측정할 수 있다. 올해 고정자산의 매입원가 장부가가 작년 고정자산의 매입원가 장부가보다 크다면 올해 고정자산을 매입한 금액이 고정자산을 매각한 금액보다 크다는 뜻이며, 그만큼 회사로부터 해당 금액이 유출되었음을 뜻한다. 동일한 금액은 **순고정자산**(net fixed assets : NFA) 장부가의 올해 말과 작년 말의 차액에 올해 발생한 감가상각을 더해서도 구할 수 있다.

투자활동에서 발생한 현금흐름 = -(Δ순고정자산 장부가 + 올해의 감가상각)

$$-ICF = -(\Delta NFA + dep.)$$

Δ : 올해 말과 작년 말 금액의 차이(또는 증분)

현금흐름을 회사의 입장에서 바라볼 때는 부호가 양(+)이면 현금이 유입된 것이고, 부호가 음(−)이면 현금이 유출된 것이다. 고정자산이 작년에 비해 증가했다면 회사가 자산을 더 매입한 것이기 때문에 현금은 유출이 되었다. 따라서 올해 장부가에서 작년 장부가를 차감하여 측정한 위의 공식에서는 음(−)의 부호가 붙어 있음에 유념하자.

③ 순운전자본에서 발생한 현금흐름

순운전자본은 고정자산과 병행하여 움직이는 유동자산이기 때문에 고정자산이 변할 때 순운전자본도 변하게 되며 현금흐름을 발생시킨다. 이 현금흐름도 투자활동에서 발생한 현금흐름처럼 올해 말 순운전자본에서 작년 말 순운전자본을 차감하여 얻을 수 있다. 순운전자본은 유동자산에서 유동부채를 차감한 금액이기 때문에, **순운전자본에서 발생한 현금흐름**은 다음과 같이

정의된다.

순운전자본에서 발생한 현금흐름 = -(Δ유동자산 - Δ유동부채)

$$-\Delta NWC = -(\Delta CA - \Delta CL)$$

Δ : 올해 말과 작년 말 금액의 차이

만약 재고나 매출채권이 늘어나면 회사로서는 현금유출이 발생한다. 이를 앞에서 '재고와 채권에 현금이 깔린다'고 표현했었다. 한편 매입채무가 상승하면 대응하는 자산이 늘어나도 현금유출은 발생하지 않는다. 그리고 기업어음의 발행 등으로 단기채무가 늘어나면 회사로 현금이 유입된다. 여기서 유의해야 할 점은 유동자산에 현금도 포함된다는 점이다. 따라서 회사에 현금이 전기 대비 늘어났다면 해당 기간에 현금흐름은 그만큼 줄어든 것이다. 이 말이 지금은 이상하게 들릴 수 있으나, 재무활동에서 발생한 현금흐름을 설명한 뒤 다시 언급하면 이해가 쉬울 것이다. 이 순운전자본의 현금흐름은 학자들에 따라서 영업활동 현금흐름으로 분류하기도 하고 투자활동 현금흐름으로 분류하기도 한다. 여기서는 투자활동 현금의 일부로 분류하였다.

④ 재무활동에서 발생한 현금흐름

회사는 투자자와의 거래를 통해서도 현금흐름을 발생시킨다. **유상증자**를 하거나 부채를 발행하면 현금이 회사로 유입되고 **유상감자**와 **부채상환** 그리고 배당금지급과 이자지급 등은 현금의 유출을 가져온다. 이렇게 발생한 현금흐름을 **재무활동에서 발생한 현금흐름**(finance cash flow : FCF)이라고 한다. 여기서 한 가지 유의할 점은, 앞서 영업활동이나 투자활동에서 발생한 현금은 회사의 입장에서 부호를 결정했지만, 재무활동에서 발생한 현금은 투자자의 입장에서 생각한다는 점이다. 따라서 투자자 입장에서 보면 유상증자나 부채발행은 현금이 유출되어 음(-)의 부호를 갖고, 유상감자, 부채상환, 배당금과 이자지급은 현금이 들어오게 되어 양(+)의 부호를 갖게 된다.

유상증자나 유상감자를 하면 자기자본에서 자본금 항목과 자본잉여금 항목의 작년 말 대비 올해 말 장부가 변화한다. 그리고 장기부채를 발행하거나 상환하면 **고정부채**(fixed liabilities : FL) 항목이 변화한다. 투자자 입장에서 이는 다음과 같다.

재무활동에서 발생한 현금흐름 = -Δ(자본금 + 자본잉여금) - Δ고정부채 + 배당금 + 이자

$$FCF = -\Delta S - \Delta FL + int. + div.$$

이 FCF를 주주와 채권자로 나누어 보면 다음과 같다.

채권자의 현금흐름 = -Δ고정부채 + 이자

$$CF\ to\ BH = -\Delta FL + int.$$

주주의 현금흐름 = -Δ(자본금 + 자본잉여금) + 배당금

$$CF\ to\ SH = -\Delta S + div.$$

5 현금흐름 간의 관계

위의 설명을 종합하면 다음과 같다.

영업활동 현금흐름 : $OCF = EBIT + dep. - tax$

투자활동 현금흐름 : $-ICF = -(\Delta NFA + dep.) - \Delta NWC = -(\Delta NFA + dep.) - (\Delta CA - \Delta CL)$

재무활동 현금흐름 : $FCF = CF\ to\ BH + CF\ to\ SH = (-\Delta S + div.) + (-\Delta FL + int.)$

이 세 가지 현금흐름은 항상 다음의 관계를 만족시킨다.

영업활동 현금흐름 + 투자활동 현금흐름 = 재무활동 현금흐름

$$OCF - ICF = FCF,$$

$$OCF - ICF = CF\ to\ BH + CF\ to\ SH$$

즉, 매 기간마다 회사가 경영을 해서 발생시킨 현금흐름은 하나도 빠짐없이 투자자에게로 지급되어야 하고, 투자자로부터 들어온 모든 현금흐름은 회사가 경영에 사용해야 한다.

여기서 현금흐름의 개념을 조금 더 구체화할 수 있다. 현금흐름은 직원 월급이나 거래처 대금의 유출입에 국한되지 않는다. 현금흐름은 항상 투자자에게 보상해 주는 돈을 뜻한다. 그렇기

예제 3.4 ICF와 FCF의 계산

예제 3.2와 3.3에서 나왔던 A기업의 2개 연도 연말 재무상태표는 아래와 같다.

(억원)	2023년	2024년	(억원)	2023년	2024년
유동자산	1,500	1,980	유동부채	1,400	1,500
순고정자산	2,500	2,700	순고정부채	1,500	1,600
			자본금 + 자본잉여금	1,000	1,200
			이익잉여금	100	380
	4,000	4,680		4,000	4,680

2024년에 A기업은 감가상각이 500억원이었음을 상기하자. 법인세율은 20%이고 2024년 배당금은 지불하지 않았다.

a. 2024년, A기업의 투자활동에서 발생한 현금흐름을 계산하시오.

$\Delta NFA + dep. = 2{,}700 - 2{,}500 + 500 = 700$억원

$\Delta NWC = \Delta CA - \Delta CL = (1{,}980 - 1{,}500) - (1{,}500 - 1{,}400) = 380$억원

$-ICF = -(\Delta NFA + dep.) - \Delta NWC = -700 - 380 = -1{,}080$억원

b. 2024년, A기업의 재무활동에서 발생한 현금흐름을 계산하시오.

OCF = EBIT + 감가상각 − 세금 = 500 + 500 − 70 = 930억원

$FCF = -\Delta S - \Delta FL + int. + div.$

$= -(1{,}200 - 1{,}000) - (1{,}600 - 1{,}500) + 150 + 0 = -150$억원

c. A기업이 창출한 세 가지 현금흐름의 관계를 설명하시오.

영업활동 현금흐름(930억원, 예제 3.3) + 투자활동 현금흐름(−1,080억원)
= 재무활동 현금흐름(−150억원)

때문에 영업활동 현금흐름은 돈으로 기여한 주체에게 보상하는 EBIT로부터 출발하여 측정하였다. 또한 회사가 만약 현금을 더 비축해 두기로 결정하고 현금을 작년에 비해 증가시켰다면, 이는 순운전자본을 증가시킨 것이기 때문에 결국 그만큼 투자자에게로 돌아가는 재무활동 현금흐름이 줄어들게 된다. 이를 앞에서는 '현금이 늘어나면 현금흐름이 줄어든다'고 표현했었다.

⑥ 현금흐름 활용하기

이 현금흐름은 투자자에게 매우 중요하고도 핵심적인 정보를 전달한다. 특히 주주의 입장에서 알고자 하는 핵심 내용은 다음과 같은 질문이다. 회사는 현재 영업을 잘하고 있는가? 미래를 위해 투자는 잘하고 있는가? 그래서 최종적으로 나의 몫은 얼마인가? 현금흐름은 이 세 질문에 대해 아주 간단명료하게 답하고 있다. 가령 어떤 회사의 올해 성적이 다음과 같다고 하자.

OCF	1,000원	CF to BH	100원
-ICF	-300원	CF to SH	600원
계	700원	계	700원

이 현금흐름 정보는 주주가 던지는 위의 세 가지 질문에 대한 답을 모두 보여 주고 있다. 이 회사는 올해 영업을 통해 1,000원의 현금을 벌어서(OCF), 이 중 300원은 새로운 자산을 매입하거나 운전자본을 늘리는 데 사용했고(ICF), 남은 돈 700원은 이자를 지급하는 데 100원을 사용하고(CF to BH), 나머지 600원을 주주에게 배당했다는(CF to SH) 뜻이다. 따라서 능숙한 CFO일수록 투자자들과의 효율적인 의사소통을 위해 회사의 현금흐름 내용을 십분 활용하게 된다.

한 가지 주의할 점은, 위에서 본 현금흐름은 투자자에게 귀속되는 현금흐름을 뜻하지만, 현금흐름표에 나타난 현금흐름은 기초현금과 기말현금 간의 차이를 뜻한다는 점이다. 이 둘은 결국 같은 개념인데 표현만 달리한 것이다.[1]

---

1 현금흐름표에서도 영업활동, 투자활동, 재무활동에서 발생한 현금흐름을 모두 보고한다. 다만 차이는 순운전자본의 현금흐름을 측정할 때, 기초와 기말에 회사가 보유하고 있던 현금을 제외하고 계산한다는 것이다. 따라서 현금흐름표에서 사용되는 투자활동 현금흐름을 -ICF* 라고 하면, -ICF = -(ICF* + (기말현금 - 기초현금)) = -ICF* - 기말현금 + 기초현금의 관계가 성립한다. 이 정의를 사용하여 우리의 원래 식에 대입하면 다음과 같은 식을 얻는다.

OCF - ICF* - 기말현금 + 기초현금 = FCF

이를 다시 정리하면, 다음과 같이 현금흐름표의 내용을 얻을 수 있다.

기말현금 = 기초현금 + OCF - ICF* - FCF

현금흐름으로 회사 진단하기

✔ 영업실적이 안 좋은데도 투자를 계속하는 회사

OCF	-500원	CF to BH	500원
-ICF	-30,000원	CF to SH	-4,000원
계	-35,000원	계	-35,000원

- 투자할 돈이 어디서 났나?
  - ▶ 주주에게서 4,000원을 출자받아 영업손실(현금유출)을 500원 메우고 이자를 500원 갚고 나머지 35,000원은 투자자금으로 사용
- 이 회사는 좋은 회사인가?
  - ▶ 영업실적이 나쁘다는 것을 알면서도 기꺼이 출자하려는 투자자가 시장에 많다는 사실은 이 회사의 전망이 매우 밝다는 뜻
  - ▶ Amazon, Coupang 등 많은 유니콘 기업이 초기단계에서 보였던 현금흐름

✔ 영업실적은 나쁘지만 투자자에게 손 벌리지 않고 혼자 해결하는 회사

OCF	-500원	CF to BH	500원
-ICF	1,000원	CF to SH	0원
계	500원	계	500원

- 영업에서 현금을 벌지 못하는데 이자 갚을 돈은 어디서 났나?
  - ▶ 회사의 고정자산 일부를 1,000원어치 팔아서 영업손실 500원을 메우고 나머지 500원으로 이자지급
- 이 회사는 좋은 회사인가?
  - ▶ 주주로부터 자금조달을 할 수 없기 때문에 회사의 자산을 매각
  - ▶ 이 회사는 구조조정 중이거나 망하고 있는 중

✔ 영업실적이 좋아서 투자자에게 보상만 하고 돈 달라고 하지 않는 회사

OCF	5,000원	CF to BH	1,000원
-ICF	-1,000원	CF to SH	3,000원
계	4,000원	계	4,000원

- 영업에서 번 현금흐름 5,000원을 어떻게 사용했나?
  - ▶ 기존설비 유지보수에 1,000원, 이자지급에 1,000원, 나머지 3,000원은 배당금으로 지급
- 이 회사는 좋은 회사인가?
  - ▶ 유지보수투자만 한다는 사실은 NPV > 0인 새로운 투자처가 없다는 뜻
  - ▶ 성숙단계의 업종에서 독점력을 향유하고 있는 회사일 가능성이 농후

자기자본

1 ㈜광주는 올해 액면가 500원의 주식 1억 주를 주당 1,500원에 발행하였다. 또한 올해 순이익은 10억원을 기록하였고, 이 중 4억원을 배당금으로 지급하였다. ㈜광주의 자본금, 자본잉여금, 이익잉여금은 각각 얼마씩 증가하였는가?

손익계산서

2 a. ㈜청주는 한 해 동안 매출이 200억원, 재료비와 인건비가 80억원, 공장의 감가상각비가 20억원, 본사 건물의 감가상각비가 10억원, 광고 및 영업비용이 40억원, 이자비용이 30억원 발생하였다. 만약 법인세율이 20%라면, ㈜청주의 영업이익과 순이익은 얼마인가? ㈜청주가 경영을 통해 만족시킨 이해관계자들은 누구인가?

b. ㈜청주의 매출이 180억원이고 비용과 법인세율은 모두 위와 같다고 가정하자. 그러면 영업이익과 순이익은 얼마인가? ㈜청주가 경영을 통해 만족시킨 이해관계자와 만족시키지 못한 이해관계자는 누구인가?

c. ㈜청주의 매출이 150억원이고 비용과 법인세율은 모두 위와 같다고 가정하자. 그러면 ㈜청주는 파산을 신청하고 채권자가 손실을 감당하든지, 인건비를 체불해서 직원이 손실을 감당하고 사업을 계속하든지, 증자를 해서 주주가 손실을 감당하고 사업을 계속하든지 해야 한다. 각 해결방법에 대해 각 이해관계자의 입장에서 논하시오.

순운전자본

3 ㈜제주는 현금 5억원, 매출채권 10억원, 단기채권 15억원, 시설 20억원, 자본금 20억원을 가지고 있었다. 오늘 은행에서 35억원을 차입하여 가격이 30억원 하는 새로운 기계를 구입하였다. 그러면 현재 ㈜제주의 순운전자본은 얼마인가? 왜 ㈜제주는 기계 가격보다 더 많은 금액을 차입하였는지 설명하시오.

현금흐름

4 **예제 3.2~3.4에서 나왔던 A기업이 2024년의 당기순이익을 모두 배당금으로 지급하였다고 가정하자.**

a. 2024년 말 배당금지급 후 재무상태표를 다시 작성하시오.

b. 2024년, A기업의 영업활동에서 발생한 현금흐름을 계산하시오.

c. 2024년, A기업의 투자활동에서 발생한 현금흐름을 계산하시오.

d. 2024년, A기업의 재무활동에서 발생한 현금흐름을 계산하시오.

5 **문제 4번의 답과 예제 3.2~3.4의 답을 비교하며, 재무상태표에 기록된 현금보유액의 의미에 대해 논하시오.**

CHAPTER 4

현금흐름 할인법

유명 운동선수의 계약은 세간의 큰 관심을 모은다. 하지만 언론에 나오는 이들의 계약금은 자칫 오해를 불러일으킬 수 있다. 예를 들어, 2024년 2월 22일 '코리안 몬스터' 류현진(36)은 한화 이글스와 계약기간 8년, 총 170억원에 계약했다. 이 금액은 KBO리그 역대 계약금 최고 순위로 향후 8년 동안 분할로 지급된다. 그러면 이들 선수가 받는 계약금은 현재가치로 얼마나 될까? 본 장에서는 이 질문에 대한 해답을 찾을 수 있는, 재무에서 가장 기본적 개념인 현금흐름할인(discounted cash flow: DCF)법을 학습한다.

KBO리그 역대 계약금 순위

선수	출생	계약	이적	계약금	기간
류현진	1987년 3월생	계약: 2024년	(토론토 → 한화)	170억원	(8년)
양의지	1987년 6월생	2023년	(NC → 두산)	152억	(4+2년)
김광현	1988년 7월생	2022년	(세인트루이스 → SSG)	151억	(4년)
이대호(은퇴)	1982년 6월생	2017년	(시애틀 → 롯데)	150억	(4년)
나성범	1989년 10월생	2022년	(NC → KIA)	150억	(6년)
박민우	1993년 2월생	2022년	(NC → NC)	140억	(5+3년)

단일기간 가치

오늘 $1가 미래 $1보다 더 가치가 크다. 왜 그럴까? 첫째, 오늘 $1는 투자를 하면 미래에 더 많은 금액을 창출할 수 있다. 둘째, 즉시 소비가 가능하다. 셋째, 미래 $1는 혹시나 지급받지 못할 가능성이 있다.

① 단일기간 미래가치

예를 들어, $10,000를 1년 동안 5%로 투자한다면 이 투자의 1년 후 가치는 $10,000 × (1.05) = $10,500가 된다. 이 중 $500는 이자, $10,000는 원금에 해당하는 부분이다. 이와 같이 일정 투자기간 경과 후 받게 되는 금액을 **미래가치(future value : FV)**라고 한다. 단일기간 FV 계산을 위한 일반식은 아래와 같다.

$$FV = C_0 \times (1 + r)$$

여기서 C_0는 오늘 시점 0의 현금흐름, r은 이자율이다.

② 단일기간 현재가치

현재가치(present value : PV)는 미래에 지급받게 될 금액의 오늘 가치이다. 예를 들어, 5%의 이자율로 1년 후 $10,000를 받기로 했다면 이 투자의 오늘 가치는 10,000/(1.05) = $9,523.81이다. 역으로 투자자가 $9,523.81를 5%의 이자율로 적립하면 1년 후에 $10,000를 받을 수 있다.

단일기간 PV 계산을 위한 일반식은 다음과 같다.

$$PV = C_1/(1 + r)$$

여기서 C_1은 시점 1의 현금흐름, r은 이자율이다.

미래가치와 만족도

이자율이 10%일 때 1년 후에 받을 11만원(미래가치)은 현재 보유한 10만원(현재가치)과 동일하다. 여기서 동일하다는 것은 나의 만족도가 동일하다는 뜻이다. 즉, 지금 10만원을 가지고 가방을 사서 당장 사용할 때 내가 갖는 만족도와 가방 없이 살다가 1년 후에 11만원을 받을 때 내가 갖는 만족도가 같다는 말이다. 조금 현실적으로 이야기를 만들자면, 1년 후에 11만원을 받으면 물가상승으로 가격이 오른 가방을 10만 3,000원에 사고, 나머지 7,000원을 내가 1년 동안 가방을 사용하지 못한 것에 대한 보상과 돈을 못 받을 수도 있는 위험을 감수한 것에 대한 보상으로 생각하는 것이다. 이처럼 현재가치와 미래가치는 비록 액면금액은 다르지만 만족도가 동일하다는 점에서 비교대상이 된다.

다중기간 가치

다중기간 미래가치와 현재가치의 계산을 위해서는 단리와 복리의 개념을 알아야 한다.

❶ 단리와 복리

단리 계산의 예를 들어 보자. 투자자가 $1,000를 금리 9%로 투자할 기회가 있다고 가정하자. 그러면 1년 후 투자자는 1,000 × (1 + 0.09) = $1,090를 얻게 된다. 여기서 투자자가 이자에 해당하는 $90는 회수하고 $1,000를 금리 9%로 재투자한다면 다음 해에 다시 이자 $90를 얻게 된다.

이 같은 과정이 지속된다면 연간 수령하는 이자는 증가하지 않고 매년 동일할 것이다. 이와 같이 **단리**(simple interest)는 원금에 대해서만 약정 이율을 이용하여 이자를 계산하는 방법이다.

복리 계산의 예를 들어 보자. 투자자가 $1,000를 금리 9%로 투자할 기회가 있다고 가정하자. 투자자는 1년 후 $90 이자를 얻게 된다. 이제 투자자가 원금 $1,000와 이자 $90를 함께 금리 9%로 재투자한다고 가정하자. 그러면 투자자는 다시 1년 후 $98.10의 이자를 받게 될 것이며 이는 이전 연도 이자보다 $8.10가 증가한 수치이다. 왜냐하면 2차연도의 이자는 원금 $1,000에 1차연도 이자를 더한 금액을 기초로 계산되기 때문이다. 다시 말하면, **복리**(compound interest)는 원금에 대한 이자는 물론 이자에 대한 이자를 포함한다. 이자는 복리에서는 재투자되지만 단리에서는 재투자되지 않는다. 복리는 투자기간이 짧으면 그다지 영향력이 크지 않을 수 있지만 투자기간이 길면 엄청난 효과를 볼 수 있다.

② 다중기간 미래가치

이제 복리의 개념을 이해했으니 다중기간 투자의 미래가치에 대해 알아보자.

다중기간 FV 계산을 위한 일반식은 다음과 같다.

$$FV = C_0 \times (1 + r)^T$$

여기서 C_0는 시점 0의 현금흐름, r은 이자율, T는 현금이 투자되는 기간 수이다.

다중기간 미래가치 계산의 예를 들어 보자. 현재 $1.10의 배당금을 지급하는 주식이 있다. 이 주식의 배당금은 향후 5년간 연 40%씩 성장할 것으로 기대된다. 5년 후 배당금은 얼마가 되겠는가?

다중기간 FV 식을 이용하면, C_0는 $1.10, 이자율은 40%, 기간은 5년이므로 $FV = 1.10 \times (1 + 0.4)^5 = \$5.92$가 됨을 알 수 있다.

이 $5.92는 복리로 계산한 금액이다. 만일 단리로 계산하면 5년 후에 받는 배당금은 얼마가 되겠는가? 현재 배당금 $1.10 + 5년 × ($1.10 × 0.40) = $3.30가 된다.

복리로 계산한 금액이 단리로 계산한 금액보다 당연히 크다. 복리의 효과는 기간이 길수록 천문학적으로 늘어난다.

예제 4.1 복리의 위력

당신의 조상이 1424년 세종대왕 시대에 1원을 2024년에 태어나는 자손을 위해 5% 복리 이자율로 저축을 해 두었다. 그러면 2024년에 태어나는 자손은 얼마를 받게 되겠는가?

C_0는 1원, 이자율은 5%, 기간은 600년이므로 다중기간 FV 식을 이용하면 FV = $(1 + 0.05)^{600}$ = 5조 1,710억원이 된다. 엄청난 금액이다. 당신은 국내 최고 부자들 중에 한 명이 된다. 이는 복리효과 때문이다. 단리로 계산하면 FV = 원금 1원 + (600년 × 이자 0.05원) = 31원밖에 되지 않는다.

③ 다중기간 현재가치

다중기간 투자의 현재가치에 대해 알아보자.

다중기간 PV 계산을 위한 일반식은 다음과 같다.

$$PV = C_T/(1 + r)^T$$

여기서 C_T는 시점 T의 현금흐름, r은 이자율, T는 현금이 투자되는 기간 수이다.

다중기간 현재가치 계산의 예를 들어 보자. 현재 이자율이 15%라면 투자자가 5년 후에 $20,000를 받기 위해 오늘 얼마를 투자해야 하는가?

다중기간 PV 식을 이용하면, C_T는 $20,000, 이자율은 15%, 기간은 5년이므로 PV = $20,000/(1 + 0.15)^5$ = $9,943가 된다. 이와 같이 미래 현금흐름의 현재가치를 구하는 과정을 **할인**(discounting)이라고 하며, 이는 현재 현금흐름의 미래가치를 구하는 과정인 **복리계산**(compounding)과 대비되는 개념이다.

예제 4.2 이자율 계산

모든 계산에는 4개의 변수, 즉 현재가치, 미래가치, 이자율, 기간이 있다. 이 중 3개 변수 값을 알면 나머지 변수 값을 구할 수 있다. 지금까지는 다른 변수들이 주어져 있을 때 현재가치 또는 미래가치를 계산했다. 여기서는 현재가치, 미래가치, 기간이 주어져 있을 경우 이자율을 구하는 방법을 알아보자.

당신의 자녀가 12년 후에 대학에 입학할 때쯤 대학교육에 소요되는 총비용은 $50,000가 될 것이다. 당신은 현재 투자 가능한 $5,000를 보유하고 있다. 자녀의 대학교육비를 마련하기 위해서는 투자금액에 대한 연 수익률이 얼마가 되어야 하는가?

먼저 아래 다중기간 미래가치(FV) 공식을 상기하라.

$$FV = C_0 \times (1 + r)^T$$

여기에 FV에 50,000, C_0에 5,000, T에 12를 대입하면 이자율 r만 변수로 남는다.

$$\$50,000 = \$5,000 \times (1 + r)^{12}$$

여기서 양변을 5,000으로 나누면 다음과 같다.

$$(1 + r)^{12} = \frac{\$50,000}{\$5,000} = 10$$

계속해서 양변에 1/12승을 취해 주면 아래와 같다. 지수 관련 계산은 대부분 계산기에서 제공되는 지수 기능(function) 키(key)를 이용하면 된다.

$$(1 + r) = 10^{1/12}$$

이를 r에 대해서 풀면, $r = 10^{1/12} - 1 = 1.2115 - 1 = 0.2115 = 21.15\%$.

즉, 오늘 $5,000를 21.15%(복리) 이자율로 12년간 저축하면 $50,000가 된다는 말이다.

투자기간 계산

현재가치, 미래가치, 이자율이 주어져 있을 경우 기간을 구하는 방법을 알아보자. 이자율이 10%인 저축상품에 오늘 $5,000를 예금하면 $10,000가 되기 위해서는 기간이 얼마나 걸리겠는가?

마찬가지로 다중기간 미래가치(FV) 공식을 상기하라.

$$FV = C_0 \times (1 + r)^T$$

여기에 FV에 10,000, PV에 5,000, r에 10%를 대입하면 기간 T만 변수로 남는다.

$$\$10{,}000 = \$5{,}000 \times (1.10)^T$$

계속해서 양변을 5,000으로 나누면 다음과 같다.

$$(1.10)^T = \frac{\$10{,}000}{\$5{,}000} = 2$$

변수가 지수이면 이를 풀기 위해 양변에 로그를 취해야 한다. 로그 관련 계산은 대부분 계산기에서 제공되는 로그 기능(function) 키(key)를 이용하면 된다. 양변에 *ln*을 취해 주면 지수 T가 다음과 같이 앞으로 나올 수 있게 된다.

$$ln(1.10)^T = ln(2)$$
$$T \cdot ln(1.10) = ln(2)$$

이를 T에 대해서 풀면, $T = \frac{ln(2)}{ln(1.10)} = \frac{0.6931}{0.0953} = 0.6931/0.0953 = 7.27$년

즉, 오늘 $5,000를 10%(복리) 이자율로 7.27년 저축하면 $10,000가 된다는 말이다.

다중 현금흐름 가치

지금까지는 현금흐름이 1회만 발생한다고 가정하였다. 그러나 대부분 투자나 사업의 경우 1회 이상의 현금흐름이 발생한다.

❶ 다중 현금흐름 현재가치

여러 번 발생하는 현금흐름의 현재가치는 개별 현금흐름 현재가치의 합으로 계산할 수 있다. 예를 들어 보자. 1년 후에 $200를 지급하고 그 후 4차연도까지 매년 $200씩 지급액이 증가하는 투자안이 있다고 가정하자. 금리가 12%라면 이 투자안의 현재가치는 얼마인가? 이에 답하기 위해 아래 그림을 살펴보자.

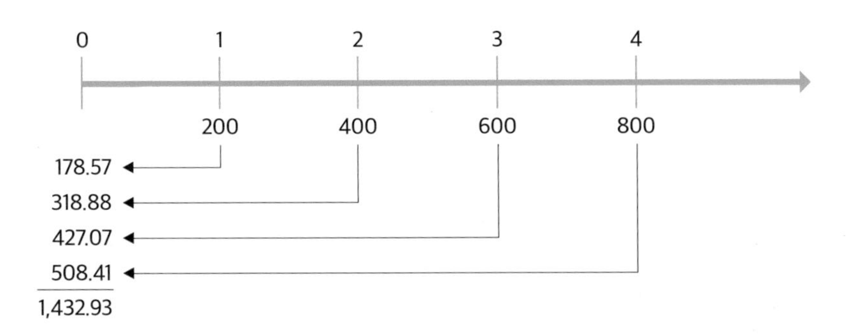

이 투자안은 1년 후에 $200, 2년 후에 $400, 3년 후에 $600, 4년 후에 $800를 지급한다. 다중 현금흐름의 현재가치를 구하기 위해 먼저 12%의 할인율을 사용하여 매년 받게 될 현금흐름의 현재가치($178, $318, $427, $508)를 계산한다. 이들의 합인 $1,432가 이 투자안의 현재가치이다. 여기서는 생략되지만 다중 현금흐름의 미래가치도 유사한 방법으로 계산할 수 있다.

❷ 복리기간

지금까지는 현금흐름의 가치를 계산할 때 연 복리, 즉 연 1회 복리를 가정했다. 하지만 실제에서 복리기간은 다양하다. 예를 들면, 은행은 분기별, 월별, 일별로 복리계산을 하기도 한다. 주택담보대출과 자동차 할부금융은 보통 월 단위로 복리계산을 한다. 그럼에도 불구하고 금융기관 등은 법에 따라 복리 횟수에 관계없이 연 단위 이자율을 고시하도록 되어 있다. 따라서 복리계산 기간이 1년보다 짧다면 실제 수익률은 연 단위 표시수익률보다 더 높아지게 된다. 즉, 실제 수익률인 실효이자율(effective annual rate : EAR)은 연 표시이자율(annual percentage rate : APR)보다 높게 된다.

다중 복리기간의 미래가치

T년 동안 연 m회 복리계산이 이루어지는 투자의 미래가치 일반식은 다음과 같다.

$$FV = C_0 \times \left(1 + \frac{r}{m}\right)^{mT}$$

여기서 C_0는 시점 0의 현금흐름, m은 연 복리 횟수, T는 연 단위 기간, r은 표시이자율이다. 표시이자율은 연간 복리 횟수가 고려되지 않은 연 이자율로 금융기관 등이 고시하는 이자율이다. 따라서 이 식은 투자(또는 대출)의 실제 미래가치를 계산하기 위해서는 표시이자율을 연 복리 횟수로 나누어 주고 기간에는 연 복리 횟수를 곱해 주어야 한다는 것을 보여 준다.

연속복리

일반적 복리계산은 연, 반년, 분기, 월, 일 단위로 이루어지지만, 매시간, 매분, 심지어 그보다 더 짧은 기간 단위로도 복리계산이 가능하다. 아주 짧은 미분(微分)의 기간에 대한 복리계산을 연속복리(continuous compounding)라고 한다. 연속복리 투자 또는 대출의 미래가치 일반식은 다

예제 4.4 다중 복리기간의 미래가치 계산

연 18%의 APR이지만 월 복리로 이자계산을 하는 대출금의 실효이자율(EAR)은 얼마인가?

이는 신용카드 대출의 전형적인 예로 볼 수 있다. 월 복리로 이자를 물리기로 한다는 말은 실제로는 1.5%(= 18%/12개월) 월 복리로 이자계산을 하겠다는 말이다. 따라서 실효이자율 계산을 위해서는 아래 식에서 대출금 $1 기준으로 r에 18%, m에 12를 넣으면 EAR은 19.56%가 된다.

$$\left(1 + \frac{r}{m}\right)^{m} - 1 = \left(1 + \frac{0.18}{12}\right)^{12} - 1 = (1.015)^{12} - 1 = 1.1956 - 1 = 0.1956$$

즉, 18% APR 월 복리 대출은 실제로 연 19.56%인 대출과 동일하다. 금리가 높고 복리 횟수가 증가함에 따라 표시이자율과 실효이자율의 차이는 커진다.

따라서 일반투자자는 은행대출, 신용카드 대출, 자동차 할부금융, 주택담보대출 등을 받을 때 항상 복리기간을 직접 확인할 필요가 있다. 왜냐하면 거래 상대방 금융기관은 표시이자율만 고시하기 때문이다. 연 복리인 경우에만 실효이자율은 표시이자율과 동일하게 된다.

음과 같다.

$$FV = C_0 \times e^{rT}$$

여기서 C_0는 시점 0의 현금흐름, r은 표시이자율, T는 연도 수, e는 자연대수(약 2.718)이다. e 기능 키는 계산기에 나와 있으니 그 값을 외울 필요는 없다. 연속복리는 파생상품, 투자론 등을 공부할 때 반드시 알아야 하는 기초개념이다.

연금

지금까지 현금흐름할인(DCF)법을 통해 미래가치와 현재가치의 개념에 대해 알아보았다. 이제 현금흐름의 패턴이 일정한 경우의 현재가치를 계산하는 방법을 논의한다. 여기서는 현재가치를 손쉽게 계산할 수 있는 단순화 공식이 존재하는 영구연금과 (보통)연금만 다루기로 한다.

❶ 영구연금

영구연금(perpetuity)이란 영구히 지급되는 동일한 현금흐름을 일컫는다. 아래와 같이 매회 \$C를 영구히 지급하는 영구연금의 가치는 얼마나 되겠는가?

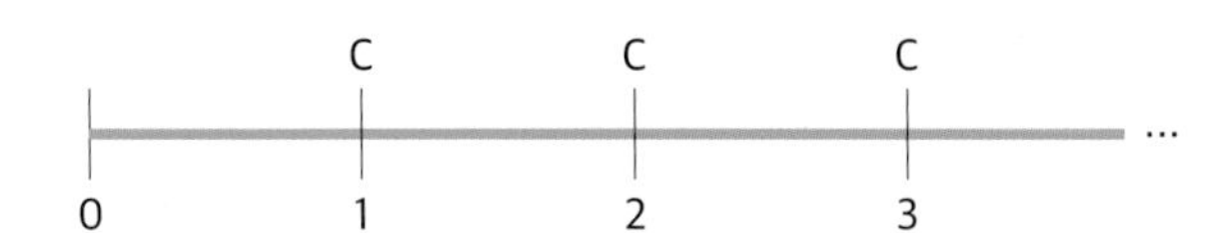

영구연금의 현재가치(PV)는 영구히 매회 지급되는 \$C의 현재가치의 합이다.

$$PV = \frac{C}{(1+r)} + \frac{C}{(1+r)^2} + \frac{C}{(1+r)^3} + \cdots$$

다행히 현재가치를 일일이 계산하지 않고 바로 답을 구할 수 있는 간단 공식이 존재한다.

$$PV = \frac{C}{r}$$

여기서 C는 영구히 발생하는 동일한 현금흐름, r은 이자율 또는 할인율이다.

콘솔의 가치

영국에서 발행되는 콘솔(consol)이라는 채권은 대표적 영구연금 상품이다. 매년 £15를 영원히 지급하는 콘솔의 현재가치는 얼마인가? 할인율은 10%를 가정한다.

영구연금의 현재가치 공식에 £15와 할인율 10%를 대입하면,

$$PV = \frac{£15}{0.1} = £150$$

매우 쉽지만 재무에서 자주 언급되는 공식이다.

❷ 연금

연금(annuity)이란 일정기간 동안 지급되는 동일한 현금흐름을 일컫는다. 퇴직 후 수령하는 퇴직연금이 연금의 대표적인 형태라고 할 수 있다. 아래와 같이 T기간 동안 매회 $C를 지급하는 연금의 가치는 얼마나 되겠는가?

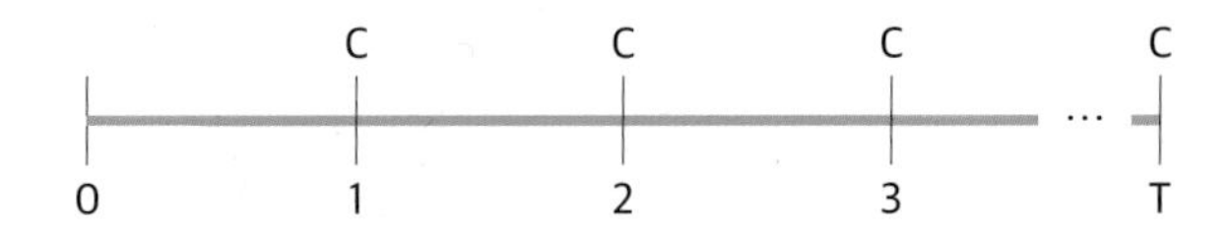

연금의 현재가치(PV)는 T기간 동안 매회 지급되는 $C의 현재가치의 합이다.

$$PV = \frac{C}{(1+r)} + \frac{C}{(1+r)^2} + \frac{C}{(1+r)^3} + \cdots \frac{C}{(1+r)^T}$$

마찬가지로 현재가치를 일일이 계산하지 않고 답을 구할 수 있는 간단 공식이 존재한다.

$$PV = C \times \frac{1}{r}\left[1 - \frac{1}{(1+r)^T}\right]$$

여기서 C는 T기간 발생하는 동일한 현금흐름, r은 이자율 또는 할인율, T는 기간이다. 참고로 할인율 r인 경우 T기간 동안 매회 '$1(또는 1원)'를 지급하는 연금의 현재가치를 **연금의 현가**

예제 4.6 복권의 가치

리사는 '$2억' 미국 파워볼에 당첨되었다. 그래서 그녀는 향후 20년 동안 연 $1,000만씩 받게 되었다. 첫 번째 당첨금은 1년 후에 받는다. 이자율을 7%로 가정한다면 이 복권의 실제 가치는 얼마인가?

매년 $1,000만의 현금흐름이 20년 동안 발생하므로 이러한 현금흐름은 연금 형태의 현금흐름이다. 연금의 현재가치 공식 또는 연금의 현가계수(PVIFA)를 이용하면,

$$\text{복권의 현재가치} = \$1{,}000\text{만} \times \frac{1}{0.07} \times \left[1 - \frac{1}{(1+0.07)^{20}}\right] = \$1{,}000\text{만} \times \text{PVIFA}(7\%, 20)$$
$$= \$1{,}000\text{만} \times 10.5940 = \$1\text{억 } 594\text{만}$$

복권의 실제 가치는 $2억의 절반 정도에 불과함을 알 수 있다.

계수(present value of interest factor for annuity : PVIFA)라고 부르며, 매회 $C(또는 C원)를 지급하는 연금의 현재가치는 아래와 같이 구할 수도 있다.

$$PV = C \cdot \text{PVIFA}(r, T)$$

다양한 이자율 r과 기간 T를 가정한 연금의 현가계수 값이 본 교재의 부록(371~372쪽)에 수록되어 있다.

예제 4.7 자동차 할부금의 가치

만약 당신이 자동차 할부금으로 월 $400를 24개월 동안 납부할 수 있다면 얼마짜리 자동차를 살 수 있는가? 할부 이자율은 연 12%라고 가정하자.

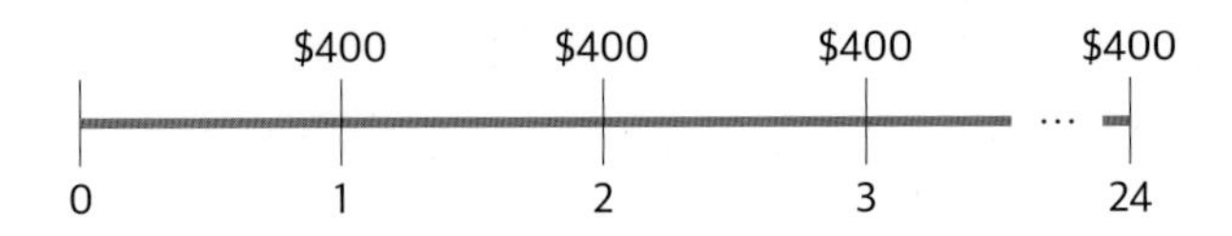

매달 $400의 현금흐름이 24개월 동안 발생하므로 이러한 현금흐름은 연금 형태의 현금흐름이다. 따라서 연금의 현재가치를 구하면 된다. 여기서 유의해야 할 점은 매월 납부하는 자동차 할부금의 이자계산은 '월 복리'로 이루어진다는 것이다. 또 12% 이자율은 연 단위 표시이자율(APR)이므로 이를 실효이자율(EAR)로 전환하기 위해서는 앞서 학습한 바와 같이 이자율 12%는 12로 나누고 기간은 24개월로 해야 한다.

연금의 현재가치 공식 또는 연금의 현가계수(PVIFA)를 이용하면,

$$PV = \$400 \times \frac{1}{0.12/12} \times \left[1 - \frac{1}{(1 + 0.12/12)^{24}}\right] = \$400 \times PVIFA(1\%, 24) = \$8{,}497.36$$

즉, 당신이 현재 $8,497.36 가격의 차를 구입하려면 24개월 동안 매월 $400의 할부금을 내야 한다는 말이다. 참고로 할부 이자율은 당신의 신용도에 따라 개인별로 다르다. 본 교재의 부록(371~372쪽)에서 이자율 1%와 기간 24를 가정하여 연금의 현가계수(PVIFA)를 찾아보면 그 값이 21.2434임을 알 수 있다. 따라서 이 수치에 $400를 곱하면 동일한 $8,497.36가 된다.

대출 형태

대출 형태는 원금과 이자의 상환방법에 따라 순수할인대출, 이자우선상환대출, 분할상환대출 등 세 가지로 구분된다. 이들 대출은 모두 현금흐름할인법을 이용하여 그 현재가치를 계산할 수 있다.

순수할인대출은 가장 간단한 형태의 대출이다. 차입자는 오늘 자금을 빌리고 만기에 이자와 원금 총액을 일시불로 갚는다. 이자우선상환대출은 차입자가 매 기간 이자를 지급하고 만기에 원금을 상환한다. 분할상환 대출은 차입자가 매 기간 이자와 함께 원금의 일부를 상환한다. 차입자가 원금의 일부를 상환하면서 차입금을 갚아 나가는 것을 **분할상환**(amortizing)이라고 한다.

예제 4.8 미국 단기국채 가격

미국 단기국채(T-bill)는 순수할인대출의 좋은 예이다. T-bill이 1년 후에 $10,000를 지급하고 이자율이 7%라면, 이 T-bill의 현재 시장가격(PV)은 얼마인가?

$$PV = 10{,}000/1.07 = \$9{,}345.79$$

액면 $10,000와 현재가격 $9,345.79의 차이는 이자인 셈이다.

예제 4.9 이자우선상환대출

대출원금이 $10,000, 만기가 5년, 표면이자율이 7%인 이자우선상환대출을 생각해 보자. 이자는 연 단위로 지급한다. 이러한 대출의 현금흐름은 어떻게 될 것인가?

1~4차연도 현금흐름: 이자(0.07 × 10,000) = $700

5차연도 현금흐름: 이자 + 원금 = $700 + $10,000 = $10,700

원리금균등 분할상환대출

원리금균등 분할상환대출은 말 그대로 매회 균등한 금액을 상환해야 하며 상환금은 이자와 원금의 일부로 구성된다. 원금이 $5,000, 만기가 4년, 이자율이 8%인 대출을 가정하자. 이 대출은 매년 이자와 원금을 합친 균등 금액의 상환을 요구한다. 매년 얼마를 상환해야 하는가? **분할상환표(amortization schedule)**를 작성하시오.

매년 동일한 금액을 4년간 갚아야 하므로 이와 같은 현금흐름은 연금 형태의 현금흐름이다. 대출원금($5,000)이 연금의 현재가치에 해당하므로 향후 4년간 매년 갚아야 하는 균등상환금(C)은 연금의 현재가치 공식을 이용해서 역으로 아래와 같이 계산할 수 있다.

$$\$5{,}000 = \$C \times \frac{1}{0.08} \times \left[1 - \frac{1}{(1+0.08)^4}\right]$$

$$C = \$1{,}509.60$$

차입자는 매년 동일한 금액 $1,509.60를 4회에 걸쳐 지불해야 한다. 아래는 분할상환표이다.

기간	기초잔액	총지급액	이자지급액	원금상환액	기말잔액
1	$5,000.00	$1,509.60	$400.00	$1,109.60	$3,890.40
2	3,890.40	1,509.60	311.23	1,198.37	2,692.03
3	2,692.03	1,509.60	215.36	1,294.24	1,397.79
4	1,397.79	1,509.60	111.82	1,397.78	0.01
합계		$6,038.40	1,038.41	4,999.99	

표에서 1차연도의 기초잔액은 대출원금 $5,000이다. 총지급액은 이미 계산한 매년 균등상환액 $1,509.60이다. 이자지급액은 $400(= 5,000 × 8%)이다. 원금상환액은 총지급액 $1,509.60에서 이자지급액 400을 빼면 $1,109.60가 된다. 1차연도 기말잔액은 $3,890.40(= 기초잔액 5,000 − 원금상환액 1,109.60)이다. 2차연도 기초잔액은 1차연도 기말잔액과 동일하다. 이와 같은 과정을 4번 반복하면 4차연도의 기말잔액은 제로(0)가 된다. 계산과정에서 반올림으로 인하여 0과 조금 다를 수 있다. 매년 이자지급액 비중은 감소하며 원금상환액 비중은 증가한다는 것을 알 수 있다. 이는 원금의 일부를 지속 상환함으로써 기말잔액이 점점 줄어들기 때문이다.

분할상환표는 주택담보대출, 자동차 할부금융, 신용카드 할부금융 등 여러 상황에서 매우 유용하게 활용된다. 여기서는 편의상 상환기간을 연 단위로 하여 학습했지만 실제로 대부분의 상환기간은 월 단위이다. 예를 들어, 대출 또는 할부기간이 4년이면 48번 매달 균등 금액을 갚아야 한다. 엑셀 스프레드시트를 이용하면 분할상환표를 보다 손쉽게 작성할 수 있다.

재린이 생각하기

위험과 이자율 그리고 서민금융

세 명의 아이를 홀로 키우며 시장에서 장사하며 어렵게 생계를 꾸려 가는 할머니가 있다고 하자. 그리고 같은 동네에 사업이 번창하는 중견벤처기업이 있다고 하자. 둘 다 같은 은행의 지점에서 대출을 받고 있다. 이 은행은 비록 금액에서 차이가 있지만 할머니에게는 낮은 이자율로 융자해 주고, 중견벤처기업에게는 높은 이자율로 돈을 빌려 주고 있을까? 우리 마음과는 같지 않게 시장경제는 할머니에게는 높은 이자율을 그리고 중견벤처기업에는 낮은 이자율을 요구한다. 왜냐하면 은행 입장에서 할머니 사업이 중견벤처기업의 사업보다 더 위험하기 때문이다.

만약 우리 마음과 같이 모든 은행이 어렵고 위험한 상황에 있는 경영주체에게는 낮은 이자율을 요구하고 안전하고 현금창출력이 높은 경영주체에게는 높은 이자율을 요구한다면, 은행은 곧 적자를 보게 될 뿐만 아니라 전체 경제의 보상시스템까지 망가져 자원은 효율적으로 투자되지 못하게 된다.

이럴 때 사회는 두 가지 방안을 두고 고민하게 된다. 시장경제를 많이 포기하고 어려운 사람일수록 낮은 이자율을 받도록 하고 은행의 적자는 세금으로 보전하는 방법을 선택하든지, 아니면 시장경제를 크게 훼손하지 않으면서 국지적인 서민금융정책을 사용하는 것이다. 중국은 물론 대부분의 선진국은 두 번째 방법을 선택하고 있다.

정부주도의 서민금융정책과는 별도로 시장주도로 **마이크로파이낸싱**이 등장하였다. 많은 사람들에게 고리대금 이하의 금리로 소액의 융자를 해 주는 마이크로파이낸싱은 서민금융의 일환으로도 사용될 수 있다. 현재 빅데이터나 AI 기술이 접목되면서 시장주도의 마이크로파이낸싱은 향후 더욱 발전할 가능성이 커졌다.

연습문제

1 다음 중 어느 것이 1년에 한 번 복리로 계산되는 이자율인가?

① 정기이자율 ② 복리이자율 ③ 연 표시이자율
④ 일일 이자율 ⑤ 실효이자율

2 연 표시이자율이 8%이다. 어떤 형태의 복리에서 가장 높은 실효이자율을 얻을 수 있는가?

① 일 복리 ② 연 복리 ③ 연속복리
④ 월 복리 ⑤ 반기 복리

3 두 야구선수가 10년간 $1억를 받는 계약을 체결했다고 하자. 한 선수는 $1억를 10회에 걸쳐 균등하게 받고 다른 선수는 $1억를 10회에 걸쳐 받지만 매년 받는 금액이 5%씩 증가한다면, 누가 더 유리한 계약을 체결한 것인가?

투자기간 계산

4 이자율이 5.5%라고 가정하면 투자금액이 두 배가 되는 데 걸리는 기간은 얼마인가? 네 배가 되는 데 걸리는 기간은?

단리와 복리

5 Simple 은행은 저축계좌에 대해 연 7.5%의 단리를 지급하는 반면 Compound 은행은 동일한 계좌에 대해 연 복리로 이자를 지급한다. 10년 후 두 계좌의 잔고가 같아지려면 Compound 은행은 이자율을 얼마로 정해야 하는가?

원리금균등 분할상환

6 $5만 7,000의 대출에 대해 분할상환표를 작성하시오. 대출기간은 3년이고 이자율은 연 9%이며 매년 균등한 금액을 상환해야 한다.

CHAPTER 5

투자의사결정

사업의 수익성을 분석할 때 CFO가 사용하는 분석대상은 사업이 발생시키는 현금흐름이고 분석방법으로는 NPV, IRR, 회수기간법 등 여럿이 존재한다. 여기서 하나의 사업이 창출하는 현금흐름은 앞서 보았던 회사 전체의 현금흐름과 차이가 있음에 유의하자. 하나의 사업안이 창출하는 현금흐름을 '사업현금흐름'이라고 명명하고, 회사 전체의 현금흐름을 '회사현금흐름'으로 명명하기로 한다.

사업현금흐름과 회사현금흐름

사업안을 평가할 때 사용하는 사업현금흐름은 회사현금흐름과 다르게 측정한다. 가장 큰 차이는 사업의 영업활동 현금흐름은 이자를 고려하지 않는다는 점이다

① 투자자의 현금흐름 투자자의 현금흐름은 기타 이해관계자들을 모두 보상한 다음에 얻어지는 잔여현금이기 때문에 투자자를 만족시키는 투자안은 기타 이해관계자도 만족시킨다

사업안을 평가할 때 분석대상으로 현금흐름을 사용한다는 사실은 해당 사업이 결국 투자자를 만족시켜 줄 수 있는지 여부가 중요한 결정기준임을 말해 준다. 앞서 보았듯이 현금흐름은 최종적으로 투자자에게 귀속되기 때문이다. 하지만 영업활동에서 발생하는 현금흐름은 EBIT로부터 시작한다는 사실을 상기하자. EBIT는 이미 물건이나 노동으로 회사에 기여한 사람들에게 보상을 하고 난 다음에 얻어지는 수치이다. 정상적인 회사라면 현금흐름이 양의 값을 가질 때, 기타 이해관계자에게 시장가격에 기초하여 체결된 약속은 이미 지켜진 상태일 것이다.

② 사업의 영업활동 현금흐름 기업가치를 측정할 때 사용하는 영업활동 현금흐름과 투자안을 심사할 때 사용하는 영업활동 현금흐름은 차이가 있다

재무이론에는 투자의사결정과 자금조달의사결정은 서로 분리되어 있다는 주장이 있다. 어떤 사업안을 실행하기 위해 필요한 기계를 살 때, 매입자금을 누구에게서 어떤 조건으로 조달했는지 따질 필요가 없다는 것이다. 가령 이 사업안의 자금은 채권자로부터 조달됐으니 이 사업에서는 5% 이자율을 만족시킬 현금흐름만 벌면 되고, 저 사업안의 자금은 주주로부터 왔으니 이보다 높은 10%의 수익을 내야 한다는 등의 의사결정은 잘못된 방법이다. 자금을 조달할 때는 양질의 자금을 저렴하게 조달하도록 의사결정을 하고, 이를 통해 전체 회사의 자금조달비용이 결정되면, 이후 사업안을 평가할 때는 이 동일한 자금비용을 사용하여 기업가치를 높일 수 있는 사업을 선택한다.

따라서 이 **분리의 원칙(separation theorem)**(또는 분리의 정리)을 사용하여 사업안을 평가할 때는 사업안이 벌어들일 현금흐름이 이자로 지급될지 배당금으로 지급될지 구분하지 않아도 된다. 채권자와 주주의 현금흐름을 구별하지 않으려 한다면, 한 가지 가능한 방법은 사업안의 미래현금흐름을 추정할 때 부채가 없다고 가정하고 이자를 고려하지 않는 것이다. 그러면 사업안이 내야 할 법인세의 계산이 달라지는데, 바로 이 부분이 회사의 영업활동 현금흐름과 **사업의 영업활동 현금흐름**(project operation cash flow : p.OCF) 간에 차이를 유발한다.

사업의 영업활동 현금흐름

회사의 영업활동 현금흐름을 구하는 식은 아래와 같았다.

$$OCF = EBIT + dep. - tax$$

여기서 법인세(tax)는 EBIT에서 이자(int.)를 차감한 세전이익(EBT)에 한계법인세율(τ)을 곱한 값이다. 그런데 부채가 없다면 이자가 없으므로(int. = 0) 사업안의 법인세는 해당 사업에서 발생한 EBIT에 직접 한계법인세율을 곱하여 구하고,

$$p.tax = EBIT \times \tau$$

위의 OCF 식에 p.tax를 대입하면, 결국 사업의 영업활동 현금흐름은 다음과 같다.

$$p.OCF = EBIT(1 - \tau) + dep.$$

p.OCF를 구하는 위의 식에서 이자(int.)가 없다는 것은 사업현금흐름 중 얼마가 채권자에게 지급되고 얼마가 주주에게 지급되는지 고려할 필요가 없음을 보여 준다.

③ 현금흐름의 증분 타 부서 현금흐름과의 관계, 즉 잠식효과와 시너지효과를 고려하여 회사의 영업활동 현금흐름이 증가한 증분을 측정한다

사업의 영업활동 현금흐름을 추정할 때 한 가지 유념해야 할 사항은, 해당 신사업이 기존의 사업에 미치는 영향도 고려해야 한다는 사실이다. 가령 라면 제조사가 새로운 라면을 만드는 사업을 시작하면, 새 브랜드가 1,000원의 현금흐름을 발생시킨다고 하자. 그런데 이 새 브랜드 때문에 기존 브랜드의 매출이 200원이 줄어든다면 회사 입장에서는 총 800원의 현금흐름만 추가로 발생한 것이다. 그러면 이 사업안은 1,000원이 아닌 800원의 현금흐름으로 평가해야 한다. 반대의 경우도 있다. 프린터 사업부와 잉크 사업부를 가지고 있는 회사에서는, 새로운 프린터를

개발해서 판매하는 프로젝트는 동시에 잉크의 매출도 올리는 효과도 가져온다. 단지 프린터 판매의 현금흐름만 고려해서 사업안을 평가하면 잘못된 투자의사결정을 내릴 수 있다.

이처럼 사업안을 평가할 때는 신사업의 '**잠식효과**(erosion effect)'와 '**시너지효과**(synergy effect)'를 모두 감안한 뒤 이 사업안 때문에 증가하게 되는 회사 전체의 추가현금흐름을 분석대상으로 삼아야 한다. 투자자는 회사가 최종적으로 집계한 현금흐름을 가져가기 때문이다.

④ 사업의 투자활동 현금흐름 사업안은 영업활동 현금흐름 이외에 투자활동 현금흐름도 발생시킨다

하나의 사업안은, 회사와 마찬가지로, 영업현금흐름 이외에도 투자활동 현금흐름을 발생시키고 이에 포함되는 순운전자본의 변화를 가져온다. 기본적으로 **사업의 투자활동 현금흐름**(project investment cash flow : p.ICF)은 회사의 투자활동 현금흐름을 구하는 방식과 큰 차이가 없다. 다만 사업안의 존속기간이 한정되어 있다면 투자의 잔존가치가 투자활동 현금흐름에 영향을 미칠 수 있고, 이 밖에도 매몰비용이나 기회비용 등을 고려해야 한다는 차이가 있다. 이에 대한 자세한 설명은 다음 장에서 사례를 통해 보이기로 한다.

사업의 투자활동 현금흐름

신사업으로 발생되는 고정자산의 변화(ΔNFA), 감가상각(dep.), 순운전자본의 변화(ΔNWC), 고정자산의 잔존가치와 기회비용을 고려한다.

$$-p.ICF = -(\Delta NFA + dep. + \Delta NWC) + \text{잔존가치} - \text{기회비용}$$
$$= -(\Delta NFA + dep.) - (\Delta CA - \Delta CL) + \text{잔존가치} - \text{기회비용}$$

⑤ 사업현금흐름 사업현금흐름은 사업의 영업활동과 투자활동에서 발생한 현금흐름을 합쳐 구한다

사업의 영업활동 현금흐름과 사업의 투자활동 현금흐름을 합치면 해당 프로젝트가 투자자에게 지급할 **사업현금흐름**(project cash flow : p.CF)이 구해진다.

사업현금흐름 = 사업의 영업활동 현금흐름 + 사업의 투자활동 현금흐름
p.CF = p.OCF - p.ICF

NPV

투자안의 현금흐름이 주주의 부를 증대시키는지는 NPV를 통해 판단할 수 있다

새로운 사업안에 대하여 위의 방법으로 현금흐름을 구하였다면, CFO는 아래의 분석방법을 사용하여 추정된 사업현금흐름이 회사의 가치를 증가시키는지를 판단한다.

① NPV의 정의 사업안이 벌어들일 사업현금흐름의 현재가치가 사업을 시작하기 위해 오늘 투자해야 할 금액보다 크거나 같다면 그 사업안은 채택되어야 한다

새로운 사업이 향후 5년 동안 1,000원씩의 현금흐름을 창출한다고 하고, 이 사업을 시작하기 위해서는 기계와 순운전자본을 오늘 투자해야 하는데 그 금액이 3,000원이라고 하자. 그러면 오늘 3,000원 투자해서 5년간 총 5,000원을 벌 수 있으니, 이 사업은 회계상 흑자이다. 한편 이 사업이 과연 투자자가 원하는 수익률을 가져다주는지도 살펴보자. 투자자가 매년 15%의 수익을 요구한다면, 투자자는 매년 450원(3,000원 × 15%)의 순이익을 내고 5년 후에는 3,000원의 원금을 돌려받기를 원할 것이다. 이를 요약하면 다음과 같다.

표 5-1 사업현금흐름과 투자자가 요구하는 현금흐름의 비교

	1년	2년	3년	4년	5년	합계
사업현금흐름 일정	1,000	1,000	1,000	1,000	1,000	5,000
투자자의 요구 현금흐름	450	450	450	450	3,450	5,250

표 5-1을 보면, 투자자가 요구하는 현금흐름은 5년간 총 5,250원인데 사업의 현금흐름은 총 5,000원에 그친다. 비록 회계상 흑자라도 그 흑자 규모가 투자자가 원하는 수준에 못 미친다. 그러면 우리는 이 사업을 기각해야 할까? 우리는 돈의 시간의 가치를 고려해야 함을 알고 있다.

이 둘의 현금흐름은 현재가치로 환산한 다음 비교해야 한다. 투자자의 15% 요구수익률로 각 현금흐름의 현재가치를 계산하면 아래 표와 같다.

표 5-2 사업현금흐름과 투자자가 요구하는 현금흐름의 현재가치

	1년	2년	3년	4년	5년	합계
사업현금흐름의 현재가치	$1,000/1.15$ = 869.6	$1,000/1.15^2$ = 756.1	$1,000/1.15^3$ = 657.5	$1,000/1.15^4$ = 571.8	$1,000/1.15^5$ = 497.2	3,352.2
투자자 요구 현금흐름의 현재가치	$450/1.15$ = 391.3	$450/1.15^2$ = 340.3	$450/1.15^3$ = 295.9	$450/1.15^4$ = 257.3	$3,450/1.15^5$ = 257.3	3,000.0

투자자가 요구하는 현금흐름의 현재가치는 3,000원인데, 사업현금흐름의 현재가치는 3,352.2원으로 더 많다. 따라서 이 사업은 채택되어야 하며, 만약 회사가 상장사라면 이 프로젝트를 발표할 때 회사의 시가총액은 352.2원만큼 증가할 것이다.

NPV

회사의 시가총액이 상승했다는 것은 주주의 부가 그만큼 증가했다는 뜻이다. 이렇게 주주 부의 증가분을 **순현재가치**(net present value : NPV)라고 하며, 다음 식으로 나타낸다.

$$NPV = \sum_{t=1}^{T} \frac{CF_t}{(1+r)^t} - Inv_0$$

t : 시점, T : 종료시점, CF : 현금흐름,
r : 투자자 요구수익률(할인율), Inv_0 : 초기투자액

따라서 순현재가치는 투자자가 요구하는 수익을 초과하는 현금흐름의 현재가치라고 할 수 있으며, 이는 곧 회사의 시가총액의 증분이 된다. 여기에 핵심적인 투자의사결정의 기준이 있다. CFO는 어떤 사업안이 적자이냐 흑자이냐의 회계적 수익에 의해 판단하지 않고, 위의 예처럼 그 사업안이 투자자가 요구하는 수익률을 만족시키느냐에 의해 판단해야 한다. 왜냐하면 투자자가 원하는 것은 자신의 부가 적어도 유지되거나 상승하는 것이기 때문이다.

사업안의 NVP가 0이라면 그 사업안은 투자자의 요구수익률을 정확히 맞춰 준다는 뜻이고 따라서 회사의 주가는 움직이지 않는다. 만약 NPV가 0보다 크다면 투자자의 요구수익률보다 더 높은 수익을 주는 프로젝트이기 때문에 이를 공시할 때 회사의 주가는 상승할 것이다. 사업안이 회계상으로는 흑자인데 NPV가 음수인 경우도 적지 않게 존재한다. 이런 사업안은 회사의 주가를 낮추기 때문에 기각되어야 한다.

재린이 생각하기 NPV 상한제

NPV가 큰 투자안의 경우, NPV가 0이 될 때까지 투자자의 몫을 줄이고 그 돈으로 직원에게 보너스를 많이 주거나 사회기부를 한다면 어떻게 될까?

위의 정책을 사전적으로 정한다면, 미래수익의 상방 수익성은 제한되고 하방 위험성은 열려 있기 때문에 시장이 예상하는 미래현금흐름의 기댓값이 급격히 줄어들어 투자안의 NPV가 0보다 적어질 수 있으며, 따라서 투자안이 채택되지 않을 수 있다.

한편 위의 정책을 사후적으로 실행한다면, 시장이 한 번은 넘어가지만, 이후로는 시장이 위의 정책을 사전적으로 알게 되어 첫 번째와 같은 결과가 나올 것이다. 수요나 공급의 충격으로 인해 회사가 예상치 못했던 순익이 발생했을 때 여기에 횡재세를 부가하자는 주장도 위의 단점에서 자유롭지 못하다고 할 수 있다.

② WACC 투자자의 요구수익률은 주주와 채권자의 평균 요구수익률인 WACC으로 측정한다

CFO는 자기 회사의 투자자들이 요구하는 수익률이 얼마인지를 파악하고 있어야 한다. 사업안의 미래현금흐름은 그 사업안을 기안한 사업부에서 추정하지만, 투자자들이 요구하는 수익률을 측정하는 것은 CFO와 재무부서가 홀로 해야 하는 일이다. 그만큼 CFO의 핵심과제라고 할 수 있다. 회사 전체의 자본비용(WACC)은 회사의 자본구조 또는 부채비율과 밀접하게 관련되어 있기 때문에, 결국 회사의 자본비용을 정하는 것도 CFO의 역할이라 할 수 있다.

우리는 자금조달의사결정과 투자의사결정은 서로 분리되어 있음을 보았다. 이 분리의 법칙이 현금흐름에 적용되면 회사현금흐름이 사업현금흐름으로 수정되는 것처럼, 자본비용에 이 분리의 법칙이 적용되면 회사WACC은 사업WACC으로 수정된다.

예제 5.1 사업현금흐름과 사업WACC의 계산

A기업이 하나의 사업(프로젝트)을 추진하려 한다. 이 사업은 회사의 기존 재무특성을 바꾸지 않는다. 즉, 사업의 베타(β)는 회사의 기존 β와 같고, 사업자금조달 후에도 회사의 부채비율이나 한계법인세율이 변하지 않는다. 해당 사업프로젝트에 관련된 재무정보는 다음과 같으며, 향후 동일한 결과가 지속될 것으로 가정한다.

사업손익계산서(2024.1.1.~2024.12.31.)

매출	sales	5,000
비용(감가상각외)	COGS	4,000
감가상각	dep.	600
영업이익	EBIT	400

사업관련 투자활동(2024.1.1.~2024.12.31.)

유지보수 투자	600
ΔNWC(향후 매출액이 동일)	0

사업관련 기타재무정보

자본의 요구수익률	ks	10.00%
부채의 요구수익률	kb	6.00%
한계법인세율	τ	20.00%
부채비율	B/V	55.56%
자본비율	S/V	44.44%

a. 사업관련 재무정보를 이용하여 사업WACC을 구하시오.

$$\text{사업WACC} = ks \times S/V + kb \times (1-\tau) \times B/V$$
$$= 0.1 \times 0.4444 + 0.06 \times (1-0.2) \times 0.5556 = 0.0711\ (7.11\%)$$

b. 2024년에 발생한 사업의 영업활동 현금흐름을 구하시오.

$$p.OCF = \text{사업의 EBIT} \times (1-\tau) + \text{사업의 dep.}$$
$$= 400 \times (1-0.2) + 600 = 920$$

c. 2024년에 발생한 사업의 투자활동 현금흐름을 구하시오.

$$-p.ICF = -(\text{사업의 유지보수 투자} + \text{사업의 }\Delta NWC)$$
$$= -(600+0) = -600$$

d. 위에서 구한 사업의 현금흐름과 사업WACC을 사용하여 사업의 가치를 구하시오.

$$\text{사업의 가치} = (p.OCF - p.ICF)/\text{사업WACC}$$
$$= (920-600)/0.0711 = 4{,}500$$

회사WACC과 사업WACC

회사 전체의 가치를 평가할 때 **회사WACC**이 주주의 요구수익률과 채권자의 요구수익률 간의 가중평균이라면, 하나의 사업안을 평가할 때 적용하는 **사업WACC**(project WACC : p.WACC)은 이자지급이 없다는 가정하에서 정의된다.[1]

$$WACC = ks\frac{S}{V} + kb\frac{B}{V}$$

$$p.\ WACC = ks\frac{S}{V} + (1 - \tau)kb\frac{B}{V}$$

S : 자본의 시장가치(시가총액), B : 부채의 시장가치, V : 기업가치(S + B),
ks : 주주의 요구수익률, kb : 채권자의 요구수익률, τ : 한계법인세율

WACC이 회사현금흐름을 할인할 때 사용된다면, p.WACC은 사업현금흐름을 할인할 때 사용한다. 회사가 하나의 프로젝트만 가지고 있다면, 두 평가 방법으로 얻은 기업가치와 사업가치는 똑같다.

③ 투자의사결정 원칙 회사에 자금이 모자라더라도 음수가 아닌 NPV의 투자안은 모두 채택해야 한다. NPV가 0 이상인 투자안은 효율적인 시장에서 항상 자금조달이 가능하기 때문이다

NPV가 0인 프로젝트와 100인 프로젝트와 200인 프로젝트 등 3개의 사업안이 있다고 하자. 그리고 회사는 지금 셋 중 하나만 투자할 수 있는 자금만을 보유하고 있다. CFO는 어떤 사업안을 채택해야 할까? CFO는 셋 중 NPV가 200으로 가장 높은 세 번째 사업안만 선택하는 것이 아니고, 나머지 두 사업안까지 모든 사업안을 채택해야 한다. 왜냐하면 투자자가 요구하는 수익률을 만족시키거나 이보다 더 높은 수익이 기대되는 사업은 투자자로부터 자금조달이 충분히 가능하기 때문이다.

특히 NPV가 0인 사업안도 투자자는 실행하길 원한다는 점에 유의해야 한다. NVP가 0이면 주가는 오르지 않는다. 하지만 투자자는 해당 투자로 자신이 원하는 수익률만큼의 수익은 얻을

---

1 여기서 매우 중요한 가정은 사업안의 체계적인 위험이 회사의 체계적인 위험과 같다는 점이다. 사업안의 위험이 다른 경우 어떤 점이 고려되어야 하는지는 자본비용을 논하는 장에서 다시 설명한다.

수 있다. 주가가 오르지 않더라도 사업안의 자금이 증자를 통해 조달되었다면 회사의 시가총액은 그만큼 커진다.

IRR

투자안이 매년 복리로 가져다주는 연평균수익률은 IRR을 통해 측정할 수 있다

① IRR의 정의 NPV를 0으로 만드는 할인율이 IRR이다

NPV는 사업안의 현금흐름이 투자자가 원하는 금액을 얼마나 초과 또는 미달하는지를 알려 준다. 그래서 NPV는 절대액으로 표시된다. 그러니 투자안을 수익률로 판단하는 데 익숙한 투자자에게는 불편할 수 있다. 또한 회사에서 사업부를 평가할 때도 NPV는 초기 투자액에 따라 크게 달라지기 때문에 NPV만으로는 공정한 평가가 어렵다.

IRR

NPV의 결과를 투자자에게 익숙한 수익률로 환산한 것이 **내부수익률**(internal rate of return : IRR)이다.

$$\text{IRR} : \sum_{t=1}^{T} \frac{CF_t}{(1+\text{IRR})^t} - \text{Inv}_0 = 0 \quad \text{또는} \quad \sum_{t=1}^{T} \frac{CF_t}{(1+\text{IRR})^t} = \text{Inv}_0$$

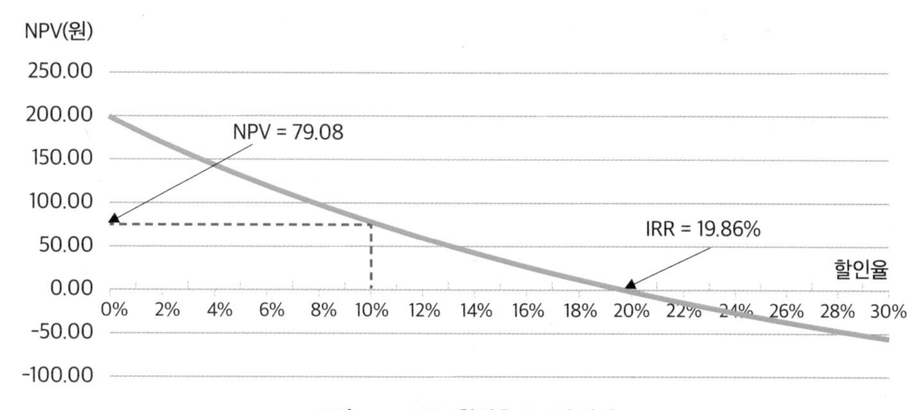

그림 5-1 NPV, 할인율, IRR의 관계

앞의 식은 한 번에 계산하여 풀리지 않는다. 시행착오 방법을 통해 위의 식을 만족시키는 IRR의 값을 구할 수 있다. IRR은 미래에 받을 현금흐름이 복리로 계산했을 때 투자자에게 가져다주는 연평균수익률이라고 볼 수 있다. NPV와 IRR 간의 관계는 그래프를 사용할 때 가장 잘 나타낼 수 있다.

그림은 5년 동안 매해 100원의 현금흐름을 발생시키고 0년에 초기투자가 300원인 사업안에 대해 할인율이 변할 때 사업안의 NPV가 어떻게 변하는지를 보여 주는 그래프이다. 하늘색 곡선은 가로축의 할인율과 세로축의 NPV 간의 관계를 나타낸다. 가령 할인율이 0이라고 하면 해당 사업안의 NPV는 200원이고, 할인율이 10%라면 같은 사업안의 NPV는 79.08원이 된다. 할인율이 높아질수록 동일한 사업안의 NPV는 낮아지는 것을 볼 수 있다. 할인율이 계속 높아지면 결국 NPV는 0원으로 낮아지는데, 이렇게 NPV를 0원으로 만드는 할인율이 바로 우리가 찾는 IRR이다. 그림에서는 그 할인율이 19.86%로 표시되어 있다. (정확히는 19.8577097873...%이다.)

② huddle rate IRR은 단지 투자안이 가져다주는 연평균수익률이기 때문에 투자의사결정에 사용하기 위해서는 IRR과 비교할 huddle rate가 필요하다

IRR은 사업안이 투자자에게 가져다주는 수익률이기 때문에 그 자체로 사업안 채택 여부를 판단할 수 없다.

Huddle Rate

IRR을 가지고 사업안의 채택 여부를 결정하기 위해서는 이와 대조할 기준수익률이 필요한데, 이를 huddle rate(기준수익률)라고 하며 이는 CFO가 결정한다. Huddle rate의 최저치는 당연히 투자자의 요구수익률이 되겠지만, CFO는 회사의 투자정책상 투자자의 요구수익률에 α를 더해 더 높이 정하는 경우가 많다.

IRR은 회사 내부에서 사업부 간 실적을 비교하거나 회사의 정책을 구성원에게 공지할 때 매우 유용하다. 가령 CFO가 올해 회사의 투자목표는 huddle rate 12%를 넘는 것으로 한다는 공지를 하면, 모든 사업부는 IRR이 12% 미만인 신규사업안을 제출하지도 못할뿐더러 기존의 사업 중 12% 미만인 프로젝트는 매각하거나 중단해야 한다는 뜻으로 이해하게 될 것이다.

③ IRR의 문제점 IRR은 투자안 규모의 문제, 상호독립적인 투자안 간 의사결정 시 오류의 문제 등으로 인해 NPV와 같이 사용하는 것이 좋다

예를 들어 프로젝트 A는 5년 동안 100원의 현금흐름을 발생시키고 0년에 초기투자가 300원인 사업안이다. 프로젝트 B는 5년 동안 200, 50, 50, 50, 40원의 현금흐름을 창출하고 0년에 초기투자가 250원인 사업안이다. 프로젝트 A의 NPV - 할인율 곡선(A)은 하늘색으로 표시되었고 프로젝트 B의 곡선(B)은 빨간색으로 표시되었다.

특이한 점은 곡선 A와 B가 할인율이 12.57%인 지점에서 교차하고 있다는 사실이다. 만약 두 프로젝트가 상호독립적[2]이고 huddle rate가 할인율과 같다면, 투자의사결정 시 NPV를 사용하든 IRR을 사용하든 항상 같은 결정을 내리게 된다. 둘 중에 NPV가 0 이상인 사업안을 모두 택할 때와 둘 중에 IRR이 huddle rate 이상인 사업안을 모두 택할 때와 결론은 같다.

그러나 만약 두 프로젝트가 상호배타적이고 동시에 huddle rate이 교차점인 12.57%보다 작다면, NPV와 IRR은 상이한 결론을 낸다. 가령 그림에서 할인율이 6%라고 하자. 그럼 A의 NPV는 121.24로 B의 NPV 94.66보다 높기 때문에 CFO는 A 프로젝트를 선택하고 B 프로젝트를 기각할 것이다. 그러나 IRR로 투자의사결정을 한다면, A의 IRR은 19.86%로 B의 IRR 25.33%보다 낮기 때문에 A 대신 B 프로젝트를 채택하게 된다. 하지만 두 사업이 상호배타적이어도 만약에 할인율이 교차점보다 높다면, NPV와 IRR 모두 B 프로젝트를 선택하게 되어 문제는 발생하지 않는다.

이처럼 두 프로젝트가 상호배타적이라는 조건과 할인율이 교차점보다 작다는 조건을 모두 만족시키는 상황에서는 CFO가 IRR을 사용할 수 없다. 이때 CFO는 항상 NPV의 결론을 따라야 한다. 앞서 보았듯이 투자자가 원하는 것은 자신의 부를 극대화하는 것이기 때문이다. 따라서 CFO는 NPV에 기초하여, 할인율이 교차점보다 작을 때는 A 프로젝트를 채택하고, 할인율이 교차점보다 클 때는 B를 채택할 것이다.

IRR은 그 밖에도 불완전한 답을 내는 경우가 종종 있다. 미래현금흐름 중에 음수의 큰 금액이 존재할 때는 복수의 답(IRR)이 나올 수 있고, IRR이 매우 높더라도 투자금액이 적으면 판단

2 두 프로젝트가 상호독립적이라는 말은 둘 다 택할 수도 있고 하나만 택해도 되고 모두 기각해도 된다는 뜻이다. 반면 두 프로젝트가 상호배타적이라는 말은 하나의 프로젝트를 택하면 다른 하나는 택할 수 없는 상황을 뜻한다. 가령 회사가 토지를 소유하고 있는데 그 위에 호텔을 건설하는 프로젝트와 공장을 세우는 프로젝트는 병행할 수 없기 때문에 상호배타적이라고 할 수 있다.

예제 5.2

IRR의 계산

B기업은 새로운 사업을 계획 중이다. 초기투자는 100억원이 들어가고 첫 번째 해에 10억원, 두 번째 해에 110억원의 현금흐름을 창출한 다음 사업은 종료된다. 따라서 회계상으로 이 사업은 종료 시 2년간 20억의 순이익을 내게 된다.

a. 사업WACC이 10%라면, B기업이 추진하려는 사업의 IRR은 얼마인가?

사업의 NPV를 0으로 만드는 할인율이 IRR임을 감안하면,

$$10억/(1 + IRR) + 110억/(1 + IRR)^2 - 100억 = 0$$

을 만족시키는 IRR을 찾으면 된다. 답은 10%이다.

b. 만약 사업WACC이 12%라면, 해당 사업을 추진해야 하는가?

CFO가 사업WACC을 huddle rate로 적용한다면,

IRR = 10% < huddle rate = 12%이기 때문에 기각해야 한다.

c. 만약 사업WACC이 8%라면, 해당 사업을 추진해야 하는가?

역시 CFO가 사업WACC을 huddle rate로 적용한다면,

IRR = 10% > huddle rate = 8%이기 때문에 채택해야 한다.

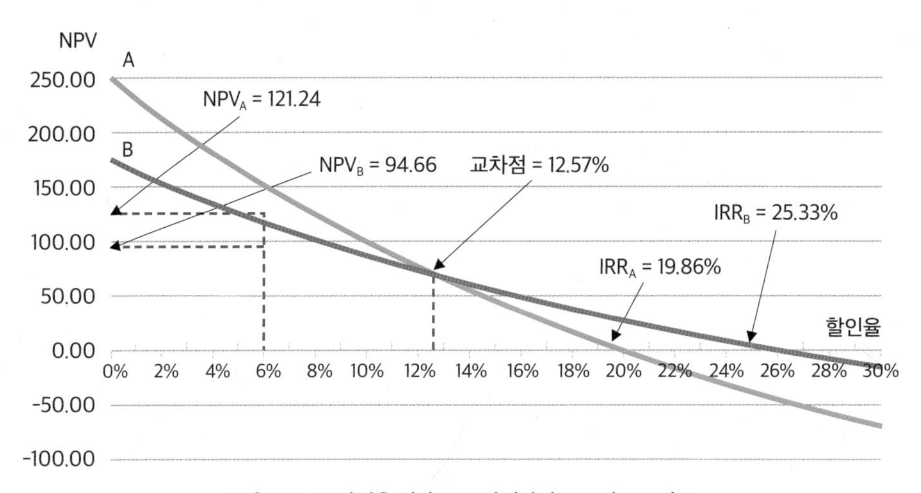

그림 5-2 교차점을 지나는 두 사업안의 NPV와 IRR 비교

의 기준으로 삼기 어렵다. 이러한 특성을 볼 때, 현명한 CFO는 NPV를 투자의사결정의 기준으로 삼되 IRR은 보조지표로 사용할 것이다.

기타 도구

그 밖의 투자의사결정 도구로는 AAR, PI, Payback period 등이 있다

NPV와 IRR 이외에 자주 사용되는 투자의사결정 도구로는 **회수기간법**(payback period), 회계적인 수익률을 측정하는 평균회계수익률법(AAR), 수익률지표(PI) 등 기타 방법들이 있으나, 여기서는 회수기간법만 설명하기로 한다.

회수기간법

Payback period를 사용하여 사업안을 평가할 때는 단순히 투자원금을 전부 회수하는 데 소요되는 시간을 계산한다. 그리고 회사가 정해 놓은 기간 내에 투자원금이 회수되는 사업안은 모두 채택하는 방식이다. 아래의 예를 보자.

표 5-3 회수기간법의 예

	A 프로젝트	B 프로젝트	C 프로젝트	D 프로젝트
0년(투자금)	-1,000원	-2,000원	-1,500원	-1,500원
1년 차 현금흐름	500	500	200	500
2년 차 현금흐름	300	500	400	1,000
3년 차 현금흐름	200	500	600	200
4년 차 현금흐름	100	500	600	100
5년 차 현금흐름	150	500	1,200	100
현금흐름 합계 - 투자금	150원	500원	1,500원	400원
회수 소요기간	3년	4년	3.5년	2년

A 프로젝트는 초기에 1,000원을 투자하고 3년 차가 되면 초기투자액을 모두 회수한다(500원 + 300원 + 200원 = 1,000원). 한편 C 프로젝트는 초기에 1,500원을 투자하고 3년 차까지 1,200원의 현금흐름을 벌고 4년 차의 반기(0.5년 = 미회수액 300원/4년 차 현금흐름 600원)가 지나면 초기투자액이 모두 회수된다. 이런 식으로 계산하면, 4개의 프로젝트 중 D 프로젝트가

AI와 투자의사결정

※ AI를 사용하면 더욱 효율적인 투자의사결정을 할 수 있는가?

✔ ChatGPT는 같은 질문에 대해서도 매번 약간씩 상이한 답을 준다. ChatGPT에 위의 질문을 10번 했을 때 많이 나온 5개의 이유를 아래에 적어 놓았다.

- 데이터분석: 대용량 자료분석을 통해 투자에 관한 시장추세, 패턴, 직관 제공
- 위험측정: 과거자료에서 해당 자본투자에서 발견된 위험 나열, 시나리오 제공
- 실시간 의사결정지원: 자원배분을 매 순간 최적화하기 위한 실시간 정보제공
- 정확한 예측: 여러 요인을 복합적으로 고려하여 미래현금흐름의 예상력 향상
- 반복작업 자동화: 자료수집, 입력, 보고서작성을 대신하여 인력과 시간 절약

단 2년 만에 원금을 회수하는 가장 짧은 회수기간을 가진다.

회수기간법은 시간의 가치나 위험 등 경제이론이 결여된 투박한 의사결정방법이다. 그러나 이 회수기간법은 현장에서 많이 사용된다. 이론적으로 합리화되기 힘든 회수기간법이 현장에서 많이 사용되고 있다는 사실은, 반대로 현장에서 바라보는 미래의 위험과 불확실성은 이론이 주장하는 위험도에 비해 훨씬 크다는 점을 시사한다.[3]

3 현금흐름의 수령이 늦춰질수록 불확실성은 커진다. 현장에서는 되도록 빨리 투자원금을 회수하여 이 불확실성을 제거하는 것으로 보인다. 이는 현명한 CFO는 각 투자결정기법의 단점과 적용의 조건을 이해하고 있어야 함을 뜻한다. 이론은 항상 평균을 사용한다. 하지만 현장에서 개별기업이 경험하는 것은 평균이 아니다. 각 회사의 환경에 맞는 판단기법을 개발하는 것도 CFO의 역할이다.

연습문제

회사현금흐름

1 ㈜서울은 2024년 초에 설립되어 2024년 한 해 동안 영업을 했다. 매해 당기순이익은 배당금으로 모두 지급하고 감가상각만큼 유지보수투자도 한다. 따라서 향후 ㈜서울의 대차대조표와 손익계산서는 2024년과 동일할 것이다.

대차대조표(억원)

	2024년 초	2024년 말 (배당 전)	2024년 말 (배당 후)		2024년 초	2024년 말 (배당 전)	2024년 말 (배당 후)
유동자산 (CA)	1,500	1,700	1,500	유동부채 (CL)	1,000	1,000	1,000
순고정자산 (NFA)	3,000	3,000	3,000	고정부채 (FL)	1,500	1,500	1,500
				자본금과 자본잉여금 (Sb)	2,000	2,000	2,000
				이익잉여금 (RE)	0	200	0
총계	4,500	4,700	4,500	총계	4,500	4,700	4,500

손익계산서(억원)(2024.1.1.~2024.12.31.)

매출	sales	5,000
비용(감가상각외)	COGS	4,000
감가상각	dep.	600
영업이익	EBIT	400
이자	int.	150
세전이익	EBT	250
세금(20%)	tax	50
당기순이익	NI	200

기타 재무정보

자본의 요구수익률	ks	10.00%
부채의 요구수익률	kb	6.00%
감가상각률	δ	20.00%
자본수익률	ROE	10.00%
한계법인세율	τ	10.00%
배당금	div.	200

a. ㈜서울의 장부가치는 총자산이 4,500억원, 부채가 2,500억원, 자기자본이 2,000억원이다. 위 3개의 항목에 대해 시장가치를 구하시오.
(영구연금의 공식을 활용하면, 자본의 시장가치(S) = NI/ks, 부채의 시장가치(B) = D/kb, 기업가치(V) = S + B. 단, D = CL + FL)

b. 위에서 구한 시장가치와 보고된 기타 재무정보를 이용하여 회사WACC을 구하시오. 그리고 예제 5.1a와 비교하시오. (회사WACC = ks × S/V + kb × B/V)

c. 2024년에 발생한 회사의 영업활동 현금흐름을 구하고, 예제 5.1b와 비교하시오. (OCF = EBIT + dep. − tax)

d. 2024년에 발생한 회사의 투자활동 현금흐름을 구하고, 예제 5.1c와 비교하시오. (ICF = ΔNFA + dep. + ΔNWC. 단, NWC = CA − CL)

e. 2024년에 발생한 회사의 재무활동 현금흐름을 구하고 그 값이 위에서 구한 OCF와 ICF의 차액과 같은지 확인하시오. (FCF = int. + div. − ΔFL − ΔSb)

f. 회사의 재무활동 현금흐름과 회사WACC을 사용하여 기업가치(V)를 구하고, 위 a의 결과와 같은지 확인하시오. 그리고 예제 5.1d의 결과와 같은지 확인하시오. (V = FCF/회사WACC = S + B)

2 **문제 1의 결과와 예제 5.1의 결과를 가지고 회사현금흐름, 회사WACC, 사업현금흐름, 사업 WACC에 대해 논하시오.**

NPV

3 **㈜부산은 새로운 사업을 계획 중이다. 초기투자는 100억원이 들어가고 첫 번째 해에 10억, 두 번째 해에 110억원의 현금흐름을 창출한 다음 사업은 종료된다. 따라서 회계상으로 이 사업은 2년 후 종료 시 20억의 순이익을 내게 된다.**

a. 투자자의 요구수익률(사업WACC)이 12%이면, 이 사업의 NPV는 얼마인가? 회계상으로 이 사업은 흑자를 내는데도 NPV에 의하면 기각되어야 하는가?

b. 투자자의 요구수익률(사업WACC)이 10%이면, 이 사업의 NPV는 얼마인가? 투자자 입장에서 NPV = 0인 사업안은 어떤 의미를 갖는지 설명하시오.

c. 위의 결과를 예제 5.2와 비교하시오.

회수기간법

4 **㈜대전은 다음과 같은 3개의 사업안을 고려 중이다. 현재 회사는 투자자금을 1,000억원만 조달할 수 있다.**

연도	0	1	2	3	4	5
A사업	-1,000	200	300	400	500	200
B사업	-1,000	300	700	200	100	100
C사업	-1,000	100	100	100	500	2,000

a. ㈜대전이 회수기간법을 사용한다면, A, B, C 중 어느 사업을 선택해야 하는가?

b. 만약 사업WACC이 10%이고 NPV법을 사용한다면, 어느 사업을 채택하겠는가?

c. a에서 채택된 사업의 NPV와 b에서 채택된 사업의 NPV를 비교하고, 회수기간법의 장단점에 대해 논의하시오.

IRR

5 **㈜당진은 새로운 사업에 진입하기 위해 200억원을 투자하려고 한다. 이 사업의 향후 3년간 연간 현금흐름은 50억원, 100억원, 150억원에 달할 것으로 예상된다. 그리고 3년 후에는 사업이 종료된다. 이 사업의 IRR을 구하시오. 만약 huddle rate가 20%라면, 이 사업은 채택되어야 하는가?**

CHAPTER 6

사업평가와 자본예산 사례

여태까지 여러분은 CFO의 첫 번째 임무인 투자의사결정에 대해 배웠다. 사업안의 현금흐름을 추정하고, 이를 현재가치로 할인하기 위한 사업안의 WACC을 추정하고, NPV 방법에 의해 사업안이 기업의 주가를 올릴지를 측정해서 사업안을 기각할지 채택할지를 최종 판단한다. 이 일련의 과정을 가장 잘 체득하는 방법은 사례를 풀어 보는 것이다. 여기서는 간단한 사례를 따라가면서, 사업의 영업활동 현금흐름과 사업의 투자활동 현금흐름을 같이 추정해 보고, 주어진 사업 WACC으로 할인하여 사업의 NPV를 구해 본다. 한편 한 사업안의 NPV를 구하는 것은 기업의 내년 전체 자본예산을 짜는 더 큰 과정 중의 일부에 해당한다. 본 장의 하반부에서는 투자의사결정 방법에 의해 채택된 사업안이 내년 예산에 반영되는 과정을 사례로 알아본다.

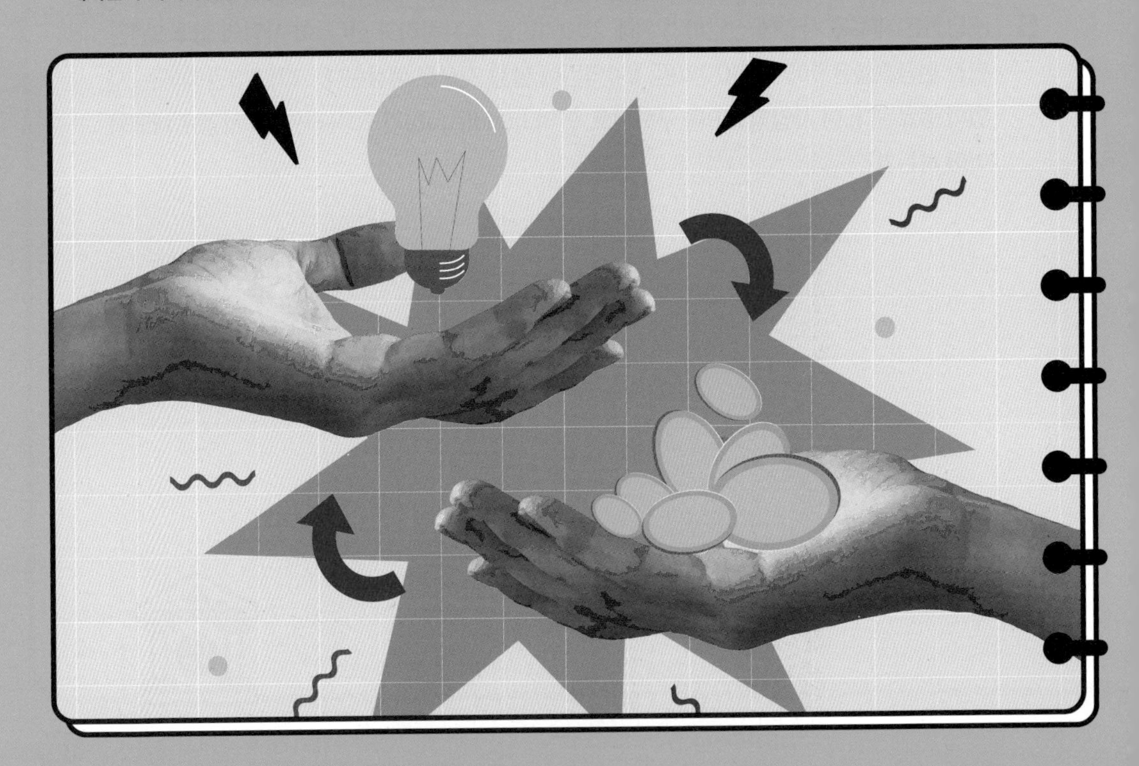

사업안의 투자의사결정 사례

❶ 신규 프로젝트의 배경

앞서 배운 내용을 가지고 가상의 프로젝트에 적용하여 NPV를 측정해 보자. ㈜한강의 CFO는 새로운 사업을 진행하기 위해 한 사업부에게 타당성 조사를 주문했다. 사업부는 10억원의 리서치 비용을 사용한 뒤, 새로운 사업에 대해 다음 정보를 제공하며, 자신이 이 사업을 하겠으니 필요한 예산을 배정해 달라고 기안을 올렸다.

기안에 보고된 사업 정보에는 향후 5년 동안 매해 발생할 매출액, 감가상각, 기타비용이 있고, 사업에 필요한 기계의 구입가격과 5년 후 사업청산 시 기계의 중고가가 추정되었고, 회사가 이미 보유하고 있는 창고를 사용하게 해 달라는 내용이 있다. 결국 300억원의 기계대금과 10억원의 운전자본 배정 그리고 회사 창고의 사용승인이 요구사항이다.

CFO는 이 사업안을 평가하기 위해 회사의 한계법인세율, 사업안에 적용할 자본비용(p.WACC), 매해 필요한 운전자본을 추정하고, 또한 사업부가 요구한 창고는 만약 새로 건설한다면 100억원이 소요될 것으로 판단했다. 한편 새로운 사업은 회사의 기존사업과 연관이 없어 기존사업의 현금흐름에 영향을 미치지 않으며, 또한 회사의 위험도와 동일한 위험을 가지고 있다고 판단했다. 모든 정보를 정리하면 **표6-1**과 같다.

CFO는 이 사업안을 평가하기 위해 먼저 사업현금흐름을 측정하고, 여기에 사업자본비용(p.WACC)을 적용하여 프로젝트의 NPV를 계산해야 한다.

표 6-1 사업안의 재무정보

연도(year)	0	1	2	3	4	5
매출(sales)		100	300	600	200	150
비용(costs)		-50	-120	-250	-100	-50
감가상각(dep.)		-50	-50	-50	-50	-50

기계 매입가	300억
기계 균등감가상각(dep.)	50억
기계 중고가	100억
창고 건설비	100억

사전 리서치 비용	10억
법인세율 (τ)	0.3
차기 매출 대비 순운전자본 비율	0.1
사업자본비용(p.WACC)	0.2

② 매몰비용과 기회비용

CFO가 정리한 정보 중에 사업타당성 검토를 위해 이미 지출된 리서치비용 10억원과 창고 건설비 100억원은 각각 매몰비용과 기회비용이다. 여기서 CFO가 잊지 말아야 할 점은, 매몰비용은 사업안의 평가에 영향을 주지 말아야 하는 반면 기회비용은 사업안 평가 시 누락해서는 안 된다는 사실이다.

매몰비용

사업안의 평가는 미래현금흐름에 대비하여 오늘 지출해야 하는 투자비용이 싼지 비싼지를 판단하는 것이다. 하지만 리서치 비용은 이미 지출되었기 때문에 사업안의 채택 여부에 따라 변하지 않고 미래의 현금흐름에도 영향을 주지 않는다. 따라서 리서치 비용 10억원은 초기투자액에 포함되어서는 안 될 매몰비용(sunk cost)이다.

기회비용

한편 창고 건설비 100억원은 사업안 평가에 영향을 준다. 비록 회사가 이미 창고를 보유하고 있더라도, 이 창고를 해당 사업부가 사용하지 않는다면 회사는 창고를 제3자에게 임대하여 사용료를 받을 수도 있을 것이다. 이렇게 이미 보유하고 있는 자산을 해당 사업에 사용하지 않고 다른 식으로 이용했을 때 벌 수 있는 돈이 바로 기회비용이다. 창고의 건설비용에 기초하여 기회비용을 계산할 수 있는데, 이에 대한 자세한 설명은 아래의 사례를 통해 보이도록 한다.

③ 사업의 영업활동 현금흐름의 계산

이제 사업의 영업활동 현금흐름의 측정방법을 적용하여 보도록 하자. **표6-2**는 사업부가 제공한 매출 및 비용관련 정보를 바탕으로 향후 5년간 해당 프로젝트가 창출할 사업의 영업활동 현금흐름을 보여 준다.

사업의 영업활동 현금흐름(p.OCF)은 p.OCF = EBIT$(1-\tau)$ + dep. 식에 의해 측정된다. 한계법인세율(τ) 30%와 함께 이 식을 적용하면 사업의 영업활동 현금흐름(①)은 향후 50, 141, 260, 85, 85억원에 달한다.

표 6-2 사업안의 영업활동 현금흐름

연도(year)	0	1	2	3	4	5
매출(sales)		100	300	600	200	150
비용(costs)		-50	-120	-250	-100	-50
감가상각(dep.)		-50	-50	-50	-50	-50
EBIT		0	130	300	50	50
① 사업의 영업활동 현금흐름(p.OCF)	0	50	141	260	85	85

④ 고정자산의 매입과 잔존가치의 계산

이제 프로젝트의 투자활동이 창출하는 현금흐름을 계산해 보자. 여기에는 고정자산의 매입, 사업이 끝난 다음 고정자산을 중고가로 매각했을 때의 잔존가치, 고정자산을 운영하기 위해 필요한 순운전자본의 변화, 그리고 기회비용 등이 포함된다.

기계의 매입원가는 300억원이다. 이후로 사업이 계속되는 동안 유지보수 투자를 하지 않는다. 따라서 사업기간에 기계관련 현금흐름은 초기에 300억원이 지출되는 것이 전부다. 하지만 사업이 종료될 때 이 기계를 중고가로 팔면 100억원의 현금이 들어오게 된다. 이 100억원이 모두 회사의 현금흐름일까? 그렇지 않은데, 왜냐하면 만약 중고가가 장부가보다 높다면 세무당국은 시세차익 혹은 자본이득이 생긴 것으로 인식하고 이에 대해 자본소득세를 징수하기 때문이다. 좀 더 자세히 설명해 보자.

잔존가치

표 6-3에 매입원가에서 누적감가상각을 차감한 기계의 순장부가(NFA)가 보고되어 있다. 300억원 하던 기계의 순장부가는 5년 차 말에 50억으로 내려가 있다. 따라서 만약 이 기계를 시장에서 100억원을 주고 팔면, 자본이득이 50억원 발생했다고 세무당국은 판단한다. 회사는 이 자본이득 50억원에 대해 30%인 15억원을 세금으로 납부하고, 매각대금 100억 중에서 나머지 85

표 6-3 사업안의 기계관련 현금흐름

연도(year)	0	1	2	3	4	5
기계 투자액	-300					
기계 순장부가(NFA)	300	250	200	150	100	50
잔존가치(salvage value)						85
② 기계의 현금흐름(매입가 + 잔존가치)	-300	0	0	0	0	85

억원만 회사로 가져오는데, 이것이 기계의 **잔존가치(salvage value)**다. 따라서 본 사업안에서 기계로 인해 발생하는 현금흐름(②)은 초기 0년에 300억원 유출(−) 그리고 5년 차에 85억원 유입(+)이다.

⑤ 순운전자본 현금흐름의 계산

투자활동이 가져오는 현금흐름 중에는 순운전자본의 변화에서 발생하는 부분이 있다. 순운전자본은 고정자산을 운영하기 위해 필수적으로 병행되는 유동자산이기 때문에 투자활동이 창출하는 현금흐름의 한 구성요소로 취급될 수 있다. 재고도 이에 속하는데, 다음 영업기의 매출 크기에 따라 변동하는 경우가 대부분이다.

본 사례에서는 CFO가 차기 매출의 10%가 당기의 순운전자본이라고 추정했다. 그렇다면 매년 순운전자본의 크기는 **표 6-4**와 같이 10, 30, 60, 20, 15, 0억원이 된다. 기계와는 달리 순운전자본은 투자와 회수가 매해 발생한다. 이는 순운전자본의 전기 대비 증감분으로 측정한다. 초기에 10억은 처음 투하한 것이니 순운전자본에서 10억원의 유출(−)이 발생한 것이고, 1차연도에는 순운전자본이 30억원이 필요한데 기존에 10억원이 있었으니 20억원만 새로 투하해서 20억원의 유출(−)이 발생했다. 3차연도에는 반대로 20억원의 순운전자본만 있으면 되는데 이미 60억원이 깔려 있으니 40억원을 회수하여 유입(+)이 발생했다. 사업이 종료될 때는 더 이상 순운전자본이 필요 없으니 4년 차 말에 있었던 15억원의 순운전자본은 모두 회수되어 유입(+)이 발생한다.

이렇게 계산된 순운전자본의 투자액(③)은 초기연도(0)부터 −10, −20, −30, 40, 5, 15억원이 된다. 꼭 기억해야 할 점은, 순운전자본은 사업의 종료와 함께 모두 회수된다는 사실이다. 즉, 순운전자본의 투자액은 모두 더하면 0이 되어야 한다.

표 6-4 사업안의 순운전자본 현금흐름

연도(year)	0	1	2	3	4	5
매출(sales)		100	300	600	200	150
순운전자본(NWC)	10	30	60	20	15	0
③ 순운전자본 투자액	-10	-20	-30	40	5	15

⑥ 기회비용의 계산

투자활동이 창출하는 현금흐름의 마지막 요소로 **기회비용**(opportunity cost)이 있다. 본 사례에서 기회비용은 회사가 이미 보유하고 있는 창고로 인해 발생한다. 이 기회비용을 반영하는 방법은, **표 6-5**와 같이 초기에 창고를 건설하는 비용을 사업부에 투자한 것처럼 처리하고 사업을 청산할 때 같은 금액을 회수한다고 처리하는 것이다. 따라서 현금흐름에는 초기에 100억원의 유출(-), 5년 차에 100억원의 유입(+)이 포함된다.

표 6-5 사업안의 창고관련 기회비용

연도(year)	0	1	2	3	4	5
④ 창고(opportunity cost)	-100					100

이렇게 하면, 사업부로서는 100억원 투자한 것에 대해 투자자가 원하는 수익을 1년 차부터 5년 차까지 창출하지 못한다면 결국 NPV가 그만큼 줄어든다는 부담을 안게 된다. 즉, 회사입장에서는 사업부로부터 창고 사용료를 자본비용 형태로 받는 것이다.

⑦ 사업의 투자활동 현금흐름의 계산

투자활동 현금흐름의 각 구성요소에 대한 추정이 끝났으니, 이를 모두 합하면 사업의 투자활동 현금흐름을 산출할 수가 있다. 아래 표는 위에서 추정한 ② 기계의 현금흐름, ③ 순운전자본 투자액, ④ 창고의 기회비용을 합친 수치가 초기부터 -410, -20, -30, 40, 5, 200억원임을 보여준다.

표 6-6 사업안의 투자활동 현금흐름

연도(year)	0	1	2	3	4	5
⑤ 사업의 투자활동 현금흐름(-p.ICF)	-410	-20	-30	40	5	200

⑧ 사업현금흐름의 계산

앞서 추정한 ① 사업의 영업활동 현금흐름과 ⑤ 사업의 투자활동 현금흐름을 합하면 동 사업안이 영업기간 창출하는 사업현금흐름을 구할 수 있다. **표 6-7**은 초기부터 -410, 30, 111, 300,

90, 285억원이 사업현금흐름임을 보여 준다.

표 6-7 사업안의 총현금흐름

연도(year)	0	1	2	3	4	5
⑥ 사업현금흐름(p.TCF)	-410	30	111	300	90	285

⑨ 사업(프로젝트)의 NPV 계산

사업현금흐름을 가지고 CFO는 재무부서가 책정한 회사의 p.WACC을 적용하여 사업안의 NPV를 구한다. **표 6-8**은 여태까지 추정한 모든 현금흐름을 모아 사업현금흐름이 도출되는 과정과 이를 20%의 p.WACC으로 할인한 현재가치와 NPV를 보여 준다.

가령 3년 차의 총현금흐름은 300억원인데 이의 현재가치는 $300/(1 + 0.2)^3 = 173.6$억원이다. 초기 -410억원까지 포함하여 모든 현재가치를 더하면, 본 사업안의 NPV는 23.6억원으로 사업안은 채택되어야 한다. 즉, 회사가 0년에 310억원을 투자자들로부터 조달받아 향후 5년간 위의 계획대로 투자자들에게 지급한다면, 투자자는 그들이 원하는 20%보다 높은 연수익률을 향유하게 된다.

표 6-8 사업안의 NPV

연도(year)	0	1	2	3	4	5
① 사업의 영업활동 현금흐름(p.OCF)	0	50	141	260	85	85
② 기계의 현금흐름	-300	0	0	0	0	85
③ 순운전자본 투자액	-10	-20	-30	40	5	15
④ 창고(opportunity cost)	-100	0	0	0	0	100
⑥ 사업의 총현금흐름(p.TCF)	-410	30	111	300	90	285
현재가치(PV)	-410.0	25.0	77.1	173.6	43.4	114.5
순현재가치(NPV)	23.6					

신규사업투자가 있을 때 자본예산 편성

① 자본예산과 외부자금조달 자본예산을 편성하면 향후 외부에서 조달할 금액도 계산된다

자본예산은 흔히 현금할인법, NPV, IRR 등의 기법을 사용하여 사업안을 평가하고 이를 기초로 투자의사결정을 하는 것이라고 알려져 있다. 그러나 사실 자본예산은 내년도 예산을 편성하는 것을 뜻한다. 그런데 이 예산 중 큰 투자가 필요한 항목들은 위의 기법을 사용해서 내년 예산에 넣을지 말지를 결정하라는 것이다.

모든 조직은 내년 예산을 올해 말에 미리 편성한다. 내년에 지출이 얼마일지 지출을 충당하기 위해 얼마를 조달해야 할지를 먼저 확인해 놓고, 이듬해에 가서는 이 계획에 따라서 지출과 조달을 하게 된다.

② 자본예산 편성의 예

내년을 위한 자본예산을 어떻게 편성하는지 먼저 내년에 신규사업 투자를 진행한다고 했을 때를 가정해서 사례를 들어 보자. 모두 사업현금흐름임에 주의하자. ㈜한강은 기존사업에서 분기별로 영업을 통해 1,000억원의 현금흐름이 유입되고 이 사업에 활용되는 고정자산의 유지보수를 위해 분기별 200억원의 현금이 유출된다. 그런데 내년에는 새로운 사업 A와 B를 실행하려고 한다. 이들 신사업 A, B는 모두 앞서 소개한 투자의사결정 방법을 사용해서 NPV가 양수인 것으로 판명된 사업들이다. 그래서 내년에 이 사업을 실제로 추진하기 위해서는 자금을 얼마나 언제 어떻게 조달할지 결정하려고 한다. 즉, 예산을 편성하는 것이다.

A 사업은 2분기에 1,200억의 투자가 필요하고, 3분기와 4분기에는 각각 200억원과 500억원의 영업활동 현금흐름을 벌어들일 것으로 예상된다. B 사업은 4분기에 똑같이 1,200억원을 필요로 한다. 회사는 부채에 대해 5%의 이자를 지급하고 있고, 자본대비 부채의 비율은 평균적으로 50%를 유지하며, 매 분기 700억원의 배당을 한다. 그러면 2분기와 4분기에는 외부에서 투자자금을 얼마나 조달해야 할까?

표 6-9는 ㈜한강의 내년 현금흐름과 추정대차대조표의 대변을 보여 준다. 1분기에 기존사업으로부터 총현금흐름 800억원이 창출되면, 이자로 100억원을 지불하고 나머지 700억원은

표 6-9 신규투자 시 현금흐름

	1분기	2분기	3분기	4분기
기존사업의 p.OCF	1,000	1,000	1,000	1,000
기존사업의 p.ICF	-200	-200	-200	-200
A 사업의 p.OCF	-	-	200	500
A 사업의 p.ICF	-	-1,200	-180	180
B 사업의 p.OCF	-	-	-	-
B 사업의 p.ICF	-	-	-	-1,200
이자	-100	-100	-120	-120
배당	-700	-700	-700	-700
외부자금조달	0	-1,200	0	-540

표 6-10 신규투자 시 부채와 자본(추정대차대조표)

	1분기	2분기	3분기	4분기
부채	2,000	2,400	2,400	2,580
자본	4,000	4,800	4,980	5,340
총자산	6,000	7,200	7,380	7,920

배당금으로 지급하면 된다. 2분기에도 아직 신사업이 영업실적을 내지 않기 때문에 역시 기존 사업의 총현금흐름 800억원을 이자와 배당금으로 사용한다. 대신 A 사업의 투자자금 1,200억은 모두 외부에서 조달해야 한다. 부채비율 50%를 유지하려면 이 중 400억은 채권발행으로 800억은 증자를 통해 조달할 것이다. 그래서 2분기 대차대조표를 보면 부채와 자본이 1분기 대비 각각 400억원과 800억원이 늘었다.

3분기가 되면 A 사업에서 영업활동 현금흐름이 추가로 200억 발생하지만 동시에 이자도 20억 올라가 결국 A 사업은 회사에 180억원을 추가로 더해 준 셈이다. 이는 내부유보로 남게 되면서 이익잉여금이 증가했기 때문에 대차대조표의 3분기 자본이 2분기 대비 180억원 늘었다. 한편 현금흐름의 차원에서 180억원은 현금보유가 늘어난 것이기 때문에 순운전자금에 그만큼 투자한 것으로 인식된다. 따라서 A 사업의 3분기 p.ICF에 -180억이 기록된다. CFO는 이 현금보유를 4분기 투자자금을 충당하는 데 사용하기로 결정했다.

4분기가 되면 역시 A 사업에서 발생한 현금흐름 500억원에 이자 20억원을 차감한 480억원의 자금이 내부유보로 남게 된다. 이 또한 4분기 투자자금을 충당하는 데 사용하려 한다. 여기에 3분기에 유보시켰던 180억도 투자자금으로 사용한다면, 4분기에 1,200억 투자를 위해 외부에서 조달해야 할 자금은 540억에 그치게 된다(1,200 - 480 - 180 = 540).

따라서 내년 2분기와 4분기에 외부에서 조달해야 할 자금은 각각 1,200억과 540억임을 알 수 있다. 이렇게 자본예산은 내년에 있을 투자와 현금흐름을 예상해서 회사가 필요로 하는 외부자금이 언제 얼마나 발생하는지 알게 해 준다. CFO는 지금부터 금융기관을 접촉하고 유가증권신고서를 작성하는 등 필요한 작업을 시작할 것이다.

③ 자본예산과 배당금

독자는 위의 예를 보면서, 배당금을 지급하지 않으면 외부조달금액도 줄어드는데 왜 배당을 할까라고 질문할 수 있다. **배당정책(dividend policy)**, 기업가치, 투자의사결정 사이의 관계는 재무이론에서 중요한 연구주제이다. 이에 대한 자세한 설명은 배당정책을 논하며 하기로 하고, 여기서는 일정금액의 배당을 유지하는 것이 현명한 정책임을 가정하자.

신규사업투자가 없을 때 자본예산 편성

① EFN의 정의와 의미

위의 조금 복잡해 보이는 자본예산 편성은, 신규사업과 같은 불규칙적인 투자가 없고 일정한 성장률을 유지하기 위한 규칙적인 투자만 있는 상황이라면 매우 간단해진다. 그리고 외부자금조달액의 추정도 쉬워진다.

기본 가정은 올해에 목격된 매출액 성장률이 내년에도 반복된다는 것이다. 이 성장률은 모든 비용항목에도 똑같이 적용되며, 따라서 당기순이익도 동일한 비율로 증가한다. CFO가 배당성향을 매년 같은 수준으로 유지한다면, 이익잉여금에 더해지는 내부유보도 매출액 성장률과 동일하게 증가할 것이고, 따라서 자산의 규모도 동일한 증가율을 보일 것이다. 이러한 규칙적인 가정하에서는 앞서 보았던 자본예산표를 작성하지 않아도 외부자금조달금액을 구하는 식을 도출할 수 있다. 이를 **필요외부장기자금조달(external financing needs : EFN)**식이라고 한다.

EFN

내년 EFN은 다음과 같이 정의할 수 있다.

$$EFN = g \times A - (1 + g) \times NI \times (1 - d) - g \times SL$$

g : 올해 매출액 성장률, A : 올해 총자산, NI : 올해 당기순이익,
d : 배당성향, SL : 올해 일시적 부채(외상매입금, 상업어음 등)

이는 매우 간단하고 당연한 식이다. g × A는 내년에 발생할 자산의 증분이다. 대차대조표에서 차변인 자산이 증가하면 대변도 동일하게 증가한다. 즉, 자산을 늘리려면 이를 어떻게 조달할지도 정해야 한다는 뜻이다. 자산증가의 조달방법은 첫째는 내부조달이고 둘째는 외부조달이다. 외부조달을 장기외부조달과 단기외부조달로 나눈다면, 장기외부조달(EFN)은 간단히 자산증가(g × A)에서 내부조달((1 + g) × NI × (1 − d))과 단기외부조달의 증가(g × SL)를 차감한 값이다. 이것이 바로 위의 식이다.

사업을 하는 과정에서 납품업체에게 대금을 어음으로 지급하고 물건을 떼 오는 경우는 결국 납품업체가 해당 물건을 구입하는 데 필요한 자금을 단기적으로 조달해 준 것이라고 할 수 있다. 이는 단기외부조달(SL)이고, g × SL은 단기외부조달의 증분이다. 한편 내년에 벌 것으로 예상되는 당기순이익은 올해 당기순이익이 성장률 g만큼 증가한 금액이니 (1 + g) × NI가 되고, 이 중 배당금으로 지불할 금액을 차감한 나머지가 이익잉여금에 더해질 내부유보금이니 결국 내부조달은 (1 + g) × NI × (1 − d)가 된다.

특별한 신규사업투자가 없고 동일한 성장률이 지속되는 회사라면, 이런 간단한 식으로 내년에 필요한 장기외부조달 금액을 구하고 예산을 편성할 수 있다.

② EFN의 변형: 내부성장률

EFN를 변형해 보면 CFO는 회사의 성장을 어떻게 조달할지에 대해 더 많은 의미와 시사점들을 찾을 수 있다. 먼저 외부에서 자금을 조달하지 않고 성장하는 전략을 채택한다면 회사는 아래의 **내부성장률(internal growth rate)**로 클 수 있다.[1]

---

1 이는 EFN식을 변형하여 간단히 구할 수 있다. 외부조달이 없다고 했으니 외부장기조달 금액인 EFN을 0으로 두고, 또한 외부단기조달 금액인 g × SL도 0으로 둔 상태에서 EFN을 만족시키는 g를 찾으면 될 것이다. 즉, 0 = g × A - (1 + g) × NI × (1 - d)를 g에 대해 풀면 해당 식이 구해진다.

$$g = \frac{NI/A \times (1-d)}{1 - NI/A \times (1-d)} + \frac{ROA(1-d)}{1-ROA(1-d)}$$

A : 총자산, ROA : 당기순이익/총자산

즉, CFO는 회사의 ROA를 알고 있다면, 배당성향을 어떻게 정하느냐에 따라 회사의 내부성장률을 조절할 수 있다는 것이다. 상식적으로 외부조달이 없는 상태에서 배당성향을 늘리면 회사의 성장률은 줄어들 텐데, 위의 식은 이를 잘 보여 준다(위의 식을 d에 대해 미분하면 부호는 음수이다). 특히 성장이 정체된 성숙산업에 속하는 회사는 이러한 성장이 가능하다.

③ EFN의 변형: 지속가능성장률

하지만 내부성장은 주주에게 바람직한 전략은 아니다. 내부성장은 이익잉여금의 증가를 통해서만 성장한다는 뜻인데, 이익잉여금은 자본의 구성항목이기 때문에 성장할수록 부채비율은 하락한다. 뒤에서 Dupont 항등식에서 보겠지만, 부채비율의 하락은 자기자본수익률(ROE)의 하락으로 이어진다. 성장하더라도 부채비율을 유지할 수 있다면, 성장이 ROE의 하락으로 이어지지는 않을 것이다. 부채비율을 유지한다는 조건을 유지하며 성장할 수 있는 **지속가능성장률**(sustainable growth rate)은 아래와 같다.[2]

$$g = \frac{NI/E \times (1-d)}{1 - NI/E \times (1-d)} = \frac{ROE(1-d)}{1-ROE(1-d)}$$

E : 자기자본, ROE : 당기순이익/자기자본

내부성장률과 같이 지속가능성장률도 CFO가 배당정책을 어떻게 정하느냐에 따라 바뀌어짐을 알 수 있다.

2 기존 EFN식을 다음과 같이 변형한다. 자기자본 대비 부채로 측정되는 부채비율을 θ라고 하자. 그러면 자산의 증가분인 $g \times A$를 조달할 때 자본으로 조달할 부분과 부채로 조달할 부분의 비율이 θ가 되면 될 것이다. EFN식을 잘 보면, 자본으로 조달할 부분은 이미 이익잉여금의 증가, 즉 $(1 + g) \times NI \times (1 - d)$로 정해져 있다. 따라서 나머지 조달해야 하는 부분, 즉 $g \times A - (1 + g) \times NI \times (1 - d)$는 부채로 조달해야 한다. 그리고 이 부채조달 부분은 자본조달 부분에 θ를 곱한 값과 같아야 부채비율을 유지할 수 있으니, 결국 변형된 식은, $g \times A - (1 + g) \times NI \times (1 - d) = (1 + g) \times NI \times (1 - d) \times \theta$가 되고, 이를 g에 대해 풀면 된다.

NPV 계산

1 ㈜강릉은 초기투자가 200억원에 달하고 3년간 지속될 신규사업을 고려하고 있다. 아래 표는 신규사업을 실행했을 때의 향후 3년간 현금흐름 예측치를 보고하고 있다.

	0년	1년	2년	3년
신규사업의 현금흐름	-200	100	100	100

a. 사업WACC이 10%라고 가정하고 해당 신규사업의 NPV를 구하시오.

b. 5장에서 배운 IRR을 적용하여 해당 신규사업의 IRR을 구하시오.

잔존가치

2 ㈜영주는 신규사업을 위해 기계를 100억원에 구입하려 한다. 기계의 내용연수는 5년이며 정액법으로 상각한다. 4년 후 사업종료 시 이 기계는 중고가 30억원에 매각할 수 있다. 법인세율이 20%라면 이 기계의 잔존가치는 얼마인가?

EFN

3 ㈜제주는 올해 말 총자산(A)이 100억원, 당기순이익(NI)이 10억원, 배당성향(d)은 50%, 자발적인 부채(SL)가 30억원이었다. 내년에 20%의 성장(g)을 할 것으로 가정한다면, 내년 이 기업이 외부에서 조달해야 할 자금은 얼마인가? ($EFN = g \times A - (1 + g) \times NI \times (1 - d) - g \times SL$)

기회비용

4 **㈜하남은 6억원을 들여 창고를 하나 지었는데, 다른 사람에게 임대를 주면 매월 500만원씩 세를 받을 수 있다. 그리고 창고는 감가상각되지 않으며, 동일한 월세를 영원히 받을 수 있고, 위험은 전혀 없다. 한편, 사업부에서 이 창고를 사용하게 해달라고 한다. 사업WACC는 20%이고 무위험이자율은 5%이다. CFO인 당신은 창고를 어떻게 사용하겠는가? 그 이유를 기술하시오. (10장 본문 참조)**

내부성장률

5 **㈜구리는 기존 사업의 현금흐름이 너무 좋기 때문에 외부자금을 전혀 사용하지 않는다. 게다가 시장도 성숙단계에 있고 점유율도 높기 때문에 ㈜구리는 오직 번 돈으로만 성장해도 아무 문제가 없다. 현재 회사의 ROA는 10%이다.**

a. 만약 순이익 중 80%를 매년 배당으로 지급한다면, 이 회사의 성장률은 현재 얼마인가?

b. 만약 외부자금을 계속 사용하지 않으면서 성장률을 두 배로 높이고 싶으면 CFO는 어떻게 해야 하는가?

CHAPTER 7

성과지표관리 및 단기자금관리

앞 장까지 여러분이 CFO의 첫 번째 임무인 투자의사결정에 대해 배웠다면, 이번 장에서는 CFO의 세 번째 임무인 관리에 대해 배우게 된다. CFO가 하는 관리는, 기업이 수익률을 충분히 내고 있는지, 만약 수익률이 떨어졌다면 어느 부분에서 문제가 발생했는지, 이자나 채무를 단기간에 갚을 수 있을 정도의 재무상태를 유지하고 있는지 등을 판단하고, 이에 대해 사후적으로 처방을 하거나 혹은 사전적으로 대비를 하는 것이다. 이를 위해 사용되는 재무 기법들을 배워 보도록 하자.

회계적인 성과지표

회계적인 성과지표관리는 듀퐁항등식에서 시작한다

자금이 조달되고 투자가 이루어지면 이후 CFO는 지속적으로 관리를 해야 한다. CFO가 이를 위해 주로 사용하는 지표들을 살펴보자. 이러한 지표는 ROE를 제외하고는 이론적인 토대를 가지고 있다기보다는 현장에서 많이 쓰이고 있다는 이유로 소개되는 지표들이다.

① ROE와 듀퐁항등식

여러 회계지표 중 경제적으로 가장 의미 있는 지표는 **자기자본수익률**(return on equity : ROE)이다. ROE는 주주가 초기투자한 금액 대비 회사가 모든 이해관계자를 보상하고 남은 돈을 비교하기 때문에, ROE가 높다는 것은 회사가 그만큼 잘했다는 뜻이다.

$$\text{ROE} = \frac{\text{순수익}}{\text{투자액}} = \frac{\text{당기순이익(NI)}}{\text{자기자본(E)}}$$

CFO는 만약 ROE가 하락했다면 어디서 문제가 발생하는지를 파악해서 필요한 조치를 해야 한다. 여기에 많이 쓰이는 도구가 **듀퐁항등식**(dupont identity)이다. 듀퐁항등식은 ROE가 **매출액이익률**(return on sales : ROS, 또는 profit margin : PM), **총자산회전율**(total asset turnover : TAT), 1 + **부채비율**(equity multiplier : EM)로 분리될 수 있음을 보여 준다.

ROE	=	$\frac{\text{NI}}{\text{Sales}}$	×	$\frac{\text{Sales}}{\text{A}}$	×	$\frac{\text{A}}{\text{E}}$
이름:		ROS		TAT		EM
의미:		매출액이익률		총자산회전율		부채비율 + 1
관리대상:		가격 및 원가		매출 및 자산		부채비율

이를 사용하면 ROE 하락의 원인을 쉽게 찾을 수 있다. 가령 올해 ㈜한강이 경쟁사인 ㈜남산에 비해 ROE가 낮게 나왔는데 **표 7-1**과 같은 분석이 나왔다고 하자.

㈜한강은 ㈜남산에 비해 매출액이익률도 동일하고 부채비율도 동일한데 총자산수익률이 반

표 7-1 두 회사의 듀퐁항등식 분석

	ROE	ROS	TAT	EM
㈜한강	0.1	0.1	0.5	2.0
㈜남산	0.2	0.1	1	2.0

밖에 되지 않기 때문에 ROE도 절반 수준에 머물고 있음을 알 수 있다. 그렇다면 CFO는 왜 총자산수익률이 경쟁사 대비 낮은지 파악하고 이를 개선할 수 있는 방법을 찾아야 할 것이다.

ROE의 구성 요소인 ROS, TAT, EM에 대한 세부설명을 하기 전에, 각각의 대략적인 의미를 먼저 살펴보자.

ROE

가령 사회에서 존경받는 사람이 CEO로 있는데 ROE가 10%인 회사와 무명의 CEO가 경영하는데 ROE가 20%인 회사 중에 사람들은 어느 회사에 투자할까? 광고에서 유명한 배우가 나오는데 ROE가 10%인 회사와 재미없는 광고를 하는데 ROE가 20%인 회사 중에 어느 회사에 투자하겠는가? 모두 같은 수준의 위험이라면, 대부분 사람은 무명 CEO의 회사와 재미없는 광고의 회사에 투자할 것이다. 결국, 투자자를 움직이는 것은 광고나 시장점유율이나 마진(매출액이익률)과 같은 중간지표가 아니고 최종 지표인 ROE이기 때문에 ROE는 경제적으로 매우 중요한 변수로 인식되고 있다.

ROS: 판매이익

ROS는 매출(sales)이 100원일 때 순이익(NI)이 얼마나 남는지를 알려 주는 지표이다. 따라서 ROS를 높이기 위해서는 고부가가치 정책을 써서 판매가를 높이든지 아니면 원가절감을 해서 비용을 낮춰야 한다. 고부가 정책은 장기목표이기 때문에 ROS에 문제가 발생하면 회사는 주로 비용이 과다지출되는 곳을 찾아서 줄이려 한다. 따라서 조달, 생산, 영업, 간접비에 이르기까지 방대한 비용실태조사를 하게 된다.

TAT: 활동성

TAT는 100원의 자산(A)을 사용해서 매출(sales)이 얼마나 발생하는지를 보여 주는 지표다. 자산을 효율적으로 활용하는 회사일수록 적은 자산을 가지고도 많은 매출을 일으킬 것이다. 따라서 TAT를 높이기 위해서는 매출을 늘리든지 아니면 비영업용 자산을 줄여야 한다. 매출을 높이기 위해서 CFO는 어음이나 재고정책을 완화할 수도 있고, 마케팅부와 영업부에 관리를 요구할 수도 있다. 한편 비영업용 자산의 매각과 매각대금의 처리는 CFO와 CEO가 담당해야 할 부분이 더 많다.

EM: 레버리지

EM은 자산(A)을 자기자본(E)으로 나눈 값으로 1 + 부채비율과 같다. 이는 온전히 CFO의 책임이다. 만약 부채비율이 업종평균에 미치지 못해 ROE가 하락했다면 이는 CFO가 잘못하고 있다는 뜻이다. CFO는 단기적으로 해결이 필요하다면 부채를 발행해서 그 납입금으로 자기자본을 줄이든지 아니면 장기적으로 신사업에 대해 외부자금을 조달할 때 부채를 더 많이 사용하여 회사의 부채비율을 높여야 한다.

반대로 업종평균에 비해 부채비율이 너무 높다면 이자비용과 부도 가능성이 상승하는 부정적인 면도 존재한다. 적정부채비율은 업종에 따라 달라지는데, 유형고정자산이 많아 담보력이 큰 산업은 업종평균 부채비율이 높고, R&D가 많거나 사업위험도가 높은 산업은 평균 부채비율이 낮은 경향을 보인다. ROS와 TAT는 경쟁사보다 높을수록 좋지만 EM은 업종평균을 따라가는 것이 현명하다.

❷ ROS와 TAT의 세부지표

듀퐁항등식의 세 가지 구성 요소는 모두 ROE를 향하는 중간지표이다. 이들은 다시 각각의 하위지표를 개발함으로써 좀 더 구체적인 관리에 도움을 줄 수 있다.

매출총이익률, 영업이익률, 경상이익률

먼저 ROS는 이에 도달하기 전에 발생하는 **매출총이익률, 영업이익률, 경상이익률** 등으로 세분화된다.

매출총이익률 = 매출총이익/매출액 × 100
영업이익률 = 영업이익/매출액 × 100
경상이익률 = 경상이익/매출액 × 100

모두 매출액을 발생시키는 데 기여했던 노동과 물건에 대해 보상을 하고도 얼마나 남는지를 보여 주는 지표이다. ROS에 문제가 있다면, 구체적으로 매출총이익률을 보면서 생산원가가 과다한지, 영업이익률을 보면서 광고비나 본사 직원의 급여와 같은 간접비가 과다했는지, 경상이익률을 보면서 이자지급이 과다한지 등을 판단할 수 있다.

재고일수

한편 TAT와 관련이 있는 세부지표로 현장에서는 **재고일수**(inventory period)와 **매출채권일수**(receivables period)를 자주 사용한다. 이들 지표는 TAT뿐만 아니라 단기자금관리를 할 때도 활용될 만큼 중요하다. 먼저 재고일수는 물건이 창고에 입고되었다가 출고될 때까지 며칠이나 걸리는지를 측정하는 지표다. 물건이 창고에 오래 머물수록 재고에 깔려 있는 현금도 많아지고 대손처리가 발생할 수 있다. 재고일수는 다음과 같이 계산된다.

재고일수 = 365일/재고회전율
= 365일/(매출원가/재고)

매출원가를 재고의 장부가로 나눈 비율을 **재고회전율**(inventory turnover)이라고 하는데, 매

출액을 사용하지 않고 매출원가를 사용한 이유는 재고의 장부가에는 판매가에 붙는 이익마진이 아직 포함되지 않았기 때문이다. 마진 이전의 재고 장부가는 마진 이전의 매출원가와 비교되어야 한다. 경쟁업체와 비교하여 재고일수가 높다면 재고관리에 들어가야 한다.

매출채권일수

같은 방식으로 매출채권에 대해서도 매출대금으로 받은 어음이 현금화될 때까지 걸리는 일수를 계산할 수 있다. 매출채권을 보유하는 기간이 길어질수록 현금이 그만큼 깔리게 되고 오래된 매출채권은 회수가 불가능해질 수 있다.

매출채권일수 = 365일/매출채권회전율
= 365일/(매출액/매출채권)

여기서도 매출액을 매출채권의 장부가로 나눈 비율을 **매출채권회전율**(receivables turnover)이라고 한다. 매출채권은 마진이 붙은 금액이기 때문에 매출액과 직접 비교가 가능하다. 경쟁업체와 비교하여 매출채권일수가 많다면 채권관리를 시작해야 한다. 채권관리는 단기적으로는 채권추심을 강화해서 현금화를 할 수 있지만, 체계적으로 관련 정책을 정비하면서 접근하는 것이 바람직하다. 즉, CFO가 영업부서에게 60일 이상의 매출채권을 받지 못하게 한다든지, 만기 전에 정산하는 어음에 대해서는 할인을 해 준다든지 등의 혜택을 주면서 매출채권일수의 하락을 유도하는 것이다. 재고일수와 매출채권일수를 줄이면 총자산이 축소되어 TAT의 악화와 자금경색도 방지할 수 있다.

매입채무일수

같은 방식으로 매입채무에 대해서도 지급어음을 현금으로 정산해 줄 때까지 걸리는 일수, 즉 **매입채무일수**(payables period)를 계산할 수 있다. 재고와 같이 매입채무도 아직 마진이 붙기 전이기 때문에 매출이 아닌 매출원가를 사용하고 있음에 유의하자.

매입채무일수 = 365일/매입채무회전율
= 365일/(매출원가/매입채무)

③ EM의 세부지표와 장·단기 재무건전성

EM 부분은 CFO의 책임하에 있기 때문에 이에 관련된 하위지표들을 잘 숙지하고 있어야 한다. 듀퐁항등식에서 EM은 ROE를 높이는 재무적인 레버리지로 의미가 강조되지만, 또한 회사의 재무건전성을 나타내는 지표로도 중요도를 갖는다. 회사의 총자본 대비 총부채 비율이 업종평균과 근접하는지를 살피면서 장기재무건전성을 진단한다면, 그 하위지표들을 분석하면서 단기 재무건전성을 확인할 수 있다.

유동비율, 현금비율

단기부채를 갚을 능력이 있는가를 측정하는 지표다. 여기서 업계에서 통용되는 규칙은 단기부채는 유동자산으로 갚는다는 것이다. 즉, 외상매입금, 매입채무, 단기채권과 같이 1년 안에 만기가 도래하는 부채는 현금 및 빠르게 현금화할 수 있는 자산으로 변제한다. 매출채권이나 재고 등 유동자산은 고정자산에 비해 현금화 속도가 훨씬 빠르며, 급하다면 파이낸싱을 통해 할인된 금액으로 이들을 현금화할 수도 있다. 따라서 아래의 **유동비율**(current ratio)은 1보다는 커야 회사의 단기재무상태가 건전하다고 할 수 있다. 한편 더욱 보수적으로 보유현금 및 현금성 자산만으로 유동부채를 갚을 수 있는지를 측정할 수 있는데 이를 **현금비율**(cash ratio)이라고 한다.

유동비율 = 유동자산/유동부채
현금비율 = 현금보유액/유동부채

이자보상배율

유동비율이 단기부채를 상환하는 능력이라면 **이자보상배율**(cash coverage)은 장기부채에서 발생하는 이자를 회사가 버는 돈으로 갚을 수 있는지를 측정한다. 여기서 위의 유동비율과 비교하면, 업계에서 통용되는 규칙은 부채는 자산으로 갚고 이자는 번 돈으로 갚는다는 것이다. 우리는 앞서 영업이익(EBIT)부터는 돈으로 회사에 기여한 사람들에게 보상해 준다고 했다. 이자는 돈으로 기여한 채권자에게 보상하는 것이니 회사가 이자를 갚을 능력이 있는지를 측정하기 위해서는 당연히 EBIT이 갚을 이자보다 몇 배가 더 큰지를 측정하면 될 것이다.

한편 회사의 영업현금흐름에는 감가상각이 포함된다. 따라서 이자상환능력은 영업이익에 감가상각을 더한 금액을 이자로 나누어 구할 수도 있다.

이자보상배율 1 = EBIT/이자 = 영업이익/이자
이자보상배율 2 = EBITDA/이자 = (영업이익 + 감가상각)/이자

경제적인 성과지표

경제적인 성과지표는 시장가치 비율로 측정한다

위에서 살펴본 지표들이 회계정보에 의존했다면, 시장정보를 사용한 지표를 통해 성과를 측정하고 관리하는 방법도 있다. 사실은 투자할 사업안을 고를 때도 회계이익보다는 경제적 성과인 NPV를 사용했기 때문에 성과지표 역시 시장성과로 판단하는 것이 옳다. 그러나 회사의 주가는 회사가 진행하는 여러 사업을 모두 반영하고 또한 주가는 매 순간 새로운 정보에 의해 움직이기 때문에 하나의 사업에 대해 장기적인 주가반응을 측정하는 것은 어렵다. 따라서 전사적인 관리 도구로 사용해야 할 것이다.

① Tobin's Q와 시장-장부가 비율(Market to Book ratio)

회사는 사람과 자산이 한곳에 모여 시장가격보다 싼 비용으로 제품을 만들 수 있는 곳이다. 그러면 물건이 팔릴 때마다 회사는 현금흐름을 창출하게 되고, 이 현금흐름이 채권가격과 주가에 반영되어 회사의 시장가치(기업가치)가 형성된다. 그런데 자산을 회사에 모아 놓았는데도 불구하고 충분한 현금흐름을 창출하지 못한다면 그 자산들은 더 이상 회사에 모여 있을 이유가 없다. 이때는 오히려 각 자산을 개별적으로 중고시장에서 팔아서 현금화하는 것이 나을 수도 있다. 이를 나타낸 것이 Tobin's Q이다.

Tobin's Q = (자기자본의 시장가 + 부채의 시장가)/자산의 중고가

위의 Tobin's Q가 1보다 작다면 자산을 회사에 모아 두었을 때의 가치보다 자산을 개별로 매각했을 때의 가치, 즉 청산가치가 더 높다는 뜻이다. 이때 주주는 회사를 청산하려 할 것이다. 반대로 Tobin's Q가 1보다 크면 자산을 회사에 모아 두는 것이 더 이득이니 주주는 회사를 존속시킬 것이다. 이렇게 Tobin's Q가 1을 넘으려면, 이론적으로 회사가 NPV가 0 이상인 사업안을 보유하고 있어야 한다.

Tobin's Q는 경제적으로 매우 의미 있는 지표이다. 아래에 소개될 다른 시장지표들은 모두 시장가치와 장부가를 대비한 값이기 때문에 임의성을 배제하지 못한다. 그러나 Tobin's Q는 분자와 분모 모두 시장가격으로 측정되어 임의성이 배제되었고, NPV와도 연결되어 이론적으로 탄탄하다. 그러나 동시에 시장가격을 사용한다는 점은 실제로 측정하기가 어렵다는 단점이 있다.

이러한 단점을 보완하고 대신 회계정보를 일부 사용하여 Tobin's Q와 근접하게 측정한 지표가 **시장-장부가 비율**(Market to Book ratio : MtB)이다.

MtB ratio = (자기자본의 시장가 + 부채의 장부가)/총자산의 장부가

MtB 비율은 Tobin's Q를 계산할 때 얻기 어려운 부채의 시장가와 총자산의 중고가를 각각 장부가로 대치하여 손쉽게 계산할 수 있게 하였고, 해석은 Tobin's Q와 동일하게 한다. MtB는 현장에서 잘 사용되지는 않으나, 회사의 존속과 청산을 판명하는 지표라는 점에서 사실은 회사의 가치를 가장 큰 틀에서 보여 주고 있다.

② PER과 PBR

주식시장에서 투자자들이 해당 회사의 주가 수준을 판단할 때 많이 참조하는 지표로 PER(price-earnings ratio)과 PBR(price to book ratio)이 있다. PER은 주가를 주당순이익으로 나눈 값(또는 시가총액을 당기순이익으로 나눈 값)이고, PBR은 시가총액을 자기자본의 장부가로 나눈 값이다.

PER = 주가/주당순이익 = 시가총액/당기순이익
PBR = 시가총액/자기자본 장부가 = 주가/자기자본의 주당장부가

재린이 생각하기 PER

만약 높은 PER이 높은 성장률을 반영하는 것이라면, 성장영구연금 공식에 PER을 대입하여 다음과 같이 시장이 기대하는 회사의 성장률을 구할 수도 있다.

주당 가격 = 내년 주당 배당금/(주주의 요구수익률 - 성장률)

여기서 상장사의 CFO는 주주의 요구수익률과 내년 배당금을 내부적으로 알고 있을 것이다. 주가도 시장에서 읽을 수 있으니, 위 식을 성장률에 대해서 풀면 시장이 기대하는 회사의 성장률을 구할 수 있다. 이론적으로 가능하지만 실제로 적용했을 때 나오는 성장률 값은 상식에서 벗어나는 경우가 많고, 이 성장률을 바탕으로 재무정책을 수립하는 것은 적절하지 못하다. PER에 대해 무리하게 경제적인 의미를 부여하고 이를 정책에 이용하는 것은 옳지 않다.

가령 주당순이익이 100원인 회사가 1주당 1,000원에 거래소에서 거래되고 있다고 하자. 그러면 100원의 순이익은 이론상 주주의 몫이기 때문에, 주주는 1년에 자기에게 100원을 주는 주식을 지금 10배의 가격인 1,000원에 사고 있다는 뜻이다. 이것이 무엇을 뜻하는지는 명확하지 않다. 시장이 이 회사는 적어도 10년 이상은 존속할 것으로 판단하기 때문인지, 아니면 이 회사는 성장성이 높아서 앞으로 200원, 500원 등 더 많이 줄 것으로 판단하기 때문인지 정확히 설명하기 어렵다.

다만 확실한 것은 업종평균 PER과 개별기업의 PER을 비교하며 그 개별기업의 주가 수준이 높은지 낮은지를 판단하는 데는 유용하다는 점이다. 특히 비상장사의 경우 외부에서 투자를 유치하거나, M&A, IPO를 준비하는 등의 기업가치평가가 필요한 경우에는 중요한 벤치마크로 사용할 수 있다. PER은 당기순손실을 기록한 회사의 경우 사용할 수 없고 또한 당기순이익의 변동성이 크다는 단점이 있는데, PBR은 이러한 단점을 보완해 준다는 면에서 대용으로 많이 사용된다.

❸ EV/EBITDA ratio

증권사의 애널리스트는 총자산에서 현금과 현금성자산을 차감한 장부가를 그 회사가 계속사업에 투하한 자산으로 상정하는 경우가 있다. 계속사업에 투하된 자산을 이렇게 정의한다면 이 투하자산에 대한 시장가는 **계속사업가치**(enterprise value : EV)라고 부르며 아래와 같이 정의된다.

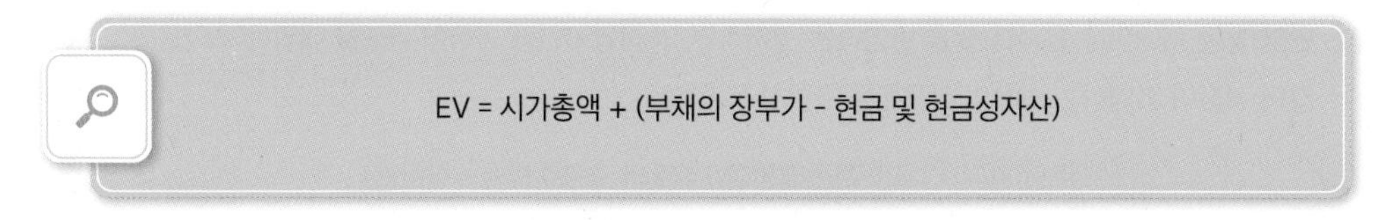

이를 영업이익과 감가상각의 합(EBITDA)으로 나눈 값이 EV/EBITDA 비율이다.

EBITDA는 주주, 채권자 등 돈으로 회사에 기여한 사람들에게 보상하는 원천이기 때문에, EV/EBITDA 비율은 투자자의 1년치 보상을 시장이 몇 배로 평가하는지를 측정한다고 볼 수 있다. PER이 주주에 초점을 두어 시장평가를 측정한다면, EV/EBITDA 비율은 주주와 채권자를 통합하여 그 배수를 보여 준다. 따라서 이 비율 또한 업종평균이나 경쟁사와 비교할 때 유용하다.

④ 기타 시장지표: PSR, PCFR

이 외에도 시가총액을 매출액으로 나눈 주가매출비율(price-sales ratio : PSR), 시가총액을 현금흐름으로 나눈 주가현금흐름비율(price-cashflow ratio : PCFR) 등 여러 시장지표가 현장에서 계속 개발되고 사용되고 있다. 모두 회사의 주가 수준을 업종평균과 비교하여 판단하는 데 유용하다. 이렇게 시장지표들이 개발되는 이유는, 벤처나 신기술처럼 새로운 특성의 회사들이 평가대상으로 계속 등장하기 때문이다. 이런 회사의 CFO는 회사의 특성에 맞는 지표를 개발할 줄 알아야 한다.

단기자금관리

단기자금관리는 자금경색의 방지를 목표로 한다

앞서 보았던 지표들은 CFO가 회사의 실적과 상태를 사후적으로 모니터링할 때 사용한다. 하지만 이자와 단기부채의 상환은 문제가 발생하면 이미 늦은 상황이 되는 경우가 많다. 따라서 단기자금관리는 사전적 관리를 목표로 한다.

① 현금주기와 단기현금관리

단기자금관리의 기초는 들어오고 나가는 회사의 현금흐름을 미리 파악하는 데 있다. 현금의 유입과 유출이 금액과 시점 면에서 모두 잘 맞으면 좋겠지만, 그렇지 못하면 회사는 자금경색을 겪을 수 있다. 이를 피하기 위해 CFO는 차이 나는 금액과 기간을 미리 파악하여 동 금액과 기간에 맞춰 단기자금조달계획을 수립해야 한다.

제품이 만들어지고 출하되고 대금이 입금되는 일련의 과정을 한 영업주기라고 한다. 현금흐름의 관점에서 영업주기는 제품 제작에 필요한 재료가 회사에 입고되면서부터 시작된다. 이때부터 회사는 현금을 지불해야 할 의무가 생기기 때문이다. 이때 회사가 공급자에게 어음으로 지급했다고 하자. 이후 이 재료를 가지고 제품을 만들어 판매할 때는 회사가 반대로 판매자로부터 어음을 받는다고 하자. 그러면 영업주기는 이 받을어음이 현금으로 결제될 때 끝나게 된다.

만약 공급자에게 현금을 주는 시점과 판매자로부터 현금을 받는 시점이 같다면, 회사는 판

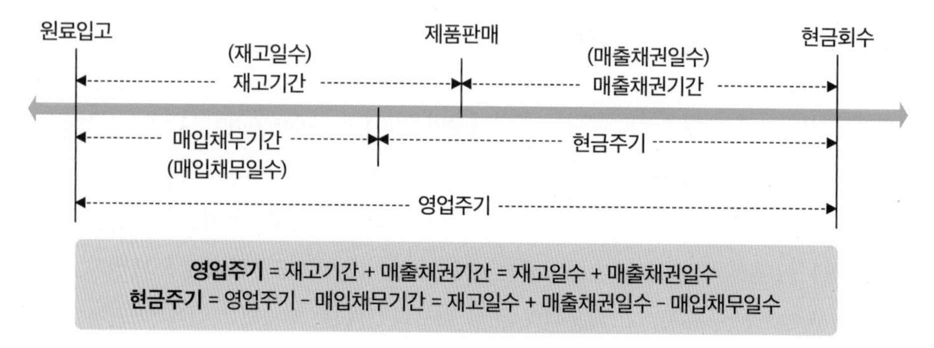

그림 7-1 영업주기와 현금주기

매자로부터 받은 현금으로 공급자에게 지불하면 되기 때문에 별도로 현금을 준비해 둘 필요가 없다. 하지만 공급자에게 현금을 먼저 지불해야 한다면 현금이 모자라는 시기가 생긴다. 이 시기에는 모자란 현금을 내부 또는 외부에서 조달해야 한다. 이렇게 하나의 영업주기에서 현금의 조달이 필요한 시기를 현금주기라고 부른다. **그림 7-1**은 현금주기를 잘 보여 준다.

그림에서 보는 바와 같이 영업주기(operating cycle)는 재고기간(inventory period)에 매출채권기간(receivables period)을 더해서 구한다면, 현금주기(cash cycle)는 이 영업주기에서 매입채무기간(payables period)을 차감해서 구할 수 있다.

현금주기를 쉽게 줄이려면 공급자에게는 긴 기간의 어음을 주고 판매자에게는 짧은 기간의 어음을 받으면 된다. 그러나 받을어음과 지급어음의 기간은 회사의 협상력에 달려 있기 때문에 CFO가 정할 수는 없다. 실제로 CFO가 택할 수 있는 방법은 판매자에게 빨리 현금결제를 해 주면 일정한 할인을 해 주며 조기결제를 유도하거나, 혹은 받을어음을 만기 전에 팩토링 회사 등 파이낸스 업체를 통해 매도 또는 담보대출을 받아 조기에 현금화하는 것이다. 회사의 제품과 선적마다 현금주기가 각각 존재하기 때문에 CFO는 이를 모두 감안하여 회사 전체의 단기자금조달 계획을 수립해야 한다.

❷ 유동자산의 관리

CFO는 회사가 취급하는 각 제품과 매 선적을 모두 모아 회사 전체의 단기자금조달 계획을 세우는데, 이는 결국 회사의 대차대조표에 나타난 유동자산과 유동부채의 규모를 결정하는 것과 같다. 여기서 CFO는 크게 유연한 정책과 제한적인 정책을 선택할 수 있다. 유연한 단기재무

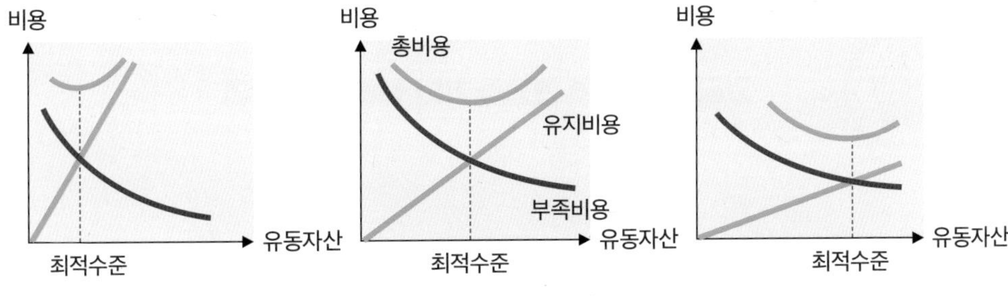

그림 7-2 유동자산의 최적수준

정책(flexible short-term financial policy)에서는 생산을 늘리고 신용조건을 완화해 외상매출을 늘린다. 재고와 매출채권이 증가하면 유동자산이 확대된다. 회사가 공격적인 성장전략을 세울 때 따라오는 단기재무정책이다. 반대로 **제한적 단기재무정책**(restrictive short-term financial policy)에서는 생산을 줄이고 신용조건을 강화해 외상매출을 줄여 매출채권 규모를 축소한다. 이는 회사가 비용관리를 강화하고 내실을 다지려고 할 때 사용하는 단기재무정책이다.

회사의 성장전략에 따라 두 정책을 선택하기 전에 CFO는 각 정책이 실행되었을 때 발생할 수 있는 단점을 파악하고 미리 준비해야 한다. 유연한 단기재무정책을 실행할 때는 창고관리비용이 늘어난다. 또한 외상을 남발하면 회수가 어려워질 수 있다. 결국 **유지비용**(carrying cost)이 증가한다. 한편 제한적 단기재무정책을 펼칠 때는 재고부족으로 인해 예상치 못했던 새로운 주문은 받을 수가 없고 까다로운 신용조건으로 인해 좋은 판매처를 놓칠 수도 있다. 이는 모두 **부족비용**(shortage cost)의 증가를 가져온다.

두 가지 비용의 합이 회사가 유동자산 보유로 부담해야 하는 총비용이며, 이 총비용을 최소화하는 유동자산의 규모가 존재한다. 이 관계는 **그림 7-2**가 잘 보여 준다. 왼쪽 그림은 유지비용이 높은 회사의 유동자산 최적규모를 나타낸다. 이 회사는 높은 유지비용으로 인해 유동자산을 많이 가져갈 수가 없다. 이 경우에 속하는 회사가 유연한 단기재무정책을 함부로 실행하면 어려움에 처할 수 있다. 만약 회사가 성장을 선택하고 이에 맞춰 유연한 단기재무정책을 실행하려 한다면, CFO는 창고의 자동화나 매출채권 관리효율화 등 먼저 유지비용을 낮출 수 있는 준비를 해야 해서, 회사의 조건이 오른쪽 그림에 속하도록 만들어야 한다. 반대로 회사가 내실을 선택하고 CFO는 제한적인 단기재무정책을 실행하려 한다면, 부족비용을 줄일 수 있는 장치를 마련해야 한다.

이 그림은 중요한 시사점을 가진다. 회사가 미리 준비되어 있지 않은 상태에서 무조건 성장

고금리 시대의 현금주기와 운전자본 관리

- 최근 북유럽 기업이 조명을 받고 있다. 유럽 내 다른 지역보다 높은 실적을 보이기 때문이다. McKinsey가 소개한 그들의 경영기법 중 하나는 현금주기를 줄여 운전자본을 축소하고 이자비용을 절감하는 것이다. 고금리 시대를 대처하는 북유럽 기업의 지혜다.
- 현금주기는 재고일수와 매출채권일수와 밀접하게 연결되어 있다. 재무적으로 건강한 기업은 재고와 매출채권을 운전자본으로 조달한다. 한편 운전자본은 주로 장기부채로 조달하기 때문에 이자를 발생시킨다. 따라서 현금주기를 줄이는 것은 곧 이자비용을 줄이는 빠른 방법이다.
- 북유럽 주요 기업의 현금주기는 산업별로 생필품소비재가 22일로 가장 짧고 기자재가 51일로 가장 길다.

산업	중앙값	산업	중앙값
communication service	26일	industrials	35일
consumer discretionary	32일	information technology	47일
consumer staples	22일	materials	51일
energy	37일	utilities	40일

자료 : Mckinsey & Company

전략을 구사한다면, 유동자산 관리에서 예상치 못했던 큰 비용이 발생하여 실패할 수 있다는 점이다. 성장전략을 실행하려면, 먼저 재고와 매출채권을 효율적으로 관리할 수 있는 시스템을 갖춰 놔야 함을 시사한다.

③ 유동부채의 관리

유연한 단기재무정책을 선택했다면 앞서 말했던 현금주기가 길어지고 이 기간 조달해야 할 현금의 액수도 증가할 가능성이 높다. 생산을 늘리면서 발생하는 재고투자의 일정부분은 순운전자본으로 볼 수 있기 때문에 항상 장기부채로 조달하는 것이 현명하다. 나머지에 대해서는 단기부채를 주로 사용하여 조달하게 되는데, 주로 매출채권을 담보로 사용하여 단기대출을 받는 방법, 매출채권을 제3자에게 매각하는 방법, 무담보 신용대출을 받는 방법, 무담보 상업어음을 발행하는 방법 등이 있다. 단기대출의 방법은 많으며 특히 인터넷과 핀테크와 더불어 계속 발전하고 있다.[1]

---

1 1. 무담보대출: 신용한도(line of credit), 보상예금, 신용장. 2. 담보대출: 2.1 매출채권금융(AR financing): 양도(assigning), 팩토링(factoring) 등. 2.2 재고대출(inventory loan): 재고유치권(blanket inventory lien), 창고금융(field warehouse financing) 등. 3. 상업어음(commercial paper): 단기어음(short-term note) 등. 4. 외상매입(trade credit): 2/10 net 60 등 현금할인.

㈜서울 대차대조표(억원)

현금	100	매입채무	100
매출채권	150	단기차입	50
재고	100	장기부채	450
순고정자산	650	자본	400
계	1,000	계	1,000

㈜서울 손익계산서(억원)

매출	1,000
매출원가	700
EBIT	300
이자	45
세금	51
당기순이익	204

㈜한강 대차대조표(억원)

현금	100	매입채무	200
매출채권	250	단기차입	100
재고	500	장기부채	200
순고정자산	650	자본	1,000
계	1,500	계	1,500

㈜한강 손익계산서(억원)

매출	1,500
매출원가	1,100
EBIT	400
이자	20
세금	76
당기순이익	304

듀퐁항등식

1 위의 표를 보고 답하시오.

a. ㈜서울과 ㈜한강의 ROE를 구하시오.

b. 두 회사에 대해 듀퐁항등식을 만들고 ROE 값이 a의 답과 같은지 확인하시오.

c. b의 결과에 의하면 ㈜한강의 ROE가 낮은 이유는 무엇에 기인하는가?

유동비율

2 위의 표를 보고 답하시오.

a. ㈜서울과 ㈜한강의 부채비율과 이자보상배율을 구하시오.

b. 두 회사의 ROE와 2.a의 결과를 비교하며 부채의 역할을 논하시오.

영업주기와 현금주기(재고일수, 채권일수, 채무일수)

3 a. 위의 표를 보고 ㈜서울과 ㈜한강의 재고일수와 채권일수와 채무일수를 구하시오.
b. ㈜한강의 현금주기가 긴 이유는 무엇이며, 회사에 어떤 문제를 야기하는가?

듀퐁항등식

4 **㈜한강이 재고를 200억원으로 줄이고 여기서 회수된 순운전자본으로 유상감자를 하면 ROE에 어떤 영향을 주는지 1.b의 결과를 수정하며 설명하시오.**

MtB, PER, PBR

5 **㈜서울과 ㈜한강의 시가총액이 각각 800억원과 1,500억원이라고 하자. 두 회사의 MtB, PER, PBR을 구하시오.**

PART 2

부채와 자기자본

CHAPTER 8

채권의 가치평가

기업은 부채(타인자본)와 자기자본으로 자본을 조달한다. 부채의 대표적인 것이 채권이며 자기자본의 대표적인 것이 주식이다. 물론 기업은 채권을 발행하지 않고 금융기관에서 대출을 받을 수도 있지만 채권과 대출 모두 부채의 일종이다. 이 장에서는 현금흐름할인법을 이용하여 채권의 가치를 평가하는 방법을 학습한다. 아울러 채권의 특징과 이자율에 관해서도 논의한다.

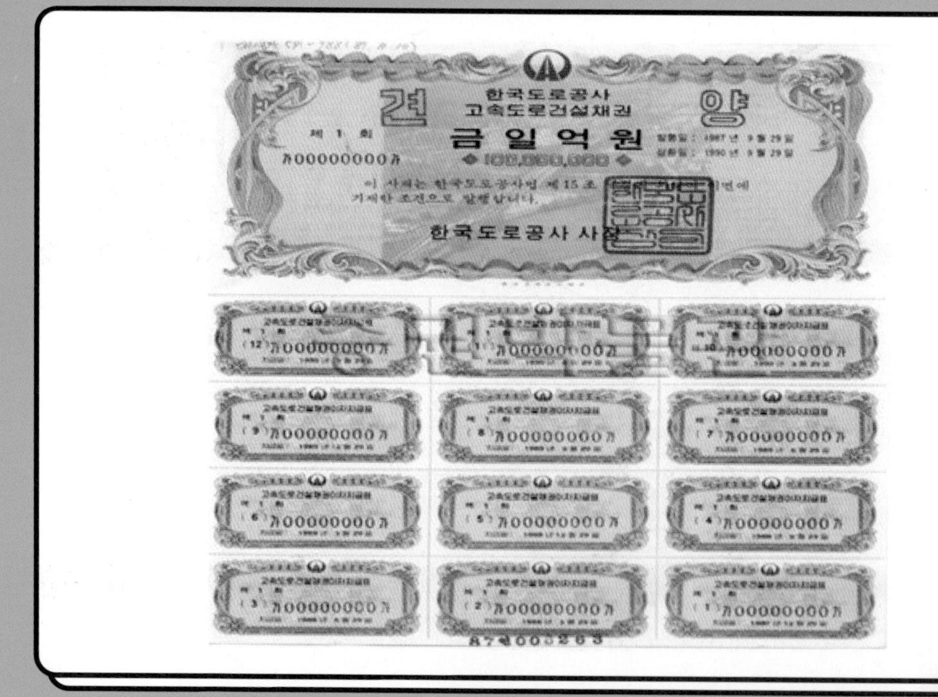

채권

채권(bond)은 일반적으로 차입자가 매 기간 이자를 지급하고 원금은 만기 때 상환하는 형태를 갖는다. 예를 들어, A사가 30년 동안 $1,000를 차입한다고 하자. 채권의 이자율이 7%라고 한다면, A사는 30년 동안 매년 $70(= 0.07 × $1,000)의 이자를 지급할 것이고 30년 후에는 원금 $1,000를 상환할 것이다. 만기에 상환되는 금액을 채권의 **액면가**(face value 또는 par value)라고 한다. 미국에서 발행되는 회사채의 액면가는 보통 $1,000이며 한국의 경우는 10만원이다. **표면이자**(coupon)는 A사가 정기적으로 지불하기로 한 이자 $70이며, 표면이자율 또는 표면금리는 표면이자를 액면가로 나눈 것이다. 본 예에서 채권의 표면이자율은 7%가 된다. 만기(maturity)는 액면 상환 시까지 소요되는 기간이다. **만기수익률**(yield to maturity : YTM)은 채권에 대한 시장의 요구수익률로 우리가 일반적으로 지칭하는 채권수익률이다. 만기수익률은 채권에서 중요한 개념으로 표면금리와는 다른 개념이며 추후 자세히 다룬다.

채권가치

증권의 가치는 그 증권에서 발생하는 미래 기대현금흐름의 현재가치이다. 따라서 채권가치는 채권에서 발생하는 이자와 원금(액면가)의 현재가치이다. 예를 들어, B사가 표면금리 8%의 10년 만기 채권을 발행했다고 가정하자. 이 채권으로부터 지급되는 현금흐름은 **그림 8-1**과 같다.

이 채권의 현금흐름은 10년간 매년 지급되는 동일한 표면이자와 만기에 지급되는 액면 $1,000로 구성되어 있다. 따라서 두 부분의 현재가치를 각각 구한 후 이를 더하면 채권의 시장

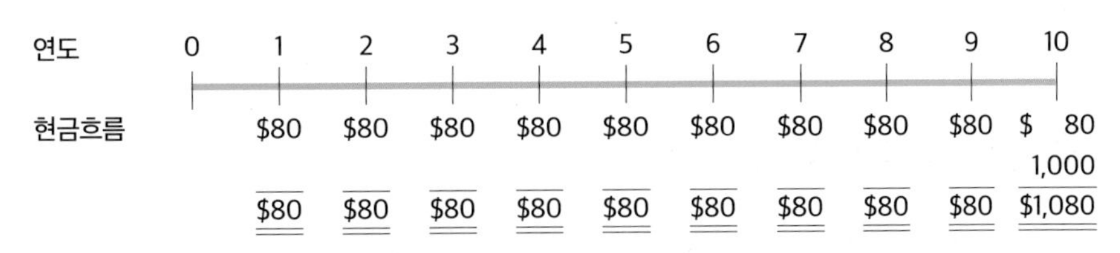

그림 8-1　채권의 현금흐름 예

가치를 계산할 수 있다. 현재가치를 구하기 위해서는 할인율(r)이 필요한데 이 채권에 대한 시장의 요구수익률, 즉 만기수익률을 알아야 한다. 만기수익률은 특정 채권에 대해서 시장투자자가 요구하는 수익률로 투자자가 채권을 사서 만기까지 보유했을 경우 얻을 수 있는 연 수익률이며 채권을 공부할 때 눈여겨보아야 할 중요한 개념이다.

❶ 채권가치 계산공식

채권가치 또는 채권가격을 계산하기 위한 일반 공식은 아래와 같다.

$$\text{채권가치} = C\left[\frac{1-\frac{1}{(1+r)^T}}{r}\right]+\frac{F}{(1+r)^T}$$

여기서 C는 매기 지급되는 표면이자, T는 만기까지의 기간, F는 만기에 지급되는 액면가, r은 할인율 또는 만기수익률이다. 이 식에서 첫째 항은 매기 지급되는 표면이자 C의 현재가치이다. 표면이자 지급은 연금 형태의 현금흐름이므로 앞서 학습한 연금의 현재가치 공식을 그대로 사용하면 된다. 둘째 항은 만기에 한 번 지급하는 액면금액 F의 현재가치이다. 채권가치는 첫째 항과 둘째 항의 합이다.

채권가격 계산을 위해서 추가로 확인해야 할 사항은 표면이자 지급 빈도이다. 우리는 특별한 언급이 없는 한 편의상 1년에 1회 이자지급을 가정한다. 그러나 실제 채권의 표면이자 지급 빈도는 1년에 2회 이상이다. 그럼에도 불구하고 채권의 표면이자와 요구수익률은 모두 연 단위로 표시된다. 따라서 이자가 1년에 2회 이상 지급된다면 채권가치 계산을 위해서는 먼저 연 표면이자 C를 연 지급횟수로 나누어 조정해야 한다. 다음으로 연 요구수익률 r을 연 복리횟수로 나누고 채권 만기까지의 기간(T)에 연 복리횟수를 곱하여야 한다. 이에 대해서는 앞서 이미 학습한 바 있다.

❷ 만기수익률과 채권가격

발행일이 2024년 1월 1일, 만기가 2028년 12월 31일, 표면이자율이 6.375%인 어느 채권이 있다. 이 채권의 액면가는 $1,000이며 표면이자는 1년에 두 번 6월 30일과 12월 31일에 지급한다.

표면이자율이 6.375%이므로 매 6개월마다 이자지급액은 $31.875(= 1,000 × 6.375%/2)이다. 2024년 1월 1일 현재 이 채권의 현금흐름 규모와 발생시점은 **그림 8-2**와 같다. 2024년 6월 30일부터 2028년 12월 31일까지 총 10회의 이자지급이 발생하며, 2028년 12월 31일에 액면가 $1,000가 상환된다는 것을 보여 준다.

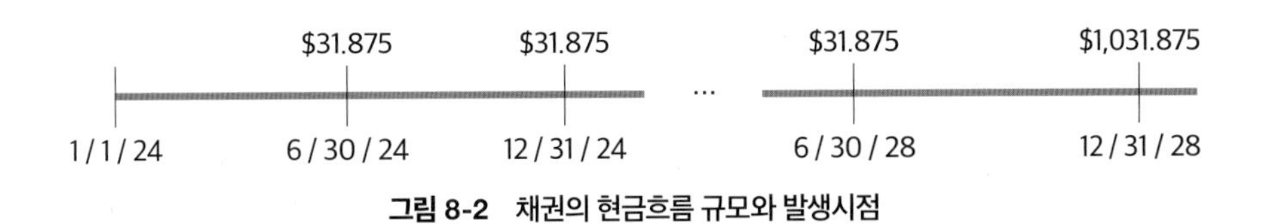

그림 8-2 채권의 현금흐름 규모와 발생시점

표면이자와 만기수익률(할인율 또는 요구수익률)의 상대적 크기에 따라 두 가지 경우를 가정하면서 채권가격을 계산해 보자.

(Case 1) 2024년 1월 1일 현재 이 채권에 대한 시장의 요구수익률이 5%라면 채권가격은 얼마인가? 즉, 요구수익률이 표면이자율 6.375%보다 작은 경우다. 채권가격 공식에 표면이자는 $31.875(= $63.75/2), 요구수익률은 2.5%(= 5%/복리횟수 2), 기간은 10(= 만기 5년 × 2), 액면가는 $1,000를 대입하면 채권가격은 아래와 같이 $1,060.17가 된다.

$$채권가격 = \frac{\$31.875}{0.05/2}\left[1 - \frac{1}{(1.025)^{10}}\right] + \frac{\$1,000}{(1.025)^{10}} = \$1,060.17$$

(Case 2) 요구수익률이 11%라면 채권가격은 어떻게 변하겠는가? 즉, 요구수익률이 표면이자율 6.375%보다 큰 경우다. 요구수익률을 제외하고 모든 조건은 이전과 동일하므로 채권가격 공식에 요구수익률 11%를 2로 나누어 대입하면 채권가격은 이제 $825.69가 된다.

$$채권가격 = \frac{\$31.875}{0.11/2}\left[1 - \frac{1}{(1.055)^{10}}\right] + \frac{\$1,000}{(1.055)^{10}} = \$825.69$$

상기 결과를 요약하면, 만기수익률이 표면이자율보다 낮은 Case 1에서는 채권가격이 액면가 $1,000보다 크고, 반대로 만기수익률이 표면이자율보다 높은 Case 2에서는 채권가격이 액면가 $1,000보다 작다는 것을 알 수 있다.

만기수익률(YTM)과 채권가격의 관계를 그림으로 살펴보자. 이 그래프는 방금 예를 기초로 작성되었다. 여기서 채권의 할인율, 요구수익률은 만기수익률과 동일한 의미라는 점을 기억하라.

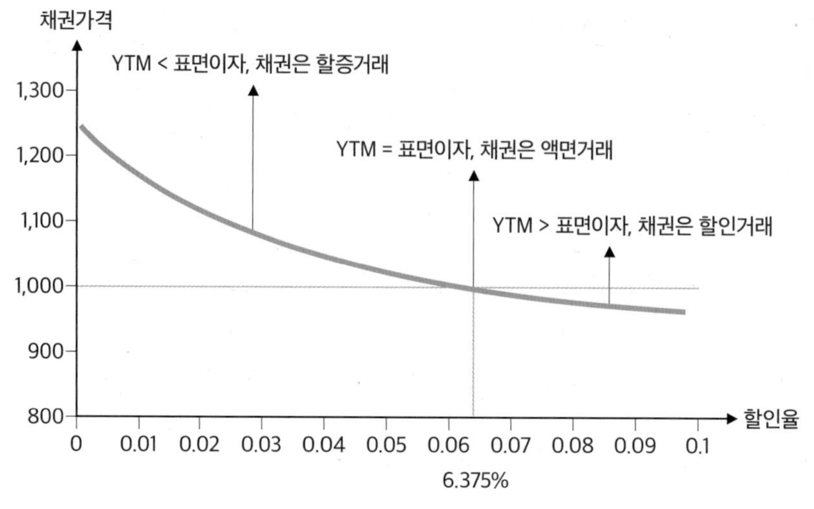

그림 8-3 만기수익률(YTM)과 채권가격

이 그래프에서 X축은 할인율이며 Y축은 채권가격을 나타낸다. 우하향 곡선은 채권가격이 할인율과 역의 관계에 있음을 보여 준다. Case 1에서 YTM이 표면이자 6.375%보다 낮다면 채권가격은 액면가 1,000보다 크다는 것을 보여 준다. 왜 그럴까? 직관적으로 생각해 보면, 이 채권에 대한 시장의 요구수익률은 5%인데 이보다 높은 6.375%의 표면이자를 지급하는 경우 투자자는 이 채권을 매수하기 위해 기꺼이 프리미엄을 지급할 것이며 따라서 채권은 $1,000보다 비싼 가격에 거래될 것이다. 이와 같이 액면보다 높은 가격으로 할증되어 거래되는 채권을 할증채(premium bond)라고 한다.

이와 반대로 Case 2에서 YTM이 표면이자 6.375%보다 높다면 채권가격은 액면가 1,000보다 작다는 것을 보여 준다. 왜 그럴까? 이 채권에 대한 시장의 요구수익률은 11%인데 이보다 낮은 6.375%의 표면이자를 지급하는 경우 투자자는 이에 대한 보상으로 $1,000의 액면가보다 낮은 가격에 채권을 매입하려고 할 것이다. 이와 같이 액면보다 낮은 가격으로 할인되어 거래되는 채권을 할인채(discount bond)라고 한다. 마지막으로 YTM이 표면이자와 동일하다면 채권가격은 액면가 $1,000와 동일하며 이와 같은 채권을 액면채(par bond)라고 한다. 종합하면, 채권은 표면이자율과 시장의 요구수익률인 YTM의 상대적 크기에 따라 할증채, 할인채, 액면채 등으로 분류된다.

만기수익률, 요구수익률, 할인율, 실현수익률, IRR, EAR

재무에서 수익률은 많은 이름으로 불린다. 우선 투자를 하는 시점에서 내가 미래에 벌고 싶어 하는 요구수익률이 있고, 투자가 끝난 시점에서 내가 이미 번 실현수익률로 나뉠 수 있다. 요구수익률은 주로 투자안의 오늘 가치를 결정할 때 사용되고, 실현수익률은 투자의 성과를 측정할 때 사용된다. 그러나 수학적으로 볼 때 사용되는 방식은 모두 똑같다. 요구수익률이 미래현금을 할인할 때 사용되면 할인율이라고 불리고, 특히 채권의 현금흐름을 할인하는 데 사용되면 만기수익률(YTM)이라고 한다. 한 투자안의 NPV를 0으로 만드는 요구수익률은 IRR(internal rate of return)이라고 명명하고, 1년에 두 번 이상 복리로 계산된다면 EAR(effective annual rate)로 변환된다. 특히 IRR과 EAR은 실현수익률을 계산할 때 많이 사용된다.

③ 이자율 위험

채권의 이자율 위험(interest rate risk)이란 시장이자율 변동에 따른 채권보유자의 위험이다. 가격위험과 재투자위험으로 구분해 볼 수 있다. 먼저 가격위험은 이자율 변동에 따른 채권가격의 변화이다. 즉, 시장이자율이 변동하면 할인율도 변동하게 되어 채권가격도 변동한다. 이자율 위험의 대부분은 가격위험과 관련된다. 다음으로 재투자위험이다. 채권의 만기수익률은 투자자가 오늘 채권을 사서 이자를 받으면서 만기까지 보유할 경우 얻는 수익률이다. 여기에는 투자자가 수령한 이자를 만기수익률로 재투자한다는 묵시적 가정이 내포되어 있다. 재투자위험은 수령한 이자를 만기수익률과 동일한 수준의 이자율로 재투자할 수 있을지의 불확실성이다. 시장 환경이 저금리 기조로 바뀌면 예정한 이자율로 재투자가 불가능할 수도 있다. 마지막으로 채권의 이자율 위험은 채권의 만기와 표면금리와 관련되며 여기서는 그 논의를 생략한다.

④ 만기수익률 계산

만기수익률은 어떻게 계산하는가? 만기수익률은 현재 채권가격에 내재된 이자율이다. 만기수익률은 불행하게도 수기로 직접 계산할 수 없으며 엑셀 스프레드시트나 재무용 계산기를 이용하지 않는 한 시행착오법에 의해 계산해야 한다. 그러나 채권가격이 알려져 있을 때 만기수익률이 표면이자율보다 높은가 낮은가에 대한 대답은 이들의 도움 없이도 바로 알 수 있다.

예제 8.1 만기수익률과 표면이자율 비교

a. 액면 $1,000, 만기 15년, 표면이자율 10%(연 1회 이자지급)인 채권이 현재 $928.09에 거래되고 있다. 이 채권의 수익률은 표면이자율 10%보다 높을까 낮을까?
실제로 재무용 계산기를 사용해서 풀어 보면 만기수익률은 11%로 10%보다 높다는 것을 알 수 있다. 그러나 계산기 없이도 답을 알 수 있다. 앞서 언급했듯이 채권가격이 $1,000보다 작다는 것은 표면이자율 10%보다 할인율로 작용하는 만기수익률이 높기 때문이다.

b. 액면 $1,000, 만기 20년, 표면이자율 10%(연 2회 이자지급)인 채권이 현재 $1,197.93에 거래되고 있다. 이 채권의 수익률은 10%보다 높을까 낮을까?
재무용 계산기를 사용하면 만기수익률은 8%로 표면이자율 10%보다 낮다는 것을 알 수 있다. 마찬가지로 채권가격이 $1,000보다 크다는 것은 표면이자율 10%보다 만기수익률이 낮기 때문이라는 사실을 계산기가 없어도 알 수 있다.

⑤ 현행수익률

채권거래에서 가끔 언급되는 **현행수익률**(current yield)은 채권의 연간 표면이자를 채권가격으로 단순히 나누어 계산한다. 현행수익률은 채권의 표면이자 부분만을 고려한 수익률이기 때문에 할인채(할증채)의 경우 가격할인(할증)으로 인한 자본이득(손실)을 반영하지 않는다. 따라서 현행수익률은 만기수익률보다 높거나 낮을 수 있다.

예제 8.2

현행수익률 계산

액면가가 $1,000이고 6개월마다 $30의 이자를 지급하며 만기가 5년인 채권이 현재 시장에서 $1,080.42에 거래되고 있다. 이 채권의 현행수익률은 얼마인가? 이 채권의 만기수익률은 얼마인가?

이 채권은 매 6개월마다 $30의 이자를 지급하므로 연간 이자지급액은 $60가 된다. 따라서 현행수익률은 5.55%(= $60/1,080.42)가 된다. 또 이 채권은 만기까지 총 6개월 단위로 10번의 이자를 지급하므로 다음 채권가격 공식을 이용하여 만기수익률 r을 구할 수 있다.

$$\$1{,}080.42 = \$30 \times [1 - 1/(1 + r)^{10}]/r + 1{,}000/(1 + r)^{10}$$

재무용 계산기나 시행착오법으로 이 식을 풀면 r이 2.1%임을 알 수 있다. 여기서 2.1%는 6개월에 대한 수익률이므로 2를 곱해 주면 만기수익률은 4.2%가 된다. 현행수익률이 만기수익률보다 높은 이유는 (이 채권이 할증채이며) 할증채의 현행수익률에는 현재와 만기 사이의 할증으로 인한 자본손실이 포함되지 않기 때문이다(다시 말하면, 투자자가 채권을 $1,080.42에 사면 만기에 $1,000의 액면가를 받는다).

6 스프레드시트를 이용한 채권가격과 수익률 계산

엑셀 스프레드시트에서 채권의 가격(price)과 수익률(yield)을 손쉽게 계산할 수 있다. 먼저 채권가격을 계산해 보자. 만기가 2022년이며, 표면이자는 연 8%이고 반년마다 지급되며, 만기수익률이 9%인 채권이 있다. 이 채권의 가격은 얼마인가? 결제일은 채권 대금을 실제로 지급한 일자이며 2000년 1월 1일로 가정한다. 연이자율은 표면이자율 8%, 만기수익률은 9%, 액면가는 100%, 연간 이자 지급횟수는 2회를 입력하면 된다. 여기서 유의할 점은 실무에서는 채권의 액면과 가격 모두 %로 표시되며 채권가격은 실제 액면가의 %라는 것이다. 마지막으로 채권가격은 다음과 같이 '= PRICE(B7, B8, B9, B10, B11, B12)' 공식에 셀을 지정해 주면 90.49%임을 알 수 있다. 이는 액면가의 90.49%라는 의미로 만약 이 채권의 실제 액면가가 $1,000라면 채권가격은 $904.9라는 말이다.

	A	B	C	D	E	F	G	H
1								
2	스프레드시트를 이용한 채권가치 계산하기							
3								
4	2022년 만기, 표면이자율 8%, 만기수익률 9%인 채권이 있다. 만약 이 채권이 반년마다 이자를 지급한다면							
5	현재 채권의 가격은 얼마인가?							
6								
7	결제일:	1/1/00						
8	만기일:	1/1/22						
9	연이자율:	0.08						
10	만기수익률:	0.09						
11	액면가:	100						
12	연간 이자 지급횟수:	2						
13	채권가격(액면가의 %):	90.49						
14								
15	셀 B13에 입력된 공식은 =PRICE(B7, B8, B9, B10, B11, B12); 액면가와 채권가격은 %로 표시된다.							
16								

그림 8-4 스프레드시트를 이용한 채권가격 계산

다음으로 수익률을 계산해 보자. 만기가 2022년이며, 표면이자는 연 8%이고 반년마다 지급되며, 가격이 $960.17인 채권이 있다. 이 채권의 수익률은 얼마인가? 마찬가지로 결제일은 2000년 1월 1일로 가정한다. 결제일과 만기일을 넣고, 연이자율은 표면이자율 8%, 채권가격은 96.017%(= 960.17/1,000), 액면가는 $1,000이므로 100%, 연간 이자 지급횟수는 2회를 입력하면 된다. 마지막으로 만기수익률은 다음과 같이 '= YIELD(B7, B8, B9, B10, B11, B12)' 공식에 셀을 지정해 주면 8.4%임을 알 수 있다.

	A	B	C	D	E	F	G	H
1								
2	스프레드시트를 이용한 채권수익률 계산							
3								
4	2022년 만기, 표면이자율 8%, 가격이 $960.17인 채권이 있다. 만약 이 채권이 반년마다 이자를 지급한다면							
5	채권의 만기수익률은 얼마인가?							
6								
7	결제일:	1/1/00						
8	만기일:	1/1/22						
9	연이자율:	0.08						
10	채권가격(액면가의 %):	96.017						
11	액면가:	100						
12	연간 이자 지급횟수:	2						
13	만기수익률:	0.084						
14								
15	셀 B13에 입력된 공식은 =YIELD(B7, B8, B9, B10, B11, B12); 액면가와 채권가격은 %로 표시된다.							
16								

그림 8-5 스프레드시트를 이용한 채권수익률 계산

채권의 특징

기업이 발행하는 증권은 크게 부채증권과 지분증권으로 구분될 수 있다. 부채증권의 대표적인 것은 채권이며 지분증권의 대표적인 것은 주식이다. 물론 기업은 타인자본조달을 위해 증권 발행 대신에 대출을 선택할 수도 있다. 채권과 대출 모두 부채의 일종이며 자금을 빌려 주는 측을 채권자 또는 대출자라고 하며, 자금을 빌리는 측을 채무자 또는 차입자라고 한다.

재무적 관점에서 부채는 자기자본과 다음과 같은 차이점을 지닌다. (1) 부채는 기업의 소유권과 관련이 없다. 따라서 채권자는 일반적으로 의결권이 없지만 주주는 이사선출 등 주요 사항에 투표권이 있다. (2) 기업이 부채에 대해 지급하는 이자는 사업을 수행하기 위한 비용으로 간주되어 세금공제가 되는 반면, 주주에게 지급하는 배당은 사업상 비용이 아니므로 세금공제가 되지 않는다. (3) 채권자는 이자나 원금이 지급되지 않으면 법적 상환청구권을 가지나, 배당금은 회사의 채무가 아니어서 주주는 배당이 지급되지 않더라도 법적 상환청구권을 행사하지 못한다. (4) 과다부채의 사용은 기업을 재무적 곤경이나 부도로 이끌 수 있으나 자기자본의 사용은 그렇지 않다.

1 채권계약서

채권계약서는 기업과 채권자 간에 작성하는 합의서로 신탁증서(trust deed)라고도 하며 채권의 기본조건, 보증 관련 사항, 상환방법(감채기금조항 여부), 콜(수의상환)조항, 보호조항 등을 포함한다. 주요 내용만 간단히 차례로 살펴보자.

발행조건 및 형태

미국 회사채의 액면가는 일반적으로 $1,000이다. 따라서 기업이 $10만 차입을 위해서는 100개의 채권을 발행해야 한다. 채권의 발행 형태는 등록형(registered form)과 소지인형(bearer form)으로 구분된다. 등록형은 기업이 기록상 채권소유주로 등록되어 있는 사람에게 이자와 원금을 지급한다. 소지인형은 채권을 소지한 사람에게 이자와 원금을 지급하므로 채권 소지자는 채권증서에서 쿠폰을 분리하여 발행기업에 보내야 이자를 수취할 수 있다. 소지인형의 채권은 분실 또는 도난 시 상환될 수 없으며 또 발행기업이 채권의 소지자를 알 수 없어 중요사항을 직접 전할 수 없다. 회사채는 등록형이 일반적이다.

보증 및 우선순위

채권계약서에는 **보증**(security) 여부와 변제의 우선순위가 포함된다. 차입자가 보유하고 있는 기타 채권이나 주식과 같은 금융자산에 의해 보증되는 채권은 담보채권이다. 차입자의 보유 토지나 건물 같은 실물자산에 의해 보증되는 채권은 저당채권이다. 채권은 종종 무보증형태로 발행되기도 한다.

채권계약서에는 채무 변제의 우선순위, 즉 선순위(senior) 또는 후순위(junior) 지위도 명시된다. **후순위채**(subordinated debt)의 보유자는 채권을 발행한 기업이 파산하는 경우 다른 채권자가 모두 보상을 받은 후에 비로소 청구권을 행사할 수 있다. 하지만 주식보유자에 비해서는 순위가 앞선다. 은행과 같은 금융기관은 후순위채권을 자주 발행한다. 이는 장기 후순위채권은 만기가 길고 변제의 우선순위가 늦어 국제결제은행(Bank for International Settlement : BIS) 자기자본비율 계산 시 부채가 아닌 자기자본으로 인정되기 때문이다.

상환방법

채권의 상환방법과 관련된 감채기금과 콜(call)조항도 채권계약서에 포함된다. 채권은 일반적으로 만기에 상환된다. 하지만 만기 이전이라도 원금의 일부를 상환할 수 있다. 먼저 **감채기금조항**(sinking fund provision)을 살펴보자. 채권 발행기업은 수탁기관에 감채기금을 매년 적립하고 수탁기관은 이를 채권의 일부를 변제하는 데 사용한다. 수탁기관은 시장에서 해당 채권의 일부를 매입함으로써 이 업무를 수행한다. 감채기금조항은 기업이 채권자에게 원금을 안정적으로 갚아 나가겠다는 의지를 보여 주는 조항으로 채권자에게는 분명히 유리한 조항이다. 따라서 다른 조건이 동일하다면 감채기금조항이 있는 채권은 이 조항이 없는 채권보다 수익률이 약간 낮을 수 있다.

다음으로 콜조항에 대해 알아보자. 수의상환조항으로도 불리는 **콜조항**(call provision)은 기업이 명시된 가격(call price)에 채권의 전액이나 일부를 조기에 상환할 수 있는 조항이다. 콜조항은 차입 기업 입장에서는 유리한 조항이지만 채권자 입장에서는 언제든 콜이 들어올 수 있으므로 불리한 조항이다. 따라서 다른 조건이 동일하다면 콜조항이 있는 채권은 콜조항이 없는 채권보다 수익률이 약간 높을 수 있다.

채권의 등급

기업은 발행할 채권에 대해 종종 **신용등급**(credit rating)을 받는다. 국제적으로 잘 알려진 3대 신용평가기관으로 Moody's, S&P, Fitch가 있다. 우리나라에도 주요 신용평가기관으로 한국신용평가, 한국기업평가, 나이스신용평가 등이 있다. 채권의 등급은 발행기업의 신용도, 즉 '채무불이행 가능성'을 평가한다. 가장 높은 신용등급은 Moody's의 Aaa와 S&P(Fitch)의 AAA이다. 이와 같이 신용등급의 표기방법이 서로 다른데 우리나라 신용평가사는 S&P의 표기방식을 따르고 있다. 특히 S&P의 BBB 또는 Moody's의 Baa 이상 등급을 투자등급, 이러한 등급 미만을 투기등급이라고 한다. 투기등급 채권은 정크본드(junk bond) 또는 **하이일드본드**(high-yield bond)라고 부른다. 그러나 하이일드라는 말은 수익률이 아주 높다는 의미이지만 이러한 용어에 현혹되어 높은 부도위험성을 간과하지 않도록 유의해야 한다.

② 채권 발행의 예

그림 8-6은 ABC사가 발행한 채권의 여러 특징에 대해 설명하고 있다. 이 기업은 $100억의 채권을 발행했다. 발행일과 만기일이 나와 있으며, 이 채권의 액면가는 $1,000이다. 표면이자율과 표면이자도 나와 있다. 발행 시 채권의 매도가는 액면 $1,000의 99.430% 또는 채권당 $994.30이다. 이자는 연 2회 지급됨을 알 수 있다. 지급보장은 해당사항이 없는 무보증채권임을 알 수 있다. 채권의 상환방법으로 감채기금조항은 없다. 그러나 채권을 콜가격에 언제든 상환할 수 있는 콜조항을 가지고 있다. 신용등급은 가까스로 투자등급에 속한다는 것을 보여 준다.

용어		설명
발행금액	$100억	ABC사는 $100억의 채권을 발행
발행일	03/09/2018	채권의 발행일
만기	03/25/2048	채권의 만기일
액면가	$1,000	채권의 액면가
이자율	5%	채권당 연 $500(액면가의 5%) 이자지급
매도가	99.430	채권의 매도가는 액면의 99.430% 또는 $994.30
이자지급일	3/25, 9/25	채권당 $250(= $500/2) 이자를 해당 일자에 지급
지급보장	없음	무보증채권
감채기금	없음	감채기금조항 없음
콜조항	상시	ABC사는 언제든지 콜가격에 중도상환 요구 가능
콜가격	국채금리 + 0.3%	콜가격은 국채금리 + 30bp
신용등급	S&P BBB, Moody's Baa2	중간 수준의 신용등급

그림 8-6 ABC사 채권의 특징

기타 채권

지금까지는 채권 중 가장 일반적인 형태인 회사채 위주로 논의해 왔다. 회사채 이외에도 정부채가 있으며, 이자가 변동하는 변동금리부 채권, 전환사채와 같은 하이브리드 채권도 있다.

① 정부채

세계에서 가장 큰 차입자는 미국정부이며 미국 연방정부가 재무부를 통해서 발행하는 국채는 만기에 따라 세 종류로 구분된다. 단기국채(T-bill)는 발행시점에서 만기가 1년 이하인 순수할인채(pure discount bond)다. 즉, 단기국채는 만기가 짧기 때문에 이자를 지급하지 않고 가격이 할인되어 발행되는 무이표채(zero coupon bond)다. 중기국채(T-note)는 발행시점에서 만기가 1~10년인 이표채(coupon bond)다. 장기국채(T-bond)는 발행시점에서 만기가 10년 초과하는 이표채다.

예제 8.3 **무이표채의 현재가치**

액면이 $1,000이고 만기가 1년이며 수익률이 6%인 T-bill의 현재가치는?

액면가 1,000을 6% 수익률을 이용하여 1년간 할인하면 현재가치는 $943.40[= 1,000/(1 + 0.06)]가 된다. 즉, 투자자가 T-bill을 오늘 $943.40에 매입하면 1년 후 $1,000를 받게 되며 6% 수익률을 거둘 수 있다.

② 변동금리부 채권

지금까지 논의한 채권은 표면이자율이 액면의 일정비율로 정해져 있어 이자를 고정금액으로 지급하는 고정금리 채권이다. 반면 **변동금리부 채권(floating rate bond)**은 표면이자율이 국채금리나 특정지수에 연동하여 변동한다. 예를 들면, 변동금리부 주택담보대출, 인플레이션 연계 채권 등이 있다. 변동금리부 채권은 가격변동 위험이 낮다. 왜냐하면 표면이자율이 시세를 반영하면서 주기적으로 변동하기 때문이다.

우리나라에서는 주택담보대출이 보편화되어 있다. 금융기관에서 주택담보대출을 받을 때 고객이 고정금리와 변동금리 중 선택을 할 수 있다. 일반적으로 고정금리대출에 비해서 변동금리대출의 이자율이 저렴하다. 그 이유는 무엇이라고 생각하는가? 변동금리대출에서는 금융기관이 시장이자율 변동에 따른 위험을 고객에게 전가할 수 있기 때문에 이에 대한 보상으로 고객이 변동금리를 택하면 기꺼이 금리를 조금 낮춰 줄 수 있다.

③ 전환사채

우리가 일반적으로 말하는 채권은 일반사채(straight bond)다. **전환사채(convertible bond)**는 채권보유자의 선택으로 만기 전에 채권을 일정 수의 주식으로 전환할 수 있는 채권이다. 즉, 전환사채는 일반사채에 주식으로의 전환권이 부여된 하이브리드 채권이며 이러한 특징으로 인하여 이자가 일반사채보다 저렴하다. 따라서 현금흐름이 부족하지만 성장성이 높은 벤처나 바이오 기업에게는 적절한 자금조달 수단이 된다. 투자자 입장에서도 이자는 다소 낮지만 향후 기업이 성장할 경우 주식으로 전환하여 자본이득을 얻을 수 있다는 장점이 있다.

지금까지 채권에 보증 여부, 감채기금조항, 수의상환조항, 우선순위조항, 변동금리조항, 전환권 등 여러 종류의 조항이 포함될 수 있다는 사실을 학습했다. 이들 조항 또는 특성이 채권의 수익률에 영향을 미친다는 점을 인지하는 것은 매우 중요하다.

채권시장

글로벌채권시장은 글로벌주식시장보다 그 규모가 크다. 미국 국채의 발행규모가 가장 크며 일평균 거래량도 뉴욕증권거래소(NYSE)보다 더 많다. 대부분의 채권거래는 전산으로 연결된 딜러들에 의해 주로 장외에서 이루어진다. 발행된 채권의 종류는 엄청나게 많지만 각 채권의 일거래량은 일반적으로 적다. 특히 중소기업이나 지방정부가 발행한 채권의 경우는 더욱 그렇다.

이자율 0% 전환사채 발행 러시

발행결정일	기업명	사채권면총액	전환청구시작일
19일	나인테크	170억원	1월 27일
19일	이오플로우	350억원	1월 21일
18일	미코	125억원	1월 25일
18일	일동제약	1,000억원	1월 28일
13일	쎄트렉아이	500억원	1월 16일
12일	텔레칩스	200억원	1월 14일
6일	글로본	30억원	1월 6일
5일	아나패스	20억원	1월 7일

최근 기업 자본조달 수단으로 이자율 0% 전환사채가 대거 발행되고 있다. 2021년 1월 20일 전자공시에 따르면 이달 총 20개 기업이 전환사채 발행을 결정했다. 이 중 8개 기업이 사채의 표면이자율, 만기이자율 0% 전환사채를 발행했다.

전환사채란, 주식으로 전환할 수 있는 권리가 부여된 채권을 의미한다. 주식 전환 전에는 사채로서 확정이자를 받을 수 있고, 전환 후에는 주식으로 시장에서 거래해 이익을 챙길 수 있다. 이자율 0% 전환사채는 사채 보유로 얻는 쿠폰(이자) 프리미엄이 없음을 의미한다. 투자자 입장에선 주식 전환 후 차익 시현이 유일한 목적인 셈이다. 기업으로선 이자율이 0%여서 대규모 사채 발행에도 이자비용이 발생하지 않는다.

이자율 0% 전환사채의 발행 러시는 자금조달 비용을 낮추려는 기업의 목적과 주식시장 활황장세(2021년 1월 20일 현재, KOSPI 3,115)에서 향후 전환권 행사로 높은 수익률을 기대하는 투자자의 수요가 맞아떨어진 것으로 볼 수 있다.

이데일리, 2021. 1. 20. 수정

채권시세표

아래 표는 2024년 2월 2일 《월스트리트저널》에 고시된 미국 재무부 채권의 시세표다. 이들 중 파란색 음영처리한 채권을 살펴보자.

맨 왼쪽 'MATURITY'는 채권의 만기가 2029년 11월 30일이라는 의미이고, 'COUPON'은 채권의 표면이자율이 3.875%라는 의미이다. 'BID'는 딜러가 채권을 매수하려는 가격, 'ASKED'는 딜러가 채권을 매도하려는 가격을 의미한다. 채권가격은 액면의 퍼센트로 표시되므로 매수가 99.056은 $990.56(= 액면가 $1,000 × 99.056%), 매도가 99.066은 $990.66를 의미한다. 두 가격의 차이는 딜러의 이익이 된다. 'CHG'는 전일 대비 매도가의 변동을 표시한다. 이날 매도가는 전일 대비 1.010 하락했음을 보여 준다. 'ASKED YIELD'는 매도가에 기초한 만기수익률이다. 즉, 당신이 오늘 2024년 2월 2일에 이 채권을 매도가 99.066에 사서 만기까지 보유하면 연 4.028%의 수익률을 얻을 수 있다는 말이다. 이 채권은 액면가보다 낮게 판매되고 있는 할인채이므로 당연히 만기수익률이 표면이자율보다 높다. 채권가격과 수익률은 매일 변하지만 그 변동폭은 주식보다 훨씬 작다.

표 8-1 미국 국채 시세표(U.S. Treasury Quotes)

MATURITY	COUPON	BID	ASKED	CHG	ASKED YIELD
5/31/2029	2.750	93.2940	93.3040	-0.9860	4.024
6/30/2029	3.250	96.0700	96.0800	-0.9960	4.029
7/31/2029	2.625	93.0400	93.0500	-1.0060	4.028
8/15/2029	1.625	88.1340	88.1440	-0.9820	3.972
8/15/2029	6.125	110.0060	110.0160	-1.0160	4.075
8/31/2029	3.125	95.1600	95.1700	-0.9960	4.029
9/30/2029	3.875	99.0540	99.0640	-1.0180	4.033
10/31/2029	4.000	99.2600	99.2700	-1.0200	4.030
11/15/2029	1.750	88.2340	88.2440	-1.0060	3.944
11/30/2029	3.875	99.0560	99.0660	-1.0100	4.028
12/31/2029	3.875	98.0460	99.0560	-1.0300	4.032
1/31/2030	3.500	97.0460	97.0560	-1.0260	4.035
2/15/2030	1.500	86.1820	86.1920	-0.9920	4.026
2/28/2030	4.000	99.2460	99.2560	-1.0380	4.036
3/31/2030	3.625	97.2340	97.2440	-1.0320	4.038
4/30/2030	3.500	97.0140	97.0240	-1.0360	4.034

글로벌 채권시장의 규모

2022년 말 글로벌 채권시장 규모는 총 $133조로 파악됐다. 채권시장은 지난 40년 동안 7배가량 성장했고, 특히 중국의 채권시장은 연평균 13%의 높은 성장세를 기록했다.

글로벌데이터 인포그래픽업체 비주얼 캐피탈리스트(Visual Capitalist)가 국제결제은행(Bank for International Settlement: BIS)의 추정치를 기반으로 한 글로벌 채권시장 데이터에 따르면 세계 최고의 채권시장은 미국으로 글로벌 채권시장 점유율이 39%($51.3조)에 달했다. 이 중 정부채가 $26조를 넘어선 것으로 조사됐다.

순위	국가	총발행채권(단위 : $조)	점유율(%)
1	미국	$51.30	39
2	중국	$20.90	16
3	일본	$110	8
4	프랑스	$4.40	3
5	영국	$4.30	3
6	캐나다	$4.00	3
7	독일	$3.70	3
8	이탈리아	$2.90	2
9	케이맨 제도	$2.70	2
10	브라질	$2.40	2
11	한국	$2.20	2
12	호주	$2.20	2
13	네덜란드	$1.90	1
14	스페인	$1.90	1
15	인도	$1.30	1
16	아일랜드	$1.00	1
17	멕시코	$1.00	1
18	룩셈부르크	$0.90	1
19	벨기에	$0.70	>1
20	러시아	$0.70	>1

중국이 글로벌 채권시장 점유율 16%($20.9조)로 두 번째 채권 강국이다. 지역 상업은행은 미결제 채권의 대부분을 보유하고 있는 반면 외국인이 소유하고 있는 채권은 상당히 낮다. 일본이 점유율 8%($11조)로 세 번째로 큰 채권시장이다. 일본 중앙은행은 막대한 양의 국채를 소유하고 있다. 유럽에서 프랑스의 총발행채권은 $4조 4,000억로 영국을 근소한 차이로 앞질렀다. 프랑스와 영국은 글로벌 채권시장 4, 5위로 유럽 내 가장 큰 채권시장의 본거지이다.

한국 채권시장의 규모는 $2.2조 규모로 세계에서 11번째이며 점유율은 2%를 기록했다.

전 세계 중앙은행과 마찬가지로 각국의 상업은행이 채권시장의 핵심 플레이어들이다. 이는 상업은행이 고객예치금을 이자부 증권에 재투자하기 때문이다. 여기에는 종종 유동성이 높고 전 세계적으로 가장 안전한 자산 중 하나인 미국채가 포함된다.

스마트투데이, 2023. 4. 14. 수정

인플레이션과 이자율

지금까지 할인율, 만기수익률, 투자수익률, 요구수익률 등 다양한 종류의 이자율과 수익률에 대해 논의했다. 이들은 실질이자율인가 명목이자율인가? **명목이자율**(nominal interest rate)은 인플레이션(inflation)에 대한 조정을 하지 않기 때문에 '명목'이라는 용어를 사용하는 반면, **실질이자율**(real interest rate)은 인플레이션이 조정된 이자율을 말한다.

예를 들어, 투자자가 현재 $1,000의 투자로 1년 후에 $1,100를 벌 수 있다고 할 때 투자수익률은 10%가 된다. 이 10%는 인플레이션 효과를 반영하지 않은 명목수익률이다. 인플레이션의 효과를 살펴보기 위해 동기간 물가를 대표하는 피자(pizza)가격이 4% 상승했다고 가정하자. 즉 인플레이션율은 4%이다. 그러면 투자의 명목수익률은 10%일지라도 인플레이션으로 인해 구매력은 단지 6%만 상승한 셈이다. 따라서 투자자의 실질수익률은 6%가 된다. 명목이자율은 실질이자율에 기대 인플레이션율이 포함된 결과이다. 경제학자 어빙 피셔(Irving Fisher)는 투자자들이 인플레이션에 의해 구매력이 감소한다는 사실을 인지하므로 인플레이션 기간 중에는 높은 명목이자율을 요구한다고 제안한다.

피셔 효과

피셔 효과(Fisher effect)는 명목이자율, 실질이자율, 인플레이션 간의 관계이다.

$$1 + R = (1 + r) \times (1 + h)$$

여기서 R은 명목이자율, r은 실질이자율, h는 기대 인플레이션율이다.

이 식을 풀어 보면 $1 + R = 1 + r + h + r \times h$가 된다. 여기서 $r \times h$의 값은 크기가 매우 작으므로 무시하면, 명목이자율 R은 근사치로 실질이자율 r과 기대 인플레이션율 h의 합으로 아래와 같이 나타낼 수 있다.

$$R = r + h$$

예제 8.4 피셔 효과

실질이자율이 3%이고 기대 인플레이션율이 4%일 때, 명목이자율은 얼마인가?

피셔 공식에 대입하면 1 + R = (1.03) × (1.04)가 되며, R에 대해 풀면 R = 0.0712 또는 7.12%가 된다. 단순히 근사치를 계산하면 R은 7%(= 3% + 4%)가 된다.

채권수익률의 결정요인

채권의 수익률은 모든 채권에 공통적으로 영향을 주는 요인과 특정 채권에만 영향을 주는 요인에 의해 결정된다.

❶ 이자율 기간구조

모든 채권에 공통적으로 영향을 주는 요인으로는 **이자율의 기간구조**(term structure of interest rate)가 있다. 이자율의 기간구조는 (채무불이행 위험이 없으며 순수할인) 채권의 만기와 수익률의 관계를 나타내며 실질이자율, 인플레이션 프리미엄, 이자율위험 프리미엄 등에 의해 결정된다. 이자율 기간구조를 그래프로 그린 것이 **수익률곡선**(yield curve)이다. 수익률곡선의 일반적 형태는 우상향 곡선이다. 즉, 장기수익률이 단기수익률보다 높다는 의미다.

그림 8-7은 미국 국채수익률곡선을 보여 준다. 하늘색은 2024년 2월 5일, 빨간색은 2023년 2월 3일, 남색은 2022년 2월 4일, 연두색은 2021년 2월 5일 현재 수익률 곡선이다. 저금리 기간인 2021년과 2022년의 수익률곡선은 일반적인 우상향 형태지만, 고금리 기간인 2023년과 2024년에는 장기금리가 단기금리보다 낮은 장·단기 금리의 역전현상이 두드러진다. 이러한 우하향 형태의 수익률곡선은 종종 불황의 신호탄으로 해석되곤 한다. 왜냐하면 장기금리는 향후 먼 미래의 경제성장에 대한 사람들의 기대를 반영하기 때문이다. 즉, 다수가 미래에 대한 비관적 전망을 공유한다면 장기금리는 현재 단기금리보다 낮을 수도 있다.

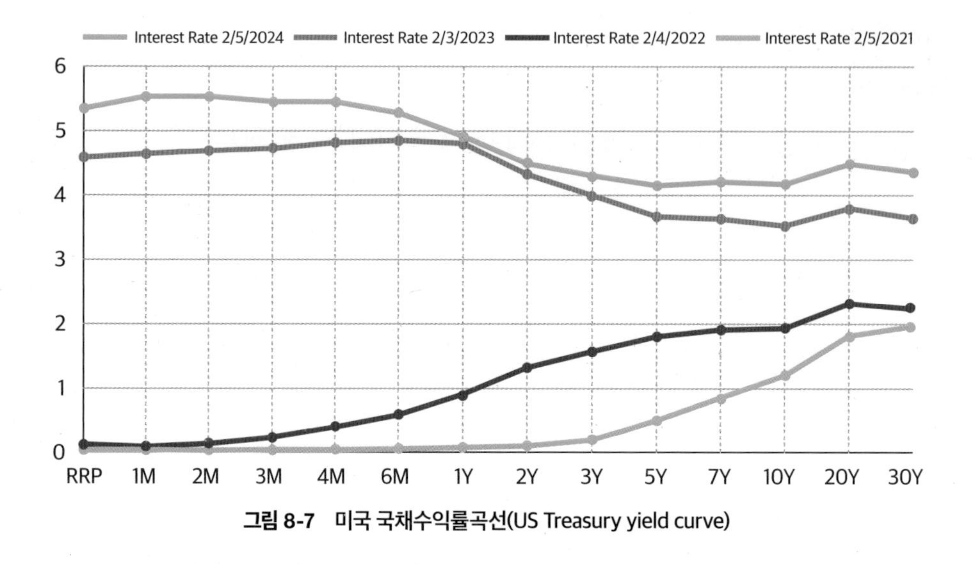

그림 8-7 미국 국채수익률곡선(US Treasury yield curve)

❷ 채권 고유의 요인

특정 채권의 수익률에 영향을 미치는 요인들을 알아보자.

채무불이행 위험

기업이 채권을 발행하는 경우 약속한 금액을 지급하지 못할 가능성이 있다. 따라서 투자자는 이러한 위험에 대한 추가적 보상을 요구하는데 이를 채무불이행위험 프리미엄이라고 한다. 그 결과 신용등급이 낮은 채권은 신용등급이 높은 채권에 비해 높은 수익률을 갖게 된다.

이자의 과세대상 여부

지방채 등 일부 채권은 이자가 세금면제가 될 수 있지만 회사채는 이자가 과세대상이다. 따라서 투자자는 불리한 세금 적용에 대한 추가적 보상을 요구하는데 이를 과세대상 프리미엄이라고 한다. 그 결과 과세 채권은 비과세 채권에 비해 높은 수익률을 갖게 된다.

거래 유동성

채권은 시장에서 거래 유동성이 서로 다르다. 투자자는 유동성이 떨어지는 자산에 대한 추가적 보상을 요구하는데 이를 유동성 프리미엄이라고 한다. 그 결과 유동성이 낮은 채권은 유동성이 높은 채권에 비해 높은 수익률을 갖게 된다.

지금까지 내용을 종합하면, 채권수익률을 결정하는 공통요인으로 이자율의 기간구조(실질이자율, 기대 인플레이션, 이자율위험)가 있으며, 고유요인으로는 채무불이행위험, 이자의 과세대상 여부, 거래 유동성 등이 있다. 그리고 추가로 앞에서 학습한 채권의 여러 조항과 특성, 예를 들면 보증 여부, 감채기금조항, 수의상환조항, 우선순위조항, 변동금리조항, 전환권 등도 채권수익률에 영향을 미치는 요인이라는 점을 간과해서는 안 된다.

연습문제

1 **채권의 만기수익률에 대한 설명으로 옳은 것은?**

① 연 이자를 채권의 시장가격으로 나누어 계산한다.

② 채권이 만기일 이전에 팔린다면 투자자가 얻는 수익률이다.

③ 채권 발행 시 처음에 제공되는 연이자율이다.

④ 시장에서 현재 요구하는 수익률이다.

⑤ 채권으로부터 받는 연이자율이다.

2 **㈜인천의 채권은 표면이자율이 5%이며 현재 액면가의 96.5%에 거래된다. 이 채권의 현행수익률(current yield)은 얼마인가?**

① 4.83%　② 4.97%　③ 5.00%　④ 5.06%　⑤ 5.18%

채권의 가치

3 **어느 독일 기업이 액면가 1,000유로, 만기 16년, 표면이자 3.8%인 채권을 발행했다. 만약 표면이자가 연 단위로 지급되고 만기수익률이 3.1%라면 이 채권의 현재가격은 얼마인가?**

채권수익률

4 **채권의 요구수익률은 해당 채권이 갖는 특성과 위험에 따라 다를 수 있다. 다른 조건이 동일하다면, 어느 채권이 더 높은 수익률을 지급하겠는가?**

① 보증채 vs. 무보증채

② 후순위채 vs. 선순위채

③ 감채기금채 vs. 감채기금조항이 없는 채권

④ 수의상환채 vs. 수의상환조항이 없는 채권

채권수익률

5 표면이자 9%, 액면가 $1,000, 만기 20년인 채권이 시장에서 $927.93에 거래되고 있다. 이 채권의 만기수익률(YTM)은 9%보다 크겠는가? 작겠는가? 그 이유를 간단히 설명하시오.

채권수익률

6 채권수익률의 결정요인을 나열하시오.

피셔 효과

7 단기국채의 수익률은 현재 5.1%이고 인플레이션율은 2.9%라면, 대략적인 실질수익률과 정확한 실질수익률은 각각 얼마인가?

수익률곡선

8 현재 미국 국채수익률곡선(treasury yield curve)이 우하향 형태를 보이고 있다고 가정하자. 이러한 현상으로부터 무엇을 예측할 수 있는가?

채권시세표 이용

9 오늘 《월스트리트저널》에 ABC사 채권(ABC 1호)의 시세가 다음과 같다고 하자. 채권의 액면은 $1,000이고 오늘 날짜는 2019년 4월 15일이다. 이 채권의 만기수익률은 얼마인가?

회사채	쿠폰	만기	종가	수익률	거래량(000s)
ABC 1호	5.400	Apr 15, 2038	96.425	?	2,345

CHAPTER 9

주식의 가치평가

주식은 채권과 함께 기업에게는 가장 대표적인 자본조달 수단이며 투자자에게는 가장 대표적인 금융상품이다. 대부분의 주식은 배당을 한다. 주식에서 발생하는 배당금은 주식의 가치를 추정하기 위한 중요한 요소이다. 물론 배당금이 주식가치를 결정짓는 모든 요소는 아니다. 본 장에서는 현금흐름할인법을 이용하여 주식의 가치평가에 대해서 학습하고 아울러 주식에 관한 일반적 사항도 함께 자세히 살펴볼 것이다.

배당할인모형

채권과 마찬가지로 주식의 가치도 주식에서 발생하는 현금흐름을 할인하여 구한다. 주식의 가치평가는 다음과 같은 이유로 채권의 가치평가보다 어렵다. 첫째, 채권은 약속된 현금흐름을 지급하지만 주식에서 발생하는 현금흐름은 불확실하다. 둘째, 채권은 투자기간인 만기가 알려져 있는 반면 주식은 만기가 없고 영원하다. 셋째, 현금흐름을 할인하기 위한 채권의 요구수익률은 시장에서 관찰이 가능하지만 주식의 요구수익률은 쉽게 알기 힘들다.

주식보유자가 얻을 수 있는 현금흐름은 회사가 지급하는 배당과 향후 주식매각을 통한 자본이득, 두 가지이다. 만일 투자자가 주식을 매각하지 않고 계속 미룬다고 가정하면 이 투자자는 배당만 계속 받을 것이기 때문에, 주식의 가치는 미래에 기대되는 모든 배당금의 현재가치로 볼 수 있다. 그렇다면 어떻게 모든 미래배당금을 추정할 수 있을까? 미래배당금은 정확히 알 수 없으므로 미래배당금의 패턴에 대한 가정을 함으로써 배당금의 현재가치를 계산한다. 구체적으로 **배당할인모형(dividend discount model)**을 이용한 주식의 가치평가는 미래배당금에 대한 무성장, 일정성장, 차등(불규칙)성장 등의 세 가지 가정을 한다.

① 무성장 배당 가정

배당금이 무성장하는 경우, 즉 매년 동일한 배당금을 계속 지급하는 주식의 가치에 대해서 알아보자. 배당이 영구히 동일할 것으로 가정하면 1년 후 배당금 D_1, 2년 후 배당금 D_2, 3년 후 배당금 D_3, … 모두 동일하다.

$$D_1 = D_2 = D_3 = \cdots$$

그러면 주식의 현재가치 P_0는 다음과 같이 이들 배당금의 현재가치의 합이다. 즉, 매년 배당금을 이 주식에 대한 시장의 요구수익률 R로 할인하여 합한 값이다.

$$P_0 = \frac{D_1}{(1+R)^1} + \frac{D_2}{(1+R)^2} + \frac{D_3}{(1+R)^3} + \cdots$$

여기서 분자가 모두 동일하기 때문에 이러한 현금흐름은 앞서 학습한 영구연금의 현금흐름과 같다. 따라서 무성장 배당 주식의 현재가치 P_0는 영구연금의 현재가치 공식을 이용하여 매년 동일한 배당금 D를 요구수익률 R로 나누면 된다.

$$P_0 = \frac{D}{R}$$

예제 9.1 무성장 배당 주식의 가치평가

A사의 보통주는 매년 $2.00의 배당금을 지급하며 향후 배당금의 증감은 없을 것이다. 이 주식에 대한 요구수익률은 9%로 가정한다. A사의 주식가치(P_0)는 얼마인가?

$$P_0 = \text{배당금}/\text{요구수익률} = \$2.00/0.09 = \$22.22$$

❷ 일정성장 배당 가정

배당금이 매년 일정비율로 성장하는 주식의 가치에 대해서 알아보자. 배당(D_0)이 영구히 일정한 비율 g로 성장할 것으로 가정하면 D_1, D_2, D_3, …는 아래와 같다.

$$D_1 = D_0 \times (1 + g)$$
$$D_2 = D_1 \times (1 + g) = D_0 \times (1 + g)^2$$
$$D_3 = D_2 \times (1 + g) = D_0 \times (1 + g)^3$$
$$\cdots$$

주식가치 P_0는 이들 배당금의 현재가치의 합이다. 다행히 이를 한 번에 간단하게 구할 수 있는 공식이 존재하며, 이 공식을 이용하면 P_0는 다음과 같다.

$$P_0 = D_1/(R - g)$$

이 공식은 '**일정배당성장모형(constant dividend growth model)**'으로 불리며 우리가 일반적으로 지칭하는 배당할인모형이다. 이 모형에서 주의 깊게 보아야 할 부분은 주가의 시점(0)보다 1년 후 시점의 배당금이 들어간다는 것이다. 즉, P_0를 구하기 위해서는 D_1이 필요하다.

일정성장 배당 주식의 가치평가

B사는 최근 배당금을 주당 $0.50 지급했다. 배당금은 매년 2%씩 증가할 것으로 기대된다. 시장에서 B사의 주식과 동일 수준의 위험을 가진 자산에 대해 15%의 수익률을 요구한다면, 이 주식은 현재 얼마에 거래되어야 하는가? 1년 후의 주가(P_1)는 얼마가 되겠는가?

여기서 중요한 점은 이 회사가 최근 $0.50의 배당금을 지급했다고 과거형으로 언급되었으므로 $0.50는 D_1이 아니라 시점 0의 배당금 D_0에 해당된다는 것이다. D_1을 구하기 위해서는 D_0에 (1 + g)를 곱해 주어야 한다. 그러면 P_0는 공식을 이용하여 아래와 같이 계산된다.

$$P_0 = D_1/(R - g) = D_0 \times (1 + g)/(R - g) = 0.50 \times (1 + 0.02)/(0.15 - 0.02) = \$3.92$$

일정배당성장모형에서 배당금은 항상 구하고자 하는 주가의 시점보다 1년 후 시점의 배당금이 사용된다. 즉, 이 모형에서 주식가치의 계산은 차기 배당을 근거로 이루어진다. 그러면 1년 후의 주가 P_1은 D_2를 이용하여 아래와 같이 계산할 수 있다.

$$P_1 = D_2/(R - g) = D_1 \times (1 + g)/(R - g) = P_0 \times (1 + g) = 3.92 \times (1 + 0.02) = \$4.00$$

여기서 $D_1/(R - g)$는 P_0에 해당한다.

P_0과 P_1의 관계에서 알 수 있듯이 일정배당성장모형은 주가(P)가 배당성장률 g와 같은 비율로 성장한다는 것을 암묵적으로 가정한다.

③ 차등성장 배당 가정

배당이 예측 가능한 미래시점까지는 다양한 비율로 성장하고 그 이후에는 일정한 비율로 성장한다고 가정한다. 차등성장 배당 주식에 대한 가치평가를 위해서는 다음과 같은 절차가 필요하다. 먼저 예측 가능한 미래시점까지의 '미래 배당금'을 추정한다. 다음으로 배당이 일정비율로 성장하게 되는 시점에서 '미래 주식가치'를 이전처럼 일정배당성장모형을 이용하여 추정한다. 마지막으로 적정 할인율을 이용하여 추정된 '미래 배당금'과 '미래 주식가치'에 대한 현재가치를 계산한다.

예제 9.3 차등성장 배당 주식의 가치평가

C사는 방금 \$2의 배당금을 지급했다. 이 배당금은 향후 3년간 8%씩 증가하고 그 후에는 영원히 4%씩 증가할 것으로 기대된다. C사의 주식가치(P_0)는 얼마인가? 요구수익률은 12%를 가정한다.

먼저, 처음 3년간 매년 8% 성장하는 배당금을 계산한다. 다음으로 4년째부터 영원히 4%씩 증가하는 배당금의 현재가치, 즉 시점 3에서 주식가치(P_3)를 구한다. 그러고 나서 시점 0에서 이들의 현재가치를 합산하면 된다.

방금 \$2의 배당금이 이미 지급되었으므로 \$2는 D_0에 해당한다. 그리고 배당금이 향후 3년간 8%씩 증가하므로 $D_1 = \$2 \times 1.08 = \$2.16$, $D_2 = \$2 \times (1.08)^2 = \$2.33$, $D_3 = \$2 \times (1.08)^3 = \$2.52$이다. 그다음 4년째부터는 배당금이 동일한 4%로 영원히 성장한다. 즉, $D_4 = \$2.52 \times (1 + 0.04) = \$2.62$, $D_5 = \$2.52 \times (1 + 0.04)$, …가 된다.

여기서 D_4의 값을 알 수 있으므로 앞서 학습한 일정배당성장공식을 이용하면 시점 3에서의 주식가치(P_3)를 구할 수 있다.

$$P_3 = D_4/(R - g) = 2.62/(0.12 - 0.04) = \$32.75$$

따라서 현재시점에서 주식가치(P_0)는 처음 3년간 배당금과 4년째부터 일정성장하는 배당금의 현재가치인 P_3의 합을 12%로 할인하면 다음과 같다.

$$P_0 = \frac{\$2.16}{1.12} + \frac{\$2.33}{(1.12)^2} + \frac{\$2.52}{(1.12)^3} + \frac{\$32.75}{(1.12)^3} = \$28.89$$

이 문제의 핵심은 4년째부터 배당금이 동일한 4%로 영원히 성장하므로 이들 배당금의 현재가치 P_3를 구하는 것이다.

배당성장모형의 성장률과 할인율

일정배당성장모형에서 주식의 가치는 배당성장률 g와 할인율 R의 함수이다. 이들 배당성장률과 할인율이 어떻게 추정되는지 알아보자.

❶ 성장률 추정

올해 이익의 일부가 배당으로 지급되지 않고 내부에 유보되는 경우에 내년이익은 다음과 같이 나타낼 수 있다.

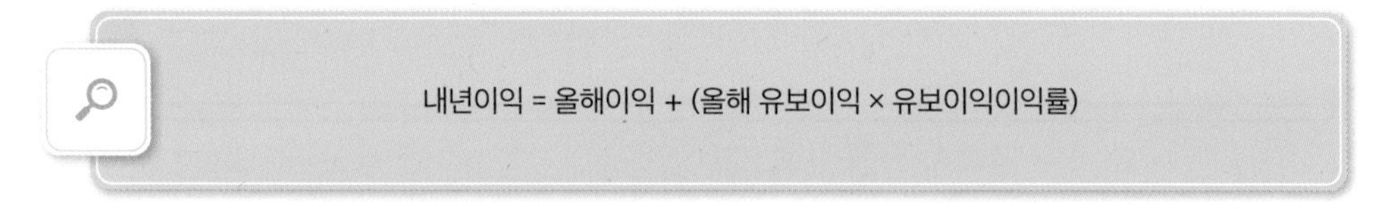

$$\text{내년이익} = \text{올해이익} + (\text{올해 유보이익} \times \text{유보이익이익률})$$

여기서 내년에 증가되는 이익은 유보이익(retained earning)과 유보이익이익률(return on the retained earning)의 함수로 표시됨을 알 수 있다.

위 식의 양변을 올해이익으로 나누면 아래와 같이 된다.

$$\frac{\text{내년이익}}{\text{올해이익}} = \frac{\text{올해이익}}{\text{올해이익}} + \frac{\text{올해 유보이익}}{\text{올해이익}} \times \text{유보이익이익률}$$

여기서 좌변은 (1 + 이익의 성장률(g))이며 우변에서 $\left(\frac{\text{올해 유보이익}}{\text{올해이익}}\right)$은 유보율(retention ratio)이기 때문에 위 식은 다음과 같이 나타낼 수 있다.

$$1 + g = 1 + \text{유보율} \times \text{유보이익이익률}$$

특정 프로젝트에 대한 이익률 예측은 쉽지 않으므로 올해 유보이익으로 투자한 프로젝트의 예상이익률은 과거 프로젝트의 이익률과 동일하다고 가정한다. 그러면 현재 유보이익에 대한

이익의 성장률

S사는 $200만의 이익을 공시했다. 이 기업은 이익의 40%를 사내에 유보할 계획이다. 과거 자기자본이익률(ROE)은 16%이며 이 이익률은 미래에도 지속될 것으로 기대된다. 향후 이익의 성장률(g)은 얼마인가?

g = 유보율 × ROE를 이용하면, $g = 0.4 \times 0.16 = 0.064$ 또는 6.4%가 된다.

직관적으로 해석하면, S사가 $800,000(= 40% × $2,000,000)를 사내에 유보하여 프로젝트에 투자하게 되면 내년이익은 $128,000(= $800,000 × 0.16) 증가하여 $2,128,000가 된다. 따라서

$$\text{이익의 성장률} = \frac{\text{이익의 증가}}{\text{총이익}} = \frac{\$128{,}000}{\$2{,}000{,}000} = 0.064$$

예상이익률(유보이익이익률)은 과거 자기자본이익률(return on equity : ROE), 더 나아가서 기업의 전체 자본에 대한 이익률로도 볼 수 있다.

따라서 기업의 성장률을 위한 공식은 아래와 같이 요약된다.

g = 유보율 × 자기자본이익률(ROE)

이익에 대한 배당의 비율(또는 사내유보의 비율)이 일정하게 유지된다고 가정하면, 앞 절에서 논의한 배당성장률은 이익의 성장률(g)과 동일하게 인식된다.

② 할인율 추정

지금까지는 요구수익률 또는 할인율 R이 주어진 것으로 간주했다. 그러면 일정배당성장모형에서 요구수익률이 의미하는 바가 무엇인지를 살펴보자. 이 모형에서 주식의 현재가치(P_0)는 아래와 같음을 상기해 보자.

$$P_0 = \frac{D_0(1+g)}{R-g} = \frac{D_1}{R-g}$$

이 식을 R에 대해 풀면 다음과 같다.

$$R = \frac{D_0(1 + g)}{P_0} + g = \frac{D_1}{P_0} + g$$

R은 두 부분으로 구성됨을 알 수 있다. 첫 번째 부분 $\frac{D_1}{P_0}$는 배당수익률이다. 두 번째 부분 g는 배당성장률이다. 일정배당성장모형에서 배당성장률 g는 주가성장률, 즉 자본이득률과 동일하다고 앞서 강조한 바 있다. 따라서 요구수익률 또는 할인율 R은 배당수익률과 자본이득률의 합이다.

배당성장모형을 이용한 할인율 R(배당금 사용)

K사의 직전 배당금은 주당 \$0.65이다. 이 배당금은 매년 4%씩 성장하며 현재 주가는 주당 \$11.25이다. K사의 주가를 반영한 시장의 할인율 R은 얼마인가?

문제에서 '직전' 배당금이 \$0.65라고 했으므로 D_0가 \$0.65라는 말이다. D_1을 구하기 위해서는 D_0에 (1 + 0.04)를 곱해 주어야 한다. 그러면 D_1 = \$0.65 × 1.04 = \$0.676이다. 앞의 할인율 식에 이들 수치를 대입하면, $R = (D_1/P_0) + g = (0.676/11.25) + 0.04 = 0.06 + 0.04 = 10\%$가 된다. 여기서 배당수익률은 6%이며 자본이득률(성장률)은 4%이다.

여기서는 주제를 잠시 달리하여 **총지불금(total payout)**이라는 개념을 간단하게 살펴보자. 기업이 주주에게 이익을 환원하는 방법에는 배당 이외에도 자사주매입(소각)을 들 수 있다. 자사주매입에서 기업은 자기주식을 매입하기 위해 주주에게 현금을 지급한다. 이런 의미에서 주식으로부터 발생하는 현금흐름을 배당과 자사주매입을 합친 총지불금으로 규정하면, 주식의 가치는 배당만 현금흐름으로 고려하는 경우보다 더 높을 것이다. 자사주매입에 관해서는 본 교재 제14장에서 자세히 다룰 것이다.

예제 9.6 배당성장모형을 이용한 할인율 R(총지불금 사용)

J사는 주당 $4의 이익을 예상하면서 이 중 배당으로 30%를 지급하고 자사주매입으로 30%, 그리고 나머지는 사내 유보하려고 한다. 성장률은 5%이고 요구수익률은 10%이다. 이 주식의 가치(P_0)는 얼마인가?

먼저 현금흐름으로 배당금만 고려하자. 차기 배당금 D_1 = 주당이익 $4 × 30% = $1.2가 될 것이다. 배당성장모형을 이용하면, P_0 = 1.2/(0.1 − 0.05) = $24가 된다.

이제 배당과 자사주매입을 모두 포함한 총지불금이 5% 성장할 것으로 가정하자. 시점 1의 총지불금 = 주당이익 $4 × (배당 30% + 자사주매입 30%) = $2.4가 될 것이다. 그러면 P_0 = 2.4/(0.1 − 0.05) = $48.00가 되어 주가가 훨씬 높음을 알 수 있다.

상대가치평가법

지금까지 주식가치 평가를 위해 현금흐름할인법을 이용하였다. 현금흐름할인법은 이론적으로 또는 학문적으로 자주 사용하는 평가방법이다. 그러나 실무자들은 **상대가치평가(relative valuation)** 또는 비교평가를 통해 보다 쉽게 주식가치를 평가하기도 한다. 이 방법은 부동산 가치를 평가하는 방법과 유사하다. 만일 옆 집이 $30만에 팔렸고 내 집이 옆집과 규모나 시설 면에서 유사하다면 내 집의 가치도 $30만 정도가 되어야 한다는 논리다.

상대가치평가에서는 가치가 비슷한 기업은 서로 유사한 **배수(multiples)**를 지닌다고 가정한다. 가장 일반적인 배수인 주가이익비율(P/E)을 이용한 비교평가에 대해서 알아보자. 주가이익비율은 현재 주식가격을 연간 EPS로 나눈 비율이며 여기서 EPS는 과거 4분기의 이익을 이용한다.

예제 9.7

P/E를 이용한 상대가치평가

어느 기업의 EPS가 $1.69이다. 이 기업이 속한 산업의 평균 P/E는 26.94이다. 이 기업의 주가가 얼마인지 추정하시오.

이 기업이 해당 산업에 있는 다른 기업과 유사하다고 가정하면, 이 기업의 주가는 $45.53(= 산업 P/E × EPS = 26.94 × 1.69)로 추정할 수 있다. 가치를 평가하기 위해 주가이익비율 등을 비교하는 방법은 현금흐름할인법보다 훨씬 쉽다. 왜냐하면 현금흐름할인법은 미래현금흐름을 예측해야 하기 때문이다. 그렇다고 주가이익비율의 사용이 더 좋은 방법이라고 할 수 있을까? 그것은 비교대상 기업 간의 유사성에 달려 있다.

보통주와 우선주의 특징

주식에는 보통주(common stock)와 우선주(preferred stock)가 있으나, 일반적으로 주식은 보통주를 의미한다.

❶ 보통주

보통주의 권리에 대해 알아보자. 주주는 이사 선임 등 기업의 주요 의사결정 과정에 투표권을 가진다. 또 주주는 주주총회에 직접 참석해 의결권을 행사하거나 제3자에게 이 권한을 위임할 수 있다. 위임장이란 주주가 투표권과 관련해 다른 사람에게 그의 권한을 위임해 주는 문서다. 주주총회에서 현재 경영진은 가능한 많은 수의 위임장을 받으려 한다. 마찬가지로 현재 경영진에 대해 만족하지 못하는 주주도 경영진 교체 등을 위해 위임장을 확보하려고 할 것이다. 경영진과 주주들 간의 이와 같은 경쟁을 **위임장대결**(proxy fight)이라고 한다.

보통주 주주는 투표권 이외에도 다음과 같은 권리를 갖는다. 배당금 지급 시 지분에 따라 받을 수 있는 권리, 기업 청산 시 잔여자산을 지분에 따라 받을 수 있는 권리, 신주발행 시 기존 지분의 유지를 위해 먼저 매입할 수 있는 **우선적 권리**(preemptive right)를 갖는다. 특히 우선적 권리는 기업이 신주를 발행하는 경우 기존주주에게 먼저 매입을 제안하여 그들이 지분을 유지할 기회를 갖도록 한다. 만약 기존주주가 기업의 신주발행에 참여하지 않으면 자신의 지분은 당연히 희석된다. 미국에서는 일반공모가 우선이기 때문에 기업이 정관에 이러한 기존주주의 우선적 권리를 명시해야 효력이 있다. 그러나 미국과 달리 우리나라는 신주발행 시 주주배정이 먼저 이루어진다.

재린이 생각하기

우선주와 차등의결권

우리나라 「상법」은 1주 1의결권의 원칙을 가지고 있다. 하지만 우선주의 존재로 말미암아 엄밀히 따지면 우리나라도 이미 오래전부터 이 원칙에 대한 예외를 허용했다고 볼 수 있다. 의결권이 없는 우선주와는 반대로 해외에서는 복수의 의결권을 갖는 복수의결권주식도 존재한다. 주요 선진국뿐만 아니라 중국도 이러한 차등의결권제도를 도입하고 있다. 특히 Google과 같이 창업주의 기술력과 리더십이 주요 자산인 해외 벤처기업은 경영권의 안정을 위해 **차등의결권주식(dual class stock)**을 도입한 경우가 많다. 현재 우리나라는 비상장 벤처기업에 대해서만 예외적으로 차등의결권을 허용하되 상장 후 3년 내에 보통주로 전환되도록 제한을 두었다. 그러나 기술벤처의 육성을 목표로 두면서도 글로벌 벤처기업에서 자주 발견되는 차등의결권을 국내 상장벤처에게 허용하지 않는다는 것은 엇박자라고 할 수 있다. 우리나라에서 우선주의 발행시장과 유통시장은 이미 제도화되어 있다. 차등의결권이 도입된다고 해도 우리나라 자본시장은 복수의결권주식을 그렇게 낯설게 보진 않을 것이다.

② 우선주

배당은 보통주 주주에 앞서 우선주 주주에게 먼저 지급되어야 한다. 배당은 기업의 채무는 아니므로 배당을 지급할 여력이 없다면 우선주 배당은 이연될 수 있다. 대부분의 우선주 배당금은 누적적이다. 즉, 누락된 우선주 배당금은 보통주 배당에 앞서 지급되어야 한다. 우선주는 일반적으로 의결권을 갖지 않는다. 경영권보다는 배당에 상대적으로 관심이 있는 외국인 투자자라면 우선주가 답일 수 있다.

주식시장

주식시장은 발행시장과 유통시장으로 구분된다. 발행시장은 기업의 주식이 투자자에게 판매되는 시장이다. 기업은 IPO(initial public offering)를 통해 처음으로 주식을 투자자에게 공모할 수도 있고 유상증자를 통해 주식을 추가로 발행하기도 한다. 따라서 IPO와 유상증자는 발행시장과 관련된 활동이다. 반면에 유통시장은 기존 주식이 투자자 사이에서 거래되는 시장이다. 예를 들면, 뉴욕증권거래소, 나스닥, 한국거래소, 코스닥 등이 이에 해당한다.

① 유통시장

유통시장에서 주식거래는 딜러와 브로커가 개입되기도 한다. **딜러(dealer)**는 자신의 계좌로 주식을 보유하고 있으면서 언제라도 주식을 매매할 준비가 되어 있는 주체를 일컫는다. 분야는 다르지만 예를 들면, 중고자동차 딜러를 들 수 있다. 반면 **브로커(broker)**는 매도자와 매수자를 단지 연결해 주고 중개수수료를 받는 사람을 말한다. 즉, 브로커는 매매를 주선해 줄 뿐이지 자신의 계좌로 매매하지 않는다. 예를 들면, 부동산 중개업자를 들 수 있다.

뉴욕증권거래소(NYSE)는 세계에서 가장 큰 주식유통시장이다. 2007년에 NYSE는 Euronext와 합병하여 NYSE Euronext가 되면서 규모가 더욱 커졌다. NYSE에서 거래는 컴퓨터 또는 대면방식으로 이루어진다. 대부분의 거래는 컴퓨터를 통해 이루어지지만 컴퓨터로 이루어지지 않는 거래는 자격보유자에 의해 객장(floor)에서 이루어진다. 거래 자격 또는 권리 보유자로는 시장조성자, 객장브로커, 유동성제공자 등 세 종류가 있다. 딜러 역할을 하는 시장조성자와 객

주요 국가의 주식시장 규모 (2024년 2월 29일)

순위	국가	시가총액(단위 : $조)
1	미국 (미국 7개 주요 기업)	$52.60 ($13.10)
2	중국	$11.50
3	일본	$6.50
4	인도	$4.40
5	프랑스	$3.20
6	영국	$3.10
7	사우디아라비아	$2.90
8	캐나다	$2.60
9	독일	$2.20
10	타이완	$2.00
11	스위스	$1.90
12	한국	$1.80
13	호주	$1.60
14	네덜란드	$1.10

출처 : S&P Dow Jones Indices

IMF에서 발표한 2024년 미국의 GDP는 $28.78조이고 한국은 $1.76조이다.

장브로커는 뉴욕증권거래소 비전산거래의 핵심요소다.

나스닥(NASDAQ)은 거래대금을 기준으로 미국에서 두 번째로 큰 주식유통시장이다. 나스닥은 뉴욕증권거래소와는 달리 물리적 장소가 아닌 증권 딜러와 기타 관련자 간의 컴퓨터 네트워크를 통한 가격고시 시스템이다. 나스닥 딜러는 매수가와 매도가를 고시하며 시장조성자 역할을 수행한다. 나스닥은 1990년대 말 소위 ECN(electronic communication network)이라고 불리는 네트워크에 연결되었다. ECN은 투자자들이 서로 직접 거래를 할 수 있게 해 주는 웹사이트이며, ECN을 통한 투자자의 호가는 나스닥으로 전송되어 시장조성자의 호가와 함께 표시된다. ECN 연결은 나스닥의 유동성과 경쟁을 제고시키는 역할을 하게 되었다. 나스닥에서는 Microsoft, Intel, Tesla, Nvidia 등과 같은 기술주가 많이 거래된다.

② 주식시세표(미국)

미국 주식시세표를 알아보자. 요즈음 해외주식에 직접 투자를 하는 국내투자자가 부쩍 늘었다. 이들은 '서학개미'로 자주 매스컴에서 언급되기도 한다. Yahoo Finance(finance.yahoo.com)는 해외 주식 및 기업에 대한 종합적 정보를 제공하는 매우 유용한 사이트다. **그림 9-1**은 Yahoo Finance 웹사이트에서 제공하는 Tesla 주식의 2024년 1월 26일 오후 4시의 마감 시세표다. Tesla는 전 세계적으로 유명한 전기차 제조업체로 잘 알려져 있다.

맨 위에 $183.25는 오후 4시에 마감된 Tesla의 주가이다. 전일대비 $0.62 올랐음을 보여 준다. $184.08는 마감 후 시간외 주가이다. Open은 당일 시가, Bid는 현재 매수가, Ask는 현재 매도가이다. 현재 $184.06에 사자 물량이 1,300주, $184.08에 팔자 물량이 1,400주가 있음을 알 수 있다. Day's Range와 52 Week Range는 각각 일간과 과거 52주 주가변동 범위를 나타낸다. Volume은 당일 거래량이며 Ave. Volume은 과거 3개월 평균 거래량을 의미한다. Market Cap은 앞서 이미 학습한 바 있는 시가총액으로 약 $5,825억이다. 이는 발행주식수에 현재 주가를 곱해서 산출하며 기업의 규모를 가늠하는 중요한 지표다. Beta에 대해서는 추후 학습 예정이므로 여기서는 생략하기로 한다. P/E(주가이익비율)은 59.11이며 EPS(주당순이익)은 $3.10이다. 그리고 아래 Forward Dividend는 연간 미래배당금으로 가장 최근 분기에 실제로 지급된 배당금에 4를 곱해서 산출한다. 미국에서는 우리나라와 달리 분기 배당을 한다. Forward

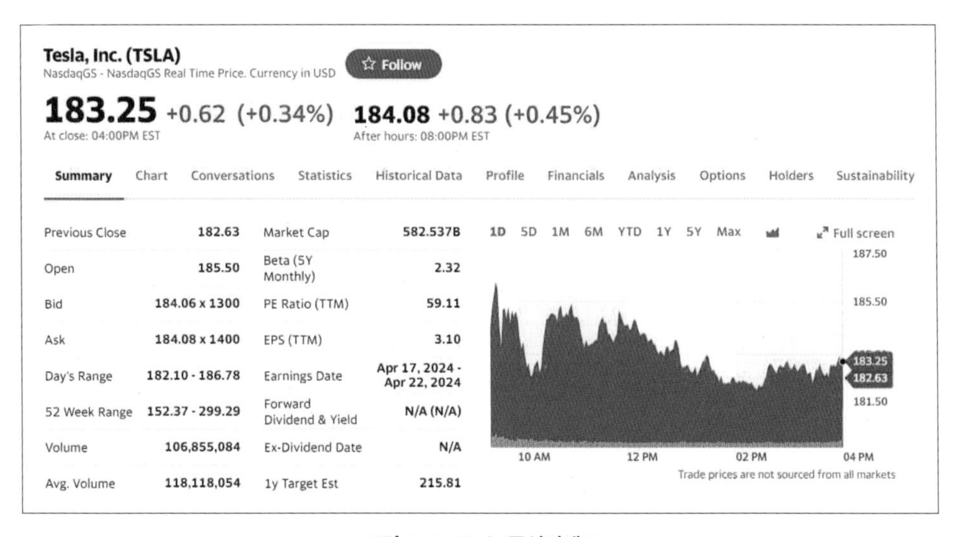

그림 9-1 Tesla 주식시세표

Yield는 미래 배당수익률로 미래배당금을 주식가격으로 나눈 수치다. 마지막으로 1y Target Est는 '1년 목표가'이며 투자분석가의 추정을 근거로 1년 후 예상되는 주가의 평균치이다.

③ 주식시세표(한국)

한국 주식시세표를 알아보자. **그림 9-2**는 네이버에서 제공하는 삼성전자의 2024년 1월 26일 오후 3시 30분의 마감 시세표다. 삼성전자는 휴대폰, 컴퓨터, 반도체 등의 제조업체로 전 세계적으로 유명하다.

맨 위에 73,400원은 오후 3시 30분에 마감된 삼성전자의 주가이다. 전일대비 700원 하락했음을 보여 준다. 당일 시가는 73,700원, 고가는 74,500원, 저가는 73,300원이다. 거래량은 10,978,206주이며 거래대금은 약 8,111억원이다. 오른쪽 투자정보에서 기업의 규모를 가늠하는 지표인 시가총액은 약 438조원이다. 액면가는 주당 100원으로 작은데 이는 원래 5,000원에서 액면분할을 하였기 때문이다. 외국인보유비중은 54.35%이고 투자분석가가 추정한 목표주가의 평균은 94,217원이다. PER은 15.6, EPS는 4,704원, PBR(주가순자산비율)은 1.41배이다.

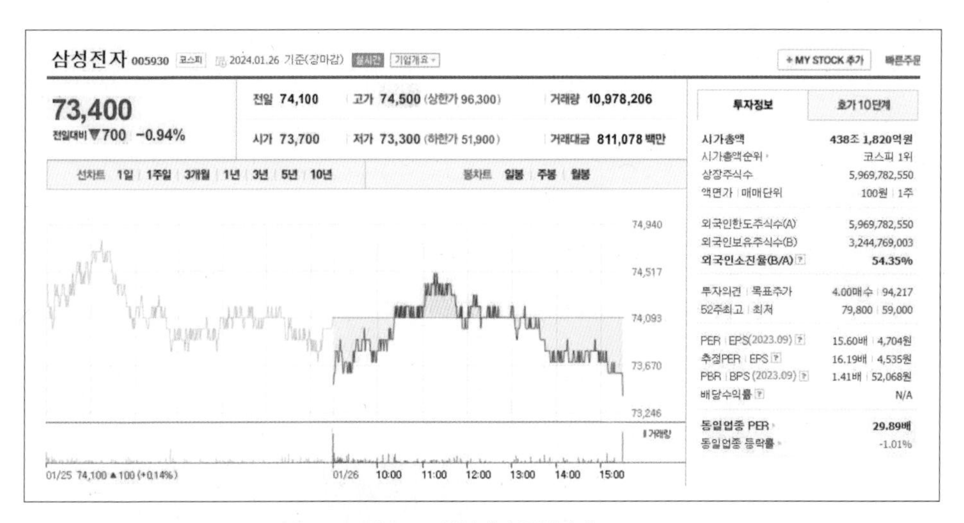

그림 9-2 삼성전자 주식시세표

1 ㈜대구의 주식은 현재 주당 $29.06에 거래되고 있다. 작년 연간 배당금은 주당 $1.50였으며 배당금은 매년 일정비율로 증가할 것이다. 시장의 요구수익률이 10%라면 배당성장률은 얼마인가?

2 ㈜원주의 배당성향은 40%이며 자산이익률(ROA)은 11.3%이고 부채비율은 0.45이다. 이 기업의 배당성장률은 얼마나 되겠는가?

차등성장 배당

3 ㈜정읍은 향후 3년에 걸쳐 주당 $1, $2.50, $5의 배당금을 각각 지급할 예정이다. 그 후 배당금은 매년 5%씩 영원히 증가할 것으로 기대된다. 요구수익률이 10%라면, 이 기업의 주가는 현재 얼마가 되어야 하는가?

차등성장 배당

4 ㈜보령은 1년 후 배당금을 20% 올리고 2년 후에는 15% 올리려고 한다고 하자. 그 후에 매년 5%씩 무한히 올리려 한다. 마지막 배당금이 $1였고 요구수익률이 15%라면, 이 기업의 주가는 현재 얼마가 되어야 하는가?

배당수익률

5 1년 전에 어떤 주식 한 주를 $28.50에 샀다. 오늘 그 주식을 팔아서 20.4%의 총수익률을 거두었다. 자본이득은 $5.20였다. 그러면 배당수익률은 얼마인가?

6 ㈜수원은 신생기업이다. 이 기업은 성장동력을 위해 모든 이익을 사내에 유보하고 향후 9년간 주식에 대해 배당을 하지 않을 예정이다. 하지만 10년 차에 주당 $13의 배당을 할 것이고 그 후로는 매년 5.5%씩 증대할 계획이다. 요구수익률이 11%라고 한다면, 이 기업의 주가는 현재 얼마가 되어야 하는가?

CHAPTER 10

자본비용

2024년 5월 현재 Tesla의 WACC는 15.29%인 반면에 ROIC는 19.99%이다. Tesla는 투자에 필요한 자본을 조달하는 데 드는 비용보다 더 높은 투자수익, 즉 초과수익을 얻고 있다는 말이다. 가중평균자본비용(weighted average cost of capital: WACC)은 주주, 채권자 등 기업에 자본을 제공한 모든 투자자를 만족시키기 위해 기업이 벌어야 하는 최소한의 수익률이다. 미래 투자에 대해 지속적으로 초과수익을 창출할 것으로 기대되는 기업은 그 가치도 증가할 것이다. 이 장에서는 투자자의 기대수익률이 기업의 자본비용과 어떻게 연관되어 있는가를 살펴보고 나아가서 가중평균자본비용의 개념과 이것이 기업과 투자자에게 지니는 의미를 학습한다.

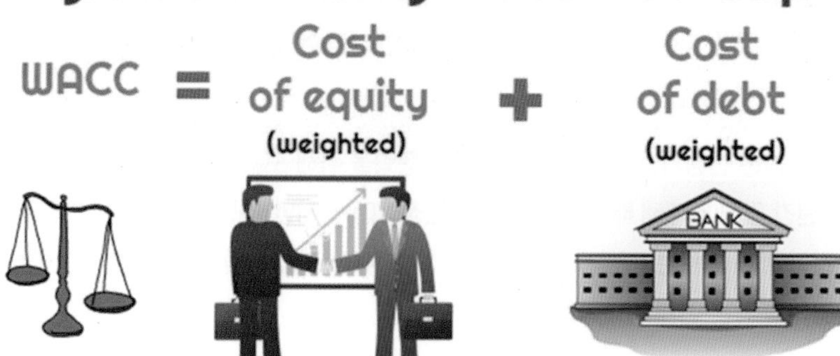

자기자본비용

기업의 자본은 크게 두 부분, 자기자본과 타인자본으로 이루어져 있다. 기업이 주주로부터 조달한 자본이 자기자본이고 채권자로부터 빌린 자금이 타인자본이다. **그림 10-1**에서는 기업의 자본이 자기자본만으로 구성되어 있다고 가정한다. 즉, 100% 자기자본기업을 가정한다.

기업은 초과현금을 보유하게 되면 그 초과현금을 주주에게 배당으로 지급할 수도 있고 새로운 프로젝트에 투자할 수도 있다. 기업이 초과현금을 모두 주주에게 배당하지 않고 프로젝트에 재투자하려는 경우에 주주는 당연히 어느 정도의 투자수익률이 보장되는 프로젝트이기를 원한다. 그럼 주주는 프로젝트 투자로부터 얼마만큼의 수익률을 기대하는가? 답은, 주주가 현금배당으로 받는다면 그 돈을 금융자산에 투자했을 때 얻을 수 있는 수준 이상은 되어야 한다는 것이다. 물론 이 경우 주주가 투자하려는 금융자산의 위험 수준은 기업이 추진하려는 프로젝트의 위험 수준과 유사해야 한다. 이렇게 주주가 기업에 투자된 자신의 자본에 대해 기대하는 최소한의 수익률이 기업이 그 자본을 사용하는 대가로 보장해 주어야 하는 **자본비용(cost of capital)**이다. 이 그림에서는 자기자본만으로 구성된 기업을 가정하였기에 자본비용은 **자기자본비용(cost of equity)**과 동일하다.

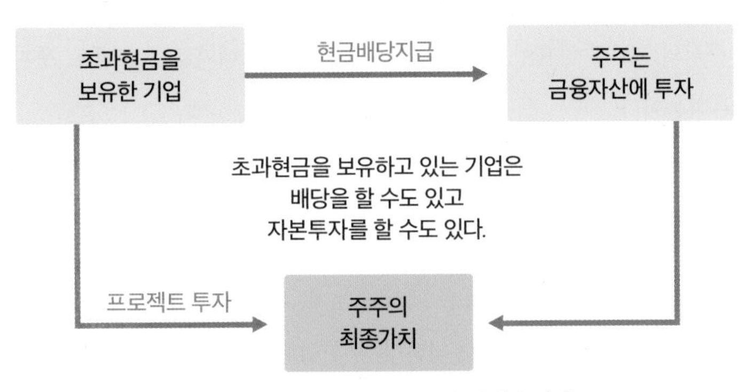

그림 10-1 초과현금을 보유한 기업의 선택

CAPM을 이용한 자기자본비용 추정

주주의 관점에서 자신의 투자자본에 대한 기대수익률이 기업의 관점에서는 해당 자기자본을 사용하는 대가로 묵시적으로 보장해 주어야 하는 자본비용이다. 즉, 주주의 기대수익률은 자기자본비용과 동일한 개념이며 단지 관점의 차이만 있을 뿐이다. 따라서 기업의 자기자본비용을 추정하기 위해서는 주주의 자본, 즉 주식의 기대수익률을 알면 된다.

① CAPM

주식의 기대수익률은 **자본자산가격결정모형**(capital asset pricing model : CAPM)을 통해 추정할 수 있다. CAPM에 대한 보다 자세한 내용은 본 교재의 Part 4에 수록된 T2. CAPM을 참조하라. 여기서는 간략하게만 살펴보자. 아래는 CAPM 공식이다.

$$\overline{R} = R_F + \beta(\overline{R}_M - R_F)$$

여기서 $\overline{R}$는 주식의 기대수익률, β는 주식의 베타, R_F는 무위험이자율, $\overline{R}_M$은 시장기대수익률이다. $(\overline{R}_M - R_F)$를 시장위험프리미엄이라고 한다. 베타는 시장수익률에 대한 개별증권 수익률의 민감도이며 CAPM에서 가장 핵심적인 요소이다. 모형에서 베타 이외의 다른 변수는 모든 기업에서 동일하므로 베타 값만 알면 해당 주식의 기대수익률을 구할 수 있다. CAPM을 이용하여 추정한 주식의 기대수익률이 기업이 자기자본의 사용 대가로 프로젝트 투자에서 거두어야 할 자기자본비용이다.

② CAPM을 이용한 주식의 기대수익률 계산

CAPM을 이용하여 주식의 기대수익률을 계산해 보자. 예를 들어, K사 주식의 베타는 2.5이고, 이 기업은 100% 자기자본기업이라고 가정한다. 무위험이자율은 5%, 시장위험프리미엄은 10%이다. 이 기업이 (사업 확장을 위해 고려 중인) 프로젝트의 평가를 위해 사용해야 하는 적정할인율은 얼마인가?

이 적정할인율은 기업이 프로젝트 추진에서 거두어야 할 최소한의 수익률, 즉 자본비용이다. 이는 주주가 자신의 투자자본에 대해 기대하는 수익률이므로 CAPM을 이용하면 적정할인율

($\overline{R}$)은 아래와 같이 30%가 된다.

$$\overline{R} = R_F + \beta(\overline{R}_M - R_F)$$
$$\overline{R} = 5\% + 2.5 \times 10\% = 30\%$$

이 기업의 자본은 모두 자기자본으로 이루어져 있으므로, 주식의 기대수익률은 기업 자산의 기대수익률과 동일하며 또한 고려 중인 프로젝트의 자본비용과도 동일한 의미가 된다.

30%의 적정할인율이 의미하는 바는 추진하려는 프로젝트로부터 발생될 현금흐름을 30%로 할인하여 NPV가 만약 양(+)의 값이 나오면 그 프로젝트를 추진하고 음(-)의 값이 나오면 그 프로젝트를 기각해야 한다는 것을 의미한다. 재무에서 기대수익률, 할인율, 자기자본비용 등은 서로 표현은 다르지만 모두 일맥상통하는 용어다.

증권시장선을 이용한 프로젝트 평가

앞 절에서 계산한 자기자본비용 또는 기대수익률은 프로젝트 평가 시 할인율로 사용된다. 예를 들어, K사는 3개 프로젝트를 평가하려고 한다. 각 프로젝트는 초기비용이 $100이고 1년간 지속된다. 프로젝트의 구체적 정보는 아래와 같다.

표 10-1 프로젝트의 평가

프로젝트	베타(β)	내년 예상현금흐름	내부수익률(IRR)	NPV(할인율 30% 사용)
A	2.5	$150	50%	$15.38
B	2.5	130	30	3.00
C	2.5	110	10	-15.38

프로젝트의 베타는 모두 2.5로 동일하다. 1년 후에 예상되는 현금흐름이 프로젝트 A는 $150, 프로젝트 B는 $130, 프로젝트 C는 $110이다. 프로젝트 초기 투자액이 $100이므로, 내부수익률(internal rate of return : IRR)은 프로젝트 A가 50%(= 150/100) 프로젝트 B가 30%(= 130/100) 프로젝트 C가 10%(= 110/100)가 된다.

프로젝트 평가에서 IRR이 양(+)이라고 해서 모두 채택되는 것은 아니다. 프로젝트의 IRR이 프로젝트에 대한 투자자의 기대수익률을 넘어야 투자자의 기대를 만족시킬 수 있으며 기업의 자본비용도 커버할 수 있다. 그러면 앞 절에서 계산한 기대수익률이 30%이므로 IRR이 50%인 프로젝트 A는 채택되어야 하고, IRR이 10%인 프로젝트 C는 기각되어야 한다. 프로젝트 B는 IRR이 30%로 자본비용과 동일하므로 손익분기가 된다.

프로젝트의 NPV, 즉 순현재가치를 계산해 보자. 이를 위해 각 프로젝트의 1년 후 현금흐름을 30% 자본비용으로 할인해야 한다. 구체적으로 프로젝트 A는 NPV가 $15.38[= 150/(1 + 0.3) − 100]가 되어 양(+)이므로 채택된다. 같은 방식으로 계산하면 프로젝트 C의 NPV는 −$15.38로 음(−)이므로 기각되고 프로젝트 B의 NPV는 정확하게 0이 된다.

그림 10-2는 상기 내용을 그래프로 보여 준다. CAPM을 그래프로 표시한 것이 증권시장선(security market line : SML)이다.

그래프의 X축은 베타 또는 위험이며 Y축은 수익률을 나타낸다. 이 기업은 순수자기자본기업이므로 주식의 베타, 기업의 베타, 기업이 추진하는 프로젝트의 베타 모두 같은 의미라고 볼 수 있다. SML은 베타, 즉 위험에 상응하는 기대수익률의 모든 집합을 직선으로 나타낸 것으로 프로젝트의 채택과 기각을 판단하는 기준이 된다.

앞서 예로 든 (동일 위험을 지닌) 3개 프로젝트를 이 그래프에 표시하면, 프로젝트 A는 IRR이 50%이므로 SML 위에 위치하고, 프로젝트 C는 IRR이 10%이므로 SML 아래에 위치한다. 프로젝트 B는 IRR이 30%이므로 SML상에 위치한다. 따라서 프로젝트 A는 IRR이 기대수익률 또는 자기자본비용보다 높기 때문에 채택하고, 프로젝트 C는 반대 이유로 기각된다. SML상에 위치하는 프로젝트 B는 손익분기에 해당한다.

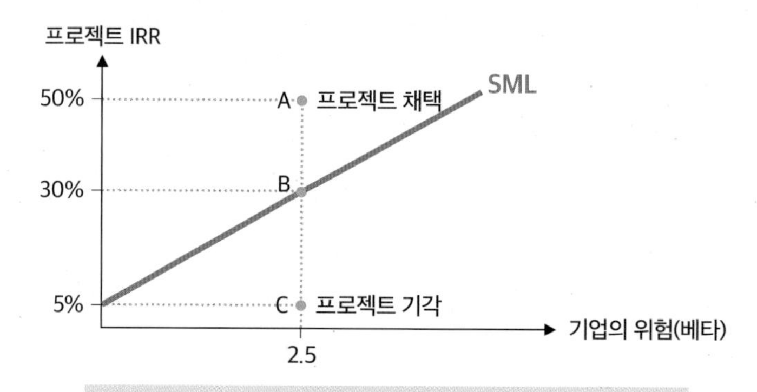

그림 10-2 증권시장선(SML)을 이용한 프로젝트 선정

베타의 결정요인

주식의 베타는 회귀분석을 통해서 기술적으로 추정되며 상장기업의 주식 베타 값은 여러 검색 사이트에서 손쉽게 확인할 수 있다. 그러면 베타 값의 형성에 영향을 주는 기업의 본질적 요인은 무엇인가? 베타는 크게 두 가지 요인, 기업의 영업위험과 재무위험에 의해 결정된다. 영업위험은 다시 수익의 경기순환성과 영업레버리지로 나뉜다.

✔ 수익의 경기순환성

경기순환성이 높은, 경기에 민감한 기업의 매출과 이익은 경기확장기에는 더 좋으나 경기침체기에는 더 나빠진다. 따라서 경기순환성이 높은 기업은 위험하므로 그 베타 값도 높다. 예를 들면, Hi-tech, 소매업, 자동차 산업은 경기에 민감하며 높은 베타 값을 지니게 된다. 반면에 전기, 가스, 철도, 식품업체는 경기에 덜 민감하며 베타 값이 상대적으로 낮다.

✔ 영업레버리지

고정비는 인건비 등과 같이 매출에 관계없이 고정적으로 발생하는 비용이다. 고정비 비중이 높은 기업은 매출이 줄어들 경우 고정적으로 나가는 비용 때문에 이익이 급격히 줄어들어 위험하게 된다. 영업레버리지는 기업이 고정비에 얼마나 민감한지를 나타낸다. 구체적으로 영업레버리지도는 매출 변동에 비해 이익 변동의 정도를 측정하며 이 수치가 높을수록 기업은 위험하게 되어 높은 베타 값을 지니게 된다.

✔ 재무위험

재무레버리지는 기업의 자금조달관련 고정비에 대한 민감도를 나타낸다. 기업이 과도하게 많은 부채를 사용하면 고정적으로 지급해야 할 이자비용이 많아져서 채무불이행 우려가 증가하게 된다. 따라서 재무레버리지, 즉 부채비율이 높은 기업은 더 높은 베타 값을 지니게 된다.

위험이 상이한 프로젝트의 평가

기업이 위험이 서로 다른 여러 프로젝트를 동시에 수행하고 있는 경우 프로젝트의 자본비용을 어떻게 계산해야 하는지를 알아보자.

그림 10-3에서 X축은 기업의 베타, Y축은 수익률을 나타낸다. 빨간색 직선은 SML이다. 기업은 100% 자기자본으로 이루어져 있다고 가정한다. 따라서 X축의 기업의 베타는 주식 베타이기도 하다. 각 프로젝트의 위험이 서로 상이하므로 프로젝트의 기대수익률도 당연히 다를 것이다. SML 위에 위치한 연두색 점으로 표시된 프로젝트는 위험 대비 IRR이 CAPM에 의거 산정된 이론적 기대수익률보다 높은 좋은 프로젝트다. 반면에 SML 아래에 위치한 파란색 점으로 표시된 프로젝트는 위험 대비 IRR이 CAPM에 의거 산정된 이론적 기대수익률보다 낮은 나쁜 프로젝트다. 즉, 연두색 프로젝트는 채택되어야 하고 파란색 프로젝트는 기각되어야 한다.

그러나 만일 기업이 모든 프로젝트에 대해 채택과 기각의 평가기준으로 단일 기준율 또는 자본비용을 사용하면 좋은 연두색 프로젝트는 채택되어야 함에도 불구하고 잘못 기각되어 버리는 우를 범하게 된다. 마찬가지로 나쁜 파란색 프로젝트는 기각되어야 함에도 불구하고 잘못 채택되게 된다. 그렇게 되면 장기적으로 기업의 이익이 줄어들어 그 가치가 떨어지게 될 것이다.

요약하면, 기업이 다수의 프로젝트를 수행하려는 경우 이들 프로젝트의 위험이 서로 다르다면 프로젝트 각각의 위험에 상응하는 기대수익률 또는 자본비용을 사용하여 평가해야 한다. 또 기업의 전반적 위험을 반영하는 단일 할인율 또는 자본비용을 사용해서는 안 된다.

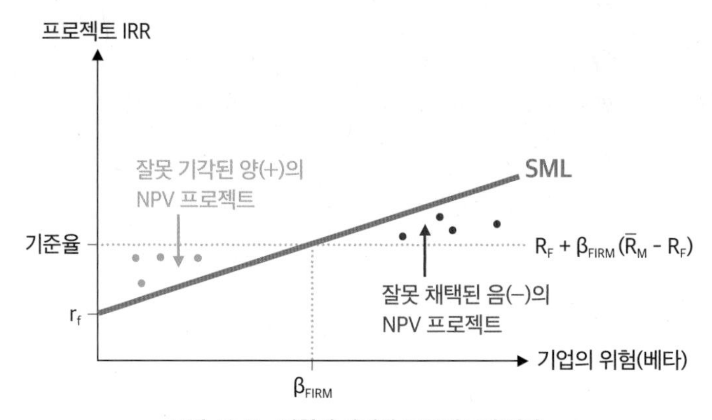

그림 10-3 위험이 상이한 프로젝트의 평가

부문별 프로젝트의 평가

M사(순수자기자본기업)의 베타는 1.3이며, 무위험이자율은 4%이고 시장위험프리미엄은 10%로 가정한다. 그러면 M사의 전반적 자본비용은 아래와 같이 CAPM에 의거 17%이다.

$$\bar{R} = 4\% + 1.3 \times 10\% = 17\%$$

이 기업의 사업은 위험이 서로 다른 세 부문으로 나뉘어 있다. 사업의 1/3은 자동차 판매 부문이고 위험한 사업이라서 이에 상응하는 베타는 2.0이다. 다른 1/3은 컴퓨터 하드드라이브 생산 부문으로 베타는 1.3이다. 나머지 1/3은 전기설비 부문으로 안전한 사업이라서 베타는 0.6이다. 이들 부문의 평균 베타는 1.3(= 1/3 × 2.0 + 1/3 × 1.3 + 1/3 × 0.6)으로 기업의 베타 1.3과 동일하다. 이 기업이 신규로 전기생산관련 프로젝트를 추진하는 경우 평가를 위해 사용해야 하는 자본비용은 얼마인가?

아래 그래프는 위험이 상이한 프로젝트 평가방법을 보여 준다.

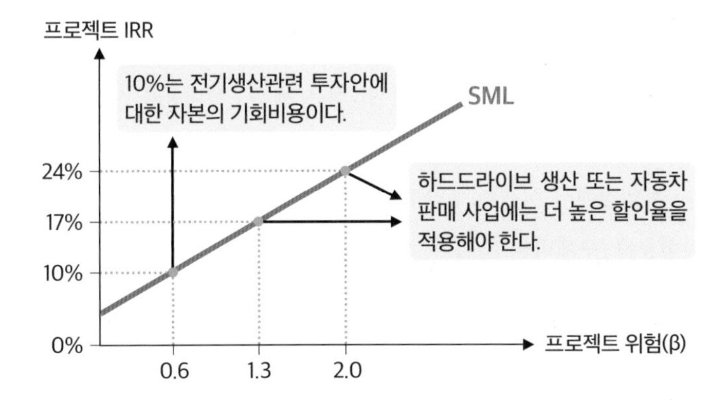

각 사업 부문의 베타 0.6, 1.3, 2.0에 상응하는 기대수익률을 CAPM에 의거 계산하면 각각 10%, 17%, 24%이다. 이들 점은 당연히 SML상에 위치한다. 질문에서 신규 전기생산관련 프로젝트는 이 기업의 기존 사업 부문 중에서 전기설비 부문과 가장 유사하다. 따라서 이 신규 프로젝트의 위험도 전기설비 부문과 유사한 것으로 간주하여 동일한 베타 값 0.6을 사용하면, 자본비용($\bar{R}$)은 아래와 같이 10%가 된다.

$$\bar{R} = 4\% + 0.6 \times (14\% - 4\%) = 10\%$$

타인자본비용

기업의 자본은 자기자본과 타인자본으로 구성되지만 지금까지는 순수자기자본기업을 가정하면서 자기자본비용에 대해서 학습했다. 이제 타인자본비용에 대해 알아보자.

❶ 부채비용

자기자본비용은 주주의 기대수익률이며 타인자본비용은 채권자의 기대수익률이다. 가장 대표적인 타인자본은 투자자에게 고정수익을 제공하는 채권이다. 따라서 채권자의 기대수익률은 기업 입장에서 고정수익증권비용 또는 **부채비용**(cost of debt)이라고 한다. 자기자본비용과는 달리 부채비용은 구하기 쉽다. 큰 기업은 대부분 채권을 발행하고 있으며 이들 채권의 시장수익률, 즉 만기수익률이 부채비용이 된다. 채권의 **만기수익률**(yield to maturity : YTM)은 투자자가 채권을 만기까지 보유했을 때 얻을 수 있는 수익률로 금융매체 등에서 손쉽게 구할 수 있다. YTM은 주가와 달리 일별 변동 폭이 매우 낮다.

다만 기업의 부채비용 산정 시 주의해야 할 점은 세후부채비용을 사용해야 한다는 것이다. 왜냐하면 부채에 대한 이자는 비용으로 처리되어 세전이익을 줄임으로써 법인세 감세효과가 있기 때문에 기업 입장에서 실제로 부담하는 부채비용은 법인세율만큼 줄어들기 때문이다. 따라서 세후부채비용은 [부채비용 × (1 − 법인세율)]이 된다.

❷ 우선주비용

기업의 자금조달 원천으로 주식은 일반적으로 보통주를 의미한다. 흔하지는 않지만 우선주를 추가로 발행하는 기업도 있다. 우선주는 이름은 주식이지만 고정 금액의 배당을 하기 때문에 재무에서 종종 고정수익증권으로 분류된다. 그러면 우선주비용은 어떻게 구하는가?

우선주 배당금은 일종의 영구연금이다. 우선주비용은 우선주 투자자의 기대수익률이므로 $C의 우선주 배당금을 가정하면 아래와 같이 계산된다.

우선주비용 = $C/PVPS

부채사용에 따른 이자의 세금절감 효과

U사		L사	
수익	$170	수익	$170
비용	70	비용	70
세전이익	$100	이자 및 법인세 차감 전 이익	$100
세금(세율 30%)	30	이자(부채 $100에 대한 10%)	10
세후이익	$70	세전이익	$90
		세금(세율 30%)	27
		세후이익	$63

U사는 부채가 없으며, L사는 이자율이 10%인 부채 $100를 보유하고 있어 매년 $10의 이자를 지급한다. 법인세율은 모두 30%이며, 이자를 제외하고 두 기업의 수익과 비용은 동일하다고 가정한다.
U사의 세전이익은 $100이며 L사의 세전이익은 이자비용이 차감되어 $90가 된다. 법인세율이 세전이익의 30%이므로 U사의 세금은 $30이며 L사의 세금은 $27이다. L사가 $3만큼 세금을 적게 내는 이유는 이자비용 차감으로 세전이익이 줄어들었기 때문이다. 세후이익은 U사는 $70이며 L사는 $63로 그 차이는 $7에 불과하다.
여기서 주목할 점은 L사는 $10의 이자비용이 발생했음에도 불구하고 세후이익은 $7밖에 줄지 않는다는 것이다. 이는 L사가 이자비용 지급으로 세전이익이 줄어 세금을 적게 내기 때문이다. 그러면 얼마나 세금을 적게 내는가? 이자비용의 법인세율, $3(= $10 × 30%)만큼 적게 낸다. 이것이 바로 부채사용에 따른 이자의 세금공제 또는 세금절감(tax shield) 효과다. 따라서 L사의 세후부채비용은 아래와 같다.

$$\text{세후부채비용} = \text{차입이자율} \times (1 - \text{법인세율}) = 10\% \times (1 - 0.30) = 7\%$$

즉, L사가 10%로 차입을 해도 이자비용의 세금절감 효과 덕택에 7%로 빌린 셈이 된다.

여기서 PVPS는 우선주의 현재가격이다. 실제에 있어서 우선주 자본조달 비중은 매우 미미하기 때문에 기업의 자본비용 산정 시 편의상 우선주비용은 제외하곤 한다.

가중평균자본비용

가중평균자본비용(weighted average cost of capital : WACC)은 말 그대로 자기자본비용과 타인자본비용의 가중평균이다. 자기자본비용과 부채비용을 알면 가중평균비용은 손쉽게 아래와 같이 계산할 수 있다.

$$WACC = \frac{S}{S+B} \times R_S + \frac{B}{(S+B)} \times R_B \times (1 - T_C)$$

여기서 R_S는 자기자본비용, R_B는 부채비용, S는 자기자본의 시장가치, B는 부채의 시장가치, T_C는 법인세율이다. WACC 계산에서 가중치는 장부가치가 아니라 시장가치 기준 자기자본과 부채의 비중이다. 부채의 이자는 세금공제 효과가 있으므로 R_B에 $(1 - T_C)$를 곱한 세후부채비용을 사용한다.

WACC는 기업의 평균 자본비용으로 우리가 일반적으로 이야기하는 기업의 자본비용이다. 그러면 WACC의 일반적 용도는 무엇인가? 먼저, WACC를 알면 그 기업의 가치를 추정할 수 있다. 기업으로부터 기대되는 미래현금흐름을 WACC로 할인한 현재가치가 바로 기업의 가치이다. 자기자본 또는 주식의 가치는 기업의 가치에서 부채의 가치를 차감하면 된다. 부채의 가치는 재무제표상 장부가치를 일반적으로 사용한다. 기업이 성장하고 발전하기 위해서는 WACC를 초과하는 수익률을 달성해야 한다. 다음으로 프로젝트의 위험이 기업 전체의 위험과 유사하다면 WACC는 프로젝트 평가 시에 사용될 수 있다.

가중평균자본비용 추정 예

미국 유명 자동차 회사인 General Motors(GM)의 WACC를 추정해 보자. 이를 위해 자기자본비용과 부채비용을 먼저 추정해야 한다. 자기자본비용 추정을 위해서는 이 기업의 베타 값을 알면 된다. 나머지 무위험이자율과 시장위험프리미엄은 모든 기업에 동일하게 적용되는 상수이다. 부채비용 추정을 위해서는 GM 채권의 만기수익률(YTM)을 알면 된다. 마지막으로 자기자본비용과 세후부채비용을 가중평균하면 된다.

2024년 5월 24일 현재 GM의 베타는 Yahoo Finance 웹사이트에서 1.50으로 알려져 있고,

무위험이자율은 4.68%이며 시장위험프리미엄은 3.14%이다. CAPM에 의거 자기자본비용(R_S)은 9.39%(= 4.68% + 1.5 × 3.14%)이다.

같은 날 현재 GM의 YTM은 5.65%로 고시되며 이는 GM의 부채비용(R_B)이다 자기자본의 시장가치(시가총액)는 $500억이고 부채(장부가)는 $122억이다. 법인세율($T_C$)은 21%이다. 자기자본 비중$\left(\frac{S}{S+B}\right)$은 80.4%이고 부채 비중$\left(\frac{B}{S+B}\right)$은 19.6%이므로 GM의 WACC는 아래와 같이 8.40%가 된다.

$$\text{WACC} = 0.804 \times 9.39\% + 0.196 \times 5.65\% \times (1 - 0.21) = 8.40\%$$

1 기업의 가중평균자본비용에 대한 설명으로 가장 옳은 것은?

① 기업이 수행하는 모든 프로젝트에 적용해야 하는 할인율

② 기업이 주식가치를 유지하기 위해 자산에서 벌어야 하는 전반적 수익률

③ 기업이 채권발행 시 지불할 것으로 예상되는 수익률

④ 기업이 수행하는 모든 프로젝트에 대해 요구해야 하는 최대 수익률

⑤ 기업의 우선주 주주가 장기적으로 기대하는 수익률

2 다음 중 베타의 결정요인은 어느 것인가?

I. 재무레버리지	II. 수익의 경기순환성	III. 경제상황	IV. 영업레버리지

① I, IV ② II, III ③ I, III, IV ④ I, II, IV ⑤ II, III, IV

자기자본비용 계산

3 A사 주식의 베타는 1.38이다. 무위험이자율이 4.7%이고 시장의 기대수익률이 8.9%라면, 이 기업의 자기자본비용은 얼마인가?

WACC 계산

4 T사에 대한 다음 정보를 토대로 WACC를 구하시오. 기업의 세율은 21%이다.

부채 : 채권(액면가 $1,000) 8,000개 발행, 현재가격은 액면의 105%, 만기수익률은 현재 4.65%
보통주 : 총발행주식수 20만 주, 현재 주가 $58, 주식베타 0.95
시장 : 시장위험프리미엄 6.5%, 무위험이자율 4.5%

SML과 프로젝트 평가

5 어느 순수자기자본기업이 다음 프로젝트를 고려하고 있다. 단기국채 수익률은 5%이고 시장 기대수익률은 13%이다.

프로젝트	베타	내부수익률(IRR)
W	0.60	11%
X	0.90	13
Y	1.20	14
Z	1.70	16

a. 이 기업의 전반적 자본비용을 12%라고 가정하면 이보다 더 높은 기대수익률을 보이는 프로젝트는 어느 것인가?

b. 어느 프로젝트가 채택되어야 하는가?

c. 만일 기업의 전반적 자본비용이 할인율로 사용된다면, 어느 프로젝트가 잘못 채택 또는 기각되겠는가? 그래프에 SML을 그려서 설명하시오.

WACC와 프로젝트 NPV

6 A사는 부채 30%, 자기자본 70%의 자본구조를 가지고 있다. 세후부채비용은 6.5%, 법인세율은 34%, 자기자본비용은 12.3%이다. A사는 기업의 전반적 위험과 동일한 위험을 지닌 한 프로젝트를 고려하고 있다. 이 프로젝트의 초기 투자비용은 $110만이며 향후 3년 동안 매년 말에 $48만의 현금 유입액이 발생한다. 이 프로젝트의 NPV는 얼마인가?

CHAPTER 11

자본구조와 재무정책

기업의 중요한 두 가지 의사결정은 투자결정과 자본조달결정이다. 투자결정은 앞서 자본예산편성을 논의할 때 학습했다. 즉, 기업이 주주가치 극대화를 위해 투자안을 채택해야 하는지 또는 기각해야 하는지에 관한 의사결정이다. 이러한 투자결정을 위해 현금흐름할인모형을 사용하여 투자안의 NPV를 계산했다. 그러면 기업이 투자안을 채택하기로 하였으면 이를 추진하기 위한 자금, 즉 돈이 있어야 한다. 경영자는 이러한 자금을 자기자본과 부채 중에서 무엇으로 조달해야 하는가? 이러한 의사결정을 자본조달결정이라고 한다. 경영자는 기업가치를 극대화할 수 있도록 자본조달결정을 하여야 할 것이다. 이를 위해서는 기업의 자본구조가 기업의 가치에 어떠한 영향을 미치는지를 먼저 이해해야 한다.

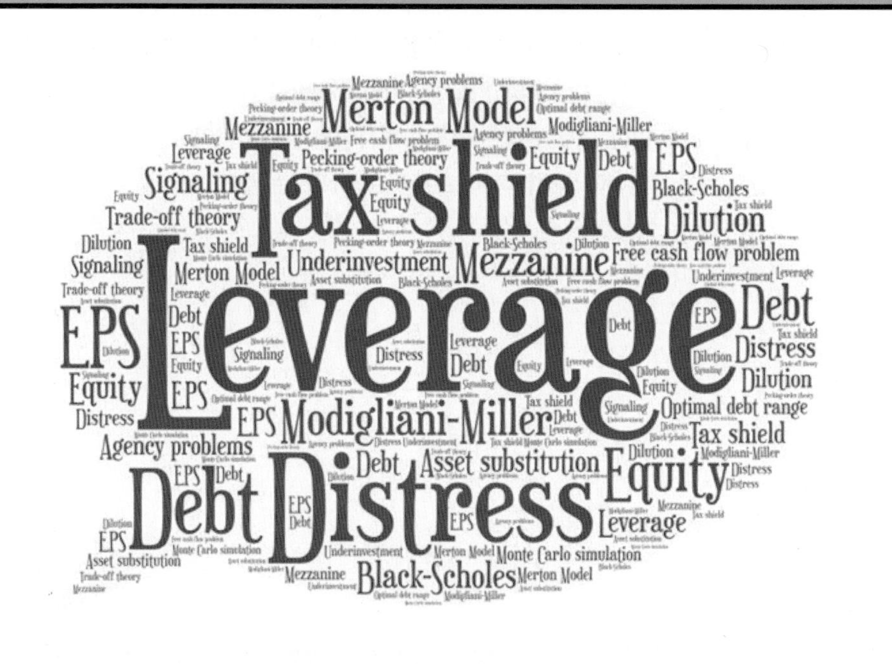

자본구조 질문

기업의 가치는 부채와 자기자본 가치의 합으로 정의된다. 기업은 부채비율, 즉 **자본구조**(capital structure)를 어떻게 선택해야 하는가? **그림 11-1**에서 기업가치(V)에 해당하는 파이는 자기자본(S)과 부채(B) 가치의 합이다. 모두 장부가치가 아닌 시장가치이다.

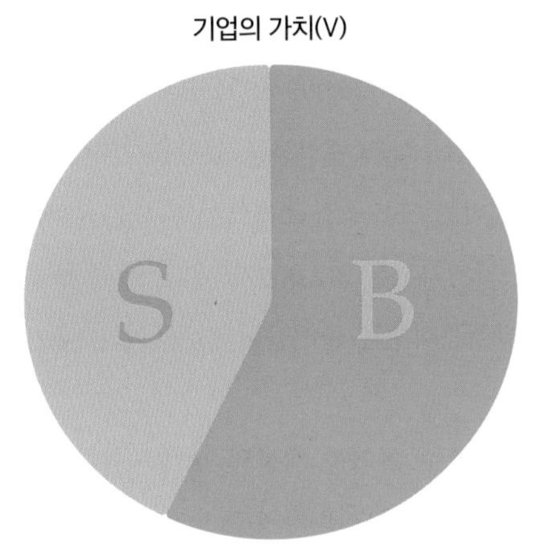

그림 11-1 자본구조의 파이모형

기업 경영진의 목표는 기업의 가치를 최대화하는 것이다. 그러면 기업의 가치, 즉 파이를 가장 크게 만드는 자본구조가 있는가? 존재한다면 자기자본과 부채를 어떤 비율로 나누어야 하는가? 즉, 파이를 어떻게 자르는 것이 최선인가?

먼저 기업재무에서 주주가치 극대화라는 용어가 기업가치 극대화라는 용어와 종종 혼용되어 사용된다. 이는 자본구조의 변화는 기업의 가치가 증가하는 경우에만 주주에게 이득이 되기 때문이다. 따라서 주주가치 극대화를 위해서는 기업가치가 극대화되어야 하며 기업가치 극대화라는 말에는 주주가치 극대화라는 의미가 내포되어 있다고 볼 수 있다.

재무레버리지와 기업가치

기업가치 극대화, 즉 주주가치 극대화를 위한 자본구조 또는 부채비율이 존재하는가? 이에 대한 질문에 답하기에 앞서 자본구조가 기업가치에 어떠한 영향을 미치는가를 예를 들어 살펴보자. 현재 부채가 없는 어떤 기업이 자기자본의 일부를 부채발행을 통해 '대체'하려고 한다고 가정하자. 현재와 제안 자본구조하에서 재무제표는 **표 11-1**과 같다.

현재 자본구조하에서 자산은 $20,000이며 부채가 없으므로 자기자본은 $20,000이다. 발행주식수는 400주이므로 주가는 $50(= $20,000/400)이다. 제안 자본구조는 기업이 $8,000의 부채를 발행하여 동일 금액의 자기주식을 매입하는 상황을 가정할 수 있다. 추후 다시 논의되겠지만 자기자본을 부채로 대체하는 자본구조 조정에서 자산은 변하지 않아야 한다. 그러면 자산은 $20,000, 부채는 $8,000, 자기자본은 $12,000가 된다. 이제 부채비율은 2/3가 되며, 부채의 이자율은 8%로 가정한다. 발행주식수는 줄어들어 240주이다. 주가 역시 $50(= $12,000/240)가 되어야 한다.

먼저 현재 자본구조하에서 주주 이익을 계산해 보자. 이를 위해 다음 기의 경기상황에 대해 침체, 기대, 확장의 세 가지 시나리오를 가정한다. 영업이익 EBIT는 각각의 시나리오에서 $1,000, $2,000, $3,000를 가정한다.

현재 자본구조는 부채가 없으므로 이자도 없다. 그러면 순이익은 각각 $1,000, $2,000, $3,000가 된다. 경기상황이 '기대'인 경우를 중심으로 수치를 계산해 보면, 주당이익 EPS는 $5.0(= 순이익 $2,000/주식 수 400)이다. 그리고 기업의 자산이 $20,000이므로 총자산이익률 ROA는 10%(= 순이익 $2,000/자산 $20,000)이다. 이 기업은 부채가 없으므로 자산은 자기자

표 11-1 현재와 제안 자본구조하에서 재무제표

	현재 자본구조	제안 자본구조
자산	$20,000	$20,000
부채	0	8,000
자기자본	$20,000	$12,000
부채비율	0	2/3
이자율	-	8%
발행주식수	400주	240주
주가	$50	$50

표 11-2 현재 자본구조하에서 주주 이익

	침체	기대	확장
EBIT	$1,000	$2,000	$3,000
이자	0	0	0
순이익	$1,000	$2,000	$3,000
EPS	$2.5	$5.0	$7.5
ROA	5%	10%	15%
ROE	5%	10%	15%

본과 동일하며 자기자본이익률 ROE 또한 10%이다. 침체와 확장의 경우도 유사하게 계산할 수 있으며 특히 EPS 수치가 각각 $2.50와 $7.50임에 주목하자.

다음으로 제안 자본구조하에서 주주 이익을 계산해 보자. 여기서 기업은 $8,000의 부채를 발행하며 자기자본 $8,000와 대체된다. EBIT는 앞과 동일하다.

제안 자본구조하에서 $8,000 부채를 발행하기 때문에 이에 대한 8% 이자 $640는 경기 시나리오에 관계없이 발생한다. 따라서 이자를 차감하면 순이익은 각각의 시나리오에서 $360, $1,360, $2,360가 된다. EPS는 침체에서는 $1.50(= 순이익 $360/주식 수 240), 기대에서는 $5.67(= $1,360/240), 확장에서는 $9.83(= $2,360/240)가 된다. ROA와 ROE도 유사한 방법으로 구할 수 있다.

표 11-2와 **표 11-3**의 계산을 바탕으로 기업의 레버리지와 주주의 이익의 관계를 그래프로 그리면 **그림 11-2**와 같다. 주주의 이익을 측정하는 지표로는 EPS와 ROE가 있지만 EPS를 사용하기로 한다.

이 그래프에서 X축은 EBIT이며 Y축은 EPS이다. 앞 표에서 계산한 바와 같이 EBIT가 증가하면 EPS는 증가한다. 빨간색 선은 부채가 없는 자본구조하에서, 하늘색 선은 부채를 사용하

표 11-3 제안 자본구조하에서 주주 이익

	침체	기대	확장
EBIT	$1,000	$2,000	$3,000
이자	$640	$640	$640
순이익	$360	$1,360	$2,360
EPS	$1.50	$5.67	$9.83
ROA	1.8%	6.8%	11.8%
ROE	3.0%	11.3%	19.7%

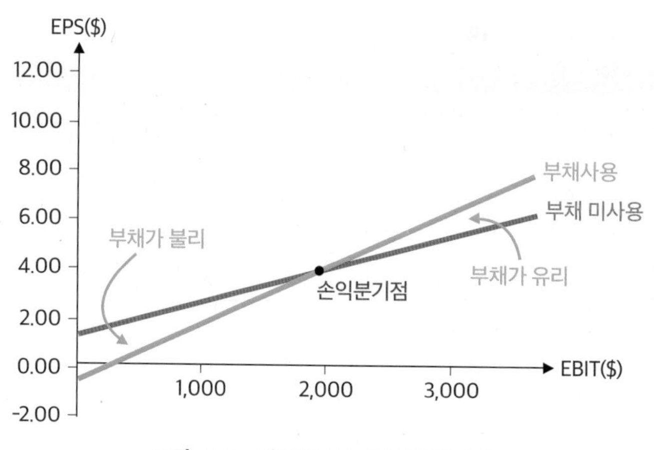

그림 11-2 레버리지 사용과 주주의 이익

는 자본구조하에서 이들 관계를 보여 준다. 하늘색 선의 기울기는 빨간색 선의 기울기보다 가파르다. 이는 부채기업의 주식 수가 무부채기업의 주식 수보다 적기 때문에 영업이익이 증가하면 주당이익은 더 늘어나지만 영업이익이 감소하면 주당이익이 더 줄어들기 때문이다. 직관적인 예를 들면, 부채가 많은 기업은 호경기에 매출이 급증하면 이자를 갚고도 이익이 많이 남는 반면에 불경기에 매출이 급감하면 이자도 갚기 어려워 손해를 볼 수 있다. 즉, 부채의 사용은 주주의 위험을 증가시킨다.

주주 이익의 기댓값과 변동성을 실제 수치로 확인해 보면, EPS의 기댓값은 **표 11-2**의 부채가 없는 자본구조에서 $\$5.0\left(=\dfrac{\$2.5+\$5.0+\$7.5}{3}\right)$보다 **표 11-3**의 부채를 사용하는 자본구조에서 $\$5.67\left(=\dfrac{\$1.50+\$5.67+\$9.83}{3}\right)$로 더 높다. 그러면 EPS 값의 변동성을 비교해 보자. 세 가지 경기 시나리오에 따른 EPS 값은 현재 자본구조에서는 각각 $2.5, $5.0, $7.5이며 제안 자본구조에서는 각각 $1.50, $5.67, $9.83이다. 즉, 부채를 사용하는 자본구조에서 EPS의 변동성이 더 높다는 것을 알 수 있다. 재무에서는 변동성을 위험으로 정의하므로, 상기 결과는 재무레버리지는 주주의 기대이익은 물론 위험도 함께 증가시킨다는 것을 의미한다.

이렇듯 자본구조는 경영자에게 당연히 중요한 의사결정 사항이다. 그럼에도 불구하고 재무레버리지 사용이 주주의 가치, 즉 기업의 가치에 어떠한 영향을 미치는지에 관해서는 여전히 의문으로 남아 있었다. 1958년에 미국 시카고대학교 **밀러**(Miller) 교수와 MIT대학교 **모딜리아니**(Modigliani) 교수가 이 질문에 대한 답과 함께 현대 자본구조이론을 창시하게 되었다. 재무에

머튼 밀러(Merton Miller)

프랑코 모딜리아니(Franco Modigliani)

서는 밀러의 이니셜 M과 모딜리아니의 이니셜 M을 사용하여 그들의 이름을 그냥 MM으로 지칭한다. MM의 자본구조이론은 현대 재무학의 출발점으로 간주되며, MM은 모두 노벨 경제학상을 수상하게 된다.

MM 명제: 법인세가 없는 경우

MM은 여러 가정, 특히 법인세가 존재하지 않는다는 가정하에 자본구조는 기업가치에 영향을 주지 않는다는 것을 증명한다. MM은 이러한 자본구조의 무관련성을 증명하기 위해 '**자가레버리지**(homemade leverage)'라는 개념을 사용한다. 자가레버리지는 투자자 자신이 차입을 한다는 뜻이다. MM 가정과 자가레버리지 예는 본 교재의 Part 4에 수록된 T3. MM 이론을 참조하라.

① MM 명제 I

투자자가 자금을 스스로 차입하여 부채가 없는 기업에 투자하는 전략(자가레버리지 전략)과 투자자가 자금을 부채가 있는 기업에 직접 투자하는 전략은 주주 입장에서 수익률이 동일하다. 따라서 **표 11-1**에서처럼 현재 자본구조나 제안 자본구조하에서 주가($50)와 기업가치

($20,000)는 동일해야 한다. 이들 기업의 주가가 다르다면 투자자는 자가레버리지를 통해서 이득을 볼 수 있다. 자가레버리지의 가능성으로 인해 자본구조가 기업가치를 결정하는 데 무관하다는 것을 의미한다. 다시 말하면, 법인세가 없다고 가정한다면 MM 명제 I은 부채기업의 가치(V_L)는 무부채기업의 가치(V_U)와 같다는 것을 의미한다.

MM 명제 I (법인세가 없는 경우)

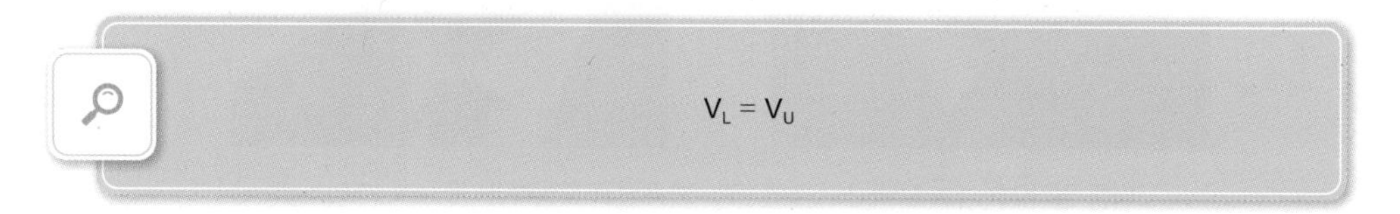

$$V_L = V_U$$

여기서 알파벳 L은 levered의 이니셜로 부채가 있음을 뜻하며 U는 unlevered의 이니셜로 부채가 없음을 의미한다.

❷ MM 명제 II

MM의 명제 I은 기업가치와 연관되며 명제 II는 자본비용을 다룬다. MM 명제 II를 직관적으로 해석하면, 주주의 위험은 레버리지가 높을수록 증가하므로 이에 대한 보상으로 자기자본에 대한 기대수익률(자기자본비용)은 그만큼 더 높아야 한다.

MM 명제 II (법인세가 없는 경우)

$$R_S = R_0 + \frac{B}{S}(R_0 - R_B)$$

여기서 R_B는 이자율(부채비용), R_S는 부채기업의 자기자본수익률(자기자본비용), R_0는 부채가 없는 무부채기업의 자기자본수익률(자본비용), B는 부채의 가치, S는 자기자본의 가치를 나타낸다. 이 식의 유도는 본 교재의 Part 4에 수록된 T3. MM 이론을 참조하라.

그림 11-3은 MM 명제 II(법인세가 없는 경우)에서 자기자본비용(R_S), 부채비용(R_B), 가중평균자본비용(WACC)의 관계를 보여 준다. 자기자본비용(R_S)과 부채비율(B/S)의 관계는 맨

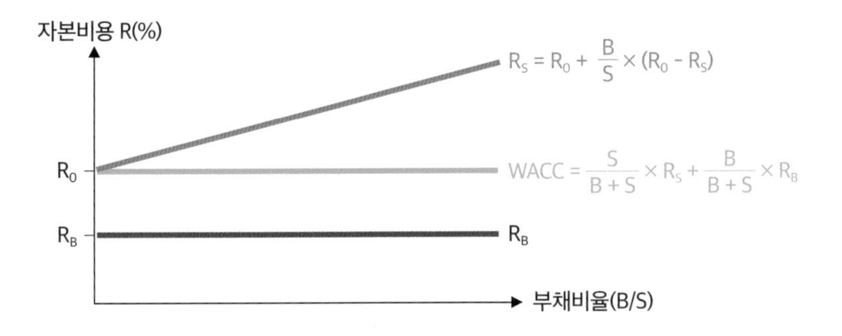

R_S: 자기자본비용
R_B: 부채비용
R_0: 순수자기자본기업의 자본비용
WACC: 가중평균자본비용
R_0는 단 하나의 점인 반면에 R_S, R_B, WACC는 선이다.

그림 11-3 MM 명제 II(법인세가 없는 경우) 그래프

위에 우상향 빨간 직선으로 나타나 있다. 기업의 부채 비중이 커짐에 따라 자기자본의 위험은 증가하며 따라서 투자자의 자기자본에 대한 요구수익률(R_S)은 상승하게 된다. 반면에 그 아래 연두색 수평선은 기업의 WACC는 레버리지에 의해 영향을 받지 않는다는 것을 보여 주며 이는 기업가치는 자본구조에 의해 영향을 받지 않는다는 명제 I의 의미와 일맥상통한다. 즉, 기업가치는 기업으로부터 발생하는 모든 미래현금흐름의 현재가치이므로 기업가치가 자본구조에 관계없이 일정하다는 것은 할인율인 가중평균자본비용도 같다는 말이다.

맨 아래 파란 평행선은 부채비용(R_B)으로 자본구조에 관계없이 일정한 것으로 표시되어 있다. 통상적으로 부채비용은 자기자본비용보다 낮다. 이는 채권은 주식과는 달리 현금흐름이 이미 확정되어 있기 때문이다. 부채가 없는 **순수자기자본기업의 자본비용(R_0)**은 그래프에서 하나의 점으로 표시되며, 반면에 가중평균자본비용(WACC)은 완전한 선으로 표시된다는 점에 주목할 필요가 있다. 즉, R_0는 부채비율이 0인 경우 자본비용을 의미하는 상수이고 WACC는 부채비율에 따라 변하는 변수이다.

마지막으로 명제 I과 명제 II가 어떻게 연관되어 있는지를 직관적으로 살펴보자. 명제 I에서 증명된 기업가치의 자본구조 무관련성은 기업의 자본비용(WACC)이 일정함을 의미한다. 이는 부채가 증가하면 명제 II에서처럼 자기자본비용은 증가하지만 저리의 부채를 많이 사용할 수 있는 혜택으로 인해 이들 두 효과가 서로 상쇄되기 때문으로 해석할 수 있다.

MM은 앞서 논의한 부채사용으로 인한 주주 이익의 변동성과 기댓값 증가가 기업가치와 어떠한 관련이 있는지를 직접 증명하기보다는 자가레버리지 사용 가능성으로 인해 자본구조와 기업가치가 무관하다는 것을 먼저 증명한다. 따라서 기업의 전반적 자본비용이 일정하므로 주주 이익의 위험 증가(자기자본비용 증가)가 (저리의 부채사용으로 인한) 주주 이익의 기댓값 증가에 의해 상쇄된다는 것을 간접적으로 증명한 셈이다.

MM 명제: 법인세가 있는 경우

지금까지 논의한 MM 명제는 법인세가 존재하지 않는다는 비현실적인 가정에 기반을 두고 있다. 이제 법인세가 존재하는 보다 현실적인 경우의 자본구조를 살펴보자. 법인세가 존재하는 경우 MM의 결과를 요약하면 다음과 같다. 명제 I은 이전 결과와는 달리 기업가치는 레버리지가 높을수록 증가한다는 것이다. 명제 II는 이전과 마찬가지로 레버리지는 주주의 위험과 기대수익률을 증가시킨다는 것이다. 다만 차이는 주주의 위험의 증가는 부채사용으로 인한 이자의 세금절감 효과에 의해서 일부분 상쇄된다는 점이다.

❶ 자본구조의 파이모형

아래 자본구조의 파이모형은 법인세 존재하에서 레버리지와 기업가치의 관계에 대한 기본적 통찰을 제공한다.

그림 11-4는 앞에서 논의한 파이차트와 유사하다. 단지 국세청의 청구권인 세금 부분이 추가되었을 뿐이다. 좌측 파이는 부채가 없는 순수자기자본기업에 대한 주주와 국세청의 청구권을 보여 준다. 파이의 세금 부분은 일종의 비용에 해당한다. 우측 파이는 부채가 있는 기업에 대한 주주, 채권자, 국세청 등의 세 가지 청구권을 보여 주며 여기서 기업가치는 부채와 자기자본의 합이다. 이들 두 자본구조 중에서 재무관리자는 더 큰 기업가치를 갖는 자본구조를 선택해야 한다. 양쪽 파이의 총면적이 서로 같다고 가정하면, 기업가치는 세금을 적게 내는 자본구조에서 더 크다. 따라서 경영자들은 우측 자본구조를 선택해야 한다.

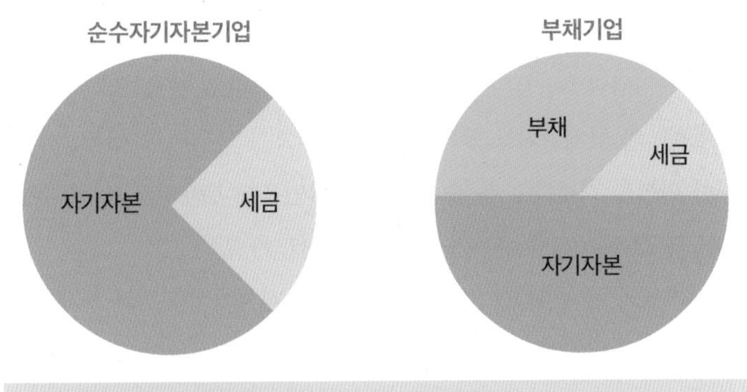

부채기업은 순수자기자본기업보다 세금을 더 적게 낸다.
따라서 부채기업의 부채와 자기자본의 합은 무부채기업의 자기자본보다 더 크다.

그림 11-4 자본구조의 파이모형: 법인세가 있는 경우

② MM 명제 I

법인세가 존재하는 경우의 MM 명제 I을 현금흐름의 개념을 사용해서 증명해 보자. 부채를 사용하는 기업에서 주주와 채권자에게 귀속될 현금흐름은 아래와 같다.

$$(EBIT - R_B B) \times (1 - T_C) + R_B B$$

여기서 EBIT는 이자 및 법인세 차감 전 이익, R_B는 부채비용, B는 채권의 액면가, T_C는 법인세율이다. 이 식의 앞부분은 EBIT에서 채권에 대한 이자($R_B B$)를 차감하고 법인세 납부 후의 현금흐름으로 주주에게 귀속되는 부분이다. 뒷부분($R_B B$)은 채권에 대한 이자로 채권자에게 귀속되는 현금흐름이다. 기업의 총현금흐름의 '현재가치'를 V_L이라고 하자. 그러면 이것이 바로 레버리지를 사용하는 기업의 가치이다.

다음으로 위의 식을 풀어서 재정렬하면 아래와 같다. EBIT × (1 − T_C)와 $R_B BT_C$ 두 부분으로 정리된다.

$$\begin{aligned}(EBIT - R_B B) \times (1 - T_C) + R_B B &= EBIT \times (1 - T_C) - R_B B \times (1 - T_C) + R_B B \\ &= EBIT \times (1 - T_C) + R_B BT_C\end{aligned}$$

앞부분 EBIT × (1 − T_C)는 법인세 납부 후의 현금흐름으로 부채가 없는 기업의 현금흐름이다. 이 현금흐름의 '현재가치'를 V_U라고 하자. 그러면 이것이 바로 부채가 없는 기업의 가치이다.

뒷부분(R_BBT_C)은 부채사용으로 인한 연간 **세금절감액**(tax shield)이다. 이 세금절감액의 현재가치는 얼마인가? 기업이 B만큼의 부채를 영원히 사용한다고 가정하면, 매년 영구히 발생하는 세금절감액 R_BBT_C의 현재가치를 구하면 된다. 현금흐름 측면에서 세금절감액은 부채에 대한 이자와 동일한 위험을 지닌다고 볼 수 있으므로 할인율도 부채비용(R_B)을 동일하게 사용한다. 따라서 연 세금절감액을 R_B로 나누면 현재가치는 BT_C가 된다.

종합하면, 부채기업의 현재가치(V_L)는 무부채기업의 현재가치(V_U)와 부채사용으로 인한 **세금절감액의 현재가치**(BT_C)의 합이 된다.

MM 명제 I (법인세가 있는 경우)

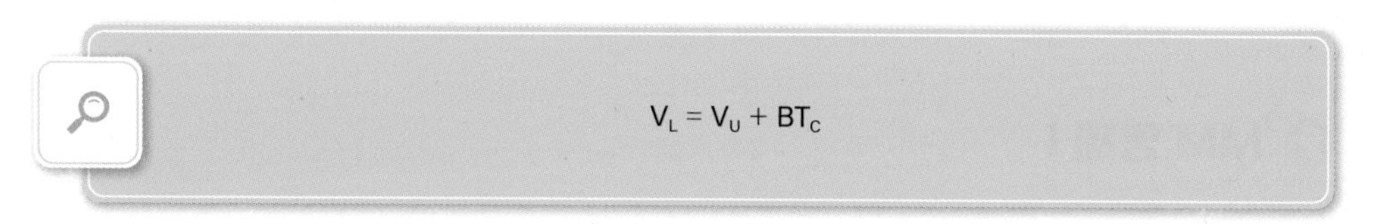

$$V_L = V_U + BT_C$$

직관적으로 설명하면, 법인세율이 30%라고 가정한다면 1억원 영구부채를 발행하는 기업은 현재가치 기준으로 3,000만원의 세금을 절감할 수 있음을 의미한다. 따라서 이 기업은 다른 조건이 같다면 무부채기업보다 가치가 3,000만원 증가하게 된다. 법인세가 있는 경우 자본구조는 기업에게 중요한 의미를 지닌다. 법인세의 존재를 인정하면 기업의 최적자본구조는 100% 부채조달이다.

지금까지 MM 명제를 이론적으로 그리고 직관적으로 식과 그래프를 이용하여 살펴보았다. **표 11-4**에서 직접 수치를 이용하여 검증해 보자.

부채가 없이 자기자본만 있는 기업과 부채가 있는 기업으로 나누어 투자자에게 1년 동안 발생하는 총현금흐름을 비교해 보자. 자본구조에 관계없이 이자 및 법인세 차감 전 이익(EBIT)은 경기 전망이 침체, 기대(예상), 확장의 경우 각각 $1,000, $2,000, $3,000라고 가정한다. 먼저 자기자본만 있는 기업을 살펴보자. 이자가 없기 때문에 EBT는 각각 $1,000, $2,000, $3,000로 동일하다. 법인세율을 21%로 가정한다면 세금은 각각 $210, $420, $630이다. 그러면 부채가 없으므로 주주에게 현금흐름은 법인세를 차감하면 각각 $790, $1,580, $2,370가 된다.

다음은 부채가 있는 기업을 살펴보자. EBIT는 마찬가지로 각 시나리오에서 $1,000, $2,000, $3,000로 동일하다. $8,000의 부채와 8% 이자율을 가정하면 이자는 $640이다. 그러면 법인세 차감 전 이익(EBT)은 각각 $360, $1,360, $2,360이다. 여기에 법인세율 21%를 적용하면 세금

표 11-4 MM 명제 I(법인세가 있는 경우) 예

자기자본만 있는 경우	침체	기대	확장
EBIT	$1,000	$2,000	$3,000
이자	0	0	0
EBT	$1,000	$2,000	$3,000
세금(T_C = 21%)	$210	$420	$630
주주로의 총현금흐름	$790	$1,580	$2,370

부채가 있는 경우	침체	기대	확장
EBIT	$1,000	$2,000	$3,000
이자($8,000 @ 8%)	640	640	640
EBT	$360	$1.360	$2,360
세금(T_C = 21%)	$75.6	$285.6	$495.6
주주와 채권자로의 총현금흐름	$284.4 + $640 $924.4	$1,074.4 + $640 $1,714.4	$1,864.4 + $640 $2,504.4
$EBIT \times (1 - T_C) + R_B BT_C$	$790 + $134.4 $924.4	$1.580 + $134.4 $1.714.4	$2.370 + $134.4 $2,504.4

은 각각 $75.6, $285.6, $495.6이다. 그러면 주주에게 현금흐름은 침체에서 $284.4(= $360 − $75.6), 기대에서 $1,074.4(= $1,360 − $285.6), 확장에서 $1,864.4(= $2,360 − $495.6)가 된다. 채권자에게 현금흐름은 기업이 지급하는 이자다. 모든 시나리오에서 이자는 동일하게 $640다. 그러면 주주와 채권자에게 발생하는 총현금흐름은 각각 $924.4, $1,714.4, $2,504.4다.

여기서 앞서 학습한 법인세가 존재하는 세계에서 MM 명제 I을 다시 생각해 보자. 논의의 단순화를 위해 현금흐름 측면에서 살펴보면, 부채를 사용하는 기업에서 주주와 채권자에게 귀속되는 총현금흐름은 자기자본만 있는 기업에서 주주에게 귀속되는 현금흐름과 부채사용에 따른 세금절감액의 합과 동일해야 한다(물론 이들 현금흐름의 현재가치도 동일하다).

자기자본만 있는 기업에서 주주에게 발생하는 현금흐름[$(EBIT - R_B B) \times (1 - T_C)$]은 위에서 이미 계산한 바와 같이 각각 $790, $1,580, $2,370였다. 부채사용으로 인한 세금절감액($R_B BT_C$)은 모든 시나라오에서 동일하게 $134.4(= $640 × 21%)다. 자기자본만 있는 기업에서 주주에게 발생하는 현금흐름에 동일한 세금절감액을 더해 주면 총현금흐름은 각각 $924.4, $1,714.4, $2,504.4가 된다. 이들 수치는 바로 위에서 계산한 부채를 사용하는 기업에서 주주와 채권자로의 총현금흐름 $924.4, $1,714.4, $2,504.4와 동일함을 알 수 있다. 종합하면, 무부채기업의 가치는 부채기업의 가치와 부채사용으로 인한 세금절감액의 합임을 알 수 있다.

③ MM 명제 II

법인세 존재하에 MM 명제 II는 아래와 같으며 **그림 11-5**에서 그 의미를 살펴보자.

MM 명제 II (법인세가 있는 경우)

$$R_S = R_0 + \frac{B}{S} \times (1 - T_C) \times (R_0 - R_B)$$

그래프의 X축은 자본구조 또는 부채비율이고 Y축은 자본비용이다. 앞서 법인세가 없는 경우의 MM 명제 II는 자기자본의 기대수익률과 레버리지 사이의 양(+)의 관계를 단정한다. 이러한 결과는 자기자본의 위험이 레버리지가 높을수록 증가하기 때문에 일어난다. 본 그래프에서는 맨 위에 빨간 직선이 이에 해당한다. 이와 같은 직관은 법인세가 존재하는 세계에서도 성립한다. 다만 차이는 주주 위험의 증가분은 부채사용으로 인한 이자의 세금절감 효과에 의해서 일부분 상쇄된다는 것이다. 그래프에서 위에서 두 번째 빨간 직선이 이를 나타낸다. 화살표는

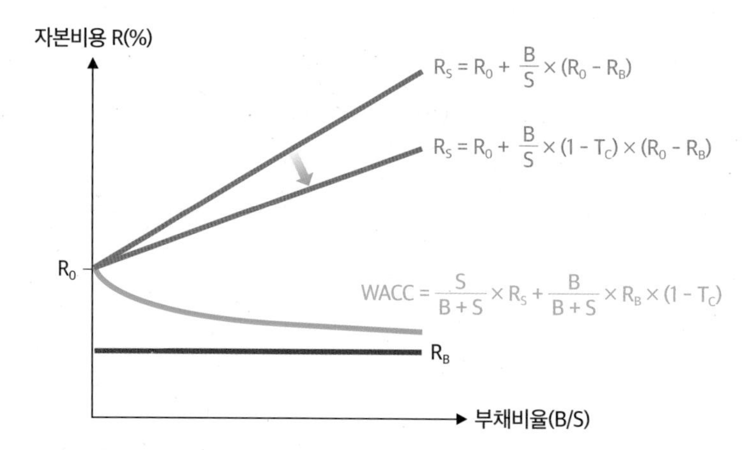

R_S: 자기자본비용
R_B: 부채비용
R_0: 순수자기자본기업의 자본비용
WACC: 가중평균자본비용
R_0는 단 하나의 점인 반면에 R_S, R_B, WACC는 선이다.

그림 11-5 MM 명제 II(법인세가 있는 경우) 그래프

법인세율만큼 '초과부채비용'이 줄어들어 위험이 감소하므로 주주의 기대수익률도 줄어든다는 것을 나타낸다.

연두색 곡선은 법인세가 존재하는 경우 기업의 가중평균자본비용(WACC)은 부채비율이 증가함에 따라 감소한다는 것을 나타낸다. 앞서 논의한 세금이 없는 경우의 그래프에서는 기업가치와 가중평균자본비용은 변하지 않는 수평선이었다. 반면에 법인세가 존재하는 세계에서 레버리지가 클수록 (부채의 세금혜택이 증가하여) 자기자본비용이 덜 상승하여 결과적으로 WACC는 감소하게 된다. 맨 아래 남색 직선인 부채비용은 자본구조에 관계없이 일정하다는 것을 나타낸다.

④ MM 명제: 종합

지금까지 논의한 MM 명제의 핵심을 파이모형으로 종합해 보자. 아래 두 파이 그림은 자기자본만 있는 기업과 부채가 있는 기업을 의미한다.

오른쪽의 부채기업은 무부채기업보다 세금을 적게 낸다. 따라서 부채기업의 기업가치(부채와 자기자본의 합)는 왼쪽 무부채기업의 기업가치(자기자본)보다 크다. 다시 말하면, 오른쪽 파이에서 S와 B의 합은 왼쪽 파이에서 S보다 크다는 의미다. 그럼 얼마만큼 큰가? 부채사용으로 인한 세금절감액의 현재가치만큼 크다. 더 구체적으로는 (부채금액 × 법인세율)만큼 크다. 즉, 동일한 크기의 파이에서 세금을 적게 내기 때문에 기업가치가 증가한 것이지 전체 동그란 파이의 크기 자체가 커진 것은 아니다.

경영진의 목표는 기업의 가치를 극대화하는 것이다. 그러면 기업가치를 가능한 크게 만드는 자본구조가 있는가? 존재한다면 이를 위해서 자기자본과 부채를 어떤 비율로 나누어야 하는

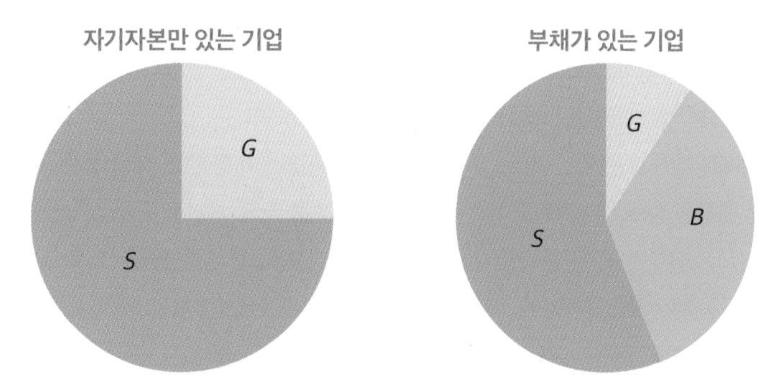

그림 11-6 자본구조의 파이모형: 종합

가? 파이를 어떻게 자르는 것이 최선인가? 바로 기업가치를 극대화할 수 있는 자본구조는 부채의 비중이 크게 파이를 자르는 것이다.

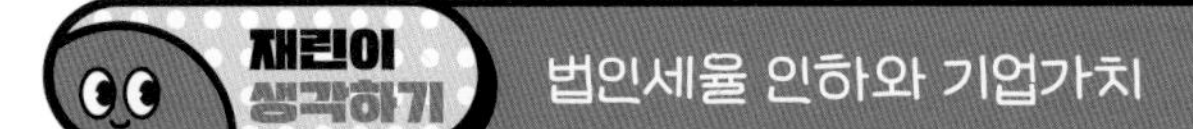

법인세 존재하에 MM 명제는 기업이 부채를 사용할수록 세금혜택이 늘어나므로 자본조달을 100% 부채로 한다면 기업가치가 극대화된다는 것을 의미한다. 그러나 이러한 주장은 현실세

재린이 생각하기 법인세율 인하와 기업가치

2017년 12월에 미국은 법인세율을 35%에서 21%로 낮추면서 이자비용의 세금공제를 제한하는 감세와 일자리 법안(Tax Cuts and Jobs Act)을 통과시켰다. 이자비용 공제의 상한은 이제 EBIT와 대충 비슷한 조정가능 세금이익(adjustable tax income)의 30%이다.

2017년 초반 이러한 새로운 법안이 논의되자 기업들은 재빨리 대응했다. 예를 들면, BHP는 $25억의 채권 상환 계획을 발표했다. Walmart는 $85억의 부채를 상환했으며, Sprint도 $10억의 부채를 상환했다. 사실상 2017년 10월 중순까지 기업들은 $1,785억의 부채를 상환하기로 발표했으며, 그 수치는 2016년 동기간 $800억의 두 배가 넘고 2014년 $180억보다 훨씬 크다. 이들 기업은 왜 부채를 상환하기로 결정한 걸까?

계에서 기업의 자본구조와 부합하지 않는다. 과도한 부채사용은 잠재적 재무곤경비용 또는 파산비용을 증가시켜 기업의 가치를 감소시킬 것이다. 따라서 기업은 차입을 많이 하면 법인세를 많이 절감할 수 있지만 파산비용을 지불해야 할 가능성도 커진다는 교환관계에 직면하게 된다. 그러므로 기업의 최적 자본구조는 부채의 세금혜택과 재무곤경비용 사이의 교환관계를 고려하여 결정되어야 한다. 이를 **자본구조의 교환이론(trade-off theory of capital structure)**이라고 부른다.

기업가치는 부채사용이 적을 때는 증가한다. 왜냐하면 재무곤경의 확률이 낮아 재무곤경비용이 사소하기 때문이다. 그러나 부채가 늘어남에 따라 재무곤경비용도 늘어나게 되며 어느 점에 이르러서는 부채를 늘림으로써 누릴 수 있는 세금절감액(증가분)이 재무곤경비용(증가분)과 같게 된다. 바로 이 점이 기업가치를 극대화하는 최적부채수준이 된다. 교환이론에 관한 자세한 내용은 본 교재의 Part 4에 수록된 T3. MM 이론을 참조하라.

자본조달순위이론

기업의 자본구조와 관련하여 대표적인 이론은 앞서 학습한 교환이론이다. 그 외에 자본조달순위이론도 주목을 받고 있다. 교환이론은 세금혜택, 재무곤경비용 등의 요인을 고려하지만 **자본조달순위이론(pecking-order theory)**은 **타이밍(timing)**에 대한 논의를 그 바탕에 두고 있다. 이 이론은 경영자는 자신 기업의 주식이 (타이밍상) 과대평가되어 있다고 판단할 때 주식을 발행할 것이라는 견해와 관련된다. 주식발행은 이런 이유로 시장에 부정적 신호를 보내기 때문에 그 기업의 주가는 떨어질 것이다. 실제로 미국의 경우 유상증자 공시 당일 주가는 평균 3% 이상 하락한다.

자본조달순위이론은 재무관리자에게 무엇을 의미하는가? 이 이론은 기업의 자본조달 방법에 대한 순서를 제안한다.

✔ 규칙 1. 내부금융을 이용하라. 기업이 자본이 필요하면 가장 먼저 내부금융, 즉 내부유보금을 이용하라는 것이다. 타이밍에 대한 논의에서 기업이 주식발행을 발표하면 투자자는 그 주식이 과대평가되어 있다고 판단하기 때문에 주가가 떨어진다고 하였다. 경영자는 자신 기업의

주가가 떨어지는 것을 원하지 않는다. 그러면 애초부터 내부금융, 즉 유보이익에서 프로젝트의 자본을 조달한다면 투자자의 회의적 시각에 대해 걱정할 필요가 없다.

✔ 규칙 2. 안전한 증권을 먼저 발행하라. 기업이 만약 외부금융이 필요하다면 채권을 먼저 발행하라는 것이다. 채권은 주식에 비해서 상대적으로 위험이 낮다. 왜냐하면 채권으로부터 현금흐름은 재무곤경만 발생하지 않는다면 확정되어 있기 때문이다. 물론 채권의 가치도 고평가되어 있을 수 있지만 그 정도는 주식에 비하면 사소하다. 그러면 주식은 언제 발행하는가? 이 이론은 기업의 주식발행은 차입여력이 한계에 도달했을 때만 최후의 수단으로 고려해야 한다는 것을 제안한다. 왜냐하면 주식발행은 기업가치에 악영향을 주기 때문이다. 최후의 수단으로 주식을 발행하는 한계기업은 더 이상 잃을 게 없기 때문에 주가하락 등과 같은 악영향에 별로 신경을 쓰지 않는다.

자본조달순위이론은 교환이론과는 달리 목표부채수준에 대해서 특별한 가정을 하지 않으며 또 이익을 많이 내는 기업은 내부에 현금이 충분하므로 부채를 덜 사용한다는 것을 암시한다.

실제 세계에서 기업의 자본구조

교환이론이나 자본조달순위이론은 훌륭한 이론이지만 불행하게도 최적 자본구조 선택을 위한 어떠한 '공식'을 제안하지 못한다. 따라서 이들 이론은 실제 세계에 적용하는 데 한계가 있다. 그러면 어떻게 해야 하는가? 실제 세계로부터의 증거와 사례를 참조하여 기업이 어떻게 자본구조를 설정하는가를 살펴볼 수밖에 없다.

① 기업의 실제 자본구조

첫째, 대부분 기업의 부채비율은 낮다. 한 연구에 의하면, 1991~2006년 기간 동안 39개 국가들 중에서 기업의 시장가치 대비 부채의 장부가치 비율(중앙값)은 한국이 50%를 초과하여 가장 높으며 호주가 10%로 가장 낮다. 미국 기업은 약 16%로 네 번째로 낮은 것으로 알려졌다. 이 결과는 기업은 세금을 완전히 절감하기 위해 최대한의 부채를 발행하지는 않는다는 것을 의미한다. 둘째, 실제 세계에는 부채를 전혀 사용하지 않는 기업이 제법 있다는 것이다. 1962~2009년 기간 동안 미국 대기업의 10.2%가 부채를 전혀 사용하지 않은 것으로 나타났다. 셋째, 자본구조는 산업별로 차이가 있다. 부채비율은 제약 및 전자산업과 같은 고성장 산업에서는 낮은 반면에 항공 및 제지산업과 같은 저성장 산업에서는 높은 것으로 나타났다. 넷째, 대부분의 기업은 나름대로의 **목표부채비율**(target debt-to-equity ratio)을 가지고 있다. 최고재무관리자(CFO)를 대상으로 한 설문조사에 의하면, 대다수의 기업은 정도의 차이는 있지만 목표부채비율을 사용하는 것으로 나타났다. 마지막 다섯째, 자본구조는 시간이 흐름에 따라 크게 변할 수 있다.

② 목표부채비율 설정 시 고려사항

실제 세계에서 많은 기업이 나름 목표부채비율을 채택하고 있다. 그러면 기업은 어떻게 목표부채비율을 설정해야 하는가? 목표비율 설정을 위한 어떤 공식은 없지만, 이 비율에 영향을 미치는 다음 네 가지 중요한 요인을 참고할 필요가 있다.

첫째, 유연성이다. 기업의 목표부채비율은 시간이 흐름에 따라 큰 변동과 조정을 감안해야 한다. 둘째, 세금이다. 이익을 많이 내는 기업은 이자 세금공제가 더 필요할 것이므로 부채를 더 발행할 것이다. 따라서 목표부채비율이 더 높을 것이다. 셋째, 자산의 유형이다. 재무곤경비용은 기업이 보유하고 있는 자산의 유형에 따라 다르다. 예를 들어, 토지, 건물 등 유형자산에 투자가 많은 기업은 연구개발에 투자를 하는 기업보다 재무곤경비용이 더 작을 것이기 때문에 목표부채비율이 더 높을 수 있다. 연구개발 투자는 재무적 곤경이 발생하면 그 가치의 대부분이 사라지기 때문이다. 넷째, 영업이익의 불확실성이다. 영업이익이 불확실한 기업은 재무적 곤경을 겪을 확률이 높다. 예를 들어, 제약회사는 영업이익이 불확실하기 때문에 부채를 거의 발행하지 않는다. 반면에 전기가스업은 영업이익의 불확실성이 거의 없으므로 부채비율이 훨씬 높다.

1 **다음 중 어느 것이 자기자본비용이 자본구조의 양(+)의 선형 함수라는 주장과 관련이 있는가?**

① 법인세가 없는 경우 MM 명제 I

② 법인세가 있는 경우와 없는 경우 MM 명제 II

③ 자본자산가격결정모형(CAPM)

④ 법인세가 있는 경우 MM 명제 I

⑤ 자가레버리지(homemade leverage)

2 **부채에 대한 이자지급이 세금공제가 된다는 사실은 다음 중 어느 명제의 핵심 요소인가?**

① 법인세가 있는 경우 MM 명제 I, II

② 법인세가 없는 경우 MM 명제 I

③ 법인세가 없는 경우 MM 명제 II

④ 법인세가 있는 경우 MM 명제 I

⑤ 법인세가 있는 경우 MM 명제 II

3 **부채가 없는 어느 기업의 예상 이익은 $33,062.50이고 자기자본의 시장가치는 $287,500이다. 이 기업은 7% 이자율로 $50,000의 부채를 발행해서 그 대금으로 자사주를 현재 시장가치로 매입(소각)할 계획이다. 세금은 무시한다. 자사주매입 후 자기자본비용은 얼마가 되겠는가?**

① 12.45%　　② 13.58%　　③ 13.85%　　④ 12.04%　　⑤ 12.73%

4 **부채기업(levered firm)에 대한 다음 진술 중 옳은 것은?**

① 세율이 인상되면 기업가치는 하락한다.

② 재무곤경비용의 증가는 기업가치를 증가시킨다.

③ 기업가치 극대화를 위해서는 순수자기자본구조를 선택해야 한다.

④ 기업가치는 자본비용이 최대화될 때 극대화된다.

⑤ 기업가치는 최적부채수준에서 극대화된다.

자가레버리지와 WACC

5 **㈜용인과 ㈜전주는 자본구조를 제외하고는 모든 면에서 동일하다. ㈜용인은 순수자기자본기업으로 주식으로만 $55만의 자본을 조달하고 있다. ㈜전주는 주식과 영구사채로 자본을 조달하며, 주식의 가치는 $27만 5,000이며 부채의 이자율은 8%이다. 두 기업 모두 EBIT는 $6만가 될 것으로 예상한다. 법인세는 무시한다.**

a. Lisa는 $2만 가치의 ㈜전주 주식을 보유하고 있다. 그녀가 기대할 수 있는 수익률은 얼마인가?

b. Lisa는 자가레버리지를 이용하여 ㈜용인에 투자함으로써 질문 (a)에서와 똑같은 현금흐름과 수익률을 어떻게 창출할 수 있는가를 보이시오.

c. ㈜용인의 자기자본비용은 얼마인가? ㈜전주의 자기자본비용은 얼마인가?

d. ㈜용인의 WACC는 얼마인가? ㈜전주의 WACC는 얼마인가? 이 답으로부터 어떤 원칙을 설명할 수 있는가?

WACC 계산

6 ㈜고양의 부채비율은 1.4이며, 이 기업의 WACC는 8.3%이고 부채비용은 5.4%이며 법인세율은 24%이다.

a. ㈜고양의 자기자본비용은 얼마인가?

b. ㈜고양의 무부채 자기자본비용(unlevered cost of equity capital)은 얼마인가?

c. 부채비율이 2라면, 자기자본비용은 얼마가 되겠는가? 부채비율이 1이라면 얼마인가? 부채비율이 0이라면 얼마인가?

MM 명제 I

7 ㈜창원은 순수자기자본기업이다. 이 기업은 $52만 5,000의 차입을 고려하고 있다. 차입금은 향후 2년에 걸쳐 균등 상환될 것이며 이자율은 7%이다. 이 기업의 법인세율은 23%이다. 법인세 존재하의 MM 명제 I에 따르면 차입 후 기업의 가치는 얼마나 증가하겠는가?

비시장성 청구권

8 ㈜거제가 발행한 부채는 액면가가 $215만이다. 이 기업이 순수자기자본으로만 자본을 조달했다면 그 가치는 $1,140만가 되었을 것이다. 이 기업은 또한 19만 5,000주의 주식을 발행하였으며 그 주식은 주당 $47에 팔리고 있다. 법인세는 21%이다. 기대파산비용으로 인하여 기업의 가치는 얼마나 감소하겠는가?

재무적 곤경

9 **㈜목포는 지방 백화점 체인점이며 1년 동안 사업을 할 것이다. 경기활황의 가능성은 60%이며, 경기침체의 가능성은 40%이다. 이 기업은 경기활황의 경우에 $5,300만의 현금흐름, 경기침체의 경우에 $3,100만의 현금흐름을 창출할 것으로 예상된다. 이 기업은 연말에 $3,900만의 부채를 상환해야 하며, 부채의 시장가치는 현재 $3,400만이다. 이 기업은 세금을 내지 않는다.**

a. 경기침체의 경우에 채권자는 얼마를 받을 수 있겠는가?

b. 부채에 대한 약정수익률은 얼마인가?

c. 부채에 대한 기대수익률은 얼마인가?

PART 3

기업성장과 구조조정

CHAPTER 12

창업재무

Part 1과 2에서 CFO가 기업의 재무활동을 이해하고 수행하기 위해 필요한 기초이론과 기법을 배웠다면, Part 3에서는 기업이 탄생해서 성장하고 청산하는 일련의 생애주기를 좇아 가며 단계별로 등장하는 현실 사건에 앞서 배운 지식을 적용해 본다. 먼저 이번 장에서는 기업이 탄생하는 창업의 단계에서 재무가 수행하는 역할과 그 의미를 찾아본다.

기업가정신과 창업재무

❶ 기업가정신의 재무적인 정의

기업가정신(entrepreneurship)에 대한 정성적인 정의는 많다. 흔히 남의 밑에서 일하기보다는 스스로 사업을 일으켜 사장이 되려는 사람의 특성을 정리한 것들이다. 재무에서 기업가정신은 이보다는 다소 정량적으로 정의될 수 있다. 재무에서 유용하게 사용되는 자산분배선(capital allocation line： CAL)이라는 이론이 있다. CAL은 한 이성적인 투자자가 개별자산의 위험 대비 수익률을 극대화하려 할 때, 자기의 투자금을 이들 자산에 어떻게 분배하는지를 설명한다. 보통사람은 자신의 자산 중 대부분을 무위험자산에 투자하고 일부분만 위험자산에 투자한다. 이들의 투자포트폴리오는 대표위험자산(시장포트폴리오)의 왼쪽에 위치한다. 그런데 기업가정신을 가진 사람은 투자포트폴리오가 CAL상에서 시장포트폴리오의 오른쪽에 위치하는 사람이라고 정의할 수 있다. 즉, 이들은 무위험자산을 빌려서 위험한 자산에 투자할 때 효용이 극대화되는 사람들이다.

대부분의 기업은 부채를 가지고 있다. 기업은 대출을 받아 위험자산에 투자하는 대표적인 예이다. 대차대조표의 대변에 부채가 없는 기업이 드물다. 또한 재무관리에서 가르치는 것이 기업이 부채를 가질 때 ROE가 높아진다는 점이다. 따라서 대주주가 나머지 이해관계자들과 심각한 대리인문제를 가지고 있지 않다면, 기업의 소유경영인은 거의 기업가정신이 있다고 볼 수 있다.

❷ 창업재무의 정의

창업재무(entrepreneurial finance)는 스타트업(start-up) 또는 창업기업을 대상으로 한다. 스타트업은 창업한 지 오래되지 않아 사업의 불확실성도 높고 아직 경상비를 충당할 정도로 충분한 매출을 창출하지 못하기 때문에 외부에서 출자를 받아야만 성장할 수 있는 기업을 뜻한다.

창업기업의 이러한 특징은 재무학에 재미있고 도전적인 과제를 안겨 준다. 재무학이 발견한 중요한 사실 중 하나는 시장경제에서는 고위험-고수익의 법칙이 항상 작동한다는 것이다. 위험이 높으면 투자자는 그만큼 더 높은 수익을 기대하고 추정된 미래현금흐름을 더 많이 할인하여 현재가를 싸게 책정한다. 그런데 미래현금흐름이 너무 불확실하여 분포의 분산을 예상할 수

기업가정신의 재무적 발현

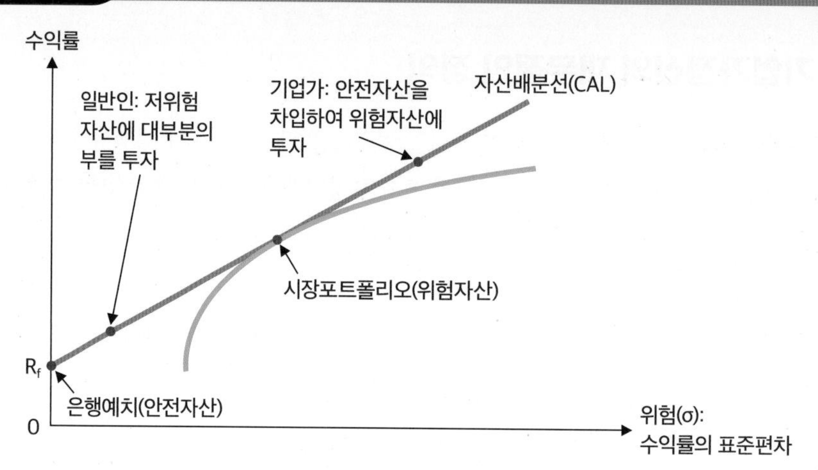

보통사람의 경우 100억원이 있다면 무엇을 할까? 대부분 수익부동산을 사거나 채권을 사서 임대료와 이자를 받으면서 편안하게 지내려고 할 것이다. 모두 CAL상 왼쪽 끝에 위치하는 투자를 생각한다. 그러나 기업가정신을 가진 사람들은 100억원이 있다면 거기에 또 100억원을 빌려서 총 200억원으로 위험한 사업에 투자하려고 한다. CAL의 오른쪽에 위치하는 투자를 실행하는 것이다. 이들은 임대료나 이자 정도의 수입으로 만족하지 않고 큰 위험을 무릅쓰고 높은 수익을 추구하는 사람들이다. 하지만 이들로 인해 고용이 일어나고 경제가 부흥하고, 또한 더욱 중요하게는, 이들로 인해 보통사람이 임대료와 이자를 받고 편안하게 살 수 있게 된다. 이들이 설립한 회사가 없다면 사무실을 임차할 주체도 줄어들고 회사채를 발행할 주체도 줄어들기 때문이다.

도 없을 정도라면 위험을 측정할 수 없기 때문에 시장은 균형가격을 책정하지 못한다. 이런 경우에는 투자가 성립될 수 없다. 그럼에도 불구하고 우리가 목격하는 것은 많은 투자자들이 이렇게 불확실하고 심지어 지금 영업손실을 기록하고 있는 스타트업에 기꺼이 출자한다는 사실이다.

여기에 창업재무의 주제가 있다. 사업 불확실성이 너무 커서 위험측정도 어려운 창업기업과 고위험-고수익에 익숙한 일반투자자를 시장은 어떻게 연결시키는지 이해하는 것이다. 창업기업에 특화된 금융기관 또는 투자중개인이 어떻게 작동하는지, 창업기업은 일반투자자의 투자를 유인하기 위해 어떤 방법을 활용하는지를 배우는 것이다.

위험과 불확실성

Risk(위험)
- ✔ Potential outcomes are known
- ✔ Can be measured and quantified
- ✔ Can be controlled

Uncertainty(불확실성)
- ✔ Potential outcomes are known
- ✔ Cannot be measured
- ✔ Beyond control

투자안의 미래 수익률이 분산을 측정할 수 있는 분포를 따라 움직인다면, 위험한 투자라고 할 수 있다. 하지만 분산을 측정할 수 없는 분포를 따른다면, 불확실한 투자라고 할 수 있다. 위험한 투자는 고위험-고수익 법칙에 따라 오늘의 가격을 설정할 수 있지만, 불확실한 투자는 가격을 설정할 수가 없어 투자가 이루어지기 힘들다.
적률생성함수가 없는 코시분포(Caucy 또는 Lorentz distribution)는 대표적으로 유한한 분산과 평균을 가지지 않는 분포이다. 지협적인 평균과 분산은 계산할 수 있어도 모평균과 모분산은 추정할 수 없다. 따라서 라플라스의 대수의 법칙을 사용할 수 없다. 이렇게 표본을 가지고 모분산을 추정할 수 없다면, 이는 위험이 아니고 불확실성에 가깝다.

③ 캐즘단계와 시리즈단계

우리에게 익숙한 벤처기업을 사용하여 설명해 보자. 벤처기업의 성장과정에서 시드머니를 가지고 창업을 한 뒤 매출이 충분해질 때까지의 기간은 흔히 캐즘단계(chasm)와 시리즈단계(series)로 나뉠 수 있다. 먼저 캐즘단계에서는 사업의 불확실성이 너무 커서 벤처전문 금융기관도 자금조달을 성사시키기가 어렵다. 이때는 정부의 보조금, 개인엔젤이 적지 않은 도움을 주게 되고, 또는 크라우드펀딩이나 ICO를 통해 조기수용자라고 할 수 있는 얼리어답터를 대상으로 소액의 자금을 조달하게 된다. 이 단계에서는 주로 아이템의 상용화를 위한 개발활동에 자금이 투하된다.

캐즘단계를 무사히 통과해 상용화가 가능해질 정도로 아이템이 발전하면 사업의 불확실성은 크게 줄어든다. 그러나 이때도 역시 일반투자자가 사업의 위험을 측정하기는 어렵다. 이때는 벤처캐피탈(venture capital : VC)이 금융중개인의 역할을 담당한다. VC는 사업의 불확실성을 측정 가능한 위험으로 변환시켜 일반투자자들도 투자에 참여할 수 있도록 만들어 거액을 투자하게 된다. VC가 참여하는 투자유치(펀딩)를 흔히 시리즈투자라고 부르며, 시설투자나 마케팅 활동에 자금이 사용된다. 한마디로 창업재무는 캐즘단계에서의 자금조달 수단과 시리즈단계에서의 VC 펀딩을 설명하는 것이라 하겠다.

캐즘단계의 투자

❶ 정부지원금, 개인엔젤, 엑셀러레이터

캐즘단계에 있는 창업기업은 외부투자를 받기 어렵다. 이때는 수익보다는 사회발전에 공헌하는 것에서 더 큰 만족을 얻는 주체들로부터 자금을 지원받아야 한다. 그 대표적인 주체들이 창업의 기회를 국민에게 제공하려는 정부, 사회적 문제를 해결하려는 비영리단체, 그리고 능력 있는 젊은이들을 후원하기 원하는 개인엔젤(angel)이다. 우리나라 정부는 중앙의 각 부처별로 창업지원제도를 운영하고 있으며, 지방정부와 지자체들도 특성화된 지원제도를 가지고 있다. 중소벤처기업부 산하의 창업진흥원이 운영하는 예비창업패키지와 초기창업패키지가 지원금 규모 면에서 대표적이다.

Y-Combinator와 MARU180

미국의 대표적인 민간 엑셀러레이터로 2005년에 시작한 Y-Combinator가 있다. 2024년 이들이 키워 낸 유니콘기업(시가총액 1조원 이상의 비상장 벤처)은 Stripe, Instacart, OpenAI, OpenSea 등 60개가 넘는다. Airbnb, Dropbox 등도 Y-Combinator 출신이다. 2024년 4월까지 모두 5천 개 이상의 스타트업에 투자하였고 이들의 시장가치는 $6,000억가 넘는다.

우리나라에서도 2014년 초에 1세대 엑셀러레이터인 MARU180이 민간 자본으로 설립되었다. 여기에는 10개가 넘는 스타트업, 캡스톤파트너스(VC)와 같이 벤처를 지원해 줄 수 있는 5개의 파트너사가 입주해 있어 작은 창업생태계가 형성되어 있다. 1,200개가 넘는 스타트업을 지원하였고, MARU180 입주사 및 졸업사는 평균 10배 이상 규모가 성장하였고, 1,000억원 이상의 투자를 유치하였으며, M&A 성공률도 높아지는 등 성과를 창출하고 있다.

창업 정부지원금

정부의 창업지원금은 창업기업에게는 미래수익을 요구하지 않으니 너무나도 고마운 자금이지만, 투자의 성과가 수익률로 측정되지 않는다는 사실은 지원금이 비효율적으로 운영될 수 있다는 뜻이기도 하다. 가장 큰 단점은, 정부의 의도와는 다르게 서류심사만 통과해서 돈만 타려는 사람과 진짜 열심히 창업하려는 사람을 가려내지 못한다는 사실이다. 심사자도 수혜자도 미래의 성과에 대한 책임이 없으니, 심사제도를 아무리 촘촘히 만들어도 가짜를 가려내기는 쉽지 않다.

개인엔젤은 원래 젊은 창업자를 대가 없이 도와주려는 부유한 은퇴자를 뜻하는 말이었다. 이후 1세대 벤처기업가를 중심으로 전문적인 엔젤들이 등장하면서 우리나라에서는 제도적으로 인정을 받게 되었다. 투자자의 소득공제, 매칭펀드[1]의 혜택 등에 따라 적격엔젤, **전문엔젤**, 엔젤클럽, **개인투자조합** 등으로 분류된다. 이들은 경험이 부족한 창업기업에 투자하기 때문에 피투자회사에게 조언을 아끼지 않는다는 특징을 갖는다.

엑셀러레이터(accelerator)는 엔젤에 비해 좀 더 체계적인 벤처보육 기능을 가진 투자자이다. 자금 이외에도 공간, 법무, 회계, 경영지도, 네트워크 형성 등 여러 방면으로 스타트업을 지원하며, 특히 이들을 창업생태계로 이끄는 역할을 한다. 규모가 큰 엑셀러레이터는 자체의 큰 공간

1 엔젤투자협회와 한국청년기업가정신재단이 조성한 100억원 규모의 펀드

을 가지고 그 안에 스타트업, 벤처캐피탈, 법무/회계 전문가 등을 입주시켜 자체적인 창업생태계를 유지하기도 한다.

❷ 크라우드펀딩

비금융산업에서 크라우드펀딩(crowdfunding : CF)은 보상형 크라우드펀딩과 투자형 크라우드펀딩으로 나뉠 수 있다. 보상형 CF는 비재무적인 보상을 바라는 후원자(투자자)와 창업기업을 연결해 주고, 투자형 CF는 창업기업의 소액주주가 되고자 하는 투자자와 창업기업을 거래비용 없이 직접 연결해 준다.

보상형 CF

이는 후원자(supporter)에게 회사가 개발하고 있는 특정 상품 및 서비스를 먼저 체험할 수 있는 특권을 보상(혜택)으로 주며 CF 플랫폼을 통해 후원자를 모집하는 자금조달방법이다. 소액의 경우는 보상 없이 기부금으로 받을 수도 있다. 여기서 자금을 기여한 후원자는 의결권이나 배당권을 반대급부로 받지 않기 때문에 주주라 할 수 없다. 여기서 조달된 자금은 주로 CF 행사에서 약속한 상품 및 서비스의 개발에 사용된다. 주어진 기간에 최소한의 금액이 모여야 개발을 시작할 수 있기 때문에, 하한금액이 모이지 못하면 CF 행사는 실패하게 되고 후원금은 후원자에게 돌려주게 된다.

투자형 CF

이는 의결권이나 배당권이 있는 주식(또는 유사증권)을 발행하여 CF 플랫폼을 통해 자금을 공모하는 방법이다. 다른 주요국과 같이 우리나라도 투자형 CF는 모집총액이나 자격요건 등에서 금융위원회의 감독을 받는다. 투자형 CF에서 주식을 인수한 자는 배당권과 의결권을 갖는다. 보통의 IPO에 비해 투자형 CF가 다른 점은 제도권이 감독하는 상장예비심사나 수요예측을 통한 발행가 산정의 절차가 없다는 것이다. 따라서 기존의 상장이나 증자에 비해 훨씬 저렴하며, 전문엔젤이나 VC로부터 자본조달할 때보다 경영권 유지가 쉽고, 행사를 하면서 동시에 마케팅과 시장조사도 병행할 수 있다는 큰 장점이 있다.

대부분 발행하는 회사가 총조달금액과 주당 가격을 제시하고 모집기간 내에 목표액이 소진되면 모집행사는 종료되며, 반대로 기간 내에 목표액이 모집되지 않으면 청약금은 모두 환불된다. 불특정다수인이 온라인상에서 소액청약을 하기 때문에, 모든 투자자의 명의로 주주명부에 등록되는 '실명주주방식'과 CF 플랫폼이 투자자를 대리하여 주주명부에 단독으로 등록되는 '차명주주방식' 등 두 가지 주주구성 방식이 있다.

CF의 위험

CF에서 대두되는 문제는 행사 시 주최자(또는 회사)가 약속하는 내용을 실사할 장치가 없어서 후원자(또는 투자자)가 주최자를 믿지 못할 수 있다는 점과, 행사가 끝난 다음 약속된 내용이 지켜지지 않았을 때 물리적으로 제재를 가할 수 없다는 점에서 비롯된다. 보상형 CF 행사가 진정성이 있었는지 여부는 기한 내 약속된 상품이 배달되는지에 의해 판명된다. 최근 진행된 연구에 따르면, 미국에서는 상품을 못 받을 위험은 생각보다 크지 않은 것으로 나타났다.[2] 한편 투자형 CF는 주최기업의 의도를 확인하기 더욱 어렵다. 회사가 몇 년 후에 실패했을 때 그 이유를 정확히 알 수 없기 때문이다. 최근 연구에 의하면 투자형 CF를 실행한 후 일정기간 후에 존속하는 기업의 비율은 높지 않았다.[3] 그러나 일반적인 스타트업 투자의 성공확률과 비교하면 결코 낮은 수치라고 할 수 없다.

온라인 실사

물리적인 실사나 제재가 어려운 투자형 CF가 앞서 본 바와 같이 위험이 크지 않은 이유는 온라인에서 참여자들이 적극적으로 정보의 진위를 검증하는 **온라인 실사** 때문이다. 투자형 CF에서 공통적으로 발견되는 점은 투자자의 **군집행동**(herding behavior)이다. 군집행동은 일견 투자자의 비이성적인 행동으로 보일 수도 있지만 **정보의 낙수효과**(information cascade)가 결합되면 이를 통해 결국 **집단지성**(collective intelligence)이 형성될 수 있다. 이러한 결과는 결국 온라인

---

2 미국의 Kickstarter 플랫폼을 사용한 후원자를 대상으로 조사한 Mollick(2014)은 사기로 의심되는 경우는 단 2.3~3.6%에 지나지 않았고, 상품을 수령하지 못한 경우도 9%에 불과했다고 보고하였다. 한편, 약속한 시간을 지나 늦게 배달되는 경우는 상당수 존재하는 것으로 나타났다. 75% 이상이 약속한 날까지 배달을 하지 못했고, 기한을 넘긴 시간은 평균 2.4~2.7개월이었다.

3 Signori와 Vismara(2018)는 CF 플랫폼인 Crowdcube, Crunchbase 및 Companies House에서 투자형 CF를 통해 성공적으로 자본을 조달한 행사 중에서 35%가 후속 증자를 진행하였고, 1.4%가 이후 M&A되었고, 46%가 사업을 유지하였으며, 18%가 사업실패로 퇴출되었다고 보고하였다.

에서 이루어지는 투자형 CF는 실사도 온라인에서 이루어지고 있음을 시사한다. 온라인 실사는, 온라인에서 종종 프로파일링이라고 불리듯이, 온라인에 올라온 해당기업에 관한 과거와 현재의 많은 정보를 다수의 투자자들이 크로스체크하면서 기업이 현재 행사를 위해 탑재한 정보의 진위를 규명하는 행위를 뜻한다. 온라인 실사의 가능성은 플랫폼 사업이 전체 경제에서 큰 비중을 차지하게 되면서 상당히 중요할 역할을 할 것으로 보인다.

❸ ICO(최초코인발행)

ICO 정의

최초코인발행(initial coin offering : ICO)은 개인이나 기업이 **블록체인**(block chain)에 기초한 **분산장부기술**(distributed ledger technology : DLT)을 이용하여 토큰을 온라인에서 판매하면서 자금을 조달하는 기법이다. CF와는 다르게 일정한 플랫폼에서 발행행사를 하지 않고 발행인 혹은 회사가 자신의 개별 사이트에서 발행한다는 것이 특징이다. 개별적으로 진행되기 때문에 ICO의 홍보도 발행자가 직접 해야 하고, 프로젝트에 대한 설명도 사업모델을 기술한 백서(white paper)나 기술적 측면을 기술한 황서(yellow paper)를 스스로 발간해서 배포한다. 우리나라에서는 최근 증권형 ICO 또는 STO(security token offering)는 제도화되었으나 효용형 ICO는 아직 불법이다.

발행하는 **토큰**(token)에 배당권(현금흐름권)이나 의결권이 부착되어 있으면 증권형 ICO[4]라고 하여 발행 시 증권거래 관련법의 규제를 받고, 상품권과 같이 소비를 목적으로 하는 토큰이면 효용형 ICO라고 하여 발행 시 소비자보호법의 규제를 받을 수 있다. 블록체인을 사용하기 때문에 결제원이나 주관사도 필요 없다. 회사는 그만큼 저비용으로 신속하게 증권을 발행할 수 있어서 유리하다.

ICO 발행절차

미국의 예를 보면, 1단계에서는 프로젝트를 기획하고, 주로 SNS 마케팅으로 투자자의 관심을

4 Momtaz(2020)는 ICO 데이터업체들(aggregator)이 보유한 2015~2018년 ICO 자료를 가지고 2,131개의 행사를 조사한 결과 단 3%만이 증권형 ICO에 해당했다고 보고하였다.

이더리움의 ICO

이더리움(Ethereum)의 ICO는 창립자 비탈릭 버터린(Vitalik Buterin)이 2014년 초 북미비트코인 컨퍼런스에서 그 계획을 발표하며 예고되었다. 당시 상당히 창의적인 자금 조달방법으로 세간의 관심을 끌었고, ICO를 통해 $1,800만 상당의 자금이 성공적으로 조달되면서, 이후 ICO 시장이 폭발적으로 성장하는 데 밑거름이 되었다.

이더리움의 ICO는 2014년 7월 22일부터 같은 해 9월 2일까지 총 42일간 지속되었다. 토큰의 발행가나 판매상한수량이 정해져 있지 않았고, 납입수단은 현금이 아닌 비트코인이었다. 판매를 시작했을 때 비트코인 1개를 가지고 2,000개의 이더리움을 살 수 있었는데, 판매가 끝난 때에는 1,337개의 이더리움만 살 수 있게 되어, ICO 기간의 짧은 기간에만 30% 이상의 가치상승을 보였다. 약 6,000만 개의 이더리움이 팔렸고 31만 5,000개의 비트코인이 납입되었다. 당시 비트코인의 달러화 가격으로 환산하면, 이더리움은 약 $1,830만를 조달했다고 볼 수 있다.

모으고, 백서를 발간하고, 로드쇼를 열어 대형투자자를 오프라인에서 만나고, 해당 토큰이 증권형이 아니라는 증거를 만들기 위해 Howey Test를 거친다. 2단계에서는 조기수용자나 대형투자자를 대상으로 저렴한 가격에 토큰을 제공하는 **사전판매(pre-sale)**를 실행하는 경우가 많다. 3단계에서는 각자의 인터넷 플랫폼에서 ICO를 실행한다. ICO에 적용되는 일정한 규칙은 없고, 기간은 평균 한 달이 조금 넘으나, 3일 만에 끝나는 경우도 많다. ICO가 성공하면 마지막 4단계에서 코인거래소에 상장한다. **코인거래소**에 상장되는 시간도 평균 한 달 정도 소요되나, 1년 이상이 걸리는 경우도 있다.

조사마다 차이가 있으나, ICO 이후 약 절반 정도가 코인거래소에 상장되고, 이 가운데 또 절반 정도는 1년 안에 상장폐지된다. 그럼에도 불구하고 토큰이 쉽게 상장될 수 있다는 점은 큰 장점이다. 벤처기업에 초기투자하였다가 IPO로 투자자금을 회수하는 것은 확률도 낮고 몇 년이 소요되는데, ICO에서는 초기투자를 하자마자 금방 상장이 되어 자금회수가 가능하다는 점은 투자자에게 매우 큰 매력이다.

코인거래소

CF와 비교하여 ICO의 또 한 가지 특징은 발행 이후 거래될 수 있는 토큰유통시장이 많이 존재하여 유동성이 높다는 점이다. 기존의 증권거래소에 비하면 코인거래소는 금융당국의 간섭을 크게 받지 않으며, 세계 각처에서 발행된 거의 모든 코인이 거래될 수 있으며, 24시간 운영되고, 신규상장이 매우 자유롭다.

코인거래소는 **중앙화거래소**(centralized exchange : CEX)와 **탈중앙화거래소**(decentralized exchange : DEX)로 나뉠 수 있다. 중앙화거래소는 거래소가 투자자의 디지털 자산을 보관하고, 최소한의 고객확인을 해 주고, 거래지원 서비스를 제공한다. 비전문가에게는 사용하기 편리하다. 하지만 거래소에 보관된 고객의 토큰은 해킹이나 도난을 당할 수 있다는 단점이 있다. 한편 탈중앙화거래소는 거래에 직접 개입하지 않고 다만 투자자가 스마트계약을 작성할 수 있도록 오픈소스를 제공한다. 투자자는 신분을 노출할 필요가 없고, 해킹과 도난 가능성이 적다는 장점이 있으나, 본인 전자지갑의 키를 잃어버리면 복구할 수 없다는 단점이 있다.

재린이 생각하기 | 코인과 토큰

토큰이나 더 발전된 코인이나 모두 유동성이 높다는 점이 투자자를 매료시킨다. 따라서 창업기업이 토큰을 발행하면 사업 불확실성은 높은데 토큰의 유동성은 높기 때문에 토큰은 사행성투자일 수밖에 없다. 또한 특히 완벽한 익명성이 보장되는 DEX의 경우 범죄자금이 오가는 수단이 될 수 있다. 코인은 분명 자금조달의 새로운 기재지만 동시에 단점을 보완하는 기술도 발전해야 한다.

근래에는 ICO도 코인거래소에서 진행하는 경우가 늘고 있다. 탈중앙화거래소에서 진행하는 ICO를 IDO(initial dex offering)라고 부르고, 중앙화거래소에서 진행되는 ICO를 IEO(initial exchange offering)라고 부른다.

교차상장

토큰에서는 교차상장이 빈번히 일어난다. 토큰의 **교차상장**은 첫 번째 상장한 코인거래소(일차거래소)에서 거래되던 토큰의 일부가 두 번째 코인거래소(이차거래소)로 옮겨 가 거래되는 것을 뜻한다. 이러한 토큰의 빈번한 교차상장은 시장에서 토큰의 품질 선택이 자연스럽게 일어나는 과정이다. ICO 시점에서 허술한 품질평가로 저품질의 토큰이 발행되더라도 일차거래소에 상장될 때 한 번 품질평가가 일어나고, 이 중에 거래가 활발하고 가격이 안정된 토큰은 더 크고 양질의 이차거래소에 교차상장된다. 이렇게 시장에서 인정받은 양질의 코인거래소 중 하나가 coinmarketcap.com이다. ICO는 확실히 CF와 함께 창업기업이 캐즘을 통과할 때 도움을 주지만, 사업 아이디어에 블록체인을 적용한 기업이어야 한다는 한계가 있다.

시리즈단계의 투자

캐즘을 통과한 후 상용화 단계로 진입할 때는 큰 규모의 자금이 필요하다. 그러나 이때도 기존의 금융기관이 담당하기에는 사업의 불확실성이 남아 있다. 창투사 또는 **벤처캐피탈**(venture capital : VC)은 이렇게 불확실성이 매우 높아 가격책정이 어려운 투자안과 위험 대비 적정수익률을 기대하는 투자자 사이에서 가격이 결정되도록 중개하는 중요한 역할을 한다.

① 벤처캐피탈의 투자구조와 불확실성의 계량화

VC의 투자구조

VC는 법인인 경우가 많으며 일반적으로 법인의 내부자금과 외부투자자의 자금으로 결성한 투자조합(펀드)을 비상장주식 대상으로 일정기간 운용한다. 이때 VC가 각 투자조합에 출자하는 자기자금은 조합 총출자액의 5~10% 정도이고 미국은 이보다 훨씬 낮다. VC는 조합을 결성하고 운용하기 때문에 **업무집행조합원**(general partner : GP)이 되고, 조합에 출자만 하는 외부투자자는 **유한책임사원**(limited partner : LP)이 된다. 정부가 지정한 업종에 투자하는 경우 LP는 중소벤처기업부 산하의 한국벤처투자가 운영하는 **모태펀드**(반 정도 출자), 흔히 **앵커**(anchor)라고 불리는 1대 출자자(흔히 기관/기업투자자), 이를 보고 따라오는 소액출자자로 구성된다. 결국 우리나라에서 GP의 조합결성능력은 적당한 앵커를 찾을 수 있는지 여부에 달려 있다고 할 수 있다. 따라서 GP는 앵커에게 그가 원하는 수익률을 충족시킬 수 있다는 신뢰를 주어야 조합을 결성할 수 있다.

불확실성의 계량화

먼저 GP인 VC와 LP 간에 대리인문제를 최소화하기 위해 GP는 **관리보수** 이외에 **성과보수**를 가져가는 경우가 많다. 관리보수는 조합결성액의 2~3%에 달하는데, VC 심사역의 보수 등 펀드 운용경비로 사용된다. 한편 성과보수는 조합청산 시 총순수익이 GP와 LP 간 사전에 정해진 목표수익률(흔히 IRR 7%)을 초과할 경우 GP에게 지급된다. 이처럼 GP와 LP 사이에 목표수익률과 청산일이 사전에 정해져 있다는 사실은 곧 불확실성이 큰 창업기업 투자가 GP의 중개를 거치면서 LP에게는 예측가능한 수익률분포를 갖게 됨을 뜻한다.

❷ 피투자사에 대한 관리

VC가 시장에 이 목표수익률이 성취 가능하다는 신뢰를 주기 위해서는 VC가 창업기업을 밀착 감시 및 통제할 수 있음을 보여 주어야 한다. 미국의 예를 보면 창업기업의 불확실성을 줄이기 위한 VC의 노력은 다음과 같이 나열될 수 있다.[5]

창업기업에 대한 의결권 확보

첫째 조건은 VC가 유사시 창업기업에 대해 경영권을 행사할 수 있는 권리이다. 미국에서는 첫 번째 시리즈투자 시 창업기업에 대한 VC의 의결권은 45~60%에 달하고 마지막 투자까지 끝나면 53~64% 수준까지 올라간다.

5 이어지는 본문의 통계치는 대부분 Kaplan과 Stromberg(2003)의 연구에서 인용되었다.

창업기업의 이사회 참석

VC의 창업기업에 대한 밀착감시는 VC가 창업기업의 이사를 일부 선임하면서 좀 더 구체화된다. VC의 투자를 받은 미국 창업기업은 25%가 이사회에서 VC 선임이사가 더 많았고, 창업자 선임이사가 더 많은 경우는 14%에 그친다. 18%에서는 문제가 있을 때 VC가 이사회를 장악하는 **상황연계조항**(contingent contract clause)도 발견되었다.

성과에 연동된 창업자의 지분

또한 주로 전환주식과 같은 성과연계증권[6]을 사용하여 VC의 의결권이 창업자가 중간목표와 최종목표를 성취했는지 여부에 따라 변하게 만들기도 한다. 미국에서는 중간목표가 성취되면 창업자의 의결권은 43%가 되고 VC의 의결권은 45%가 되지만, 그렇지 못하면 각각 30%와 60%가 된다는 연구결과가 있다. 그 밖에도 **차등의결권주식**(dual-class stock), 전환무이자채, 우선주 등이 자주 사용된다.

단계적 자금 투하

VC는 창업기업과 투자계약을 체결하더라도 약정금액을 일시에 투하하지 않고 단계별로 나누어 투하하는 경우가 많다. 창업자의 중간 실적에 따라 자금이 조금씩 들어오기 때문에 창업자는 효과적인 노력을 기하게 된다.

창업자 이직 통제

혁신기술을 개발하는 창업기업의 가장 큰 자산은 바로 창업자다. 따라서 창업자의 기회주의적인 행동을 사전에 제어하는 것이 창업기업의 불확실성을 줄이는 한 방법이다. 창업자를 제어하는 대표적인 조항으로는 VC가 투자할 때 창업자 지분의 현금흐름권을 인정하지 않는 **주권발효유예조항**(vesting clause)이다. 시간이 지나면서 조금씩 주권이 발효된다. 따라서 창업자가 일찍 회사를 떠날수록 그가 소유한 주식 중 아직 발효되지 않은 주식이 많게 된다. 창업자가 쉽게 회사를 떠나지 못하게 하는 또 다른 보편적인 장치는 **동업종취업금지조항**(non-compete clause)이다.

---

6 Bengtsson and Sensoy(2011)

수익률의 하방경직성 확보

VC가 투자의 하방위험을 줄이려는 보편적인 방법으로 전환증권을 사용하여 지분희석을 막는 조치가 있다. 먼저 **가격희석방지(full ratchet provision)**는 창업기업이 VC에게 전환증권을 발행한 이후 단 1주를 증자하더라도 전환증권의 전환가보다 낮은 가격으로 신주를 발행했다면 해당 전환증권의 전환가도 그 발행가로 낮아지게 되는 강력한 장치다. 보통의 경우는 **지분희석방지(weighted average provision)**가 사용되는데, 여기서는 증자로 인해 실제로 VC의 지분이 희석된 정도만 보전하는 수준에서 전환가가 하향조정된다.

하방위험을 줄이는 또 하나의 방법은 창업기업이 IPO나 사업양도 전에 청산할 때 VC가 우선권을 갖도록 하는 **청산권리조항(redemption rights clause)**이다. 또한 청산권리를 더욱 강화하기 위해 창업기업이 VC에게 풋의 권리를 부여하는 **매수청구권(put rights)**도 있다.

표 12-1 VC 투자 시 요구되는 여러 조항(사례 %)

조항	All rounds	First VC rounds only
자동전환조항(Automatic conversion provisions)	95.2	92.5
희석금지조항(Anti-dilution protection)	94.7	91.0
주권발효유예조항(Founder vesting)	41.2	48.0
동업종취업금지조항(Founder non-compete clauses)	70.4	71.2
VC의 청산권리(청산 시 분배금액 = 누적투자금)	27.3	29.0
VC의 청산권리(청산 시 분배금액 > 누적투자금)	71.2	69.9
VC의 상환권리(VC has redemption/put rights)	78.7	81.7

자료 : Kaplan and Stromberg(2003)

성공 시 창업자에게 지배권 이전

VC는 창업자에게 부담만 주지 않고 성공했을 때는 창업자가 권리를 다시 가져갈 수 있도록 하여 창업자에게 성공의 유인을 제공한다. **자동전환조항(automatic conversion provisions)**에서는 IPO 시 VC가 보유하던 증권이 자동적으로 보통주로 전환되며 최저 전환가도 사전에 정해져 있다. 이를 통해 확실한 성공의 단계에 이르면 여러 권리가 창업자에게 귀속된다.

❸ 납입전 가치와 납입후 가치의 계산

VC의 출자는 피투자 스타트업이 시장에서 인정받았다는 강력한 신호로 작용하면서, 동시에 스타트업의 시장가치가 처음으로 정해지는 결과를 가져온다. 또한 창업자 입장에서는 자신의 노력이 시장가치로 환산되면서 그동안의 수고가 자본수익률로 구체화된다는 점에서 의의가 높다.

스타트업의 시장가치(valuation)는 VC의 출자액과 그 대가로 VC가 가져가는 지분에 의해 결정된다. 출자액은 많은데 이에 상응하는 지분이 적다면, VC가 지분을 비싸게 샀다는 뜻이기 때문에 그만큼 스타트업의 시장가치는 높게 책정된 것이다. VC는 스타트업에 투자할 때 경영에 참여하는 **전략적 파트너(strategic partner : SP)**로 들어오지 않는다. 시세가 높아지면 팔고 나갈 **재무적 파트너(financial partner : FP)**로 참여한다. 따라서 VC는 출자할 때 이미 향후 **자금회수계획(exit plan)**을 스타트업에게 요구한다. IPO나 제3자 기업양도(M&A)도 여기에 속한다. 만약 VC가 출자하면서 너무 많은 지분을 가져간다면 이후 exit할 때 문제가 발생할 수 있기 때문에, VC는 스타트업의 시장가치를 정할 때 정치(精緻)한 접근을 하게 된다.

VC의 출자액과 지분이 정해지면 스타트업이 VC에게 발행할 신주 수와 발행가가 차례대로 결정된다.

VC에게 발행할 신주 수 : $n = \frac{m \times s}{1 - s}$

신주의 발행가 : $p = \frac{F}{n}$

단, n : 신주 수, m : 구주 수, s : VC 지분, F : VC의 출자액, p : 발행가

그러면 스타트업의 시장가치는 다음의 두 가지 방법에 의해 표현된다.

납입전 시장가치(pre-money valuation) : $preV = m \times p$

납입후 시장가치(post-money valuation) : $postV = (m + n) \times p$

VC가 출자로 받게 되는 지분, 즉 스타트업이 VC의 출자를 받으면서 포기해야 하는 지분(s)은 s = F/postV로 나타낼 수 있다. 이때 창업자의 자본수익률은 신주발행가와 이전 주를 비교하면서 구할 수 있을 것이다.

신기술의 빠른 발전에 힘입어 각국의 기술창업이 국가경제에서 창출하는 부가가치가 더욱 커지면서 창업기업에게 시장의 자금을 연결하려는 새로운 금융기법들이 계속해서 시도될 것으로 보인다. 그만큼 창업재무의 중요도가 커질 것으로 기대된다.

pre/post-money valuation

스타트업 A기업은 설립 후 한 번도 증자를 해 본 적이 없으나 사업성이 너무 좋아 VC로부터 바로 출자를 받게 되었다. 처음 설립할 때 창업가는 자기 돈 5,000만원을 납입하였고, 액면가 100원의 주식을 10만 주 발행하여 100% 가지고 있었다. VC는 9억 5,000만원을 출자하기로 약속하고 대신 20%의 지분을 요구하였다. 처음 5,000만원이던 시장가치는 지금 얼마가 되었으며, 창업가의 수익률은 얼마가 되었는지 살펴보자.

먼저 신주 수는 (100,000주 × 20%)/(1 − 20%) = 25,000주가 되고, 신주의 발행가는 9억 5,000만/25,000주 = 38,000원이 된다. 따라서 pre-money valuation은 100,000주 × 38,000원 = 38억원이 되고, post-money valuation은 125,000주 × 38,000원 = 47억 5,000만원이 된다. 창업가는 5,000만원을 투자해서 38억원의 가치를 인정받았고, 결국 380배의 가치상승을 향유하게 되었다.

재린이 생각하기

창업이 가져오는 재무학의 변화

기존의 재무학 교과서는 대부분 상장사이면서 제조업에 종사하는 대기업을 중심으로 제작되었다. 그러나 최근, 특히 미국을 중심으로 GDP의 부가가치와 시장의 밸류에이션이 비상장사이면서 비제조업에 종사하는 스타트업에 의해 견인되고 있음을 쉽게 목격할 수 있다.

이들 스타트업은 여러 면에서 기존 재무학의 가르침에 도전을 주고 있다. 대주주가 없는 전문경영인 기업의 소유구조가 더 우수하다고 주장하는 학설에게, 창업자가 대주주로 막강한 영향력을 발휘하는 벤처기업이 선방하고 있는 현실을 보여 준다. 1주1의결권이 가장 민주적이고 효율적이라고 주장하는 학설에게, 창업자가 차등의결권을 갖고 있어야 벤처기업이 IPO에 성공하는 현실을 보여 준다. 고위험 고수익의 법칙에 의해 가격이 결정된다는 보편적인 가르침에게, 위험을 계수화할 수 없는 불확실한 상황에서도 펀딩 가격이 산출되어 자금조달이 일어나는 현실을 보여 준다.

이제 신기술은 100년에 한 번, 10년에 한 번 우연히 등장하는 사건이 아니다. 신기술의 등장은 연속적으로 이어지는 일상이 되었고, 이러한 신기술을 사업화하려는 스타트업의 창업은 앞으로 계속될 것이다. 그렇다면 재무학의 교과서도 앞으로 많이 바뀌어야 할지도 모른다.

기업가정신

1 a. 당신은 현재 10억원을 가지고 있다. 그리고 은행에서 30억원을 4%의 이자율로 대출받을 수 있다. 한편 당신에게는 두 곳의 투자처가 있다. 우리나라 코스피 200 지수를 추종하는 Kodex 200 ETF와 연 3% 이율을 보장하는 정기예금이다. 당신은 이 두 투자처를 사용하여 얼마를 어떻게 투자할 것인가?

b. a의 답을 가지고 당신의 투자포트폴리오가 자본분배선(CAL) 위의 어느 곳에 위치하는지 그려 보고, 이것이 당신의 기업가정신을 대변할 수 있는지 논하시오.

창업재무

2 **한 친구가 한 달 전에 신개념 신발을 개발한다는 벤처기업을 세웠다. 친구에 따르면 기존의 운동화를 모두 대체할 수 있다고 한다. 운동화는 누구나 신는 대중상품이고 이미 시장도 존재하기 때문에 10억원을 투자하면 3년 안에 1,000억원이 될 거라고 자신하고 있다. 마침 당신에게 10억원이 생겼다. 이 돈을 친구의 사업에 투자할 것인가? 어떤 조건이 만족되어야 당신은 친구에게 투자할 수 있겠는가?**

크라우드펀딩

3 **위의 친구가 크라우드펀딩을 통해 지금 펀딩에 참여하는 사람에게는 신개념 신발이 개발되자마자 첫 번째로 신을 수 있는 권리를 주겠다고 한다. 후원금 한 구좌당 10만원이고 최소 두 구좌에 참여해야 이후 신개념 신발을 받을 수 있다. 당신은 10억원 중 일부를 후원에 사용하겠는가?**

ICO

4 위의 친구가 신개념 신발에 블록체인 기술을 접목하여 신개념 신발 커뮤니티를 만들려고 한다. 이 커뮤니티는 친구의 회사가 발행하는 토큰을 가지고 있어야 입장할 수 있고, 커뮤니티 안에서는 스포츠를 좋아하는 친구들이 회원이 되어 스포츠 관련 정보와 물건이 교환되고 유명 스포츠맨과도 소통할 수 있다고 한다. 또한 이 토큰은 코인거래소에 곧 상장되어 쉽게 사고 팔 수 있을 거라고 한다. 어쩌면 비트코인처럼 가격이 폭등할 수도 있다. 당신은 10억원 중 일부를 신개념 신발 토큰에 투자하겠는가? 한다면 얼마나 하겠는가?

시리즈투자와 VC의 운영

5 당신은 한 VC의 대표 펀드매니저이다. 위의 친구가 신개념 신발의 개발에 성공하여 당신에게 시설투자 및 운영비를 시리즈투자받으려 한다. 친구는 개발에 성공했으니 3년 안에 기업가치가 100배가 될 거라고 하면서 VC가 자기 회사에 투자할 때 인수할 신주는 주당 2만원이 된다고 주장하였다. 이 회사는 마지막 펀딩에서 주당 200원의 가치를 인정받았다. 당신이 조성한 투자펀드는 향후 5년 후에 청산된다. 당신이 친구와 인수가를 협상할 때 어떤 것을 고려하고, 또한 친구에게 어떤 조건을 제시할지 논하시오.

CHAPTER 13

IPO와 자본조달

기업재무에서 자본조달은 일반적으로 장기자본의 조달을 의미한다. 자기자본의 조달은 IPO와 유상증자를 통해서 이루어지며, 타인자본의 조달은 채권 발행이나 금융기관으로부터의 차입을 통해서 이루어진다. 기업이 거래소를 통해 최초로 신규주식을 공모하는 것을 최초공모 또는 IPO라고 한다. IPO(initial public offering)는 비상장법인이 공개법인으로 탈바꿈하는 과정으로 많은 투자자의 관심을 받으며, 기업은 이를 통해서 거래소 상장과 동시에 대규모의 자본을 확충할 수 있다. 국내에서도 매년 많은 기업이 IPO를 통해 데뷔한다. 예를 들면, BTS(빅히트), 크래프톤, 카카오뱅크, SK바이오사이언스, 카카오페이, LG에너지솔루션 등이 성공적으로 IPO를 추진했다. 일단 기업이 상장되면 언제든 추가로 주식을 발행할 수 있는데 이미 상장된 기업이 추가 주식을 발행하여 자금을 조달하는 것을 유상증자(seasoned equity offering: SEO)라고 한다. 이 장에서는 먼저 IPO와 유상증자를 중심으로 한 자기자본조달을 논의하고, 채권이나 대출을 통한 타인자본조달은 마지막 부분에서 간단히 다루기로 한다.

Big Hit Entertainment IPO

Silvia Elizabeth Pangaro/Shutterstock.com

증권의 공모 절차

증권의 **공모**(public offering) 또는 발행 절차는 다음과 같다.

1. 경영진이 이사회로부터 증권발행의 승인을 받아야 한다.
2. 증권신고서를 **증권거래위원회**(SEC)에 제출해야 한다. 우리나라에서는 금융감독원이 이에 해당한다.
3. 증권거래위원회는 20일간의 대기기간 동안 증권신고서를 검토한다.
4. 회사는 증권신고서의 대기기간에 증권의 모집과 매출 행위를 할 수 없다. 다만 구두로 청약은 받을 수 있다.
5. 이러한 대기기간 동안 회사는 예비사업설명서(preliminary prospectus)를 투자자들에게 배포할 수 있다.
6. 증권신고서의 효력이 발생하면 증권의 발행가격이 확정되고, 이때부터 회사는 증권의 모집과 매출을 본격적으로 시작한다.

증권발행은 모집과 매출을 통해서 이루어지는데 실무에서 많이 사용되는 이들 용어의 정의를 알 필요가 있다. **모집**은 새로 추가로 발행될 증권에 대해 투자자에게 매입을 권유하는 행위이고, **매출**은 대주주 등이 이미 보유 중인 증권의 일부를 투자자에게 매도하는 행위이다. 실제 IPO에서는 모집과 매출이 주로 병행해서 사용된다.

묘석광고

증권신고서가 발효되면 IPO를 주관하는 투자은행은 흔히 **묘석(tombstone)광고**와 함께 증권의 발행을 알린다. 투자은행이란 IPO, 증권발행과 인수, 인수합병, 구조화 금융 등을 주선하고 자문하는 금융기관으로서 Merrill Lynch, Goldman Sachs, Morgan Stanley, J.P. Morgan 등이 이에 해당한다. 국내에서는 증권회사가 투자은행 업무를 수행한다. 묘석광고에는 발행에 관한 기본적 세부사항과 함께 참여 투자은행의 이름이 차등적으로 기재되며 그 모양이 묘비 글처럼 보인다.

예를 들어, 2004년 Google IPO 묘석광고를 살펴보자. Google은 IPO를 통해서 클래스 A

Google™

24,636,659 Shares

Initial Public Offering of Class A Common Stock

(par value $0.001 per share)

Expected Price Range: $108 to $135 per share

You may obtain an electronic copy of the preliminary prospectus from any of the underwriters listed below.

Joint Book-Running Managers

Morgan Stanley **Credit Suisse First Boston**

Goldman, Sachs & Co. **Citigroup**

Lehman Brothers **Allen & Company LLC**

JPMorgan **UBS Investment Bank**

WRHambrecht+Co **Thomas Weisel Partners LLC**

Ameritrade **M.R. Beal & Company** **William Blair & Company**

Blaylock & Partners, L.P. **Cazenove Inc.** **Deutsche Bank Securities**

E*TRADE Securities Inc. **Epoch Securities, Inc.** (distributed by Charles Schwab & Co., Inc.) **Fidelity Capital Markets** (a division of National Financial, LLC, a Fidelity Investments company) **HARRISdirect**

Lazard **Needham & Company, Inc.** **Piper Jaffray** **Ramirez & Co., Inc.**

Muriel Siebert & Co., Inc. **Utendahl Capital** **Wachovia Securities** **Wells Fargo Securities, LLC**

그림 13-1 Google IPO 묘석광고

자료 : 월스트리트저널, 2004. 8. 2.

보통주 24,636,659주를 발행할 예정이다. 공모 희망가격은 $108~135이다. 그리고 바로 아래에 작은 글씨로 투자자는 인수회사로부터 예비사업설명서를 얻을 수 있다고 나와 있다. 그 아래에는 이 IPO를 주관하는 투자은행인 Morgan Stanley와 Credit Suisse First Boston이 가장 큰 글씨로 적혀 있다. 그 아래 투자은행의 이름은 기여도에 따라 순차적으로 차별해서 표시되어 있다. 즉, 증권을 많이 인수해 준 투자은행의 이름은 위에 큰 글씨로 써 주고, 상대적으로 적게 인수한 투자은행은 아래에 작은 글씨로 표시된다.

증권의 발행방법

증권을 발행하려는 기업은 공모 또는 사모 중 하나를 택할 수 있다. 공모발행은 증권거래위원회에 증권신고서를 제출해야 하지만, 35인 이하의 투자자를 대상으로 하는 **사모발행**(private placement)은 증권신고서 제출을 요하지 않는다.

① 일반공모와 주주배정

공모에는 일반공모와 주주배정 등 크게 두 종류가 있다. **일반공모**(general cash offer)에서는 불특정다수의 일반투자자를 대상으로 발행되며, **주주배정**(rights offer)에서는 기존주주에게 먼저 청약할 권리가 주어진다. 미국에서는 공모방법으로 일반공모가 일반적이지만 한국을 포함한 그 이외 국가에서는 주주배정이 보편적이다. 증권발행은 다른 한편으로 IPO와 유상증자로 나뉠 수 있다. IPO는 일반투자자를 대상으로 최초로 주식을 공모하는 것이며 회사의 주식은 거래소에 상장된다. 유상증자는 회사가 자본 확충을 위해 추가로 주식을 발행하는 것을 말한다. IPO는 일반공모를 통해서 이루어지지만 유상증자는 일반공모 또는 주주배정 방법으로 행해질 수 있다.

② 인수회사

증권발행에는 투자은행이 인수회사로 개입한다. 증권의 인수업무는 투자은행에서 큰 몫을 차지하는 사업부문이다. **인수회사**(underwriter)는 발행기업을 위해 다음과 같은 업무를 제공한다.

1. 증권의 발행방법 구상
2. 증권의 발행가격 산정
3. 증권의 모집과 매출
4. 발행 후 증권가격의 안정을 위한 시장 조성

인수회사는 이러한 인수업무를 수행하는 데 있어 위험을 줄이고 판매 효율성을 높이기 위해 혼자보다는 여럿이 모여 **신디케이트**(syndicate) 또는 인수단을 구성하곤 한다. 이때 전체 인수업무를 총괄하며 발행가격을 산정하는 인수회사를 **주간사**(lead manager)라고 한다. 나머지 인수회사는 증권의 모집과 판매에 도움을 주게 된다. 인수회사는 발행증권을 발행가격보다 낮은 가격으로 인수해서 일반투자자에게 발행가격으로 판매하게 된다. 인수회사의 인수가격과 발행가격 간의 차이를 **스프레드**(spread)라고 하며 이는 인수회사가 취득하는 기본수수료가 된다.

공모가격의 범위가 대충 설정되면 발행기업은 인수회사와 **로드쇼**(road show)라고 불리는 발행설명회를 국내외 주요도시에서 개최한다. 이를 통해 잠재적 고객들의 매입 가격과 수량을 타진하며 인수회사는 이 정보에 기초하여 발행가격을 최종적으로 결정하게 된다. 이처럼 발행될 증권에 대해 잠재적 고객을 확보하고 그들의 관심 가격 및 수량 정보를 얻는 과정을 **수요예측**(book building) 또는 수요조사라 한다.

③ 인수방식

일반공모의 인수방식으로는 총액인수, 모집주선, 더치경매 등 세 가지 방식이 있다.

총액인수

총액인수(firm commitment underwriting)에서는 인수회사가 발행증권을 일단 전부 인수하고 이를 다시 일반투자자에게 판매한다. 발행가격과 인수가격의 차이는 인수회사가 취하는 수수료가 된다. 만약 인수회사가 전량을 판매하지 못한다면 잔여 물량에 대해 책임을 져야 한다. 즉, 증권발행에 관련된 모든 위험은 인수회사가 부담하게 된다. 인수방식 중에서 총액인수가 가장 일반적으로 사용된다.

모집주선

모집주선(best efforts underwriting)에서는 인수회사가 '최선을 다해' 미리 협약한 발행가격으로 증권의 모집을 주선한다. 판매되지 않은 물량은 발행기업의 책임이다. 시장에서 수요가 충분하지 않을 때는 모집이 철회될 수 있다. 이 방식은 드물게 사용된다.

더치경매

인수회사가 투자자를 모아 경매를 주선하여 발행가격을 결정한다. 이 방식은 IPO에서는 많이

표 13-1 더치경매 예

입찰자	수량(주)	입찰가격($)
A	500	20
B	400	18
C	250	16
D	350	15
E	200	12

사용되지 않지만 채권발행에서는 자주 사용된다. **더치경매**(Dutch auction) 예를 들어 보자. S사는 IPO를 통해 1,500주를 매각하려고 하며 발행가격은 경매를 통해 결정하기로 했다. S사는 다음과 같은 5개의 매입 입찰을 받았다.

입찰자 A는 $20에 500주, 입찰자 B는 $18에 400주, 입찰자 C는 $16에 250주, 입찰자 D는 $15에 350주, 입찰자 E는 $12에 200주를 사고자 한다. S사의 목표는 1,500주를 모두 팔 수 있는 가장 높은 가격을 찾는 것이다. 만일 S사가 가격을 $16로 정하면 입찰자 A, B, C만 매수할 것이고, 그러면 1,150주밖에 팔리지 않는다. 가격을 좀 더 낮추어 $15가 되어야 1,500주를 모두 팔 수 있다. 따라서 $15가 상기 IPO의 공모가격이 되고, A부터 D까지의 입찰자는 모두 같은 가격인 $15에 신주를 배정받게 된다. 모든 입찰자에게 동일 가격이 배정된다는 의미에서 **단일가격경매**(uniform price auction)라고도 부른다.

④ 인수계약서의 주요 조항

증권발행 인수계약서에는 종종 **그린슈**(Green Shoe) 조항이 들어간다. 이 조항은 초과배정선택권(overallotment option)이라고 불리며 인수회사가 발행기업으로부터 공모수량의 15%를 추가로 매입할 수 있는 권리를 말한다. 이 조항은 주간사가 발행 후 가격안정화를 꾀할 때 일종의 보호장치 역할을 한다. 즉, 주간사는 증권을 고객에게 추가 배정한 다음에 발행 후 시장에서 재매입하면서 증권의 거래활성화와 가격안정화를 도모한다. 이 조항은 IPO와 유상증자에는 들어가 있으나 일반채권 발행에서는 발견되지 않는다.

대부분의 인수계약서에는 **보호예수동의서**(lockup agreement)가 포함되어 있다. 이 조항은 발행기업의 대주주 등 내부자가 IPO 직후 그들이 보유한 주식을 일정기간 매도할 수 없게 하는 효력을 갖는다. 만약 이들이 보유한 대량의 주식을 IPO와 동시에 시장에 매각한다면 주가는 급락하게 되며 일반투자자로부터 비난을 받을 것이다. 보호예수기간은 180일이 일반적이지만 주주나 특수관계인의 지위에 따라 다르다. 이 기간이 끝나서 대량의 주식이 시장에 매물로 쏟아지게 되면 주가에 부정적 영향을 미친다.

더치경매 IPO

K사는 IPO를 통해 50만 주를 매각하려고 하며 경매로 발행가격을 결정하기로 했다. K사는 투자자로부터 7개의 매입 입찰을 받았으며 그 세부 내용은 가격기준 내림차순으로 아래와 같다. 이 IPO의 발행가격(공모가격)은 얼마인가?

입찰자	수량(주)	입찰가격($)
A	30,000	30
B	50,000	29
C	70,000	28
D	150,000	27
E	200,000	26
F	250,000	25
G	300,000	24

가격대별 누적 수량을 계산하면 다음과 같다.

입찰자	누적 수량(주)	입찰가격($)
A	30,000	30
A, B	80,000	29
A, B, C	150,000	28
A, B, C, D	300,000	27
A, B, C, D, E	500,000	26
A, B, C, D, E, F	750,000	25
A, B, C, D, E, F, G	1,050,000	24

입찰가격 $29에서 자르면 누적 수량은 8만 주(입찰자 A의 3만 주 + 입찰자 B의 5만 주)가 된다. $28에서 누적 수량은 15만 주이다. 이런 식으로 가격을 낮추다 보면 가격이 $26까지 내려가야 공모수량 50만 주를 모두 팔 수 있다. 따라서 이 경매의 낙찰가격, 즉 공모가격은 $26이다. 이 가격 이상으로 입찰한 모든 투자자(A, B, C, D, E)는 주식을 동일한 가격 $26에 배정받을 수 있다.

카카오페이의 보호예수기간

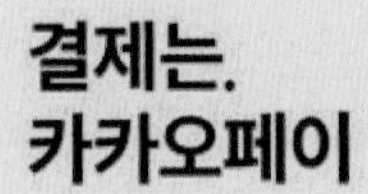

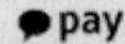

카카오페이가 2021년 10월 20일 기관투자자를 상대로 수요예측을 진행하면서 기업공개(IPO) 절차에 본격 돌입하며 10월 25일부터 이틀 동안 일반인 대상 공모주 청약을 진행하기로 했다. 카카오페이의 상장 이후 유통가능 주식 수와 보호예수기간을 살펴보자.

표의 하반부를 보면, 전체 주식 100% 중에서 유통가능물량은 38.91%에 불과하다. 대주주(카카오, 알리페이싱가포르홀딩스) 및 우리사주조합 물량은 보호예수기간 동안 매도가 제한된다. 카카오페이의 보호예수기간은 6개월 또는 1년이지만 좀 더 짧은 경우도 있다. 카카오페이의 2대 주주인 알리페이싱가포르홀딩스는 일부 지분(28.47%)에 대해 자발적 보호예수를 설정하지 않았지만 카카오페이와 사업협력 관계를 고려할 때 상장 이후 실제 지분 매각 가능성은 '제로(0)'에 가깝다. 따라서 사실상 유통가능물량은 공모주주가 배정받은 주식인 1,360만 주(10.44%)에 그칠 전망이다.

카카오페이 상장 이후 유통가능주식 수

가능 여부	구분	주주명	공모 후 주식 수	공모 후 지분율	보호예수기간
유통제한 물량	최대주주	㈜카카오	62,351,920	47.83%	상장일로부터 1년
	기존주주	알리페이 싱가포르홀딩스	11,671,785	8.95%	상장일로부터 6개월
			2,222,665	1.70%	발행일(2021.4.14.)로부터 1년
	우리사주	우리사주조합	3,400,000	2.61%	상장일로부터 1년
	소계		79,646,370	61.09%	-
유통가능 물량	공모주주		13,600,000	10.44%	-
	알리페이싱가포르홀딩스		37,120,755	28.47%	-
	소계		50,720,755	38.91%	-
합계			130,367,125	100.00%	-

thebell, 2021. 7. 7. 수정

IPO 저가발행

IPO 시 발행가격의 정확한 산정은 주간사(lead manager)의 주된 업무이다. 현재 시장가격이 존재하지 않기 때문에 가격산정이 매우 어렵다. 만약 발행가격이 너무 높으면 공모가 실패하게 되어 취소될 수 있으며 발행가격이 너무 낮으면 발행기업은 기존주주에게 기회손실을 끼치게 된다. IPO에서 일반적으로 발행(상장)일 당일 실제 시장가격은 발행가격보다 훨씬 높게 형성된다. 이와 같이 발행가격 또는 공모가격보다 발행일 당일 실제 시장가격이 높게 형성되는 현상을 **저가발행**(underpricing)이라고 한다. IPO 저가발행은 전 세계적으로 보편적 현상이다. 저가발행은 낮은 가격에 청약할 수 있도록 하기 때문에 당연히 신규주주에게는 반가운 일이지만 기존주주에게는 달갑지 않은 것이 사실이다.

❶ IPO 저가발행의 증거

세계 각국의 IPO 저가발행 증거를 살펴보자. IPO 저가발행은 정도의 차이는 있을 수 있어도 세계 모든 국가에서 발견되는 현상이다.

표 13-2는 여러 국가의 IPO(상장) 당일 평균수익률을 보여 준다. 오른쪽 열 맨 아래 미국의 경우 1960~2018년 기간에 표본기업 13,314개를 조사한 결과 IPO 당일 평균수익률은 +16.8%이다. 다음으로 왼쪽 열 아래 일본은 1970~2016년 기간에 표본기업 3,488개를 대상으로 +44.7%이다. 왼쪽 열 중간 중국은 +157.7%이고 다시 오른쪽 열 맨 위 한국은 +58.8%이다. 이들 수익률은 IPO 당일 하루 수익률로는 엄청나게 큰 수치임에 틀림없다.

❷ IPO 저가발행의 이유

IPO 저가발행은 왜 존재하는가? 저가발행의 이유에 대해서 다양한 의견이 있지만 아직 모두가 수긍하는 공통된 이론은 없다. 몇 가지 견해만 간단히 살펴보자.

1. 인수회사는 과거 IPO의 성공으로 쌓아 온 명성을 중요시 여긴다. 이러한 명성을 유지하기 위해서는 가격을 낮추어서라도 발행물량을 모두 성공적으로 판매해야 한다.
2. 저가발행은 인수회사에게 일종의 보험과 같다. 만약 인수회사가 발행가격을 지속적으로

표 13-2 세계 각국의 IPO 저가발행 증거

국가	표본수	기간	평균수익률 (%)	국가	표본수	기간	평균수익률 (%)
아르헨티나	26	1991~2013	4.2	대한민국	1,758	1980~2014	58.8
호주	1,562	1976~2011	21.8	말레이시아	562	1980~2018	51.0
오스트리아	103	1971~2013	6.4	모리셔스	40	1989~2005	15.2
벨기에	154	1984~2017	11.0	멕시코	149	1987~2017	9.9
브라질	303	1979~2018	30.3	네덜란드	212	1982~2017	13.3
불가리아	9	2004~2007	36.5	뉴질랜드	242	1979~2013	18.6
캐나다	758	1971~2017	6.4	나이지리아	125	1989~2017	12.8
칠레	86	1982~2018	6.9	노르웨이	266	1984~2018	6.7
중국	3,554	1990~2017	157.7	필리핀	173	1987~2018	17.3
사이프러스	73	1997~2012	20.3	폴란드	309	1991~2014	12.7
덴마크	173	1984~2017	7.4	포르투갈	33	1992~2017	11.5
이집트	74	1990~2017	9.4	러시아	64	1999~2013	3.3
핀란드	168	1971~2013	16.9	사우디아라비아	80	2003~2011	239.8
프랑스	834	1983~2017	9.7	싱가포르	687	1973~2017	25.8
독일	779	1978~2014	23.0	남아공	316	1980~2013	17.4
그리스	373	1976~2013	50.8	스페인	143	1986~2013	10.3
홍콩	2,042	1980-2017	44.5	스리랑카	105	1987~2008	33.5
인도	3,145	1990~2014	85.2	스웨덴	405	1980~2015	25.9
인도네시아	531	1990~2017	26.4	스위스	164	1983~2013	27.3
이란	279	1991~2004	22.4	대만	1,620	1980~2013	38.1
아일랜드	38	1991~2013	21.6	태국	697	1987~2018	40.0
이스라엘	348	1990~2006	13.8	터키	404	1990~2014	9.6
이탈리아	312	1985~2013	15.2	영국	4,932	1959~2012	16.0
일본	3,488	1970~2016	44.7	미국	13,314	1960~2018	16.8
요르단	53	1999~2008	149.0				

자료 : Jay R. Ritter, University of Florida

높게 책정하여 투자자에게 손해를 끼친다면 투자자로부터 소송을 당할 수 있다.

3. 승자의 저주이다. 투자자는 저평가된 우량 종목에서는 경쟁이 치열해서 원하는 만큼의 주식을 배정받지 못한다. 그러나 고평가된 종목에서는 원하는 만큼의 충분한 수량을 배정받을 수 있지만 **승자의 저주**(winner's curse)가 뒤따른다. 즉, 주식이 과대평가되어 있기 때문에 발행 후 주가가 오르지 않거나 심지어 내리기도 한다. 이러한 승자의 저주 현상으로 인하여 투자자가 IPO 참여를 기피할 수 있기 때문에 이를 막기 위해서 인수회사가 가격을 충분히 낮추어 발행한다.

사례

페이스북 IPO, 승자의 저주

Facebook은 Google 이후 10여 년 만에 IT 기업 최대 IPO로 큰 관심을 모았다. 그러나 정작 IPO 이후 주가가 급락하여 공모가 아래로 떨어지면서 수많은 '루저(loser)'들이 속출하고 있다. Facebook 주가는 지난 2012년 5월 18일 상장 후 3거래일 동안 공모가($38) 대비 18%나 하락했다. 루저는 Facebook IPO주를 배정받은 초기투자자들이다. 이들은 치열한 경쟁률을 뚫고 Facebook IPO 주식을 배정받은 행운의 승자들이었는데, IPO 후엔 오히려 큰 손실을 입게 되는 승자의 저주(winner's curse)를 안게 됐다. IPO시장에서 아무에게나 공모주를 배정받는 행운이 주어지지 않는다. 역사적으로 IPO주들이 상장 후 단기간 주가가 큰 폭으로 오르는 경향을 보여 왔기 때문에, IPO주를 배정받는다는 것은 쉽게 떼돈을 버는 '대박'으로 인식돼 왔다. 이런 환경에서 최대 IPO로 불린 Facebook IPO주를 배정받았다면 이만저만한 행운이 있는 투자자들이 아닌 것이다. 그런데 그런 승자들이 루저가 되어 버렸다.

머니투데이, 2012. 5. 23. 수정

승자의 저주에 대한 예를 들어 보자. 2021년 8월 3일에 크래프톤 IPO의 청약은 7.8 : 1의 매우 낮은 경쟁률로 마감했다. 따라서 일반투자자는 예상보다 많은 수량을 배정받았으며 승자의 기쁨을 만끽했다. 그러나 그 기쁨도 잠시 IPO 후 주가가 엄청 저조해서 투자자들은 크게 실망했다. 과대평가 논란과 함께 크래프톤 IPO는 사실상 흥행에 실패했다.

재린이 생각하기

승자의 저주와 시장경제

IPO 과정에서 승자의 저주가 발생하는 첫 번째 이유는 개인투자자와 기관투자자 사이의 정보불균형이지만, 두 번째 이유는 수요가 공급을 초과할 때 가격으로 해결하지 않고 분배로 해결하기 때문이다. 즉, 청약주식수가 발행주식수보다 많다면, 발행가를 올려서 수요와 공급을 맞추면 되는데, 발행가는 고정시키고 청약자에게 예탁금 비율로 발행주식을 나눠 주면서 초과 수요를 제거하는 방법을 사용하는 것이다.

시장경제는 항상 가격이 움직이고 가격에 따라 물량이 조절된다. 공산경제는 가격이 고정되고 배급을 통해 물량을 배분한다. 시장경제의 꽃이라고 하는 주식시장에서 가격조절이 아닌 배급을 통한 조절이 통용된다는 사실은 매우 아이러니하다. 더구나 더치경매로 IPO를 진행하면 이러한 상황이 최소화됨에도 불구하고 많은 기업이 총액인수로 IPO를 선택한다는 사실은, 개인투자자에게 불리한 승자의 저주가 혹시 제도적으로 지탱되는 것이 아닌지 살펴볼 필요를 느끼게 한다. 대기업이 소액주주를 보호해야 하는 것처럼, 기관투자자도 소액투자자를 보호해야 할 의무가 있을 것이다.

유상증자와 신주인수권

지금까지는 IPO를 중심으로 논의했다. 이제 유상증자와 신주인수권에 대해서 알아보자.

① 유상증자

유상증자(seasoned equity offering : SEO)는 이미 상장된 회사가 자본확충을 위해 추가로 주식을 발행하는 것을 뜻한다. 유상증자 관련 절차는 IPO보다 훨씬 단순하며 여기서 추가로 다룰 필요는 없다. 다만 유상증자의 경우 기업가치와 관련하여 특기할 만한 사항이 하나 있다.

기업이 유상증자 공시를 하면 주가가 떨어지는 경향이 있는데 이러한 주가하락을 설명하는 견해를 살펴보자. 첫째, 경영자 정보이다. 경영자는 자신 기업의 가치에 대한 우월한 정보를 가지고 있으며 자신 기업이 과대평가되어 있다고 믿을 때 유상증자를 실시한다는 것이다. 시장투자자는 이러한 상황을 잘 알고 있으므로 유상증자 발표와 동시에 주식을 내다 팔기 때문에 주가하락이 발생한다는 것이다. 둘째, 유상증자는 기업이 더 이상 부채발행이 어려울 정도로 과도한 부채를 가지고 있거나 유동성이 부족하다는 상황을 시장에 알리기 때문이다. 이는 시장에 부정적인 정보이다. 셋째, 발행비용이다. 다음 절에서 논의하겠지만 주식의 발행비용은 매우 높다.

② 신주인수권

신주인수권(stock right)은 유상증자를 통해 주식이 발행될 때 기존주주가 먼저 신규주식을 청약할 수 있도록 하는 권리이다. 기존주주는 각자의 보유지분에 비례하여 신주를 정해진 기간에 정해진 가격으로 청약할 수 있는 권리를 받는다. 미국의 증권발행 방식은 불특정 일반투자자를 대상으로 하는 일반공모가 보편적이므로 기존주주가 신주인수권을 받기 위해서는 회사 정관에 기존주주의 **우선적 권리**(preemptive right)가 명시되어 있어야 한다. 반면에 우리나라는 주주배정이 일반적이므로 기존주주는 당연히 신주를 우선적으로 청약할 수 있는 선택권을 갖는다. 이러한 신주인수권은 거래소나 장외시장에서 종종 거래된다. 주주는 부여된 신주인수권을 행사하든지 아니면 시장에 매도할 수 있다. 시장이 효율적이라면 투자자가 시장에서 직접 신주매입을 하든 신주인수권 매입을 통해 간접적으로 신주매입을 하든 서로 가격 측면에서 차이가 없어야 한다.

유상증자 시 지분이나 가치의 희석(dilution)이 발생할 수 있다. 희석은 기업이 주식을 추가 발행할 때 기존주주에게 발생하는 손실을 의미한다. 다음과 같은 두 가지 유형이 존재한다. 첫 번째는 소유비율의 희석이다. 예를 들어 보자. V사의 발행주식수는 5만 주이며, 주주는 1주당 하나의 의결권을 가진다. 철수는 V사의 주식 2만 5,000주를 보유하고 있으며 소유지분은 50%(= 25,000/50,000)이다. 만일 V사가 일반공모를 통해 5만 주를 신규로 발행한다면, 철수의 소유지분은 어떻게 되겠는가? V사의 현재주가는 $100이며 신주도 $100에 발행된다고 가정하자. 만일 철수가 신주발행에 참여하지 않으면, 그의 부에는 영향을 받지 않겠지만 그의 소유지분은 25%(= 25,000/100,000)로 희석된다. 철수가 소유권 희석을 우려한다면 보유지분에 비례하여 부여된 신주인수권을 행사하여 신주발행에 참여해야 한다.

두 번째 유형은 시장가치의 희석이다. 상기 예에서 V사의 현재주가는 $100이며 신주는 20% 할인해서 $80에 발행한다고 가정하자. 실제로 우리나라의 경우 유상증자 시 신주가격의 할인율은 통상 최근 주가의 20% 내외를 적용한다. 그러면 신주발행 후 주가는 $90[= (50,000 × $100 + 50,000 × $80)/100,000]로 희석된다. 이 경우 만일 철수가 신주발행에 참여하지 않으면, 그의 소유지분은 물론 보유주식의 가치도 $25만(= 2만 5,000 × $10) 줄어들게 된다. 마찬가지로 철수가 소유지분과 자산가치의 희석을 방지하려면 신주인수권을 행사하여 유상증자에 참여해야 한다.

증권발행의 비용

증권발행에 드는 직간접비용은 매우 높다. 이는 기업의 주식발행을 저해하는 요인 중 하나이다.

스프레드(직접비용)는 발행기업이 인수회사에 지불하는 수수료로 발행기업이 받는 인수가격과 실제 공모가격 간 차이다. 1990~2008년 기간 동안 이루어진 미국 기업의 IPO와 유상증자의 평균 스프레드는 각각 7.19%와 5.02%이다. 기타 직접비용은 증권발행 시 발행기업에 발생하는 등록비용, 법률비용, 세금 등 투자설명서에 보고되는 항목들이다. 동기간 IPO와 유상증자의 기타 직접비용은 각각 3.18%와 2.68%이다. 물론 발행규모가 작다면 그 비용은 훨씬 더 높다.

다음으로 IPO 저가발행으로 발행기업이 부담하게 되는 기회손실이나 유상증자 공시에 동반하는 주가하락은 기업의 간접비용으로 볼 수 있다. 미국의 경우 동기간 IPO 당일 평균수익률은 19.3%이며 유상증자 공시일 주가 하락폭은 약 3%이다. 결론적으로 IPO나 유상증자 시에 엄청난 직간접비용이 발생한다는 사실을 알 수 있다. 또 IPO의 경우 발행비용이 유상증자보다 높으며, 표에는 나와 있지 않지만 주식이 채권보다 발행비용이 훨씬 높다.

표 13-3 IPO와 유상증자(SEO)의 직간접비용

구분	내용	IPO	SEO
직접비용(스프레드)	스프레드는 발행기업이 인수회사에 지불하는 수수료로 발행기업이 받는 인수가격과 실제 공모가격 간의 차이	7.19%	5.02%
기타 직접비용	증권발행 시 발행기업에 발생하는 비용으로 등록비용, 법률비용, 세금 등 투자설명서에 보고되는 항목	3.18%	2.68%
간접비용	IPO 저가발행으로 발행기업이 부담하게 되는 기회손실. 유상증자 공시에 따른 주가하락	19.3%	3%

자료 : Ross, Westerfield, Jaffe, & Jordan, Corporate Finance

장기부채 조달

지금까지는 IPO나 유상증자와 같은 주식발행에 관해서 알아보았다. 이제 장기부채 발행에 대해서 알아보자. 기업은 부채로 자금을 조달하기 위해 채권을 발행하거나 금융기관으로부터 대출을 받을 수 있다.

채권은 주식과 달리 주로 사모 형태로 발행된다. 또 채권은 발행비용 측면에서 주식보다 훨씬 저렴하다. 채권의 발행 절차도 주식보다 훨씬 간단하지만 공모채권의 발행은 주식과 마찬가지로 증권거래위원회(SEC)에 증권신고서를 제출해야 한다.

장기부채로 자금을 조달하는 또 다른 방법은 금융기관으로부터 차입하는 것이다. 금융기관 차입은 당연히 사모로 부채를 조달하는 방법이다. **텀론**(term loan)이 대표적이며 만기는 주로 1~5년이다. 이러한 차입금을 대출해 주는 기관은 상업은행, 보험회사, 기업금융에 특화된 기타 금융기관이다.

증권의 사모발행은 공모발행에 비해 다음과 같은 이점이 있다. 사모는 공모에 비해 채무불이행 시 관련 당사자 수가 적기 때문에 채무조정 협상이 수월하다. 발행비용도 공모에 비해 저렴하다. 또 증권거래위원회에 신고서 제출을 필요로 하지 않는다.

사례

Tesla, 중국서 대규모 텀론 계약

상하이 Tesla 기가팩토리

2019년 12월 26일 규제 당국에 제출된 자료에 따르면, 미국 전기차 제조업체 Tesla는 중국 대출기관과 90억 위안의 5년 만기 텀론(term loan)과 최대 22억 5,000만 위안에 달하는 무담보 리볼빙 대출(revolving loan) 약정에 합의했다.

대출 은행은 중국건설은행, 농업은행, 상하이푸동개발은행, 중국공상은행 등이다. 이번 대출은 상하이 공장 건설과 생산 외에도 내년 3월 만기가 도래하는 35억 위안의 부채 상환에도 사용될 것이다.

미국 이외의 지역에서 Tesla의 첫 번째 자동차 제조 현장인 이 공장은 세계 최대 자동차 시장에서 판매를 늘리고 미국산 자동차에 부과되는 더 높은 수입 관세를 피하려는 야망의 핵심이다.

Reuter, 2019. 12. 27. 저자 번역.

연습문제

1 **장기채권 발행에 관한 다음 설명 중 옳은 것은?**

① 사모로 채권이 발행되는 경우는 거의 없다.

② 사모채권은 일반적으로 텀론보다 만기가 짧다.

③ 부채발행은 사모 또는 공모를 막론하고 SEC에 등록해야 한다.

④ 공모발행이 사모발행보다 재협상이 더 쉽다.

⑤ 사모발행은 공모발행보다 계약조건이 일반적으로 더 까다롭다.

2 **다음 중 어느 것이 IPO 저가발행에 대한 설명으로 언급되는가?**

I. 저가발행은 '승자의 저주'를 상쇄하는 데 도움이 된다.
II. 저가발행은 투자자가 IPO 주식을 장기 보유하도록 한다.
III. 저가발행은 투자자가 평균적으로 이익을 얻을 수 있도록 한다.
IV. 저가발행은 투자자가 IPO의 위험을 수용하도록 하는 데 도움이 된다.

① II ② IV ③ II, III
④ I, III, IV ⑤ I, II, III, IV

3 **㈜성남의 주식은 현재 주당 $18에 팔리고 있다. M사는 주주배정으로 추가 주식을 발행할 예정이다. 새로운 주식 1주를 사려면 신주인수권(right) 2개와 $15가 필요하다. 권리락(유상증자 후) 주가는 얼마인가?**

① $17.00 ② $17.25 ③ $16.45
④ $17.55 ⑤ $16.50

투자은행의 업무

4 인수업무란 무엇인가?

IPO 저가발행

5 ㈜춘천과 ㈜경산은 모두 주당 $30에 IPO를 발표했다. 이 중에 하나는 $7만큼 저평가되어 있고 다른 하나는 $4만큼 고평가되어 있다. 당신은 각 기업의 주식을 1,000주씩 청약할 예정이다. 공모가격이 고평가되어 있는 IPO에서는 신청 물량을 모두 받을 수 있으나 저평가되어 있는 IPO에서는 신청 물량의 절반만 받을 수 있다. 만약 당신이 두 IPO에서 모두 1,000주씩 배정받을 수 있다고 가정한다면 얼마를 벌게 되는가? 그러나 실제로는 얼마를 벌게 되는가? 여기서 어떤 원리를 발견할 수 있는가?

가격 희석

6 ㈜김해의 발행주식은 12만 5,000주, 주가는 $58, 따라서 자기자본의 시장가치는 $725만이다. 이 기업이 3만 3,750주의 신주를 $58, $55, $51의 가격으로 발행한다고 가정하자. 각각의 발행가격이 기존 주가에 어떤 영향을 미치는가?

CHAPTER 14

배당과 자사주매입

기업이 영업을 하여 돈을 벌게 되면 이익의 일부를 주주에게 환원하게 된다. 성장 초기의 기업은 이익의 재투자가 절실히 필요한 상황이라서 배당을 하기 어려울 수도 있다. 그러나 이미 고성장 단계를 지난 성숙기업은 이익의 많은 부분을 주주에게 환원하도록 요구받고 있다. 기업이 과도한 잉여현금을 보유하면 주주와 경영자 사이의 대리인문제 등을 야기하여 기업가치에 부정적 영향을 줄 수 있다. 배당과 더불어 기업의 이익을 주주에게 환원하는 방법으로 자사주매입이 각광을 받고 있다. 미국의 경우 자사주매입을 통한 이익 환원 규모가 배당금 총액을 웃돌고 있다.

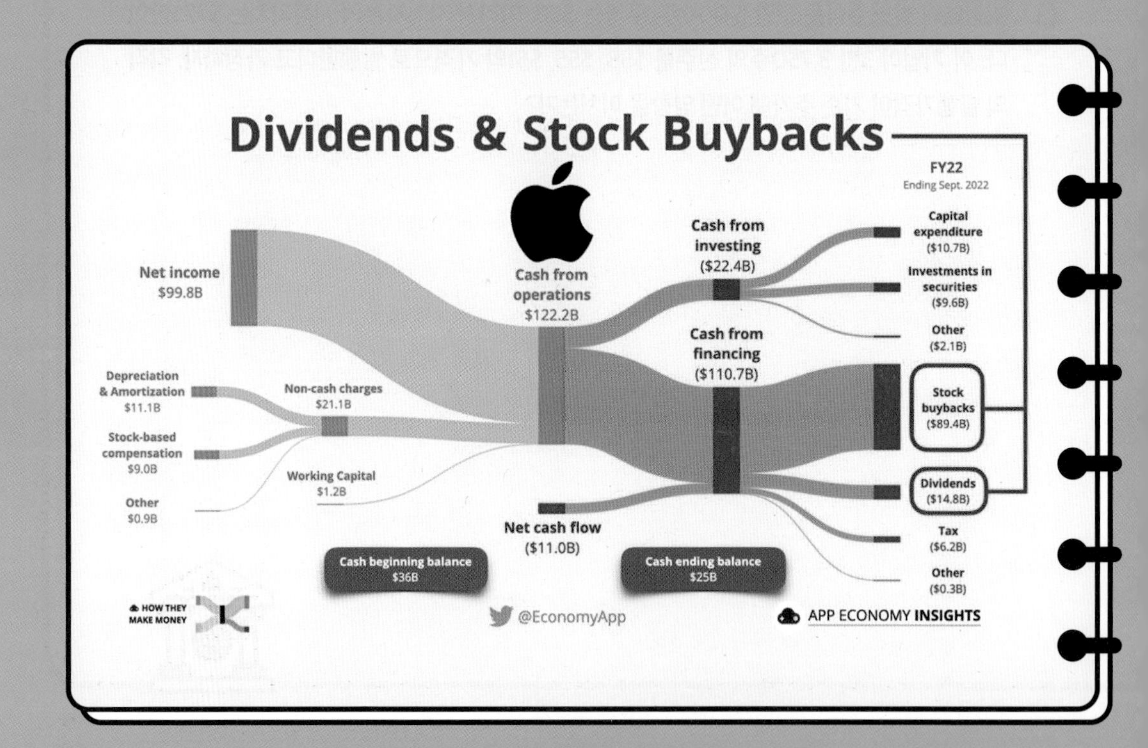

배당의 유형

기업이 주주에게 지급하는 **배당**(dividend)에는 다양한 형태가 있다. 배당의 가장 보편적인 유형은 현금으로 이루어진다. 미국 기업은 분기배당을 하지만 우리나라 기업은 대부분 1년에 한 번 배당을 한다. 하지만 최근에는 은행 등 금융기관 및 일부 대기업을 중심으로 분기배당이 이루어지기도 한다. 기업은 정규적 현금배당과 함께 보너스 형태로 지급되는 특별현금배당을 하기도 한다. 우리나라에서도 삼성전자를 비롯한 일부 대기업이 종종 특별현금배당을 한다. 기업은 현금을 배당하면 대차대조표상의 현금과 유보이익이 줄어들게 된다. 배당의 또 다른 유형은 주식으로 지급하는 주식배당이다. 이에 대해서는 마지막 절에서 자세히 다루기로 한다.

현금배당과 배당락

현금배당은 주당배당금(dividend per share : DPS), 주가 대비 배당금 비율인 **배당수익률**(dividend yield), 이익 대비 배당금 비율인 **배당성향**(dividend payout) 등과 같이 주당 금액으로 표시된다. 이 중에서 특히 배당성향은 다른 선진국에서는 높으나 우리나라는 아직 저조한 상황이다.

❶ 현금배당의 지급절차

배당지급은 기업의 이사회에서 결정한다. 배당금은 이사회에서 지정한 특정한 날에 기업의 주주명부에 올라 있는 주주에게 지급된다. 예를 들어 배당금 지급 절차를 알아보자.

배당발표일(4월 17일)은 이사회가 배당지급을 발표한 날이다. 배당기준일도 함께 발표되며 배당금은 배당기준일(5월 2일) 현재 주주명부에 기재된 주주에게 지급된다. 배당을 받기 위해서는 이날 주주명부에 이름이 등재되어 있어야 한다. 미국 SEC 규정에 따르면 주식의 경우 2영업일 결제이다. 따라서 주식매매 결제는 매수 또는 매도 후 2영업일째에 이루어진다(다만 국내에서 미국주식을 매매하는 경우 대금 결제가 미국과 한국의 시차로 인하여 하루 늦을 뿐이다). 우리나라도 동일하다. 예에서는 늦어도 4월 30일에 주식을 매수하면 5월 2일에 결제되어 매수

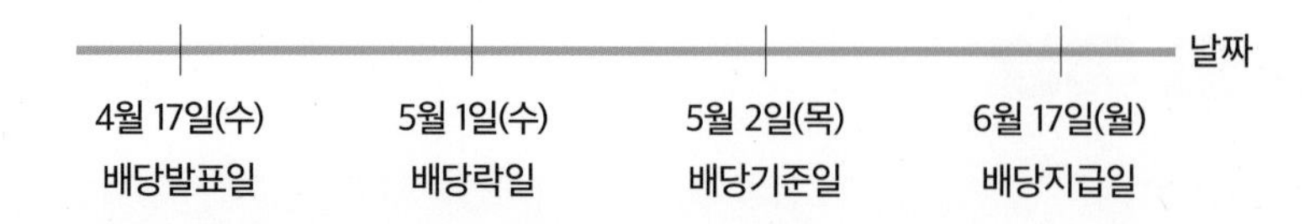

- 배당발표일 : 이사회가 배당지급을 발표한다.
- 배당기준일: 발표된 배당금은 이날 현재 주주명부에 등재된 주주에게 지급될 것이다.
- 배당락일: 주식이 배당락이 되는 날이며, 이날 매도한 사람은 배당금을 받을 권리가 있다. SEC 규정에 따르면 주식은 배당기준일 전 영업일부터 배당락이 되어 거래된다.
- 배당지급일 : 배당금수표가 주주명부에 등재된 주주에게 발송된다.

그림 14-1 배당금 지급절차 예

자의 이름이 주주명부에 등재된다.

배당락일(ex-dividend date)은 주식이 배당락이 되는 날이며, 이날 매수한 사람은 배당을 받을 권리가 없다. 예에서는 5월 1일이다. 이날 매수하면 5월 3일 결제일에 매수자 이름이 주주명부에 올라가기 때문이다. 물론 이날 매도한 사람은 배당을 받을 권리가 있다. 종합하면, 4월 30일이나 그 이전에 매수한 사람은 주주명부에 올라가므로 배당을 받을 수 있다. 배당지급일(6월 17일)에는 배당금수표가 주주명부에 기재된 주주에게 발송된다.

배당금 지급절차에서 미국과 우리나라의 차이점은 이사회결의 시점이 배당기준일 이전인가 이후인가이다. 미국의 경우는 이사회결의로 정확한 배당금과 배당기준일이 결정된다. 그러나 국내의 경우는 배당결의를 위한 이사회(또는 주주총회)가 '결산기 이후'에 열리기 때문에 배당금 규모가 확정되기도 전인 결산기 말에 예상배당금만큼 주가가 떨어지는 배당락 현상이 발생한다.

❷ 배당락일 주가 움직임

배당락일 이전에 주식을 매입하면 배당을 받을 수 있지만 이날 이후에 주식을 매입하면 배당을 받지 못한다. 그러므로 주가는 어떤 다른 사건이 발생하지 않는 한 배당락일에 당연히 떨어질 것이다. 세금과 거래비용이 없는 완전한 세계를 가정한다면 주가는 '현금 배당액'만큼 떨어질 것이다. 그러나 실제로는 세금으로 인한 주가하락은 배당금보다 작다.

삼성전자의 2023년 1분기 배당발표

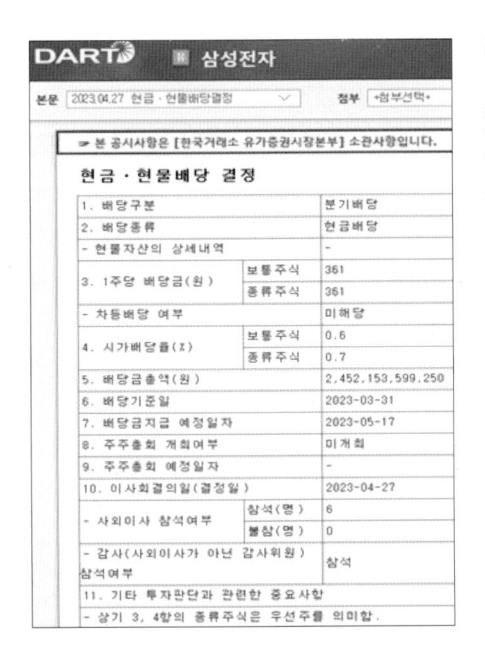

DART 삼성전자

본문 2023.04.27 현금 · 현물배당결정 첨부 +첨부선택+

☞ 본 공시사항은 [한국거래소 유가증권시장본부] 소관사항입니다.

현금 · 현물배당 결정

1. 배당구분		분기배당
2. 배당종류		현금배당
- 현물자산의 상세내역		-
3. 1주당 배당금(원)	보통주식	361
	종류주식	361
- 차등배당 여부		미해당
4. 시가배당율(%)	보통주식	0.6
	종류주식	0.7
5. 배당금총액(원)		2,452,153,599,250
6. 배당기준일		2023-03-31
7. 배당금지급 예정일자		2023-05-17
8. 주주총회 개최여부		미개최
9. 주주총회 예정일자		-
10. 이사회결의일(결정일)		2023-04-27
- 사외이사 참석여부	참석(명)	6
	불참(명)	0
- 감사(사외이사가 아닌 감사위원) 참석여부		참석
11. 기타 투자판단과 관련한 중요사항		
- 상기 3, 4항의 종류주식은 우선주를 의미함.		

삼성전자는 2023년 4월 27일 DART(금융감독원 전자공시시스템)를 통해 분기배당 결정을 공시하였다. 대부분의 국내 기업과는 달리 삼성전자는 분기배당을 한다. 1주당 배당금은 361원이다. 시가배당률은 삼성전자 주가 대 주당 배당금의 비율이다. 종류주식은 우선주를 의미한다. 배당기준일은 3월 31일(금) 1분기 마지막 날이다. 이날에 삼성전자 주주명부에 들어 있어야 배당을 받을 수 있으므로 3월 29일(수)까지는 주식을 매수해야 한다. 왜냐하면 증권사 예탁 업무 체결을 위해 2영업일이 소요되기 때문이다. 배당기준일 다음 날인 3월 30일(목)에 매수하게 되면 2영업일 후인 4월 3일(월)에 주주명부에 등재되기 때문에 배당을 받을 수 없다. 즉, 배당락일은 3월 30일(목)이며 이날 '예상배당금'만큼 주가가 먼저 떨어지게 된다.

배당금 지급 예정일(5월 17일)은 말 그대로 배당금을 실제로 지급하는 날짜다. 규정에 의거하면 배당금은 주주총회나 이사회결의 후 1개월 이내에 지급해야 한다. 삼성전자의 경우는 보통 20일 이내에 배당금을 지급해 왔다. 배당금은 삼성전자 주식을 보유하고 있는 증권사 계좌로 입금된다. 배당금 지급시간은 증권사마다 다르지만 대부분은 장 마감 시간인 3시 30분 전후이다. 마지막으로 이사회결의일은 배당을 결의한 4월 27일이며 이날은 배당기준일인 3월 31일보다 한참 후임을 알 수 있다.

우리금융지주 배당락

우리금융지주는 2023년 2월 8일에 이사회에서 1주당 980원의 현금배당을 발표했다. 앞서 논의한 바와 같이 배당락은 이사회 직전 분기말인 2022년 12월 28일에 발생했다. 이 주식의 배당락일 시가 12,200원은 전일 종가 13,000원 대비 800원(6.15%) 하락한 가격이다. 예상배당금이 2023년에 실제 발표한 980원과 동일했다고 가정하고 배당소득세 15.4%(150원)를 차감하면 이론상으로 약 830원 정도가 떨어져야 한다. 예상배당금이 실제 배당금과 다를 수 있음을 감안하면 배당락일 시초가는 예상과 아주 부합한다고 볼 수 있다. 그러나 이달 종가는 1,200원(9.23%) 하락하여 11,800원으로 마감했다. 이는 거래 당일에 전체시장이 전반적으로 약세로 끝났기 때문이다.

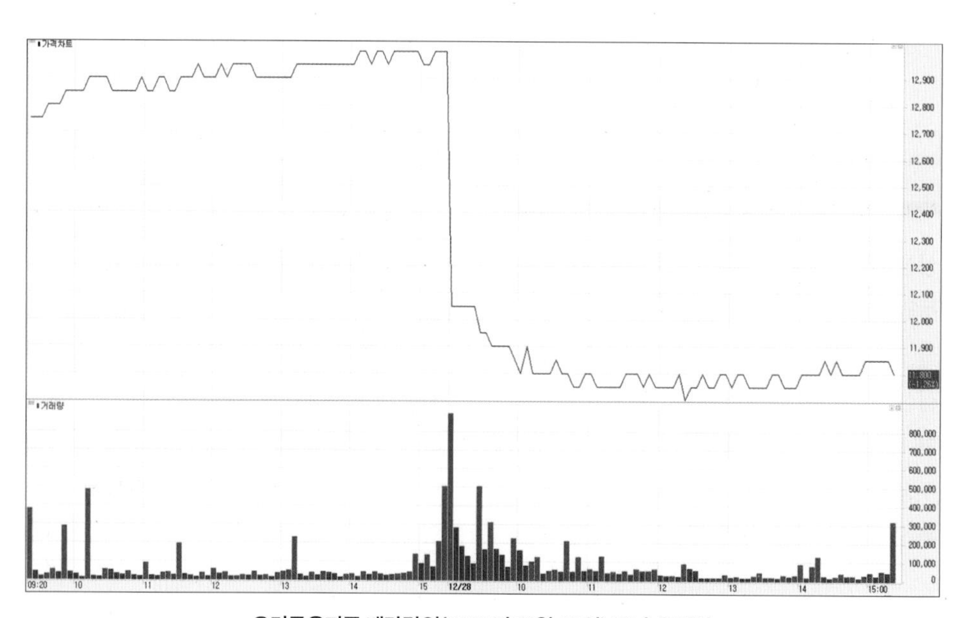

우리금융지주 배당락일(2022년 12월 28일) 주가 움직임

배당정책의 무관련성

MM은 배당정책이 기업가치와 무관하다는 주장을 한다. 이에 대한 직관은 투자자가 현금이 필요하면 보유주식을 매도하여 현금화할 수 있으므로 굳이 배당만을 고집할 필요가 없다는 것이다. 다시 말하면, 투자자는 보유주식의 일부를 현금화하는 **자가배당(homemade dividend)**을 통해서 자신이 원하는 어떠한 형태의 소득흐름을 달성할 수 있다. 따라서 기업이 배당을 적게 하든 많이 하든 배당정책은 기업가치에 어떠한 영향도 미치지 않을 것이다.

제11장에서 MM은 완전자본시장하에서 자본구조정책의 무관련성을 주장하기 위해 자가레버리지라는 개념을 사용하였다. 여기서도 유사하게 자가배당의 개념을 사용하여 배당정책의 무관련성을 예로 들어 살펴보자. S사는 현재 주가가 $42이며 $2의 현금배당을 하려고 한다. 그러나 80주를 보유하고 있는 투자자 Kim은 주당 $3의 배당금을 원한다. 이 투자자는 어떻게 해야 될까?

표에서 첫째 열은 Kim이 당초 원하는 배당방법이다. 그는 주당 $3의 배당을 원하므로 배당으로부터 현금흐름은 $240(= $3 × 80주)가 된다. 또 만일 S사가 Kim이 원하는 대로 $3를 배당한다면 주가는 배당락이 되어 $39(= $42 − 3)가 된다. 그러면 보유주식의 가치는 $3,120(= $39 × 80주)이다.

둘째 열은 S사가 $2의 배당을 했을 때 Kim이 자가배당을 하는 경우 총현금흐름을 보여준다. Kim의 자가배당 전략은 배당락일에 2주를 시장에 매도하는 것이다. S사가 $2의 배당을 하면 배당으로부터 현금흐름은 $160(= $2 × 80주)이다. 이제 배당락 주가는 $40(= $42 − $2)이다. Kim이 배당락일에 2주를 배당락 주가로 시장에 매도하면 $80(= $40 × 2주)의 현금흐름이 발생한다. 따라서 총현금은 $240(= 배당금 $160 + 주식매도 $80)로 동일하다. 이제 Kim이 2주를 팔고 78주를 보유하고 있으므로 보유주식의 가치는 $3,120(= $40 × 78주)가 된다.

표 14-1 자가배당 전략과 주주 가치

	$3 배당	자가배당
배당으로부터 현금	$240	$160
주식매도로부터 현금	0	$80
총현금	$240	$240
보유주식의 가치	$39 × 80주 = $3,120	$40 × 78주 = $3,120
총현금 및 주식 가치	$3,360	$3,360

이 예에서의 결론은 두 경우에 총현금과 보유주식의 가치는 모두 동일하다는 점이다. 따라서 기업의 배당정책에 관계없이 투자자는 주식의 일부를 현금화하는 자가배당을 통해서 자신이 원하는 어떠한 현금흐름을 달성할 수 있다. 이는 기업이 어떠한 배당정책을 택하더라도 별다른 이점이 없다는 말이다. 따라서 경영자는 현재 배당을 늘리거나 줄여서 기업가치에 영향을 줄 수 없다는 것을 의미한다. 이는 설득력 있는 이론이며, MM의 이러한 업적은 현대재무학에서 배당 논의의 출발점이 되었다.

자사주매입

기업이 주주에게 현금을 지급하고자 할 때 현금배당 또는 자사주매입 중에서 선택할 수 있다. 현금배당과 **자사주매입(stock repurchase)**은 기업으로부터 발생하는 현금흐름을 주주에게 환원한다는 점에서 효과가 동일하다. 즉, 기업은 현금배당 대신에 자기 주식을 매입함으로써 잉여현금을 주주에게 환원할 수 있다. 이런 의미에서 주식으로부터 발생하는 현금흐름을 배당과 자사주매입을 합친 총지불금(total payout)으로 규정하곤 한다.

❶ 자사주매입 추세

최근 들어 자사주매입은 배당과 마찬가지로 주주에게 이익을 분배하는 중요한 수단이 되고 있다. 아래에서 미국의 사례를 살펴보자.

그림 14-2는 2004~2017년 기간 동안 미국 대기업의 순이익, 배당금, 자사주매입 금액을 보여 준다. 파란색으로 표시된 자사주매입 금액이 2008년 후반과 2009년 전반을 제외하고 하늘색으로 표시된 배당금보다 크다. 특히 2008년 후반에 빨간색으로 표시된 기업의 순이익이 음(-)이 되었을 때에도 배당금과 자사주매입 금액은 크게 변하지 않았음을 주목하라.

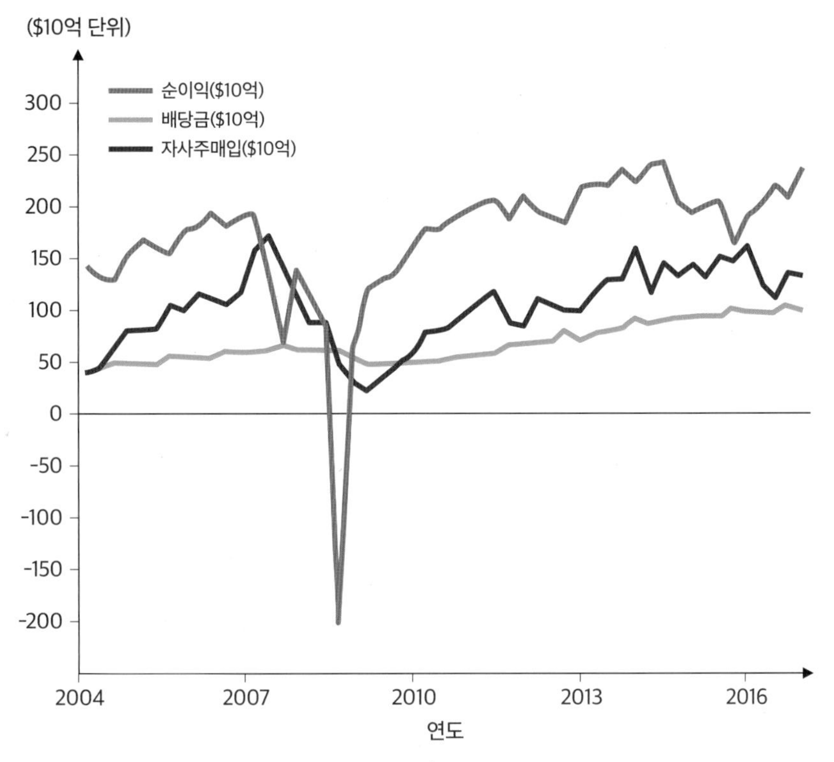

그림 14-2 미국 기업의 이익, 배당금, 자사주매입
자료 : Standard & Poors, S&P Dow Jones Indices

② 자사주매입 효과

완전자본시장에서는 주주의 총가치에 대한 자사주매입이나 배당지급의 효과가 서로 같다. 따라서 기업이 현금배당을 하거나 자사주를 매입하거나 이에 무관하다. 이를 증명하기 위해 주주에게 $10만의 현금을 환원하려는 한 기업을 예로 들어 보자. 이 기업의 현재 대차대조표는 아래와 같다.

표 14-2 현금 분배 전 대차대조표

현금	$200,000	부채	0
기타자산	800,000	자기자본	1,000,000
기업가치	1,000,000	기업가치	1,000,000

기업의 자산은 현금 $20만와 기타자산 $80만로 구성되어 있으며 기업가치는 $100만이다. 부채는 없으며 자기자본은 $100만이다. 이 기업의 발행주식수는 10만 주라고 가정한다. 그러면 주당 가격은 $10(= 자기자본 $100만/10만 주)이다.

먼저 기업이 $10만를 현금으로 배당하면 대차대조표는 아래와 같이 된다.

표 14-3 현금배당 후 대차대조표

현금	$100,000	부채	0
기타자산	800,000	자기자본	900,000
기업가치	900,000	기업가치	900,000

자산에서 현금은 $10만가 줄어 $10만가 남게 되고 기타자산은 그대로 $80만이며 기업가치는 $90만가 된다. 자기자본도 마찬가지로 $10만가 줄어 $90만가 된다. 발행주식수는 여전히 10만 주이므로 주당 가격은 $9(= 자기자본 $90만/10만 주)가 된다. 주당 $1의 현금배당으로 주가가 배당락된 셈이다.

다음으로 기업이 $10만의 현금으로 자사주를 매입하면 대차대조표는 아래와 같이 된다.

표 14-4 자사주매입 후 대차대조표

현금	$100,000	부채	0
기타자산	800,000	자기자본	900,000
기업가치	900,000	기업가치	900,000

자산에서 현금은 $10만가 줄어 $10만가 남게 되고 기타자산은 그대로 $80만이며 기업가치는 $90만가 된다. 자기자본도 마찬가지로 $10만가 줄어서 $90만가 된다. 대차대조표는 현금배당의 경우와 동일하다. 단지 차이점은 발행주식수가 자사주매입으로 1만 주가 줄어 9만 주가 된다는 것이다. 기업이 $10만의 현금으로 1만 주를 주당 $10에 시장에서 사 버렸기 때문이다(자사주매입과 동시에 소각을 가정한다). 따라서 이제 주당 가격은 $10(= 자기자본 $90만/9만 주)가 된다. 자사주매입을 통해서 기업의 현금과 주식이 동시에 줄어들어 버렸기 때문에 주당 가격은 $10로 변하지 않는다는 점을 특히 주목하라.

이제 배당과 자사주매입에 따른 주주 입장에서 자산(현금 + 보유주식)가치를 비교해 보자. 먼저 배당지급의 경우에 주주는 배당금 $1를 받고 현재 주가는 $9이므로 주주의 자산가치는 주

현금배당 vs. 자사주매입

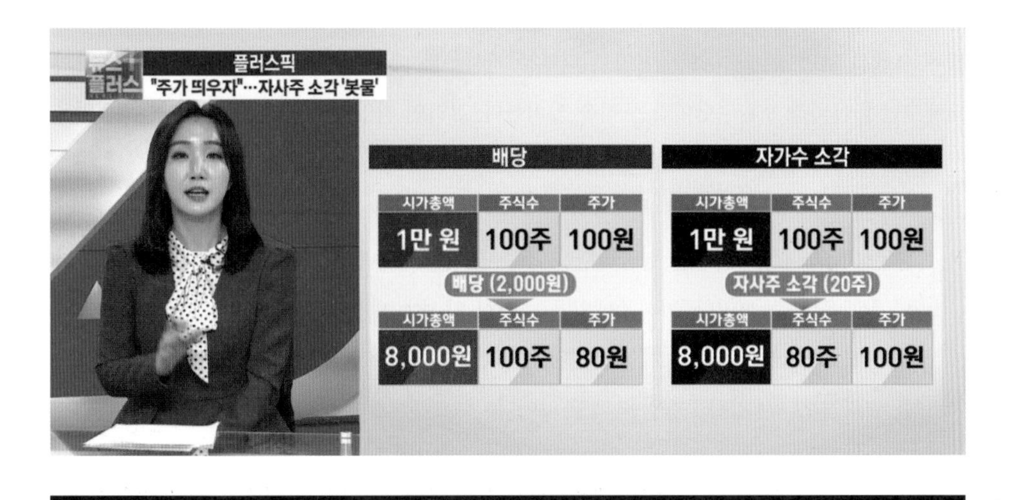

2022년 2월 15일 와우넷 플러스 PICK

https://m.wowtv.co.kr/NewsCenter/News/Read?articleId=A202202150065

당 총 $10이다. 다음으로 기업이 주당 $10에 자사주를 매입할 때 보유주식을 기업에 팔아 버린 주주는 주당 $10의 현금을 받았을 것이다. 물론 주식을 팔지 않고 $10 주식을 계속 보유한 주주도 있을 것이다. 하여튼 주식을 매도하든 보유하든 주주의 자산가치는 주당 $10이다. 따라서 주주입장에서 주당 총가치는 현금배당이나 자사주매입에서 동일함을 알 수 있다. 결론은 세금과 거래비용이 없는 완전한 세계에서 투자자는 현금배당과 자사주매입 사이에 무관하다는 것이다.

자사주매입 선호 이유

실제 사례를 보면, 배당을 하는 기업도 대부분 자사주를 매입한다. 이는 자사주매입이 배당의 대체수단이 아니라 보완수단이라는 점을 의미한다. 그러면 기업은 왜 (배당보다) 자사주매입을 선택하는가? 5가지 일반적 이유를 살펴보자.

1. **유동성(flexibility)** 기업은 현금배당을 주주에 대한 일종의 약속으로 생각하고 기존 배당의 삭감을 아주 꺼린다. 자사주매입은 이러한 약속에 해당되지 않으므로 기업은 이에 구속될 필요가 없다. 따라서 기업이 현금흐름의 증가가 일시적이라 판단하면 기존 현금배당을 늘리기보다는 자사주매입을 택할 것이다.

재린이 생각하기 자사주매입과 주주가치 증대

미국에서는 자사주매입이 배당 못지않게 활발하게 이루어지고 있으며 주가상승의 큰 원동력이 되고 있다. 반면에 국내기업의 자사주 순매입 규모는 매우 저조한 실정이다.

국내에서 자사주매입은 「상법」상 배당가능이익 한도 내에서 가능하도록 되어 있다. 1992년에 주식시장 부양과 관련하여 자사주펀드 제도가 최초로 도입되었으며, 1994년에 인수합병으로부터 경영권을 보호하고 주가를 안정시킬 목적으로 공개시장에서 자사주의 직접 취득이 허용되었다. 또한 2001년에 「증권거래법」은 주주에게 배당할 이익으로 주식을 소각할 수 있다는 뜻을 정관에 정하는 경우 이

사회의 결의로 주식을 소각할 수 있도록 규정하였다. 이익소각 목적의 자사주매입을 공시한 기업은 매입 후 반드시 소각하여야 한다. 자사주매입의 목적은 대부분 주가안정 및 주주가치 증대이며, 그 외 경영권 안정, 기업 이미지 제고, 스톡옵션 행사, 격려금 지급 등도 언급된다. 이익소각 목적은 차지하는 비중이 매우 낮다.

자사주매입 공시는 주가 상승에 긍정적인 영향을 준다. 그 이유 중의 하나는 경영진이 현재 주가가 저평가되어 있다고 생각하는 시점에 자사주를 매입한다고 시장에서 판단하기 때문이다. 다른 하나는 잉여현금흐름을 줄여 대리인비용을 감소시킨다고 보기 때문이다. 자사주매입을 공시한 기업의 평균적인 주가성과는 국내외를 막론하고 단기는 물론 중·장기적으로 시장수익률을 크게 상회하는 것으로 알려져 있다. 국내에서는 특히 취득목적이 이익소각, 주가안정 및 주주가치 증대인 경우 상대적으로 크게 상승하며, 임직원 인센티브나 경영권 보호와 같은 경우는 장기적으로 주가에 영향을 미치지 않는 것으로 보고되고 있다.

자사주매입은 기업의 이익증가가 일시적이라고 판단되는 경우 배당에 대한 보완적 수단으로 이용될 수 있으므로 재무적 측면에서 유동적인 옵션을 제공한다. 배당은 일단 확대되면 다시 삭감하기 매우 어렵기 때문이다. 한 유명 해외 연구는 영속적인 현금흐름의 증가가 예상되는 기업은 배당확대를 선택하고 일시적인 현금흐름의 증가가 예상되는 기업은 자사주매입을 선택한다는 것을 실증적으로 입증하였다.

자사주매입으로 인해 주주가치가 실질적으로 증가하기 위해서는 매입된 자사주가 소각으로 이어져야 한다. 그러나 소각을 전제로 자사주를 매입하는 외국과는 달리, 대부분의 국내기업은 매입된 자사주를 단순히 지분확보용으로 보유하거나 아니면 시장상황에 맞춰 재매도해 버리기 때문에 주주가치 증대로 이어지지 않는다는 비판을 받고 있다. 한편, 국내 기업이 자사주를 소각하지 않는 이유에 대해, 우리나라에서는 적대적 M&A 방어책이 제도적으로 허락되지 않기 때문에 기업은 경영권 방어를 위해 대신 자사주를 이용할 수밖에 없다는 우호적인 반론도 있다.

2. **경영자 보상(executive compensation)** 경영자는 보상의 일환으로 종종 스톡옵션을 받는다. 경영자가 스톡옵션을 행사하면 주식을 받게 되는데 주가가 올라야 돈을 벌 수 있다. 앞서 논의한 바와 같이 기업이 잉여현금을 배당으로 지급하면 주가는 배당락이 되어 떨어지지만 자사주매입을 통해 환원하면 주가는 떨어지지 않는다. 따라서 경영자 입장에서는 자신의 부를 위하여 자사주매입을 선호할 수 있다.
3. **희석화 상쇄(offset to dilution)** 임직원이 부여받은 스톡옵션을 행사하면 기업은 주식을 추가로 발행해서 주어야 하는데, 행사가격이 현재주가보다 일반적으로 훨씬 낮으므로 발행

주식수가 늘어나면 주가가 희석된다. 기업은 이러한 주가의 희석화를 피하기 위하여 신규 주식 발행보다는 기존 자사주의 (시장가격) 매입을 선호한다.

4. **저평가**(undervaluation) 경영자가 자신 기업의 주가가 일시적으로 떨어져 있다고 믿을 때 자사주매입은 빈번하게 일어난다. 자사주매입의 주된 이유로 '기업가치의 저평가'가 자주 언급되며 자사주매입 공시에 따른 주가반응 또한 긍정적인 것으로 알려져 있다.
5. **세금**(taxes) 자사주매입은 배당에 비하여 세금 이점이 있다. 미국에서 현금배당과 자본이득은 모두 최대 20%로 과세된다. 한국에서는 2024년 현재 각각 15.4%(2,000만원 초과시 종합소득세율 적용)와 0%(대주주 등 제외)이다. 배당금은 지급 즉시 과세된다. 반면에 주식(자사주) 매도에 따른 자본이득에 대한 세금은 매매차익이 있는 경우에만 과세된다. 따라서 세금 측면에서 자사주매입이 현금배당보다 주주에게 유리하다.

고배당정책 선호 요인

배당보다는 자사주매입이 세금 측면에서 주주에게 유리함에도 불구하고 현실적으로 많은 기업이 지속적으로 고배당을 하고 있다. 그러면 어떠한 요인이 기업으로 하여금 고배당을 선호하도록 하는지 살펴보자.

1. **고정수입에 대한 수요** 당장의 수입을 필요로 하는 개인이 있다. 예를 들면, 은퇴한 사람은 배당, 이자 등과 같은 고정수입에 의존한다.
2. **행동재무학** 행동재무학(behavioral finance)에 따르면, 투자자는 자신의 포지션을 최적화하기 위해 충분한 자제력을 가지고 있지 않다. 따라서 무배당 주식의 투자자는 일정한 현금이 필요한 경우 매번 주식의 일부를 매각해야 하는데 너무 많이 팔아 버릴 수도 있다. 그러나 당초 일정한 배당금을 규칙적으로 지급하는 주식에 투자하면 이러한 걱정을 덜 수 있다.
3. **대리인비용** 기업이 과도한 잉여현금흐름을 보유하고 있을 때 경영자는 자신의 이기적 목적 추구가 더 수월하다. 따라서 기업이 현금흐름의 과잉 부분을 배당금으로 지급해 버리면 기업의 자원을 낭비하려는 경영자의 의지를 약화시켜 대리인비용을 줄일 수 있다.

4. **배당의 정보효과** 배당증가는 기업이 나아질 것이라고 경영자가 시장에 보내는 신호(signal)이다. 기업은 미래이익, 현금흐름 등이 충분히 상승할 것으로 예상되어 배당이 나중에 당초 수준으로 줄어들 가능성이 낮을 때만 배당을 올릴 것이다. 따라서 배당증가 발표 직후 주가가 상승하는 이유는 배당금 그 자체가 증가했기 때문이 아니라 향후 기업이 잘될 것이라는 기대감 또는 정보효과 때문이다. 즉, 시장에서 투자자가 이러한 배당정책의 변화를 기업내용 변화의 신호로 인식하므로 주가에 긍정적 영향을 준다.

실제 세계의 배당정책

실제 세계의 배당정책을 살펴보자. 첫째, 배당은 자사주매입보다 세금에서 불리하지만 배당금의 규모는 엄청나다. 예를 들면, 2010년 모든 미국 기업의 총이익에서 총배당금이 차지하는 비율은 대략 61%이다. 둘째, 미국에서 배당을 하는 기업의 비중은 줄어들었다. 이는 배당이 소수의 대규모 성숙기업에 편중되어 있다는 것을 의미한다. 셋째, 기업은 안정적 배당을 중요시 여기며 기업 특유의 문제로 배당삭감을 아주 꺼린다. 또 경영자는 이익이 증가함에 따라 배당을 천천히 점진적으로 올리려 한다. 존 린트너(John Lintner) 등의 실증연구에 의하면, 기업은 목**표배당성향**(target payout ratio), 즉 이익에서 배당금이 차지하는 비중에 대한 장기적 목표를 가지고 있는 것으로 나타났다. 넷째, 자사주매입의 규모는 기업의 일시적 이익의 크기에 따라 변하는 경향이 있다. 기업은 이익의 영구적 부분은 정규배당으로, 일시적 부분은 특별배당이나 자사주매입을 통해서 주주에게 환원한다.

현명한 배당정책

기업이 참고해야 할 현명한 배당정책을 알아보자. (1) 잉여현금은 시간이 걸리더라도 주주에게 모두 지급하라. (2) 배당이나 자사주매입을 이유로 양(+)의 NPV 프로젝트 투자를 포기하지 마라. (3) 충분한 잉여현금 창출 전에는 배당을 개시하지 마라. (4) 목표배당성향과 일관된 정규배당을 하라. (5) 값비싼 외부자금조달을 피할 수 있도록 가급적 낮은 배당수준을 설정하라. (6) 현금흐름의 일시적 증가 부분은 자사주매입을 통해서 주주에게 분배하라.

주식배당과 주식분할

주식배당과 주식분할은 기업과 주주에게 본질적으로 같은 영향을 미친다. 이들 모두 발행주식수를 증가시키고 주당 가치를 감소시킨다. 그러나 회계처리는 다르다.

❶ 주식배당

주식배당(stock dividend)은 퍼센트(%)로 표시되며, 주식배당을 하면 발행주식수가 늘어나므로 주가는 당연히 하락하게 된다. 20~25%보다 작은 주식배당을 소규모 주식배당, 이보다 큰 주식배당을 대규모 주식배당이라고 한다.

주식배당의 효과를 알아보기 위해 예를 들어 보자. 당신이 100주(주당 $50)를 가지고 있는 기업이 10% 주식배당을 한다고 가정하자. 배당 전후 당신의 부를 비교해 보자. 주식배당 전 당신의 부는 $5,000(= 100 × $50)이다. 주식배당으로 당신은 추가로 10주를 받을 것이고 110(= 100 × 1.1)주를 보유하게 된다. 그러나 주가는 $45.45(= $50/1.1)로 하락할 것이다. 따라서 주식배당 후 당신의 부는 $5,000(= 110 × $45.45)로 배당 전과 동일하다. 결론은 주식배당은 주주의 부에 영향을 미치지 않는다는 점이다.

❷ 주식분할

주식분할(stock split)은 퍼센트 대신에 비율로 표시된다는 점을 제외하고는 본질적으로 주식배당과 같다. 예를 들어, 1대 2의 주식분할은 100% 주식배당과 같다. 주식분할을 하면 주가는 당연히 하락하게 된다. 여기서도 아무런 현금이 수반되지 않으며 따라서 개별 주주의 지분과 가치는 영향을 받지 않는다.

주식분할의 효과를 알아보기 위해 예를 들어 보자. 당신이 100주(주당 $50)를 가지고 있는 기업이 1대 2의 주식분할을 한다고 가정하자. 분할 전후 당신의 부를 비교해 보자. 주식분할 전 당신의 부는 $5,000(= 100 × $50)이다. 분할 후 당신의 보유주식수는 200(= 2 × 100)주가 된다. 그러나 주가는 $25(= $50/2)로 하락할 것이다. 따라서 분할 후 당신의 부는 여전히 $5,000(= 200 × $25)로 분할 전과 동일하다. 주식분할도 주주의 부에 영향을 미치지 않는다는 것을 알 수 있다.

그러면 기업은 왜 주식분할을 하는가? 가장 자주 언급되는 동기로 '주가의 보편적 거래가격 범위의 유지'를 들 수 있다. 주식의 가격이 이 범위를 넘어 너무 비싸면 대부분 투자자는 자금이 충분치 않아 최소거래단위, 즉 미국에서는 100주 단위를 사지 못할 수 있다. 물론 주식은 100주보다 적은 단주(odd-lot) 형태로도 매매될 수 있지만 그러면 수수료가 훨씬 높다. 따라서 기업은 주가가 이러한 거래가격범위 내에 놓이도록 하기 위해 주식을 분할한다는 것이다. Apple, Tesla, 삼성전자, 카카오 등 많은 국내외 기업이 주식분할을 하였으며 분할 전에는 주가가 아주 높았다.

③ 주식배당과 주식분할 회계처리

예를 들어, A사의 발행주식수는 1만 주이며, 주당 $100에 팔리고 있다. 자기자본의 총시장가치는 $100만(= $100 × 10,000)이다. 주식배당이나 주식분할 이전 A사 대차대조표의 장부가치 자기자본계정은 **표 14-5**와 같다고 가정한다. 자본금은 보통주 액면가가 $1이므로 $1만(= $1 × 10,000주), 주식발행초과금(자본잉여금)은 $20만, 유보이익(이익잉여금)은 $39만, 총자기자본은 $60만이다.

표 14-5 A사의 현재 자기자본계정

자본금(액면가 $1, 발행주식수 1만 주)	$10,000
주식발행초과금(자본잉여금)	200,000
유보이익(이익잉여금)	390,000
총자기자본	$600,000

주식배당 회계

A사가 10%의 소규모 주식배당을 한다고 가정하자. 이로 인해 각 주주의 보유주식수는 10% 증가하게 되며 발행주식수는 1만 1,000주로 늘어난다. 주식배당으로 1,000주가 추가로 발행되면 자본금은 액면가 기준으로 $1,000(= $1 × 1,000주) 증가하여 총 $1만 1,000가 된다. 배당 후의 자기자본은 **표 14-6**과 같다.

주식의 발행가격은 통상 시가로 하므로 A사의 현재주가 $100와 액면가 $1의 차이인 $99는 어디에 계상되는가? 그 차이는 주식발행초과금으로 기존 계정에 합쳐진다. 즉, $9만 9,000(=

표 14-6 주식배당 후 자기자본계정

자본금(액면가 $1, 발행주식수 1만 1,000주)	$11,000
주식발행초과금(자본잉여금)	299,000
유보이익(이익잉여금)	290,000
총자기자본	$600,000

$99 × 1,000주)가 추가되어 주식발행초과금은 이제 $29만 9,000가 된다. 주식배당으로 어떤 현금이 실제로 유입되거나 유출되지 않기 때문에 총자기자본은 영향을 받지 않는다. 그러면 주식발행으로 늘어난 $10만의 장부가치는 어디서 나온 것일까? 유보이익의 수치가 $10만 감소하여 $29만가 된 것을 알 수 있다. 즉, 주식배당은 자기자본계정 간 이동일 뿐이다. 유보이익 계정에서 자본금과 주식발행초과금 계정으로 수치만 이동했을 뿐이다. 주식배당의 회계처리 방법으로는 **시가법**과 **액면법**이 있으며, 미국은 상기와 같은 시가법을 사용하는 반면에 우리나라에서는 액면법을 주로 사용한다. 액면법을 적용하면 '자본금'만 $1,000가 증가하며 유보이익은 $38만 9,000로 $1,000가 감소하고 자본잉여금 수치는 변하지 않는다.

주식분할 회계

A사가 1대 2의 주식분할을 한다고 가정하자. 분할 후의 자기자본은 **표 14-7**과 같다.

분할 후에도 모든 계정의 수치가 전혀 변하지 않는다는 것에 주목하라. 단지 주당 액면가와 발행주식수만 바뀔 뿐이다. 즉, 주식 수가 두 배로 늘었기 때문에 액면가는 $1에서 절반으로 줄어 $0.5가 된다.

표 14-7 주식분할 후 자기자본계정

자본금(액면가 $0.5, 발행주식수 2만 주)	$10,000
주식발행초과금(자본잉여금)	200,000
유보이익(이익잉여금)	390,000
총자기자본	$600,000

주식배당 vs. 무상증자

주식배당은 그 재원의 이익잉여금으로 한정되어 있으므로 배당가능 이익이 충분한 우량기업에서 주로 이루어진다. 또 주식배당은 현금이라는 자산이 외부로 유출되는 현금배당과는 달리 기업 내에 재투자된다는 장점이 있다. 참고로, 우리나라 기업이 자주 애용하는 무상증자와 비교하면, 무상증자는 주식배당과 그 효과는 유사하지만 재원으로 이익잉여금은 물론 자본잉여금도 사용 가능하도록 되어 있다. 대부분 기업은 유보이익은 부족하더라도 (주식의 액면가와 시장가치의 차이인) 주식발행초과금은 태생적으로 (계정상) 가지고 있기 때문에 우량기업이 아니어도 무상증자를 할 수 있다.

1 정규배당 인상에 대한 정보는 시장투자자에게 어떠한 내용을 전하는가?

① 기업의 미래 수익이 탄탄할 것이다.

② 기업이 최근 자회사를 매각했다.

③ 기업은 일회성 현금 잉여금을 보유하고 있다.

④ 기업은 매출이 꾸준히 감소하여 필요 이상의 현금을 보유하고 있다.

⑤ 향후 배당금은 낮아질 것이다.

2 ㈜나주의 주주는 소득에 25% 세금을 낸다고 가정한다. 오늘 이 기업 주식의 종가는 주당 $28.49이다. 이 기업은 주당 $1.40의 분기배당금을 지급할 예정이다. 내일이 배당락일이라면 내일 이 주식의 예상 시가는 얼마인가?

3 ㈜통영의 시장가치는 장부가치와 동일하다. 현재 이 기업은 $300의 잉여현금과 $6,200의 기타자산을 보유하고 있다. 또 자기자본의 가치는 $5,000이며 발행주식수는 500주이고 순이익은 $720이다. 이 기업이 자사주매입을 위해 잉여현금을 사용한다면 새로운 주당이익은 얼마가 되는가?

배당정책의 무관련성

4 배당금은 매우 중요하지만 배당정책은 무관한 이유는 무엇인가?

배당 vs. 자사주매입

5 세금이 없다면 자사주매입과 배당이 주주의 부에 미치는 효과는 서로 같을 수 있지만, 세금을 고려하면 자사주매입이 주주에게 더 이익이 된다. 그러면 왜 모든 기업이 배당 대신에 자사주매입을 하지 않는가?

주식분할과 주식배당

6 **㈜태백의 발행주식수는 현재 36만 5,000주이며, 주식은 주당 $87에 팔린다. 시장이 완전하고 세금효과가 존재하지 않는다고 가정하면, 다음 상황이 발생한 이후에 이 기업의 주가는 얼마가 되겠는가?**

a. 3대 5의 주식분할

b. 15%의 주식배당

c. 42.5%의 주식배당

d. a~c에서 발행주식수는 몇 주가 되겠는가?

자가배당

7 **당신은 ㈜공주의 주식을 1,000주 보유하고 있다. 당신은 1년 후에 주당 $2.34의 배당을 받을 것이다. 2년 후에 이 기업은 주당 $73의 청산배당을 할 것이다. 이 기업의 주식에 대한 요구수익률은 14%이다. 세금을 무시하면, 당신이 보유한 주식의 현재가격은 얼마인가? 만일 당신이 향후 2년간 매년 동일한 배당금을 받고자 한다면, 자가배당을 이용하여 어떻게 이를 달성할 수 있는지를 보이시오. (힌트 : 배당금은 연금의 형태가 될 것이다.)**

자사주매입

8 **㈜충주는 특별배당과 자사주매입을 비교하고 있다. 어느 경우에도 $1만 1,008가 사용될 것이다. 현재 순이익은 주당 $4.50이며, 주식은 주당 $89에 팔린다. 발행주식수는 4,300주이다. 세금과 기타 불완전성은 무시하라.**

a. 주가와 주주의 부에 미치는 효과 측면에서 두 대안을 평가하시오.

b. 두 대안은 이 기업의 EPS와 PE비율에 각각 어떠한 영향을 미치겠는가?

CHAPTER 15

인수합병과 기업분할

한 기업이 다른 기업을 인수하거나 여러 기업으로 분할되는 사건은 실제 세계에서 매우 빈번하게 발생한다. 기업은 급변하는 글로벌 환경 속에서 '생존과 성장'을 위해 합병과 분할 등 다양한 '구조조정'을 실행한다. 인수합병은 기업분할과 더불어 기업의 규모를 변화시키는 중요한 경영의사결정이다. 우리나라는 과거 외환위기 이전에 대부분 기업이 사업부문을 확대해 나가는 다각화 전략에 치중했었다. 그러나 외환위기가 발생하자 무분별한 다각화가 기업부실화의 주요 원인으로 대두되었고, 급기야 정부는 이를 극복하기 위한 정책수단의 일환으로 1998년 「상법」을 개정하여 기업의 구조조정 및 인수합병을 활성화하였고 이에 따라 기업분할 제도가 도입되었다. 그러면 기업은 왜 합병과 분할을 하는 것일까? 기업은 이를 통해 주주에게 가치를 창출할 수 있을까?

인수합병의 형태

인수합병(merger and acquisition : M&A)은 인수와 합병을 함께 지칭하는 개념이다. 기업의 인수란 한 기업이 다른 기업의 주식이나 자산을 취득하여 경영권을 획득하는 것이며, 합병이란 둘 이상의 기업이 하나의 기업으로 합쳐지는 것을 말한다. 기업은 바로 합병을 하기도 하지만 인수 후 합병으로 이어지는 경우도 있으므로 합병과 인수라는 용어가 실제 세계에서는 혼용해서 사용된다. 인수합병의 형태로는 합병, 주식의 인수, 자산의 인수 등 세 가지가 있다.

❶ 합병

합병(merger)은 흡수합병과 신설합병으로 구분된다. 흡수합병이란 한 기업이 다른 기업을 완전히 흡수하는 것이다. 인수기업은 자신의 이름과 정체성을 유지하면서 대상기업의 모든 자산과 부채를 인수하며, 합병 후 피인수기업은 독립사업체로서 존속을 마감한다. 신설합병은 인수기업과 대상기업이 이전의 법적 존재를 해산하고 하나의 새로운 기업으로 탄생한다는 점을 제외하고는 흡수합병과 같다. 합병 후 존속 또는 신설 기업은 합병으로 인하여 소멸된 기업의 권리의무를 승계한다. 합병은 각 기업의 주주로부터 승인을 받아야 하며 이를 위해 보통 전체 투표수의 2/3 이상의 찬성이 필요하다. 합병은 수평적 합병, 수직적 합병, 복합적 합병 등 세 가지 유형으로 분류된다. 수평적 합병은 인수기업이 같은 산업에 속한 기업을 합병하는 것이다. 이러한 합병은 은행산업에서 흔하게 발생하며 국내에서는 신한은행의 조흥은행 인수를 들 수 있다. 수직적 합병은 생산 또는 유통 과정이 서로 연결된 기업들과 관련된다. 항공사의 여행사 인수는 수직적 합병이다. 마지막으로 복합적 합병은 인수기업과 대상기업이 서로 관련이 없는 경우이다.

❷ 주식의 인수

한 기업은 현금, 주식 등으로 다른 기업의 의결권 주식을 매입함으로써 그 기업을 인수할 수 있다. 주식매수를 통한 인수는 대주주 지분을 직접 매입하는 방법과 시장에서 일반투자자의 주식을 공개적으로 매수하는 방법이 있다. **공개매수(tender offer)**는 인수기업이 정해진 가격으로 대상기업의 주식을 매수하겠다고 공개적으로 제안하는 것으로 대상기업의 주주를 대상으로 이루

표 15-1 2023년 국내기업의 공개매수 현황(금융감독원 전자공시시스템)

인수주체	대상기업	목표지분율	공개매수가격	결과
덴티스트리인베스트먼트	오스템임플란트(1차)	15.4~71.8%	19만원	성공
	오스템임플란트(2차)	10.63%	19만원	성공
하이브	에스엠	25%	12만원	실패
카카오	에스엠	35%	15만원	성공
IMM PE	한샘	7.70%	5만5,000원	성공

어진다. 참고로 **표 15-1**의 2023년 국내기업의 공개매수 현황을 살펴보자.

주식인수의 장점은 주주총회를 개최할 필요가 없으며 어떠한 투표도 요구되지 않는다는 것이다. 또한 인수기업은 대상기업의 경영진이 비우호적이더라도 공개매수제안을 통해 대상기업의 주주와 직접 거래할 수 있다. 주식인수는 종종 정식 합병으로 이어지지만 인수된 기업이 독립사업체로 계속 존재할 수 있다. 예를 들면, 신한은행은 2003년 조흥은행의 주식을 인수한 후 일정기간이 지나 2006년에 조흥은행을 흡수합병하였다. 반면에 미국 Tesla는 2022년에 Twitter의 주식을 인수하였지만 정식 합병으로 이어질 가능성은 없다고 한다.

❸ 자산의 인수

한 기업은 다른 기업의 자산을 대부분 또는 전부 매입함으로써 그 기업을 사실상 인수할 수 있다. 이는 기업을 사는 것과 마찬가지의 효과를 거둔다. 이 유형의 인수는 대상기업의 주주로부터 승인을 필요로 하지만 소액주주가 버티는 문제는 없다는 이점이 있다. 자산의 인수는 개별 자산의 명의이전을 요하므로 그 법적 과정에서 많은 비용이 발생할 수 있다.

테이크오버

테이크오버(takeover)란 한 그룹으로부터 다른 그룹으로 기업 통제권의 이전을 지칭하는 포괄적인 용어다. 테이크오버는 앞서 논의한 합병, 주식의 인수, 자산의 인수 등으로 인해 주로 발생하지만, 위임장경쟁이나 주식비공개화를 통해서 일어날 수도 있다.

위임장은 다른 사람을 대신하여 투표를 할 권리이다. **위임장경쟁(proxy fight)**은 현재 경영진

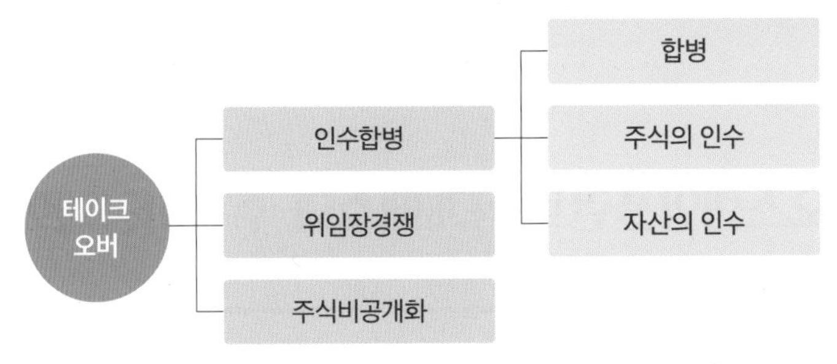

그림 15-1 테이크오버 vs. 인수합병

(또는 대주주)과 이에 불만족한 주주가 주주총회에서 자신의 목적을 관철시키기 위해 일반주주를 대상으로 투표권 위임을 경쟁적으로 간청하는 것을 말한다. **주식비공개화**(going private)는 소규모 그룹의 투자자가 주로 공개매수를 통해 대상기업의 모든 주식을 매수하여 상장 폐지시켜 인수한 기업을 비공개기업으로 바꾸는 것이다. 주식매수 자금을 대상기업의 자산을 담보로 차입하는 **차입매수**(leveraged buyout : LBO)의 형태로 이루어진다.

BOX 재무 인수에 대한 세금

한 기업이 다른 기업을 인수할 때 매각기업 주주에게 세금이 부과될 수도 있고 부과되지 않을 수도 있다. 과세인수와 비과세인수의 구분은 인수기업이 매각기업에 지불수단으로 현금을 지급하는지 또는 주식을 제공하는지에 달려 있다. 현금지급을 통한 인수에서는 매각기업의 주주가 자신의 주식을 매도한 것으로 간주되어 자본이득에 과세된다. 주식 제공을 통한 인수에서 피인수기업의 주주는 자신의 주식을 동일한 가치를 지닌 새로운 주식과 교환한 것으로 간주되므로 자본이득이 발생하지 않아 세금을 내지 않는다.

오스템임플란트 공개매수와 주식비공개화

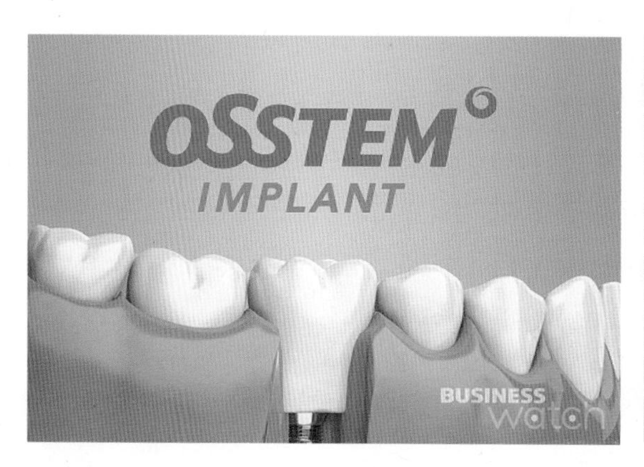

오스템임플란트 1차 공개매수 개요	
인수주체	덴티스트리 인베스트먼트
주당 매수가격	19만원
매수 지분율	15.4~71.8%
공개매수 규모	239만 4,782 ~ 1,117만 7,003주
공개매수 기한	1월 25일~2월 24일

금융감독원 전자공시시스템

사모펀드 UCK·MBK 컨소시엄은 공개매수 추진을 위해 특수목적법인 덴티스트리인베스트먼트를 설립하여 2023년 2월과 4월에 두 차례 공개매수를 통해 주당 19만원에 오스템임플란트 지분 96.1%를 확보하였다. 공개매수 가격 19만원은 1차 공개매수일 기준으로 1개월과 3개월 이전 평균 종가에 각각 40%와 51% 프리미엄을 적용하여 산정되었다. 공개매수의 목적은 "대상기업의 자발적 상장폐지를 통한 경영활동의 유연성과 의사결정의 신속함 확보를 통한 경쟁력의 지속적인 유지와 발전"이다. 비상장사로 전환을 하면 소액주주의 경영권 간섭을 피할 수 있어 의사결정이 수월해지고 공시의무의 부담도 줄일 수 있다.

2023년 6월 28일 오스템임플란트는 임시주주총회에서 상장폐지 안건이 통과되어 한국거래소에 상장폐지 신청서를 제출했다. 한국거래소 규정에 따르면 유가증권시장에서 상장폐지를 위해서는 지분율을 95% 이상 확보해야 한다. 상장폐지가 결정되면 UCK·MBK 컨소시엄은 남은 지분을 정리매매 등의 방법으로 매수한다.

인수의 이득

한 기업이 다른 기업을 인수하는 것은 불확실성하의 투자이다. 인수의 주된 이유는 시너지를 통한 기업가치의 증대이다. 인수의 이득을 예상하기 위해서는 인수로 인해 발생할 시너지의 가치를 추정할 수 있어야 한다.

1 시너지

시너지(synergy)란 전체는 부분의 합보다 더 가치가 있다는 의미와 관련된다. 예를 들어, 기업 A가 기업 B의 인수를 고려하고 있다고 하자. V_A와 V_B는 각 기업의 가치이다. 합병이 성사되기 위해서는 전체의 가치 V_{AB}가 부분의 합($V_A + V_B$)보다 커야 한다. 시너지는 합친 기업의 가치와 개별 기업 가치의 합과의 차이이며 인수로 인해 증가하는 순이득이다. 즉,

$$\text{시너지}(\Delta V) = V_{AB} - (V_A + V_B)$$

인수로부터 발생하는 시너지는 일반적 현금흐름할인모형을 사용하여 추정될 수 있다. 시너지의 원천은 수익향상, 비용절감, 세금절감, 자본수요 감소 등 네 가지로 나뉜다.

수익향상

합쳐진 기업은 마케팅 이득, 전략적 혜택, 시장지배력 증가 등에 기인하여 수익이 향상될 수 있다. 마케팅 이득은 기존의 비효율적 광고, 취약한 유통채널, 불균형 제품믹스 개선 등으로 발생한다. 전략적 혜택은 미래에 어떤 상황이 발생했을 때 시장을 선점할 수 있는 기회이다. 예를 들면, 2016년에 삼성전자는 커넥티드카, 오디오 전문기업인 Harman 인수를 통해 신성장 분야인 차량용 전자장비 사업으로의 진출을 위한 전략적 교두보를 마련했다. 시장지배력의 증가는 한 기업이 동종산업에 속하는 다른 기업을 인수함으로써 생산 또는 판매가격에 영향력을 행사하는 것을 말한다. 그러나 경쟁을 심각히 저해하는 합병은 독과점금지법의 규제를 받는다.

비용절감

규모의 경제, 수직통합의 경제, 자원의 상호보완, 경영진 교체 등을 통해서 비용을 절감할 수 있다. **규모의 경제**(economy of scale)는 재화와 서비스 생산에 소요되는 단위당 평균비용이 생산

량이 증가할수록 감소하는 현상을 말한다. 수직통합의 경제는 영업활동이나 생산기술을 수직적으로 조화롭게 통합함으로써 비용을 절감하는 것을 말한다. 예를 들면, 대부분의 삼림업체가 제재소와 수송장비를 보유하는 이유는 수직적 통합의 혜택을 누리기 위함이다. 자원의 상호보완은 기존 자원의 효율적인 활용과 관련된다. 예를 들면, 스키용품점이 테니스용품점을 인수함으로써 겨울철은 물론 다른 계절에도 상점공간의 활용도를 높여 비용을 절감할 수 있다. 합병을 통해 비효율적인 경영진을 교체함으로써 불필요한 경비를 줄이고 운영비를 절감할 수 있다.

세금절감

세금절감은 영업손실 및 미사용 **차입여력(debt capacity)**과 관련된다. 법인세를 많이 내야 하는 기업은 영업손실로 인해 (승계 가능한) 이월결손금이 있는 기업을 인수함으로써 세금을 절감할 수 있다. 차입여력과 관련하여 기업은 일반적으로 자신이 조달할 수 있는 최대한도의 부채를 사용하지 않는다. 이와 같이 미사용 차입여력이 충분히 있는 기업을 인수하여 추가 부채를 발행하면 이자 세금 공제를 받을 수 있다.

자본수요 감소

기업은 합병을 통해 운전자본과 고정자산에 대한 중복투자를 줄임으로써 현금흐름을 개선시킬

시너지의 가치

기업 A와 기업 B는 위험에 있어서 서로 매우 유사하다. 두 기업 모두 순수자기자본으로 구성된 기업이며, 이들 기업의 세후현금흐름은 영원히 연 $10이고 자본비용은 10%이다. 기업 A는 기업 B의 인수를 고려하고 있다. 합쳐진 기업으로부터 발생하는 세후현금흐름은 연 $21가 될 것으로 예상한다. 이 합병으로부터 증가하는 이득, 즉 시너지의 가치는 얼마인가?

합쳐진 기업의 현금흐름($21)은 개별 기업의 현금흐름 합($20)보다 $1 더 많다. 위험이 변하지 않는다고 가정하면, 합병 후 기업의 가치는 $210(= $21/0.10)이다. 기업 A와 기업 B의 가치는 각각 $100(= $10/0.10)이므로 단순 합계는 $200이다. 따라서 이 합병으로부터 시너지의 가치는 $10(= $210 − 200)이다.

수 있다.

❷ 다각화

합병의 이유로 가끔 언급되는 **다각화**(diversification)는 기업이 주 사업 이외의 다른 분야로 사업범위를 확장하는 것을 말한다. 특히 성장이 정체된 기업이 종종 다각화 합병을 통하여 새로운 분야로 진출을 하려는 경우가 있다. 다각화란 용어는 투자론에서는 분산투자로 번역된다. 사업다각화는 시너지 창출과 같은 특별한 이득이 없다면 가치를 창조하지는 않는다. 자산가치의 증가는 체계적 위험이 감소함으로써 발생할 수 있지만 다각화, 즉 분산투자는 비체계적 위험만 줄여주는 역할을 하기 때문이다. 또 경영진이 굳이 인수를 통해서 다각화를 달성하는 것보다 주주 자신이 증권회사를 통해 대상기업의 주식을 매수함으로써 훨씬 손쉽게 분산투자를 할 수 있다. 따라서 다각화 자체만으로는 합병의 좋은 이유가 될 수 없으며, 인수기업은 다각화를 이유로 매각기업에게 프리미엄을 지불하지는 않을 것이다.

인수합병의 가치평가

인수합병은 불확실성하의 투자이다. 기업은 합병을 통해 주주에게 가치를 창출할 수 있어야 한다. 기업이 인수를 할 때 전형적으로 NPV 분석을 한다. 이러한 분석은 인수로부터 얻을 수 있는 이득(시너지의 현재가치)과 인수대가로 매각기업에 지급하는 프리미엄을 고려해야 한다. **인수합병의 지불수단**이 현금인 경우는 비교적 간단하지만 주식인 경우는 다소 복잡하다.

예를 들어 설명하기로 한다. 기업 A는 기업 B의 인수를 고려하고 있으며 이들 기업에 대한 합병 전 정보가 다음과 같다고 가정하자.

표 15-2 합병 전 주가와 발행주식수

	기업 A	기업 B
현재주가	45,000원	10,000원
발행주식수	100만 주	100만 주
시장가치	450억원	100억원

두 기업 모두 100% 자기자본으로 구성된 기업이다. 인수로 인한 가치 증가분(ΔV), 즉 시너지의 현재가치는 100억원으로 추정된다. 기업 B의 이사회는 기업 A가 현금 150억원 또는 이에 상응하는 주식을 지급한다면 매각에 동의하기로 했다. 기업 B가 요구하는 가격은 두 부분으로 구분된다. 첫 번째 부분은 기업의 현재 시장가치 100억원이며, 이는 기업 B가 받아야 하는 최소한의 가치다. 두 번째 부분은 합병프리미엄 50억원이며, 이는 개별가치를 초과하는 부분이다. 이 프리미엄은 인수로부터 발생하는 시너지 가치의 50%에 해당한다.

각 지불수단별 합병으로부터의 NPV를 계산해 보자. 또 주식으로 교부하는 경우 교환비율은 얼마가 되어야 하는가?

❶ 현금인수

현금인수에서는 지불한 현금이 바로 인수비용이다. 기업 A가 기업 B의 모든 주식을 매입하기 위해 현금으로 150억원을 지불한다면 인수비용은 150억원이다. 합병으로 인해 증가하는 순이득이 100억원이므로 현금인수의 NPV와 합병 후 기업의 가치(V_{AB})는 아래와 같다.

$$NPV = (V_B + \Delta V) - \text{현금비용} = (100\text{억원} + 100\text{억원}) - 150\text{억원} = 50\text{억원}$$
$$V_{AB} = (V_A + NPV) = 450\text{억원} + 50\text{억원} = 500\text{억원}$$

현금으로 인수하기 때문에 합병 후 기업 AB의 발행주식수는 여전히 100만 주가 될 것이다. 합병 후의 주가는 5만원(= $500억원/100만 주)이 되어 인수기업 A의 주주는 주당 5,000원의 이득을 보게 된다.

❷ 주식교환

합병의 지불수단으로 주식을 발행해서 교부하는 경우는 상황이 다소 복잡하다. 현금합병에서 매각기업 B의 주주는 자신의 보유주식 대신에 현금을 받으며 더 이상 기업에 관여하지 않는다. 주식합병에서는 현금 대신에 기업 A의 주식이 새로 발행되어 교부되므로 기업 B의 주주는 합병 후 기업의 새로운 주주로 합류하게 된다. 합병 후 기업의 가치(V_{AB})는 합병 전 두 기업의 가치와 합병으로부터 이득 증가분(ΔV)의 합과 같다.

$$V_{AB} = V_A + V_B + \Delta V$$
$$= 450억원 + 100억원 + 100억원 = 650억원$$

여기서 중요한 질문. "기업 A가 기업 B의 주주에게 몇 주를 주면 150억원의 현금지급과 동일한 셈이 되는가?" 다시 말하면, 기업 A와 기업 B의 주식교환비율(합병비율)을 얼마로 하면 기업 B의 주주가 현금인수와 주식인수 제안 사이에 무관하겠는가? 이 질문에 대답하기 위해서는 기업 B 주주에게 제공해야 할 주식의 수는 합병 후 기업의 주가와 연관되어 있다는 점을 인지해야 한다. 왜냐하면 합병 후 기업의 주가는 시너지 가치가 반영되어 기업 A의 현재주가 45,000원보다 높게 형성될 것이기 때문이다. 또 기업 B의 주주도 (현금인수와 달리) 합병기업의 새로운 주주로 그 혜택을 공유하기 때문이다.

주식교환비율은 매각기업 주식 1주와 교환으로 인수기업이 새로 발행하여 교부하는 주식의 수이다. 현금인수와 주식인수 제안 사이에 무관하게 될 주식교환비율을 계산하기 위해서 우선 X는 (기업 B 주주에게 제공하기 위해) 기업 A가 추가로 발행해야 할 '총주식수', Y는 '합병 후 기업의 주가'라고 가정하자.

먼저 기업 A는 150억원에 해당하는 주식을 기업 B 주주에게 주어야 하므로 X는 150억원을 합병 후 주가로 나누어 구한다.

$$X = 150억원/Y \qquad [식1]$$

다음으로 합병 후 주가는 앞서 계산한 합병 후 기업의 가치(V_{AB}) 650억원을 기업 A의 총발행주식수(기발행주식수 100만 + 추가발행주식수 X)로 나누어 구한다.

$$Y = 650억원/(100만 주 + X) \qquad [식2]$$

[식 1]과 [식 2]를 동시에 풀면 X = 30만 주, Y = 5만원이다. 즉, 기업 A가 추가로 발행해야 할 총주식수는 30만 주이며 합병 후 주가는 5만원이다. 따라서 기업 B의 주주가 받게 되는 사실상의 인수비용은 150억원(= 30만 주 × 5만원)으로 현금인수의 경우와 동일하다. 주식인수의 NPV는 아래와 같다.

$$NPV = (V_B + \Delta V) - 인수비용 = (100억원 + 100억원) - 150억원 = 50억원$$

주식인수와 현금인수에서 NPV도 모두 50억원으로 동일함을 알 수 있다.

대한항공의 아시아나항공 인수

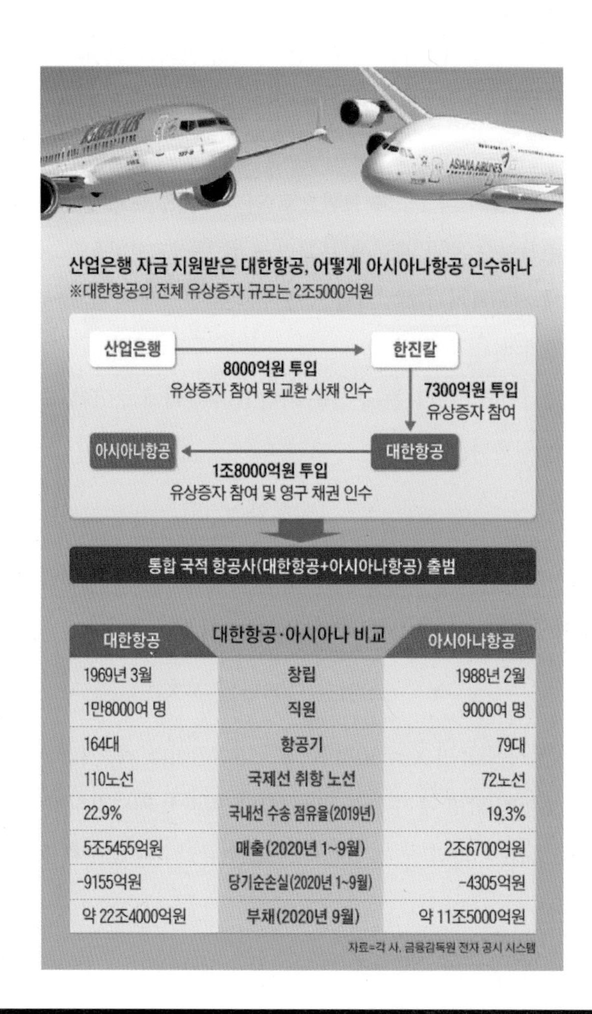

대한항공·아시아나 비교

대한항공		아시아나항공
1969년 3월	창립	1988년 2월
1만8000여 명	직원	9000여 명
164대	항공기	79대
110노선	국제선 취항 노선	72노선
22.9%	국내선 수송 점유율(2019년)	19.3%
5조5455억원	매출(2020년 1~9월)	2조6700억원
-9155억원	당기순손실(2020년 1~9월)	-4305억원
약 22조4000억원	부채(2020년 9월)	약 11조5000억원

자료=각 사, 금융감독원 전자 공시 시스템

한진그룹은 지주사인 한진칼과 대한항공이 2020년 11월 16일 오전에 각각 이사회를 열어 아시아나항공을 인수하기로 결의했다. 코로나19 사태로 인해 세계 항공업계가 초유의 위기에 처해 있는 상황에서 이번 대한항공의 아시아나항공 인수는 국내 항공산업 재편의 신호탄으로 간주된다. 양사의 합병으로 시너지 효과를 기대할 수 있다는 전망이 있는 반면 수십조원에 달하는 부채로 인해 두 회사 모두 공멸할 수 있다는 지적도 있다.

우선 아시아나항공 채권단인 KDB산업은행이 한진그룹 지주사인 한진칼에 8,000억원을 투자한다. 한진칼의 자회사 대한항공은 주주배정 방식으로 2조 5,000억원 규모의 유상증자를 실시한다. 이 중 7,300억원은 한진칼이 산은으로부터 받은 돈으로 투자한다. 대한항공이 유상증자에 성공하면 이 돈으로 아시아나항공의 신주(유상증자 참여)와 채권을 인수하는 것이다.

대한항공은 유상증자 등을 통해 아시아나항공 인수 작업을 완료하더라도 관련 14개 국가의 기업결합심사에 통과해야 한다는 것이 최대 걸림돌이다. 결합기업이 시장지배력을 강화하여 시장을 독과점하는 경우 공정한 경쟁이 저하되고, 그로 인해 막대한 소비자 피해가 발생할 가능성이 있다. 따라서 국내외 운송서비스의 경쟁 위축 우려를 해소시킬 수 있어야 한다.

기업결합심사를 통과하여 합병이 성사된다면 다음으로 중요한 건 합병비율이다. A회사가 B회사를 합병한다고 할 때 합병비율이 0.5라면 B주식 1주당 A주식 0.5주를 준다는 의미다. 2023년 7월 21일 현재 대한항공과 아시아나항공의 BPS는 각각 24,352원과 9,289원이므로 BPS 기준으로 대한항공과 아시아나의 합병비율은 약 0.38이다. 아시아나 1주당 대한항공 0.38주를 줄 수 있다는 의미다. 물론 여기에 중요한 합병프리미엄이 추가로 더해져야 한다.

그러나 상장사의 실제 합병비율은 시장가치로 정한다. 만약 합병 시점의 대한항공 주가가 2만 5,000원이고 아시아나항공이 1만원이라면 합병비율은 0.4(= 10,000/25,000)가 된다. 향후 합병시점 이들 항공사의 주가에 따라 주주들의 유불리가 결정되지만 이 합병비율은 ±30% 범위 내에서 조정이 가능하다.

조선일보, 2020. 11. 17. 수정

종합하면, 기업 B의 주주는 현금 150억원에 상응하는 주식을 받는 셈이 되므로 현금인수와 주식인수 제안 사이에 무관할 것이다. 이를 위한 주식교환비율은 기업 A가 추가로 발행하는 총 주식수 30만 주를 기업 B의 총주식수 100만 주로 나누면 0.3이 된다. 즉, 매각기업 B의 주식 1주당 합병기업 A의 주식 0.3주가 추가 발행되어 교부된다.

인수합병의 지불수단으로 미국에서는 현금과 주식 모두 흔하게 사용하며, 혼합하여 사용하기도 한다. 그러나 우리나라는 거의 대부분 주식을 사용한다. 지불수단 선택을 위해서는 다음 요인을 고려해야 한다. 첫째, 현금인수에서 매각기업의 주주는 향후 합병의 성과에 참여하거나 손실을 분담하지 않는다. 둘째, 현금인수는 매각기업 주주에게 과세대상이며, 주식교환을 통한 인수는 일반적으로 비과세된다. 셋째, 현금인수는 인수기업의 지배력에 영향을 미치지 않으나 주식교환을 통한 인수는 지배력에 영향을 줄 수 있다.

인수합병의 방어전술

인수합병은 대상기업과 합의하에서 주로 이루어지지만 대상기업의 동의 없이 강행하는 적대적 인수합병도 종종 발생한다. 적대적 인수합병은 통상적으로 공개매수의 형태를 취한다. 이러한 비우호적 인수시도는 대상기업의 대주주나 경영진의 저항에 직면하게 되며 이에 대항하기 위한 다양한 방어전술이 알려져 있다. 이들 전술은 아직 관련 법률 제정이 이루어지지 않아 불법적이거나 부적합한 것으로 여겨질 수 있다.

① 기업정관 변경

기업은 정관을 변경하여 인수의 허용 조건을 까다롭게 한다. 예를 들면, 통상 합병을 위해서 투표 주주의 2/3가 찬성을 해야 하는데 이 비율을 80% 이상으로 변경할 수 있다. 이러한 변경을 초다수개정(supermajority amendment)이라고 한다.

② 정지협약

적대적 인수시도의 가능성이 높은 투자자나 주주의 보유주식을 상당한 프리미엄을 주고 매입하고 이들과 지분소유에 제한을 두도록 하는 정지협약(standstill agreement)을 맺는다. 이러한 협약이 성사되면 인수시도는 보통 끝나게 된다. 기업사냥꾼 등의 특정 세력이 적대적 인수를 포기하는 대가로 자신의 보유주식을 시가보다 훨씬 높은 가격에 되사도록 요구하는 것을 그린메일(greenmail)이라고 부른다. 이 용어는 초록색 지폐인 달러화를 요구한다는 의미이며 월스트리트 영화에서 종종 언급된다.

③ 독약조항

경영진의 동의가 없는 인수를 불가능하게 하기 위해 고안된 재무적 장치다. 예를 들면, 대다수 미국기업은 주식인수권플랜(share rights plan)과 같은 독약조항(poison pill)을 채택하고 있다. 이 조항은 적대적 인수시도 발생 시 대상기업의 주주는 인수권을 행사하여 자신 기업의 주식을 싸게 살 수 있도록 하는 반면에 적대적 인수자가 소유한 인수권은 무효가 되도록 한다.

④ 주식비공개화

투자자나 주주의 한 그룹이 기업의 공개주식을 모두 인수하여 상장을 폐지하고 자신 기업을 비공개로 만드는 것을 말한다. 주식비공개화(going private)의 결과, 시장에서 거래 가능한 상장주식이 존재하지 않으므로 공개매수제안을 통한 적대적 인수는 더 이상 일어날 수 없다.

⑤ 황금낙하산

인수된 기업의 최고경영진이 해임될 경우 이들에게 거액의 퇴직금, 보너스, 스톡옵션 등과 같은 엄청난 보상을 제공한다는 조항이다. 황금낙하산(golden parachute)은 인수기업에게 엄청난 재정적 부담을 떠안기는 조항이므로 적대적 인수에 대한 방어전략으로 볼 수 있다.

⑥ 차등자본화

기업이 의결권이 상이한 여러 종류의 주식을 발행하는 것을 말한다. 예를 들면, 미국 Google의 모기업인 Alphabet은 발행주식이 여러 종류이며, 의결권은 일반투자자가 보유하지 않은 주식의 종류에 집중되어 있다. 이와 같은 상황에서는 비우호적 인수는 불가능할 것이다.

머스크(Tesla CEO)의 Twitter 인수 시 황금낙하산

2022년 10월에 일론 머스크(Elon Musk) Tesla 최고경영자(CEO)는 사회관계망서비스(SNS) Twitter의 인수를 주당 $54.2에 총 $440억(약 62조원)로 우여곡절 끝에 완료하였다. 머스크는 첫 일성으로 Twitter의 기존 경영진을 해고했지만, 덕분에 이들은 수천만 달러 돈방석에 앉게 됐다.

Market Watch에 따르면, 기존 Twitter 경영진은 총 $1억 2,200만 규모의 주식 보상을 포함하여 1년치 급여 등을 받게 된다. 파라그 아그라왈 전 CEO는 최대 $5,740만를 챙길 수 있게 됐다. 또 네드 시걸 전 최고재무책임자(CFO), 비자야 가데 최고법률책임자(CLO), 사라 퍼소네트 최고고객책임자(CCO)는 각각 $4,450만, $2,000만, $1,920만를 받을 수 있다.

아그라왈 전 CEO는 지난 2011년 Twitter에 입사한 이후 창업자 잭 도시의 뒤를 이어 2021년에 CEO 자리에 올랐다. 시걸 전 CFO는 Goldman Sachs 출신의 금융전문가로 2017년에 Twitter에 영입됐다. 머스크가 최초 Twitter 합병을 추진하는 과정에서 '계약위반' 논란으로 잡음이 일었던 가데 전 CLO는 지난 2011년부터 Twitter에서 근무했다. 퍼소네트 CCO는 지난해부터 직책을 맡았으며 총 근무 경력은 5년이다. 이들 경영진은 모두 30~40대의 비교적 젊은 나이다.

이들 경영진이 Twitter에서 쫓겨나게 되면서 거액을 받을 수 있게 된 이유는 적대적 인수합병에 대비한 조항 때문이다. Twitter는 이른바 '황금낙하산 조항(golden parachute provision)'을 규정하고 있다. 이는 인수대상 기업의 경영진이 임기 전에 물러날 경우 이들의 신분 보장을 위해 통상적 퇴직금 외에 거액의 특별 보상금, 보너스, 스톡옵션 등을 주도록 하는 내용이다.

경향신문, 2022. 4. 26. 수정

백기사와 왕관보석

백기사(white knight)는 적대적 인수에 직면해 있는 기업의 자산 또는 주식을 인수해 줌으로써 적대세력의 공격을 차단해 주는 역할을 하는 기업이다. 왕관보석(crown jewel)은 기업이 보유한 매우 중요한 사업부문이나 자산을 지칭하는 용어로, 인수의 위협에 직면한 기업은 이들을 처분함으로써 인수대상으로서 매력을 떨어트려 인수시도를 와해할 수 있다.

인수합병은 주주에게 이득이 되는가

인수합병이 주주가치에 미치는 영향을 조사하기 위해 인수합병의 발표시점 전후 인수기업과 대상기업의 주가 변화에 대한 많은 연구가 이루어져 왔다. 먼저, 인수합병은 대상기업의 주주에게는 확실히 이득이 된다. 매수자가 인수를 위해 지급하는 프리미엄이 바로 대상기업 주주의 이득에 해당하며 그 규모는 미국의 경우 대상기업 주가의 20%를 훨씬 넘는다. 특히 대상기업의 주주는 통상적 합병보다 공개매수에서 더 큰 이익을 얻는다.

반면에, 미국의 경우 인수기업의 주주는 공개매수에서는 약간의 초과이익을 얻지만 통상적 합병에서는 초과이익을 전혀 얻지 못한다. 이러한 연구결과는 다소 의외이며 다음과 같은 여러 가지 설명이 가능하다.

1. 인수합병의 이득이 예상대로 달성되지 않을 수 있다는 우려를 반영한다.
2. 인수기업은 피인수기업보다 일반적으로 규모가 훨씬 크기 때문에 인수기업의 이득은 피인수기업의 이득과 금액상으로는 비슷하더라도 비율상으로는 훨씬 낮을 수 있다.
3. 경영진의 인수시도가 주주가치 증대보다는 기업규모 확대를 통한 자신의 이익 추구와 더 관련되어 있을 수 있다.

대한항공의 아시아나항공 인수발표에 따른 주가반응

대한항공은 2020년 11월 16일 오전 이사회를 열고 아시아나항공의 인수를 결의했다고 밝혔다. 당일 대한항공 주가는 12.53% 상승하여 26,950원, 아시아나항공 주가는 29.84% 상승하여 5,570원에 마감하였다.

4. 인수합병 시장이 아주 경쟁적이라면 매수자보다는 매도자가 대부분의 이득을 취하게 된다.
5. 기업이 특정 인수를 발표하기 훨씬 전부터 관련 인수합병 추진 계획을 자주 밝히기 때문에 인수기업의 주가에는 합병으로부터 예상되는 이득이 이미 반영되어 있을 수 있다.

미국과는 달리 국내에서 대상기업과 인수기업의 주가는 인수합병 공시 무렵 모두 평균적으로 5% 내외의 상승을 보이는 것으로 나타났다. 또한 재무위험이 높은 인수기업일수록 인수합병으로 인한 보험효과 상승으로 보다 긍정적 주가반응을 보였다(한국증권학회지, 2014).

기업분할

인수합병과는 대조적으로 **기업분할(company split)**은 기업이 기존 사업부를 회사 형태로 분리하는 것을 말한다. 기업은 분할을 통하여 전문화된 사업에 역량을 집중시켜 경쟁우위를 확보하

재린이 생각하기

지주회사와 기업의 소유구조

지주회사(holding company)는 다른 회사의 주식을 소유함으로써 그 회사의 사업활동을 지배하는 회사를 말한다. 특정 주주가 적은 지분만 가지고도 순환출자를 통해 여러 자회사를 지배하는 지배구조는 지주회사 체제로 전환하게 되면 투명하게 개선될 수 있다. 따라서 우리나라 정부는 그동안 상호출자 기업을 지주회사로 전환하도록 유도하기 위해 여러 세혜택을 적극 제공해 왔다.

그러나 지주회사는 자회사 손자회사로 내려가면서 대주주(개인 또는 모기업)의 보유지분과 지배력 간에 괴리도가 심해진다는 단점과, 따라서 대주주의 경제력 집중이 심화된다는 단점을 가지고 있다. 사실 이러한 단점으로 인해 1986년 개정 「공정거래법」(정식 명칭 : 독점규제 및 공정거래에 관한 법률)에서는 지주회사를 금지했었다. 그러다가 1998년 외환위기 이후 연쇄도산 없이 기업 구조조정을 용이하게 할 필요가 커지면서 정부는 다시 세제혜택을 통해 기업을 지주회사로 유도하게 되었다. 즉, 지주회사 관련 제도는 세계 경제환경이 바뀌면 또다시 바뀔 수 있다는 말이다.

이사회나 독립감사를 두고 경영의 투명성을 높이는 지배구조는 정답이 있을 수 있으나, 누가 어떤 형태로 기업을 소유하는가에는 정답이 있을 수 없다. 기업의 소유구조는 기본적으로 자본시장의 효율성, 세금제도, 경쟁상황, 사회적 규범 등 주어진 제약조건에서 가장 최적의 형태를 띠게 된다. 제도를 통해 국내기업의 소유구조를 획일화한다면, 우리나라 기업이 또 어떤 충격에 취약하게 될지 잘 생각해 봐야 한다.

고, 사업부문별 특성에 맞는 신속하고 전문적인 의사결정이 가능한 체제를 확립하고, 독립적인 경영 및 객관적인 성과평가를 가능케 함으로써 책임경영을 정착시킬 수 있다. 기업분할은 인수합병 못지않게 자주 발생한다.

국내에서 기업분할은 분리된 회사의 주식이 기존주주 또는 모회사에 귀속되는지에 따라 인적분할과 물적분할로 구분된다. 외국의 제도와 비교해 보면 정확히 동일하지는 않지만 인적분할은 스핀오프, 물적분할은 분리공모와 유사하다고 볼 수 있다.

❶ 스핀오프

스핀오프(spin-off)에서 모회사는 대상 사업부를 회사 형태로 분리함과 동시에 분리된 신설회사의 주식을 '모회사의 기존주주'에게 보유지분에 비례하여 배분한다. 따라서 기존주주(대주주 및 일반주주)는 신설회사의 경영활동에 관여할 수 있으며 향후 신설회사가 성장하는 경우 그 혜택을 직접 누리게 된다.

국내에서는 전문화 또는 지주회사로 전환 목적의 **인적분할**이 흔하게 발생하며 분할 후 신설회사는 '곧바로' 상장된다. 인적분할은 일반적으로 주주가치에 긍정적 영향을 미치며 그 효과는 우리나라의 경우에 특이한 지주회사 전환 목적에서는 크지 않은 것으로 알려졌다(재무관리연구, 2018).

❷ 분리공모

분리공모(equity carve-out)를 위해서 먼저 대상 사업부를 회사 형태로 분리하여 신설 자회사의 주식을 '모회사'가 100% 소유한다. 따라서 신설 자회사는 모회사의 경영권 지배를 받게 되며 모회사의 기존주주에게는 지분의 변화가 발생하지 않는다. 그다음 단계로 모회사가 자회사 보유지분의 일부를 최초공모(IPO)를 통해 시장에 매각함으로써 그 자회사를 공개기업으로 만든다. 모회사의 일반주주는 상장 자회사의 성장 혜택을 모회사를 통해 '간접적으로' 받을 수 있다.

국내에서도 분리공모와 유사한 **물적분할**이 자주 발생하지만 분할된 자회사가 곧바로 IPO를 통해 공개기업이 되는 경우는 흔하지 않다.

현대중공업 인적분할

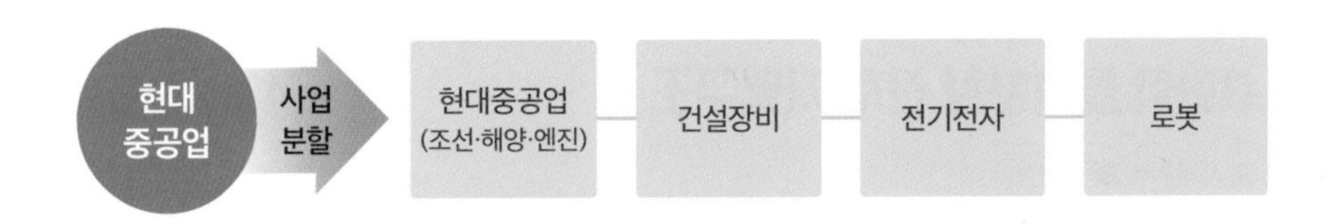

현대중공업은 2016년 11월 14일 전자공시를 통해 조선·해양·플랜트·엔진(현대중공업: 존속회사), 전기전자(현대일렉트릭&에너지시스템), 건설장비(현대건설기계), 로봇·투자(현대로보틱스) 등 4개 회사로 인적분할을 발표했다. 분할기점은 2017년 4월 1일이며 분할비율은 각각 74.5%, 4.9%, 4.7%, 15.8%이다. 2017년 2월 27일 열린 임시 주총에서 '분할계획서 승인의 건'이 통과되었으며 이들 4개 회사의 주식은 일정기간 후 거래소에 상장되어 거래된다. 분할 전 모회사 주주는 지분에 비례해서 분할된 회사의 주식을 배정받게 된다. 예를 들면, 분할 전 현대중공업 지분 10%를 보유하고 있는 주주는 분할 후 존속회사 지분 10%와 3개의 신설회사 지분 10%를 동시에 보유하게 된다. 이와 같이 인적분할에서 모회사 주주는 분할된 신설회사 주식을 직접 보유함으로써 향후 이들 기업이 성장하는 경우 그 혜택을 '직접' 누리게 된다.

존속회사 및 인적분할로 신설되는 회사들은 각각 변경상장 및 재상장을 추진할 계획으로 지난 3월 30일부터 거래정지 후 오는 5월 10일부터 거래가 재개될 예정이다. 시장투자자는 분할로 인해 다음과 같은 효과를 기대한다: (1) 현재의 순환출자 구조 해소로 지배구조의 투명성 강화, (2) 각 사업부문의 독립적 책임경영으로 영업개선 및 비용절감, (3) 현대중공업의 재무구조 개선.

매일경제, 2017. 4. 21. 수정

LG화학 물적분할

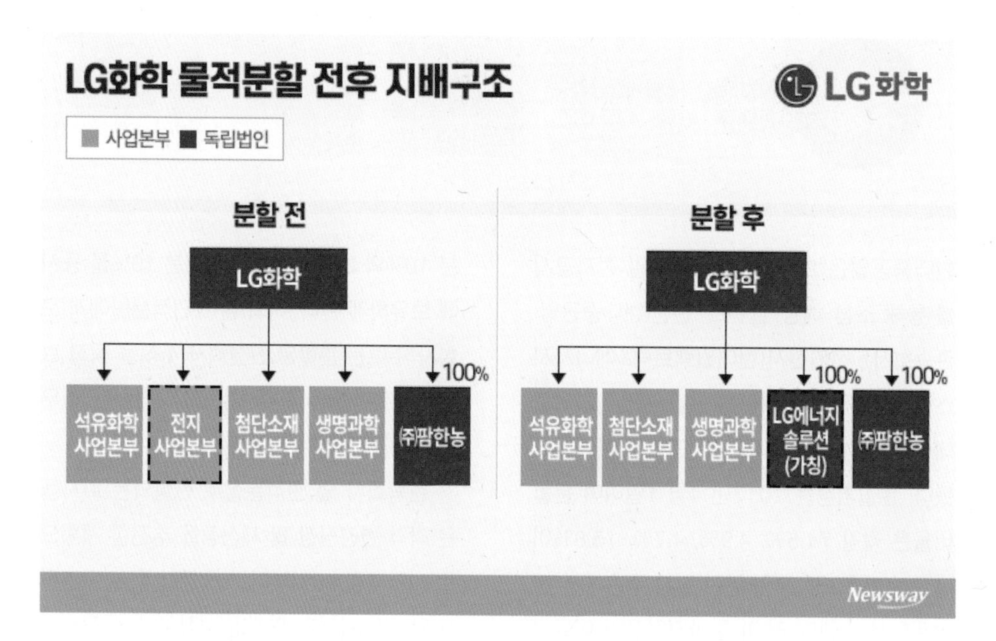

2020년 9월 17일 LG화학은 이사회에서 전지 사업부를 물적분할하여 자회사인 'LG에너지솔루션' 신설을 결정한다. LG에너지솔루션은 주당 500원에 2억 주의 신주를 발행하고 LG화학이 이들 신주를 100% 보유하게 된다. 분할 이유는 급성장하는 2차전지 사업 부문의 전문성 제고와 대규모 증설을 위한 자금조달이다. 연이어 LG화학은 대규모 자금조달을 위해 LG에너지솔루션의 기업공개(IPO)에 착수할 예정이다(2022년 1월 IPO 직후 LG에너지솔루션의 총발행주식수는 2억 3,400만 주이고, 이 중 LG화학의 지분율은 81.8%가 된다).

실제로 LG화학의 물적분할 발표 전일과 당일 이틀간 투자자의 투매로 LG화학 주가는 11.5% 하락하여 약 6조원의 시가총액이 증발하였다. LG화학의 일반주주는 미래 성장성이 아주 높은 LG에너지솔루션 주식을 직접 소유할 수 없어 크게 실망하였다. 물론 모회사 LG

화학을 통해서 간접 소유하게 되는 셈이지만 문제의 핵심은 향후 LG에너지솔루션의 주가가 올라도 LG화학 주가는 그만큼 안 오를 것이라는 우려 때문이다. 이는 지주회사나 모회사가 그 자회사와 동시에 주식시장에 상장되어 있는 우리나라에서 이들이 보유한 자회사의 지분가치는 중복으로 여겨져 이중으로 반영되지 않기 때문이다.

실제로 LG화학은 LG에너지솔루션 지분의 81%를 보유하고 있으며 그 외에도 석유화학, 첨단소재, 생명과학 등 쟁쟁한 사업부를 지니고 있음에도 불구하고 2023년 8월 14일 시가총액은 약 42조원이다. 반면에 LG에너지솔루션의 시가총액은 같은 날 현재 약 127조원으로 국내 2위를 기록하고 있다. 따라서 물적분할에 대한 일반주주들의 반발이 거세지자 급기야 정부는 물적분할된 자회사의 IPO 금지 등과 같은 여러 규제 방안을 검토하기 시작했다.

연습문제

1 **다음 중 어느 것이 시너지의 원천인가?**

I. 미사용 차입여력	II. 규모의 경제	III. 매출 증가	IV. 미사용 영업손실

① I, IV ② II, III ③ II, III, IV ④ I, II, III ⑤ I, II, III, IV

2 **합병으로 달성한 다각화는 가치를 창조하는가? 왜 그런가?**

① 그렇다. 다각화는 이익의 변동성을 줄여 주주에게 기업가치를 증가시킨다.

② 그렇다. 다각화는 기업의 총위험을 낮추어 보상받을 수 있는 혜택을 제공한다.

③ 그렇다. 다각화는 이익을 증가시켜 기업가치를 창출한다.

④ 아니다. 다각화는 비체계적 위험을 낮추지만 주주에게 실질적 도움이 안 된다.

⑤ 아니다. 다각화는 이익을 줄이고 가치를 파괴한다.

합병기업의 EPS와 PE

3 **㈜한강의 주주는 ㈜서울의 인수제안을 받아들이기로 했다. 다음은 각 기업에 대한 정보이다.**

	㈜한강	㈜서울
PE비율	13.5	21
발행주식수	72,000	168,000
이익	$160,000	$720,000

㈜한강의 주주는 자신이 보유한 주식 3주당 ㈜서울 주식 1주를 받을 것이다.

a. 합병 후 ㈜서울의 EPS는 얼마가 되겠는가? 인수의 NPV가 0이라면, PE비율은 얼마가 되겠는가?

b. ㈜서울은 합병시너지의 가치가 얼마라고 생각하는가? 당신의 대답은 이 인수를 추진하려는 결정과 어떻게 조화될 수 있는지 설명하시오.

합병과 세금

4 **합병에서 과세 여부를 결정하는 기본 요인은 무엇인가?**

현금지급 vs. 주식지급

5 **인수기업인 ㈜부산과 대상기업인 ㈜낙동에 대한 합병 전 정보는 다음과 같다.**

	㈜부산	㈜낙동
발행주식수	8,500	2,100
주가	$75	$29

㈜부산은 ㈜낙동을 인수함으로써 얻을 수 있는 시너지 혜택의 가치를 $18,400로 추정한다.

a. ㈜낙동이 주당 $31의 현금제안을 기꺼이 받아들이기로 한다면, 합병의 NPV는 얼마인가?

b. 질문 a의 조건을 가정하면, 합병기업의 주가는 얼마가 되겠는가?

c. 질문 a에서 합병프리미엄은 얼마인가?

d. ㈜낙동이 주식교환을 통한 합병에 동의할 수 있다고 가정하자. 이 기업의 주식 1주당 ㈜부산의 주식 0.5주가 제공된다면, 합병기업의 주가는 얼마가 되겠는가?

e. 질문 d의 조건을 가정하면, 합병의 NPV는 얼마인가?

현금지급 vs. 주식지급

6 **문제 5번에서 ㈜낙동의 주주에게는 현금제안과 주식제안 중 어느 것이 더 나은가? 주식교환비율(㈜낙동의 주식 1주당 제공되는 ㈜부산의 주식 수)을 얼마로 하면 ㈜낙동의 주주가 이들 두 제안 사이에 무관하겠는가?**

CHAPTER 16

파산과 회생

Lehman Brothers는 2008년 9월 15일에 파산을 선언했으며, 이는 미국 역사상 최대 규모의 파산으로 기록되었다. 당시 Lehman Brothers는 자산 $6,310억, 부채 $6,190억를 보유하고 있었다. Lehman Brothers의 파산은 기업이 부채를 재조정하면서 계속 운영할 수 있도록 허용하는 미국 파산법 Chapter 11에 따라 진행되었다. 궁극적인 목표는 파산 절차에서 자산 가치를 최대한 유지하면서 채무를 질서 있게 처리하는 것이었지만, Lehman은 운영 기업으로서 회생하지 못했다. 파산은 채무 상환 불능 상태에 있는 기업이 자산을 청산하거나 채무를 재구성하는 과정이 수반된다. 회생은 구조조정과 재조정을 통해 사업을 회복하는 과정이다.

파산과 회생의 의의

시장의 중요한 역할 중에 하나가 자원의 재분배이다. 가장 효율적으로 이용할 수 있는 주체에게 자원이 흘러가도록 하는 것이다. 경쟁에서 승리한 회사에게는 더 많은 대출과 출자가 행해지고 뒤처지는 회사는 자금조달에 어려움을 겪게 되는 것도 시장이 자원을 효율적으로 재분배하는 과정이다. 또한 성공한 회사가 실패한 회사를 인수합병하여 흡수하는 것도 시장에서 자연스럽게 이루어지는 자원의 재분배 과정이다.

회사가 영업활동에서 창출한 현금 또는 영업이익으로 이자를 갚을 수 없게 될 때 그 회사는 자원 재분배의 대상으로 넘어가게 된다. 금융기관은 이런 기업을 흔히 한계기업으로 분류한다. 회사가 이자를 갚지 못할 정도로 현금흐름 창출력이 떨어지면, 회사는 계속 사업을 이어 가고 싶어도 채권자가 채권 보전을 위해 원금과 이자의 조기상환 등을 요구하게 된다. 이미 한계상황에 있는 회사가 채권을 변제하려면 법인을 청산하고 가지고 있던 자산을 매각해서 빚을 갚을 수밖에 없다. 즉, 회사가 보유하던 자원이 채권자를 통해 다른 곳으로 재분배되는 법적 혹은 사적 과정인 것이다.

이러한 과정은 법인의 해산, 사적청산, **법적청산(파산)** 등의 절차를 밟아 진행되는데, 흔히 법원이 관여하여 법인의 재산과 부채가 질서 있게 정리되도록 한다. 한계기업이 법원에 파산신청을 하는 이유도, 채권자가 변제를 핑계로 회사에게 무리한 요구를 하지 못하게 하고, 채권자들 사이에서도 우선순위에 따라 잔여자산 처분액을 가져가게 하고, 파산 이후 채무를 완전히 소멸시켜 더 이상 다툼이 없도록 하기 위해서다.

한편, 한계기업도 비록 지금은 어렵지만 미래사업에 대한 확신이 있다면, 턴어라운드의 기회를 갖고 싶어 할 수 있다. 이 경우, 현재 사업을 계속하려는데 이를 반대하는 이해관계자는 채권자이기 때문에, 턴어라운드를 원하는 회사는 먼저 채권자의 협조를 받아 내야 한다. 그래서 채권자가 부채의 일부를 탕감하거나 만기연장을 해 주거나 이자를 낮춰 주거나 일부 부채는 주식으로 전환(출자전환)하는 등의 조치를 취해 주면, 회사는 그사이 다시 일어날 수 있고, 채권자도 못 받을 채권까지 회수할 수 있으므로 모두 이익을 보게 된다. 이처럼 법인을 해산하지 않고 재기의 기회를 주기 위해 채권자의 협조를 얻어 내는 것을 **기업회생**이라고 한다.

기업회생은 법원의 도움 없이 금융채권단과 법인 간에 사적으로 협상을 타결하여 시작할 수도 있고, 법원의 관리하에 공적으로 법인과 채권자 간에 동의를 취득하여 시작할 수도 있다. 시장에서 전자는 워크아웃이라고 불리고, 후자는 법정관리라고 불린다. 과연 턴어라운드를 원하는 한계법인에게 재기의 기회를 줄지 여부는, 따라서 워크아웃의 경우는 채권단이, 법정관리의 경우는 법원이 정하게 된다. 법정관리를 원하는 한계기업은 앞서 법원에 기업회생을 신청하고 법원이 회생과 청산 중에 어느 것을 선택할지 기다려야 한다.

기업회생은 한계기업으로부터 자원을 빼내어 다른 곳으로 재분배되는 것을 협상과 법적 절차를 통해 막아 내는 과정이다. 여기에는 단지 해당기업의 미래 사업성뿐만 아니라, 고용 유지, 공급망 및 전후방산업 보호, 금융시장 안정화, 정치적인 고려 등 여러 요소가 결정요인으로 작용한다. 따라서 결정주체인 금융채권단과 법원이 얼마나 시장논리에 충실하게 회생 여부를 결정하느냐에 따라 효율적인 자원재분배와 향후 경제발전의 가능성이 높아질 수도 낮아질 수도 있다.

CFO는 기업의 파산과 회생에 대해서도 폭넓은 이해를 가지고 있어야 한다. 시장에서 자원의 재분배는 상품시장에서의 경쟁뿐만 아니라 채권단과의 협상과 법적 절차를 통해서도 결정되기 때문이다. 먼저 시장논리가 강한 미국의 관련절차를 알아보고, 제도논리가 적지 않게 작용하는 한국의 절차를 알아보도록 한다.

미국의 청산과 재조직

채권자에게 계약상 약속된 지급을 이행할 수 없거나 이행하지 않는 기업은 파산청산과 파산재조직 중 하나를 선택해야 한다. 1978년 미국 연방파산개혁법(Federal Bankruptcy Reform Act)의 Chapter 7은 청산을 다룬다. **청산**(liquidation)은 영속적 사업체로서 기업의 지위가 종료됨을 의미하며 기업자산의 매각을 수반한다. 매각자금은 다음의 우선순위에 따라 배분된다.

1. 파산관련 행정비용
2. 청산신청 이후부터 청산관리인 임명 이전까지 발생한 비용
3. 임금, 급여, 수수료
4. 직원 연금
5. 소비자 청구권
6. 정부 세금
7. 무보증 채권자
8. 우선주 주주
9. 보통주 주주

반면에 1978년 연방파산개혁법의 Chapter 11은 파산재조직을 다룬다. **재조직**(reorganization)은 채무상환을 목적으로 기업의 구조조정을 위한 계획을 세우는 것이다. 영속적 사업체로서 기업의 지위를 유지하는 조건으로 기존 증권을 대체하기 위해 새로운 증권이 발행되기도 한다. 본 교재의 Part 4에 수록된 T3. MM 이론에서 언급된 Enron사는 Chapter 11 재조직을 신청하였다. **프리팩 파산**(prepackaged bankruptcy)도 흔하게 발생한다. 여기서 기업은 다수의 채권자로부터 파산안에 대해 미리 동의를 얻은 후에 법원에 파산을 신청한다. 그 결과, 기업은 파산신청 후 얼마 안 되어 파산과정에서 벗어날 수 있게 된다. 청산과 재조직 모두 파산(bankruptcy)의 결과다. 둘 중의 어느 것을 선택하느냐는 청산가치와 존속가치 중 어느 것이 더 큰가에 달려 있다.

국내기업의 파산

파산(bankruptcy)은 채무자나 채권자인 법인이 법원에 신청할 수 있다. 법원은 서류검토만을 통해 파산선고를 할 수도 있고, 채무자 또는 채권자를 법원에 호출하여 심문을 한 후 파산선고를 할 수도 있다. 이러한 심사를 통해 법인이 자신의 재산으로 모든 채무를 변제할 수 없는 지급불능상태에 있다고 판단되면 파산을 선고한다. 여기서 지급불능이 되기 위해서는 사업을 지속하는 경우의 존속가치가 기업의 청산가치가보다 훨씬 작아야 한다. 이와 같은 지급불능을 증명하는 것이 쉽지 않기 때문에 파산신청이 기각되는 경우도 발생한다.

파산이 선고되면 법원은 파산관재인을 선임하고, 파산관재인은 법인의 재산을 현금화하고 채권자들에게 권리의 우선순위와 채권의 금액에 따라 질서 있게 분배한다. 구체적으로는 파산관재인, 채권신고기간, 신고장소, 제1회 채권자집회 및 채권조사의 기일 및 장소를 정하고, 이 사실을 이해관계자에게 통지한다.

선임된 파산관재인은 바로 채무자의 재산을 현금화하고, 현재 존재하는 채권의 액수, 우선순위 등에 대한 신고를 받고 실사를 진행한다. 이후 채권조사기일까지 조사된 사항(채무자의 재산상황, 현재까지의 현금화 결과)과 향후 집행 사항(향후의 계획, 채권자들에 대한 배당전망)에 대해 제1회 채권자집회에서 법원 및 이해관계인에게 의견을 진술한다.

현금화가 완료되면 파산관재인은 임금, 퇴직금, 조세, 공공보험료 등의 재단채권을 먼저 변제하고, 잔여금액은 파산채권자들에게 채권액에 비례하여 배당한다. 재단채권 변제 또는 파산채권 배당이 완료되면 파산관재인은 계산보고를 위한 채권자집회에서 업무수행결과를 보고하고, 법원은 파산절차 종료를 결정한다.

파산절차에서 볼 수 있듯이, 법인파산제도의 목적은 모든 채권자가 질서 있게 채권을 변제받도록 보장하는 것도 있지만, 회생이 불가능한 법인의 모든 채무를 소멸시킴으로써 법인의 대표이사 등이 채권자의 독촉 없이 새롭게 재기할 수 있도록 하는 것이다. 파산절차는 변제하지 못하는 채무에 대해 채무자에게는 어느 정도 면책을 주고, 채권자에게는 부담을 주는 법적인 결정이기 때문에, 성실하지 못한 채무자에 의해 제도가 악용되지 않도록 법원과 파산관재인은 각별한 주의를 기울이게 된다.

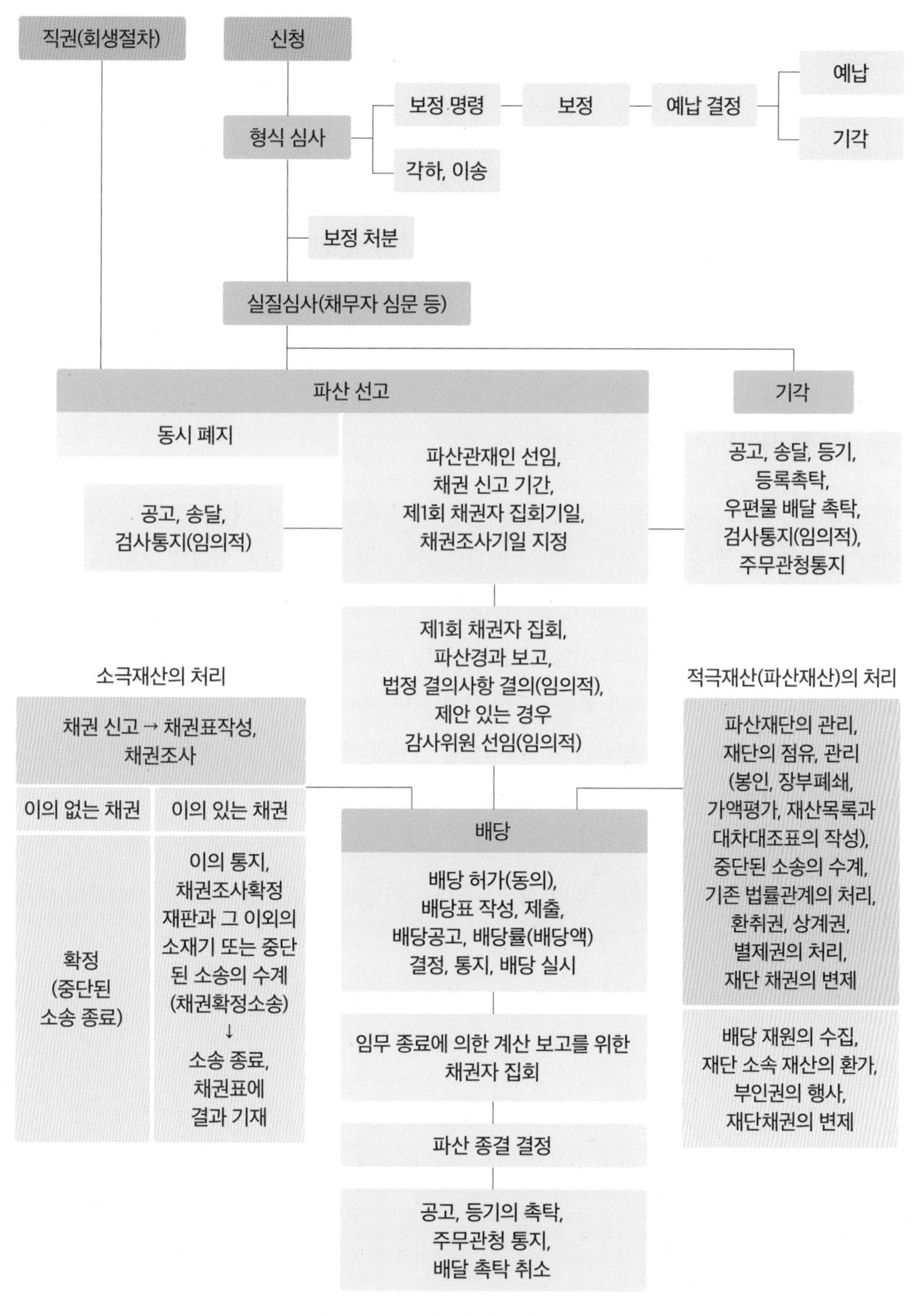

그림 16-1 법인 파산절차 흐름도

자료 : 법무법인 신광

국내기업의 회생

국내에서는 과도한 채무로 도산 위기에 처한 기업은 법원에 의한 기업회생절차(속칭 '법정관리')나 금융채권자협의회에 의한 공동관리절차(속칭 '워크아웃')를 선택할 수 있다. 법정관리는 「채무자 회생 및 파산에 관한 법률」(약칭 : 채무자회생법)에 근거하며, 워크아웃은 「기업구조조정 촉진법」에 기반을 두고 있다. 법정관리는 기업이나 채권자가 법원에 신청하여 기업을 회생시키는 제도이며, 워크아웃은 금융채권자의 지원을 받아 기업개선작업을 하는 것이다.

❶ 법정관리

법정관리(court receivership)는 법원을 통하여 채무조정을 하며 조세, 임금, 퇴직금을 제외한 기업의 모든 채무를 대상으로 한다. 기업이 법원에 기업회생을 신청하면 법원은 「채무자회생법」 제42조인 회생절차의 기각사유에 해당하지 않는 한 회생절차 개시 결정과 함께 회사재산 보전 조치를 내린다. 그리고 법원에서 선임한 관리인(DIP 제도에 의거 기존의 대표이사가 관리인을 겸할 수 있음)이 기업의 자금과 활동을 관리하게 된다. 관리인은 채무 탕감 및 재조정, 대주주 지분 소각, 신주발행 등이 포함되는 회생계획안을 법원에 제출하며, 이 계획안이 인가되면 기업의 경영권은 새로운 주인에게 넘어가게 된다. 그 후 기업이 자체생존 가능하다고 판단되면 법원은 법정관리를 종료한다. 회생절차 종료 결정 후에도 기업은 채무 변제 등의 회생계획 수행 의무를 이행하여야 한다. 만약 기업이 회생계획대로 이행하지 않을 경우에는 파산선고의 대상이 된다.

DIP 제도와 DIP 금융

법원은 법정관리에 들어간 기업의 관리인으로 제3자를 선임해 왔다. 그러나 법정관리 중에 경영권을 잃을까 봐 법정관리를 기피하다 보니 결국 파산에까지 이르게 되는 법인이 많아지면서 제3자 선임의 단점이 부각되었다. 또한 회사를 잘 아는 기존 대표이사가 경영을 담당할 때 회생의 가능성이 높다는 현실적인 지적도 대두되었다. 이에 2006년 통합도산법이 신설되면서 기존의 대표이사를 법정관리인으로 선임하는 '기존 경영자 관리인 제도(**debtor in possession: DIP**)'가 도입되었다. DIP이 도입된 후로 현재는, 기존 대표가 횡령, 배임 등 큰 과실이 없다면 법정관리 기업의 대부분이 DIP의 적용을 받는다.

법정관리에 들어간 기업이 회생하기 위해서는 기존 채권의 경감뿐만 아니라 새로운 자금의 수혈이 필수적이다. 그러나 기존의 채권자는 더 이상의 부담을 감수하지 않으려 하고, 법정관리 기업의 신용도는 이미 낮아져 추가 자금조달에 큰 어려움을 겪게 된다. 이를 해결하기 위해 2019년부터 한국자산관리공사인 캠코(KAMCO)를 중심으로 DIP금융이 시작되었다. 법정관리 기업이 기술력과 영업력을 갖춰 정상화 가능성이 높다고 판단되면 긴급 운영자금을 저리로 최장 5년까지 공급하여 유동성을 높이는 금융제도다.

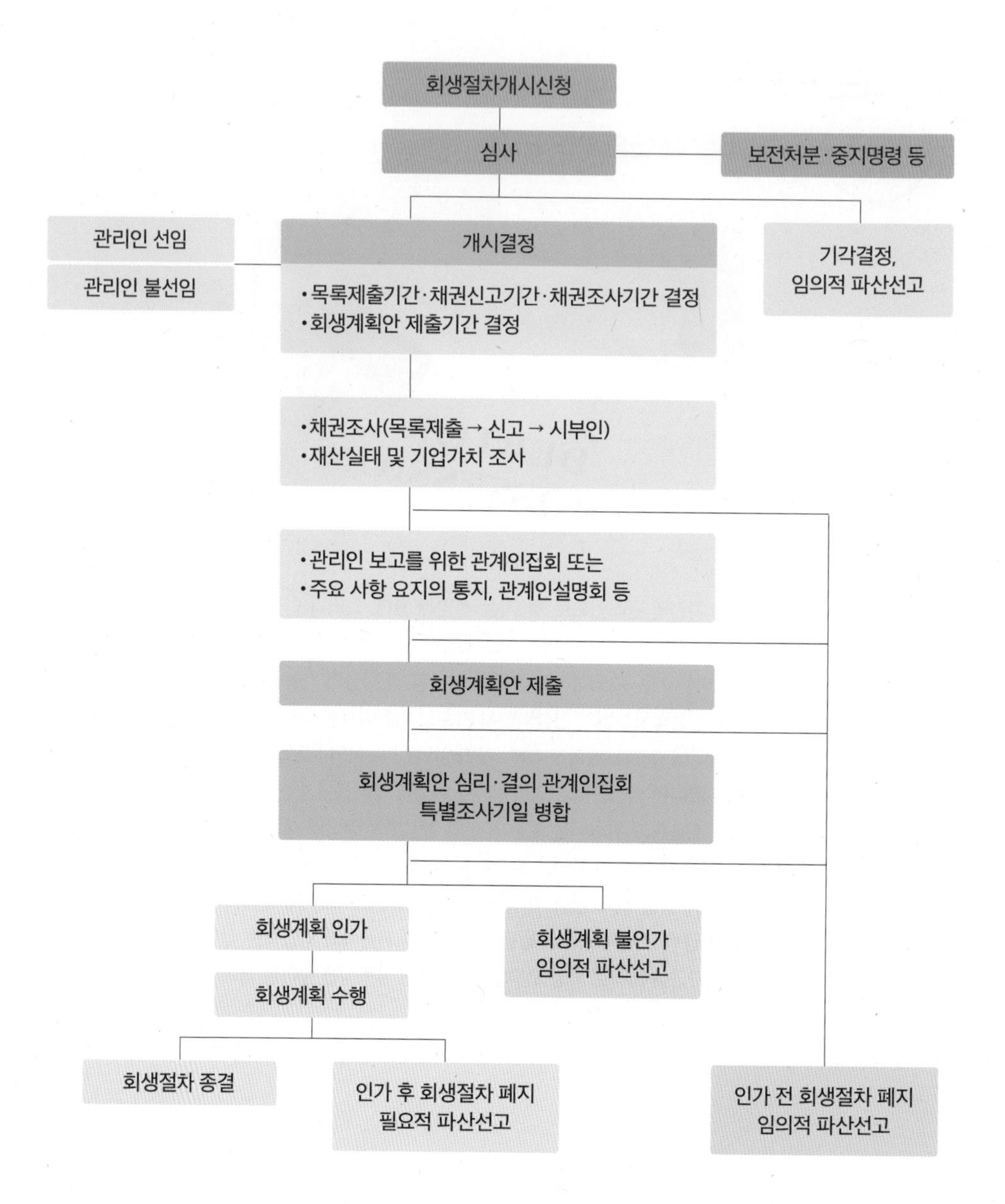

그림 16-2 법인 회생절차 흐름도

자료 : 서울회생법원

② 워크아웃

워크아웃(workout)은 금융기관채권단과 자율적 협상을 통하여 채무조정과 구조조정을 하며 금융기관 채무만 대상이 되고 상거래채무 등 기타 채무는 기업이 여전히 부담해야 한다. 워크아웃에서 금융채권단은 기업의 자산 및 계열사 매각, 대주주의 자구 노력, 정리해고 등 강도 높은 구조조정을 요구하는 대신 채무 조정 및 상환 유예, 추가적 금융지원 등의 혜택을 제공한다. 워크아웃 개시를 위해서는 금융채권단의 3/4 이상 동의가 필요하며 만약 부결되면 기업은 법정관리 수순을 밟게 되지만 자금이 바닥난 경우는 파산절차를 신청한다.

채권단 동의를 얻어 워크아웃이 개시되면 채권단 실사를 바탕으로 주채권은행이 작성한 기업개선계획과 기업이 제출한 자구계획은 금융채권단협의회에서 의결되어야 한다. 의결된 후에는 약정 체결과 동시에 기업개선계획을 이행하는 워크아웃 절차가 진행된다. 주어진 기간(통상 3년) 내에 기업개선계획을 이행 완료한 기업은 정상적 경영 상태로 복귀된다.

과거 사례로 볼 때, 도산위기에 처하면 경영권이나 주식지분을 포기할 수 없는 재벌대기업의 경우는 워크아웃, 그 이외에 중견대기업 및 중소기업은 법정관리를 신청하는 경향이 있다. 주주총회와 이사회의 권한은 법정관리에서는 제한되지만 워크아웃에서는 제한되지 않는다.

쌍용자동차 법정관리 졸업

쌍용차 손바뀜 역사

- 1954년 하동환 자동차 제작소 출범
- 1967 신진자동차
- 1986 쌍용그룹
- 1998 대우그룹
- 2004 중국 상하이자동차
- 2011 인도 마힌드라그룹
- 2022 KG그룹(예정)

자료='이코노미조선' 정리

쌍용차 중형 SUV 신차 토레스. 쌍용자동차

KG그룹 품에 안긴 쌍용자동차가 기업회생절차 개시 후 1년 6개월 만에 두 번째 법정관리를 졸업했다. 서울회생법원 회생1부는 쌍용차의 기업회생절차를 11일 종결 결정했다.

약 3,517억원 상당의 회생담보권과 회생채권 대부분의 변제를 완료했으며 현재 약 2,907억원 상당의 운영자금을 보유해 회생계획 수행에 지장이 없다고 판단했다. 또한 새로운 이사회 구성 및 2022년 출시한 토레스 차량 판매 증대 등으로 매출 등 영업실적의 호조가 예상되는 부분도 긍정적 영향을 미쳤다.

쌍용차는 지난 2020년 12월 21일 회생절차 개시를 법원에 신청했고, 작년 4월 15일 법원이 절차 개시를 결정했다. 쌍용차는 회생 절차 진행 중 인가 전 인수·합병(M&A)에 따라 올해 5월 KG컨소시엄과 투자계약을 체결했고 쌍용차 총인수대금 3,655억원 납입이 지난 8월 완료됐다. KG컨소시엄은 유상증자 대금 5,710억원 납입도 마쳐 KG모빌리티는 지분율 66.12%로 쌍용차 대주주에 올랐다.

쌍용차는 경영악화를 이유로 2009년 첫 번째 법정관리를 신청한 바 있다. 대규모 구조조정으로 노사 간 극심한 갈등을 겪은 쌍용차는 2010년 인도 Mahindra Group을 새 주인으로 맞았다. 이듬해 26개월 만에 법정관리를 졸업한 쌍용차는 재기를 노렸지만, 판매량 감소와 신차 부진 등으로 2020년 6월 Mahindra Group이 지배권 포기를 발표했다.

2020년 12월 두 번째 법정관리에 돌입한 쌍용차는 새로운 주인 찾기에 나서 작년 10월 에디슨모터스 컨소시엄을 우선협상대상자로 선정했다. 올해 1월 M&A 본계약도 체결했지만, 에디슨모터스가 기한 내 인수대금을 내지 못하자 쌍용차는 계약을 해지했다. 재매각 절차에 돌입한 쌍용차는 인수예정자와 조건부 투자 계약을 체결한 뒤 공개입찰을 통해 최종 인수자를 확정 짓는 '스토킹호스' 방식을 진행해 KG그룹 품에 안겼다.

연합인포맥스, 2022. 11. 11. 수정

태영건설 워크아웃

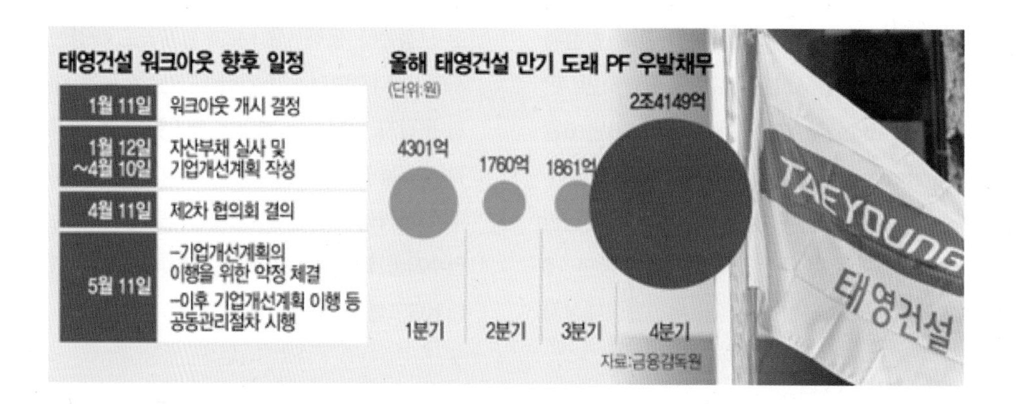

태영건설의 워크아웃(기업구조개선작업) 개시가 확정됐다. 산업은행 등 채권 금융기관이 2024년 1월 11일 제1차 채권자 협의회를 열고 투표한 결과, 채권액 기준 75% 이상이 태영건설 워크아웃 개시에 동의했다. 산업은행과 시중은행, 제2금융권, 주택도시보증공사(HUG) 등 금융 당국의 영향력이 직간접적으로 미치는 채권단을 중심으로 태영건설 법정관리행을 막아야 한다는 공감대가 형성되면서 이날 자정까지 계속될 예정이던 투표가 저녁 6시경에 끝났다.

금융 당국 관계자는 "국내 금융기관들이 부동산 프로젝트 파이낸싱(PF) 위기 확산을 여기서 막아야 한다는 데 뜻을 같이한 결과"라면서 "태영그룹 측이 지주사와 SBS 지분 등을 추가 담보로 제공하는 등 자구 노력을 이행하기로 약속한 것도 채권단의 빠른 결정에 영향을 미친 것으로 보인다."고 말했다. 한때 법정관리까지 거론됐던 태영건설이 기업 구조 개선 작업에 들어가게 됨에 따라, 건설업계와 금융업권의 PF발 연쇄 위기 우려도 일부 완화될 것으로 보인다.

이날 채권자 협의회 투표 결과를 초조하게 기다리던 태영건설은 오후 늦게 채권단 동의가 워크아웃 개시 조건인 75%를 넘어섰다는 소식이 전해지자 안도하는 분위기였다. 윤세영 창업회장이 직접 나서 지주사 티와이홀딩스와 핵심 계열사인 SBS 지분까지 담보로 내

놓겠다고 약속한 상황에서 워크아웃 개시가 불발될 경우 그룹 전체적인 타격이 불가피하기 때문이다. 태영그룹 관계자는 "준비한 자구안을 충실히 이행해 빠른 정상화를 위해 노력하겠다."고 했다.

워크아웃행이 확정되면서, 앞으로 석 달간 채권단이 채권 행사를 유예해 주는 동안 태영건설은 구조조정 방안과 재무구조 개선 방안 등을 마련해 채권단에 제출해야 한다. 당장 12일 워크아웃 개시와 함께 태영건설 부동산 PF 사업장에 대한 실사가 시작된다. 태영건설의 PF 사업장은 브리지론 사업장 18개, 본 PF 사업장 42개 등 총 60곳에 달한다. 사업장별로 사업성과 사업 진행 단계 등을 종합적으로 고려해 살릴 곳과 정리할 곳을 빠르게 결정지을 예정이다. 금융당국은 미착공 상태로 토지 매입비만 빌린 브리지론 단계 사업장에 대해서는 일부 정리가 불가피하다고 보고 있다. 워크아웃 개시에 따라 태영은 감원 등을 포함한 강도 높은 구조조정도 뒤따를 전망이다.

워크아웃이 개시되더라도 정상화까지는 갈 길이 멀다. 기업 부채 실사 과정에서 숨겨진 부실이 튀어나올 가능성이 있다. 채권단은 지난 10일 회의 후 "실사 과정에서 태영그룹이 약속한 자구 계획 중 단 하나라도 지켜지지 않거나, 대규모 추가 부실이 발견될 경우 워크아웃 절차를 중단할 수 있다."고 했다.

조선일보 및 서울경제, 2024. 1. 12. 수정

OPTIONAL
PART 4

재무이론과 뉴트렌드

T1. 시장의 효율성

시장의 효율성(market efficiency)은 시장에서 거래되는 증권(가령 주식)의 가격이 매 순간 시장의 모든 사용 가능한 정보를 반영한다는 주장이다. 이러한 주장은 오랫동안 많은 학자들이 주식가격을 관찰하면서 얻게 된 결론이라고 할 수 있다. 1970년에 유진 파마(Eugene Fama)는 이전에 보고된 많은 관찰 결과, 실증분석 결과, 이론적 주장을 집대성하여 효율적 시장이라는 개념을 정리하였다. 먼저 사용 가능한 정보의 범위를 구분하여 약형 효율성, 준강형 효율성, 강형 효율성 등 3개의 가설로 나누고, 또한 정보가 주가에 반영되는 방식을 마팅게일, 서브마팅게일, 임의보행 등으로 정리하면서 정보의 주가반영이라는 개념이 실증적으로 적용될 수 있도록 만들었다.

시장의 효율성에 대한 가정은 단지 개념적인 설명을 넘어 증권가격을 설명하는 수학적 모델의 기초를 제공한다. 따라서 시장의 효율성을 이해하고 검증하는 것은 매우 중요한 작업이다.

정보의 범위와 시장효율성

약형 효율성(weak-form efficiency)은 사용 가능한 정보를 한 주식의 과거 거래정보로 좁게 한정한다. 한 주식이 주어졌을 때 이 주식의 가격이나 거래량 등의 과거 자료에서 뽑을 수 있는 모든 정보를 사용해도 미래의 가격을 예측하여 초과수익을 얻을 수 없다는 가정이다. 왜냐하면 과거의 거래정보는 이미 시장에 알려져 있고 여기서 도출될 수 있는 모든 정보는 이미 오늘의 주가에 반영되었기 때문이다. 만약 내일 주가가 오늘과 달라진다면 오직 새롭게 도달하는 정보에 의해서만 가능하다. 약형 효율성은 과거의 주가 패턴에 기초하여 향후 주가를 전망하거나 투자전략을 세우는 소위 차티스트(chartist)의 **기술적 분석**(technical analysis)을 무력화한다.

시장이 약형 효율성을 지지한다면, 과거 거래정보가 오늘 주가에 반영되는 방식에 따라 실증적 분석의 대상이 달라질 수 있다. 정보가 주가에 반영되는 방식(마팅게일, 서브마팅게일, 임의보행)에 대한 자세한 설명은 뒤에서 하겠지만, 여기서 분석 대상만 보면, (1) 주가수익률의 시계열 상관관계(serial correlation)가 0에 가까운지, (2) 매입후보유(buy and hold) 전략이 동기간에 다른 거래전략보다 기간수익률이 낮지 않은지, (3) 수익률의 분포가 정규분포를 따르는지, (4) 기타 등으로 나뉜다. 기존의 실증분석 결과를 보면, 주가수익률의 시계열 상관관계는 유의적으로 0과 다르다고 볼 수 없었으며, 매입후보유 전략에 비해 다른 투자전략은 거래비용보다 높은 초과수익률을 얻지 못했으며, 수익률의 분포는 오른쪽으로 치우친 모양을 가지고 있는 것으로 보고되었다.

준강형 효율성(semi-strong form efficiency)은 사용 가능한 정보를 과거 거래정보 이외에도 오늘 새롭게 공개되는 정보까지 포함하여, 약형 효율성이 유지된다는 가정하에, 주가가 새로운 정보를 얼마나 빠르게 반영하는지에 초점을 두고 있다. 시장이 준강형 효율성을 갖는다면, 투자자는 새로 도착하는 정보를 사용하여 해당 주식을 사거나 팔아도 균형수익률을 넘는 초과수익률을 낼 수 없다는 주장을 할 수 있다. 가령 한 상장사가 NPV가 양수인 신규사업에 투자했다는 공시가 나왔을 때 이 소식을 듣고 주식을 산다면, 이미 주가가 오른 상태이기 때문에 초과수익을 얻지 못한다. 준강형 효율성은 기업의 공시내용을 근거로 사업성을 평가하는 **기본적 분석(fundamental analysis)**을 무력화한다.

실증적 연구에서 분석 대상은 흔히 기업가치에 큰 영향을 줄 수 있는 새로운 정보의 도래와

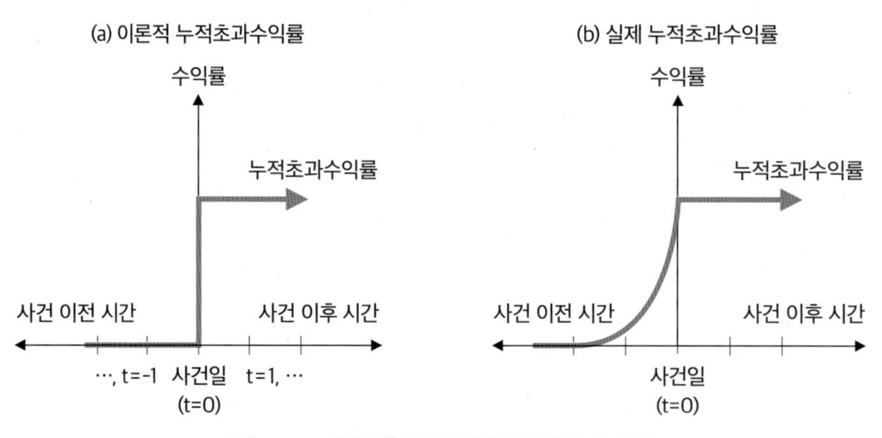

그림 T1-1 액면분할 공시를 전후한 누적초과수익률

이에 대한 해당 기업의 주가 움직임을 살펴보는 것이다. 대표적으로 주식의 액면분할이 연구되었다. 액면분할은 주주의 장부가에는 영향을 못 미치지만 경제적으로 미래현금흐름의 상승을 신호할 수 있다. 그렇다면 준강형 효율적 시장에서는 액면분할 공시와 함께 주가는 순간적으로 올라갈 것이다. 따라서 공시를 듣고 주식을 매수한다면 초과수익을 얻지 못하게 된다. 이를 그림으로 보면 **그림 T1 - 1**과 같다.

준강형 시장이라면 액면분할 공시 이전 어느 시점부터 초과수익률을 계속 누적하여 사건일 이후 어느 시점까지 측정한 누적초과수익률의 궤적은 **그림 T1 - 1(a)**와 같아야 한다. 즉, 공시일 이전과 이후 모두 초과수익률은 발생하지 않고, 공시 당일만 발생할 것으로 예상된다. 실제로 실증분석을 해 보면 공시 이전부터 초과수익률이 조금씩 발생하다가 공시일 이후부터는 초과수익률이 발생하지 않는 것으로 나타난다. 이러한 증거는 공시를 들은 후에는 투자자들이 초과수익을 누리지 못한다는 준강형 가설을 지지한다고 볼 수 있다. 단, 사건일 이전에 발견되는 초과수익률은, 액면분할을 하는 기업은 대부분 공시 이전부터 예상치 못했던 좋은 성과를 보였다는 식으로 해석된다.

강형 효율성(strong form efficiency)은 사용 가능한 정보를 과거 거래정보, 새로운 공시정보 이외에 공시되지 않은 사적정보까지 포함하여, 주가가 과연 사적정보까지 반영하는지에 초점을 두고 있다. 만약 시장이 강형 효율성을 갖는다면 외부투자자뿐만 아니라 기업의 내부정보를 알고 있는 내부인이나 펀드매니저도 아직 공시되지 않은 회사정보에 기반하여 초과수익을 가질 수 없다.

강형 효율성을 실증적으로 분석하기 위해서 주로 펀드 수익률을 연구하였다. 이는 펀드매니저가 일반투자자보다 기업의 내부정보에 접근이 가능하다고 가정했기 때문이다. 그 결과 평균적으로 펀드 수익률은 시장 수익률을 초과하지 못하였고, 몇몇 펀드가 유의적으로 초과수익률을 기록하였으나, 그런 펀드의 수는 확률적으로 유의하지 못하였다. 이 결과가 내부자도 사적정보를 사용하여 초과수익을 얻지 못한다는 증거인지, 아니면 펀드매니저도 외부자라는 증거인지에 대해서는 다양한 해석이 나오고 있다.

기존의 실증분석은 선진시장에서 약형과 준강형은 대체적으로 지지하지만 강형 효율성에 대해서는 일관된 결과를 보이지 않는다.

정보의 반영과 가격결정모델

정보가 주가에 반영된다는 말이 정확히 무엇을 뜻하는지를 수학적으로 정의하는 것은 곧 정보에 의해 주가가 어떻게 생성되는가를 모델화하는 작업이다. 현대재무학은 시장의 효율성을 가정하고 그 가정 위에 가격결정모델을 발전시켰기 때문에, 만약 시장이 비효율적이라면 적지 않은 문제가 발생할 수 있다.

마팅게일(martingale) 먼저, 시장이 효율적이라면 내일 가격의 기댓값은 오늘의 가격과 같다는 주장을 할 수 있는데, 이를 마팅게일(혹은 fair game)이라고 한다. 주가나 주가수익률이 마팅게일을 따른다는 주장은 수학적으로 다음과 같이 정의된다.

$$E[P_{t+1}|P_t] \text{ 또는 } E[r_{t+1}|r_t] = r_t$$

이 주장은 각 시점에서 얻을 수 있는 정보수열(information sequence)을 사용하여 만든 모든 투자시스템(trading system)은 균형수익률을 초과하는 기대수익률을 만들지 못한다는 점을 시사한다. 다시 말해 주가의 과거 추이를 사용하여 아무리 내일 주가(수익률)를 추측해 봐도 그 추측한 기댓값은 오늘 가격(수익률)을 넘지 못한다는 뜻이다. 만약 마팅게일이라면 주가수익률의 시계열 상관관계가 0이 되는지 실증분석하면서 시장의 효율성을 검증할 수 있다.

서브마팅게일(submartingale) 시장이 효율적일 때도 내일의 기댓값이 오늘의 값보다 같거나 클 수 있다. 그러면 마팅게일이 서브마팅게일로 바뀌고 다음과 같이 표현된다.

$$E_t(P_{t+1}) \geq P_t \text{ 또는 } E_t(r_{t+1}) \geq r_t$$

주가나 수익률의 움직임이 서브마팅게일을 따른다면, 주어진 투자기간 내에서 어떤 투자기법을 사용한다고 해도 동 기간 개별주식을 사서 계속 가지고 있을 때(매입후보유 전략) 기대할 수 있는 보유수익률보다 높은 수익률을 기대할 수 없다는 결론이 나온다. 따라서 만약 서브마팅게일이면, 매입후보유 전략이 동 기간에 다른 거래전략보다 기간수익률이 낮지 않은지를 실증분석하면서 시장의 효율성을 검증할 수 있다.

임의보행(random walk) 시장이 효율적이라면 주가수익률은 임의보행을 따른다는 주장을 할 수 있다. 임의보행은 더 이상 주가를 대상으로 하지 않고 주가의 수익률에 초점을 두고 있다.

$$f_t(r_{t+1}) = f(r_{t+1})$$

f_t : t기의 정보를 고려한 조건부 확률분포, f : 확률분포

각 기의 수익률은 독립적이며, 동시에 동일한 확률분포를 따른다는 뜻이다. 그러면 임의보행에서 수익률은 다음과 같이 정의될 수 있다.

$$r_{t+1} = \mu + r_t + \varepsilon_t$$

단 $t \neq \tau$일 때, $E(\varepsilon_t) = 0$, $E(\varepsilon_t \varepsilon_\tau) = 0$, μ : 상수(또는 drift)

위의 마팅게일에서는 주가(수익률)의 확률분포가 매 기간 어떻게 변하든 상관없이 각 기의 기댓값만을 비교했었다. 그런데 임의보행에서는 각 기의 확률분포를 비교하고 있다는 점에 큰 차이가 있다. 수익률의 확률분포가 매 기간 동일하다는 주장은, 시간이 흐름에 따라 투자자들의 취향과 정보의 생산과정이 변해 가더라도, 서로의 상호작용에 의해 결국 수익률의 확률분포는 동일하게 유지된다는 매우 강력한 가정에 기반하고 있다. 만약 임의보행이라면 주가수익률 잔차의 분포를 실증분석하면서 시장의 효율성을 검증할 수 있을 것이다.

임의보행은 각 기의 확률분포를 특정한다는 점에서, 특히 주가를 **확률과정**(stochastic process)으로 바라보는 현대재무학에서는 마팅게일보다는 유용하게 사용된다.

자산가격기초정리(fundamental theorem of asset pricing) 주가수익률이 임의보행을 따른다는 주장은 자산가격기초정리에서 출발하여 유추될 수 있다. 자산가격기초정리를 만족시키는 시장이라면 장기간 차익거래(arbitrage)가 유지될 수 없다. 시장에서 차익거래의 기회가 없다면 주가는 아래와 같이 정의된다.

$$P_t = E_t[M_{t+1}(P_{t+1} + D_{t+1})]$$

P_t : t기의 주가, M_t : t기의 확률적 할인요소, D_t : t기의 배당금,

E_t : t기의 모든 정보를 고려한 조건부 기댓값(즉, $E_t(P_{t+1}) = E(P_{t+1} | \Phi_t)$),

Φ_t : t기의 모든 정보

위의 식이 말하는 것은, 시장에 차익거래가 없을 때 오늘의 주가는 내일의 주가와 배당금의

현재가치에 대한 조건부 기댓값이라는 뜻이다. 만약 짧은 기간 내에서 배당금도 없고 할인율의 변화도 없다면, 위 식은 다음과 같은 근사치로 변형된다.

$$\log P_t = \log M + E_t[\log P_{t+1}]$$

이는 곧 주가수익률은 임의보행을 따른다는 주장을 수학적으로 나타낸 식이라고 할 수 있으며, 앞서 보았던 $r_{t+1} = \mu + r_t + \varepsilon_t$의 기댓값과 같은 형태다. 즉, 차익거래기회가 없다는 주장은, $\log P_t$로 표현되는 주가의 단기 수익률이 임의보행을 따른다는 주장과 밀접하게 연결되어 있는 것이다. 많은 가격모형에서 수익률을 $\log P_t$로 표현하는 이유도 $\log P_t$가 $P_{t+1}/P_t - 1$의 근사치이면서 동시에 시장에는 장기간 차익거래기회가 없다는 가정 위에 기초하기 때문이다. 이렇게 장기간 차익거래기회가 없는 시장, 효율적인 시장, 그리고 주식수익률의 임의보행은 모두 연결되어 있기 때문에, 시장의 효율성이 의심받는다면 나머지 두 특성도 모두 의심받을 수밖에 없다.

시장이례현상과 효율성

시장이례현상(market anomalies)이란 효율적인 시장이라면 차익거래를 통해 없어져야 하지만 실제로는 계속 존재하면서 이를 이용하면 장기간 초과수익률을 낼 수 있는 시장상황을 뜻한다. 즉, 장기간 초과수익률을 내는 투자기법이 기술적 분석이나 기초적 분석을 통해 간혹 발견될 수 있다는 말이다.

이 중 1년 중 1월 수익률이 가장 높다는 1월효과, 성장주보다는 가치주의 위험조정 수익률이 더 높다는 Book-to-Market 효과, 시가총액이 적은 기업이 큰 기업보다 위험조정 수익률이 더 높다는 규모 효과 등이 대표적이다. 특히 Fama-French의 3요인 CAPM은 고전적인 베타 이외에도 위의 두 번째 이례현상을 포착하는 변수(HML)와 위의 세 번째 이례현상을 포착하는 변수(SMB)를 설명변수로 사용하고 있는 대표적인 가격결정모델이다. 이러한 시장이례현상은 행동재무학과 함께 모두 시장의 효율성에 대한 도전이라고 볼 수 있다. 이러한 도전이 결국에는 주가수익률의 임의보행까지 의심하는 결과로 이어질지, 아니면 이들로 인해 오히려 그간 숨어 있던 차익거래기회가 일반투자자에게도 알려지고 종국에는 상쇄되어 거꾸로 시장의 효율성을 더욱 강화하는 결과를 가져올지는 두고 봐야 할 것이다.

T2. CAPM

CAPM은 자본시장이 균형을 이룰 때 자본자산의 기대수익률과 위험의 관계를 설명하는 모형으로, 주식은 물론 모든 자산의 가치산정을 위해 매우 중요하다. 합리적 투자자, 투자자의 동질적 기대, 완전자본시장, 무위험자산의 존재, 단일 투자기간 등을 가정한다. CAPM은 역사상 위대한 발견이며 이 모형을 발표한 미국 스탠퍼드대학교의 윌리엄 샤프(William Sharpe) 교수는 그 공로로 1990년에 노벨 경제학상을 받았다. 먼저 위험과 수익률의 관계에 대해서 살펴보자.

개별증권 기대수익률과 분산

두 가지 위험자산, 주식과 채권이 있다고 가정한다. 투자분석가는 내년 경제상황에 대해 동일한 확률(1/3)로 불황, 정상, 호황을 전망한다. 각 경제상황에서 주식과 채권의 수익률 예상치는 **표 T2-1**과 같다.

표 T2-1 경제상황별 주식과 채권의 수익률

경제상황	발생확률	수익률	
		주식	채권
불황	33.3%	-7%	17%
정상	33.3%	12%	7%
호황	33.3%	28%	-3%

주식과 채권의 기대수익률을 계산해 보자.

표 T2-2 주식과 채권의 기대수익률

경제상황	주식		채권	
	수익률	편차의 제곱	수익률	편차의 제곱
불황	-7%	0.0324	17%	0.0100
정상	12%	0.0001	7%	0.0000
호황	28%	0.0289	-3%	0.0100
기대수익률	11%		7%	
분산	0.0205		0.0067	
표준편차	14.3%		8.2%	

$\frac{1}{3}(-7\% + 12\% + 28\%) = 11\%$

기대수익률은 각 상황이 발생할 확률에 각 상황의 기대수익률을 곱한 후 이들을 더하면 된다. 그러면 주식의 기대수익률은 아래와 같이 11%가 된다.

$$\text{주식의 기대수익률 } E(R_s) = \frac{1}{3} \times (-7\%) + \frac{1}{3} \times (12\%) + \frac{1}{3} \times (28\%) = 11\%$$

마찬가지 방법으로 채권의 기대수익률 $E(R_b)$을 계산하면 7%가 된다.

다음으로 주식과 채권 수익률의 분산을 계산해 보자.

표 T2-3 주식과 채권의 분산

경제상황	주식		채권	
	수익률	편차의 제곱	수익률	편차의 제곱
불황	-7%	0.0324	17%	0.0100
정상	12%	0.0001	7%	0.0000
호황	28%	0.0289	-3%	0.0100
기대수익률	11%		7%	
분산	0.0205		0.0067	
표준편차	14.3%		8.2%	

$\frac{1}{3}(0.0324 + 0.0001 + 0.0289) = 0.0205$

$(-0.07 - 0.11)^2 = 0.0324$

먼저 각 상황에서 수익률 편차를 계산하여 그 편차를 제곱한다. 주식의 경우 불황 시 수익률 −7%에서 기대수익률 11%를 빼고 이들 값을 제곱하면 편차의 제곱은 다음과 같이 0.0324가 된다.

$$\text{주식의 경우 불황 시 편차의 제곱 } (-0.07 - 0.11)^2 = 0.0324$$

정상과 호황에서도 마찬가지 방법으로 편차의 제곱을 계산하면 각각 0.0001과 0.0289가 된다. 채권에서도 동일한 방법으로 편차의 제곱을 계산할 수 있다.

다음으로 수익률의 분산은 편차의 제곱에 발생 확률을 곱한 후 이들을 합산하면 된다. 그러면 주식수익률의 분산은 다음과 같이 0.0205가 된다.

$$\text{주식수익률의 분산}(\sigma_s^2) = \frac{1}{3}(0.0324 + 0.0001 + 0.0289) = 0.0205$$

채권수익률의 분산(σ_b^2)도 동일한 방법으로 구하면 0.0067이 된다.

마지막으로 수익률의 표준편차는 분산에 제곱근을 취하면 된다. 그러면 주식수익률의 표준편차(σ_s)는 14.3%, 채권수익률의 표준편차(σ_b)는 8.2%가 된다. 분산과 표준편차는 기대수익률의 산포 정도를 측정하며 재무에서 위험의 측정치로 사용된다.

공분산과 상관계수

공분산(covariance)은 주식수익률과 채권수익률의 관계를 측정한다.

수익률의 편차는 각 경제상황에서의 수익률과 기대수익률과의 차이라는 것을 알고 있다. 주식수익률의 편차와 채권수익률의 편차를 곱하고 각각에 대해 발생확률을 곱한 후 이들을 합치면 공분산이 된다.

$$\begin{aligned}\text{공분산 Cov}(R_s, R_b) &= -0.0180 \times \frac{1}{3} + 0.0000 \times \frac{1}{3} + -0.0170 \times \frac{1}{3} \\ &= -0.0060 + 0.0000 - 0.0057 = -0.0117\end{aligned}$$

공분산과 상관계수는 모두 두 확률변수가 얼마나 관련이 있는가를 계산한다. 특히 **상관계수(correlation coefficient)**는 공분산을 표준편차의 곱으로 나누어 표준화한 것으로 −1과 +1 사이의 수치를 갖는다. 상관계수의 부호와 크기는 두 확률변수가 얼마나 관련이 있는가를 직관적이고 계량적으로 알 수 있게 해 준다. 주식과 채권 수익률의 상관계수(ρ)는 공분산을 주식수익률의 표준편차와 채권수익률의 표준편차의 곱으로 나누어 아래와 같이 계산한다.

표 T2-4 주식과 채권의 공분산

경제상황	주식 편차	채권 편차	곱	가중치
불황	-18%	10%	-0.0180	-0.0060
정상	1%	0%	0.0000	0.0000
호황	17%	-10%	-0.0170	-0.0057
합				-0.0117
공분산				-0.0117

$$\rho = \frac{Cov(R_s, R_b)}{\sigma_s \sigma_b} = \frac{-.0117}{(0.143)(0.082)} = -0.998$$

이 수치는 주식과 채권 수익률이 매우 강한 음(−)의 상관관계가 있음을 보여 준다.

요약하면, 주식의 기대수익률과 표준편차는 각각 11%와 14.3%이며 채권의 기대수익률과 표준편차는 각각 7%와 8.2%다. 이러한 결과는 주식은 채권보다 높은 기대수익률과 높은 위험을 갖는다는 일반적 예상과 부합한다.

포트폴리오 수익률과 분산

이제 자산의 50%는 주식에, 나머지 50%는 채권에 투자하는 '포트폴리오'의 수익률과 위험에 대해 알아보자. 포트폴리오의 기대수익률 $E(R_p)$는 단순히 개별증권 기대수익률의 가중평균이다.

$$E(R_p) = w_s \times E(R_s) + w_b \times E(R_b) = 50\% \times (11\%) + 50\% \times (7\%) = 9\%$$

여기서 w_s와 w_b는 각각 주식과 채권의 투자비중이다.

두 위험자산으로 구성된 포트폴리오의 수익률에 대한 분산(σ_P^2)은 다음과 같이 계산된다.

$$\begin{aligned}\sigma_P^2 &= (w_S\sigma_S)^2 + (w_B\sigma_B)^2 + 2(w_S\sigma_S)(w_B\sigma_B) \\ &= (50\% \times 14.31\%)^2 + (50\% \times 8.16\%)^2 \\ &\quad + 2 \times (50\% \times 14.31\%) \times (50\% \times 8.16\%) \times (-0.998) \\ &= 0.0010\end{aligned}$$

표 T2-5 포트폴리오의 수익률과 분산

경제상황	기대수익률			
	수익률	채권	포트폴리오	편차의 제곱
불황	-7%	17%	5.0%	0.0016
정상	12%	7%	9.5%	0.0000
호황	28%	-3%	12.5%	0.0012
기대수익률	11%	7%	9.0%	
분산	0.0205	0.0067	0.0010	
표준편차	14.31%	8.16%	3.08%	

여기서 σ_S는 주식수익률의 표준편차, σ_B는 채권수익률의 표준편차, ρ는 주식과 채권 수익률의 상관계수다. 포트폴리오 수익률의 표준편차(σ_P)는 0.0010의 제곱근으로 3.08%가 된다. 이 수치는 주식의 표준편차 14.31%나 채권의 표준편차 8.16%보다 훨씬 작다는 것을 알 수 있다. 따라서 두 자산으로 구성된 포트폴리오의 위험(표준편차)은 주식과 채권 각각에 투자한 경우의 위험보다 훨씬 낮다는 것을 알 수 있다. 분산투자는 기대수익률의 감소 없이 수익률의 변동성을 줄여 준다. 이 같은 위험의 감소는 직관적으로 보면, 한 자산으로부터 낮은 수익률이 다른 자산으로부터 높은 수익률과 상쇄되기 때문이다.

분산투자와 포트폴리오 위험

그림 T2-1은 NYSE 상장주식을 대상으로, 수익률의 표준편차와 포트폴리오의 구성 주식 수 간의 관계를 보여 준다. X축은 포트폴리오를 구성하는 주식의 수이고, Y축은 포트폴리오 수익률의 표준편차, 즉 위험이다.

하늘색 곡선은 포트폴리오에 주식을 추가로 편입함으로써 발생하는 위험감소 효과는 주식 수가 증가함에 따라 줄어든다는 사실을 보여 준다. 주식 수가 1개일 경우 수익률의 표준편차는 연평균 49.2%임을 보여 준다. 10개 주식이 포트폴리오에 편입되면 포트폴리오 수익률의 표준편차는 23.9%로 대폭 하락한다. 20~30개 주식이 편입되면 포트폴리오 수익률의 표준편차는 19.2%로 좀 더 하락하지만, 30개 이상의 주식을 보유하면 추가적 위험감소 효과는 거의 없다는 것을 알 수 있다.

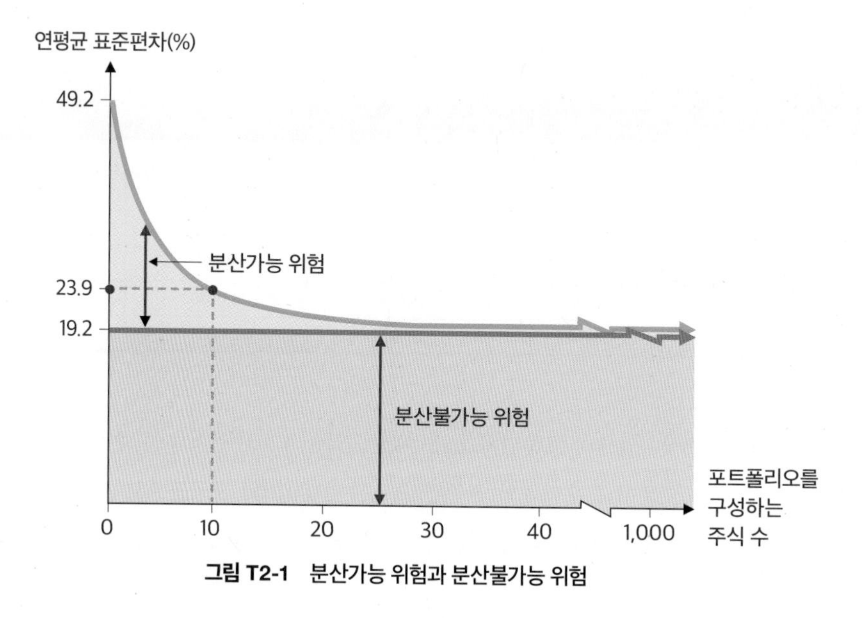

그림 T2-1 분산가능 위험과 분산불가능 위험

이 그림은 여러 자산으로 나누어 분산투자를 하면 위험의 일부를 제거할 수 있다는 것을 보여 준다. 그림에서 윗부분은 분산투자로 제거할 수 있는 '분산가능 위험(diversifiable risk)'이다. 아랫부분은 분산을 통해서도 제거할 수 없는 '분산불가능 위험(nondiversifiable risk)'이다.

포트폴리오 구성을 통해 제거될 수 있는 분산가능한 위험으로는 노동파업, 부품부족, CEO 사망 등을 들 수 있다. 분산가능한 위험을 **비체계적 위험**(unsystematic risk) 또는 자산고유위험이라고 한다. 1개 주식 또는 동일 산업의 주식만 보유하면 이러한 위험에 노출된다. 반면에 여러 자산에 공통적으로 영향을 미치는 위험인 분산불가능 위험으로는 GDP, 인플레이션, 이자율의 변동 등을 들 수 있다. 분산불가능 위험은 **체계적 위험**(systematic risk) 또는 시장위험(market risk)으로 불린다.

비체계적 위험은 분산투자에 의해 제거될 수 있다. 왜 그럴까? 포트폴리오를 보유하고 있다면, 포트폴리오 내의 어떤 주식은 긍정적 사건으로 인해 가치가 상승할 것이고 어떤 주식은 부정적 사건으로 인해 가치가 하락할 것이다. 포트폴리오 내에서 이들 효과는 서로 상쇄될 것이므로 다수의 자산으로 구성된 포트폴리오는 비체계적 위험을 거의 갖지 않는다. 그러나 포트폴리오에 편입되는 자산의 수와 상관없이 체계적 위험, 즉 시장전체에 영향을 미치는 위험은 제거되지 않는다.

총위험은 체계적 위험과 비체계적 위험의 합이다. 앞서 학습한 '수익률의 표준편차'는 이러한 총위험의 측정치이다. 잘 분산된(30개 이상으로 구성된) 포트폴리오에서 비체계적 위험은 거의 없으므로 모든 위험은 사실상 체계적 위험이다.

베타와 체계적 위험

체계적 위험만 존재하는 포트폴리오에서 개별증권의 위험은 어떻게 정의되고 측정되는가? 존재하는 모든 증권의 포트폴리오를 시장포트폴리오라고 하며 이에 대한 대용치로 미국은 S&P 500 지수, 한국은 종합주가지수(KOSPI)와 같은 시장지수가 사용된다. 시장포트폴리오를 구성하는 개별증권의 체계적 위험에 대한 측정치로 해당 증권의 베타를 사용한다. **베타(beta)**는 시장수익률에 대한 개별증권 수익률의 민감도이다. 지수의 베타 값은 정의상 1이며 지수수익률 변동에 비해서 개별주식 수익률의 변동이 클수록 위험한 주식으로 간주되며 그 베타 값 또한 1보다 높게 된다. 베타의 통계식은 아래와 같이 시장과 개별증권 수익률의 공분산을 시장수익률의 분산으로 나눈 값이다.

$$\beta_i = \frac{Cov(R_i, R_M)}{\sigma^2(R_M)}$$

위험과 기대수익률의 관계

자산의 기대수익률이 자산의 위험과 양(+)의 관계에 있다는 것은 너무나 당연한 일이다. 즉, 위험자산 보유를 위해서는 위험에 상응하는 보상이 있어야 한다. 주식도 위험자산이며 위험의 정도는 주식에 따라 다르다. 그러면 개별주식의 기대수익률은 어떻게 측정하는가? 개별증권의 기대수익률은 직관적으로 무위험이자율과 위험자산의 위험을 감수함으로써 추가되는 **위험프리미엄(risk premium)**의 합으로 볼 수 있다.

위험이 없는 자산이란 존재하지 않지만 가장 안전한 자산은 미국 정부채이다. 특히 만기가 1년 이하의 미국 단기국채(T-bill) 수익률은 '**무위험이자율(risk-free interest rate)**'로 간주된다.

베타의 추정

베타는 회귀분석(regression analysis)을 통해서 추정된다. Alphabet의 베타 추정 방법을 그림을 통해서 살펴보자. Alphabet은 Google의 모회사이다.

베타 추정을 위한 시장지수로 S&P 500 지수가 사용된다. 베타의 추정기간은 과거 2014년부터 2018년까지 5년이며 이 기간 동안 S&P 지수와 Alphabet 주식의 월별수익률 각각 60개를 사용한다. X축은 S&P 지수의 수익률이며 Y축은 Alphabet 주식의 수익률이며 그래프상에는 60개의 점이 존재하게 된다. 다음은 회귀분석을 통해서 이들 60개 점을 가장 잘 대변하는 직선을 찾아내는 것이다. 이렇게 도출한 직선의 기울기가 바로 Alphabet 주식의 베타이며 그 값은 1.04이다. 이 값이 의미하는 바는 S&P 지수가 1% 움직일 때 Alphabet 주식은 1.04% 변동한다는 것이다. Alphabet 주식의 위험은 전반적 시장위험과 유사하다고 볼 수 있다.

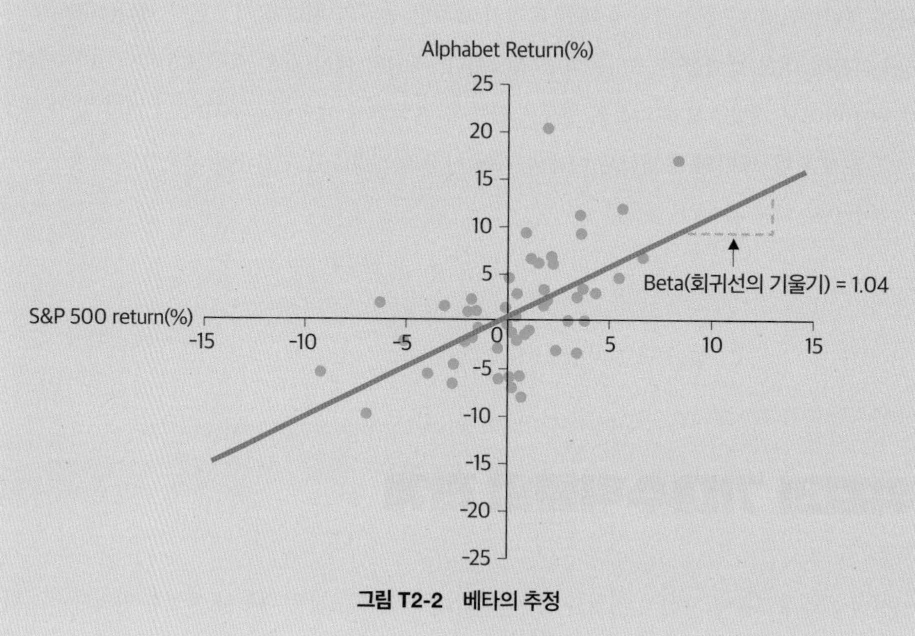

그림 T2-2 베타의 추정

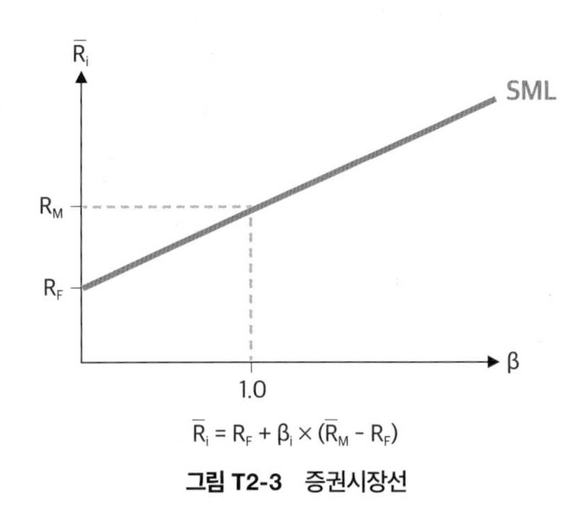

그림 T2-3 증권시장선

(체계적 위험만 존재하는) 포트폴리오에서 개별증권의 기대수익률은 무위험이자율에 해당 증권의 '체계적 위험'에 대한 보상이 추가되어야 한다. 증권의 체계적 위험은 그 증권의 베타에 의해 측정되므로 증권의 기대수익률($\overline{R}_i$)은 아래와 같이 나타낼 수 있다.

$$\overline{R}_i = R_F + \beta_i \times (\overline{R}_M - R_F)$$

여기서 R_F는 무위험이자율, β_i는 주식의 베타, $(\overline{R}_M - R_F)$은 시장위험프리미엄으로 무위험이자율을 초과하는 시장기대수익률 부분이다. 이 식을 **자본자산가격결정모형**(capital asset pricing model : CAPM)이라고 한다. 이 모형은 증권의 기대수익률은 그 증권의 베타와 선형관계가 있음을 의미한다. 또 이 모형은 잘 분산된 포트폴리오에 포함된 개별증권에 대해 적용된다. 기관이나 외국인 투자자는 일반적으로 수십 개 이상의 많은 종목에 투자하고 있기 때문에 사실상 시장포트폴리오처럼 잘 분산된 체계적 위험만 존재하는 포트폴리오를 보유하고 있다고 볼 수 있다. 그러나 몇 종목에 집중 투자한 일반투자자는 체계적 위험은 물론 비체계적 위험에 대한 보상도 고려해야 한다.

CAPM을 그래프로 나타내면 **그림 T2-3**과 같다. X축은 베타이며 Y축은 기대수익률을 나타낸다.

베타가 0일 때 $\overline{R}_i$은 무위험이자율(R_F)과 같으며, 베타가 1일 때 $\overline{R}_i$은 시장기대수익률($\overline{R}_M$)과 같다. 빨간색 직선을 **증권시장선**(security market line : SML)이라고 한다. 즉, CAPM을 그래프로 표현한 것이 증권시장선이다.

CAPM을 이용한 기대수익률 계산

CAPM의 예를 들어 보자. 어떤 주식의 베타는 1.5이고, 무위험이자율은 3%이며 시장기대수익률은 10%라고 가정한다. 이 주식의 기대수익률($\bar{R}_i$)은 얼마인가? CAPM 식을 이용하면 $\bar{R}_i$는 아래와 같이 13.5%가 된다.

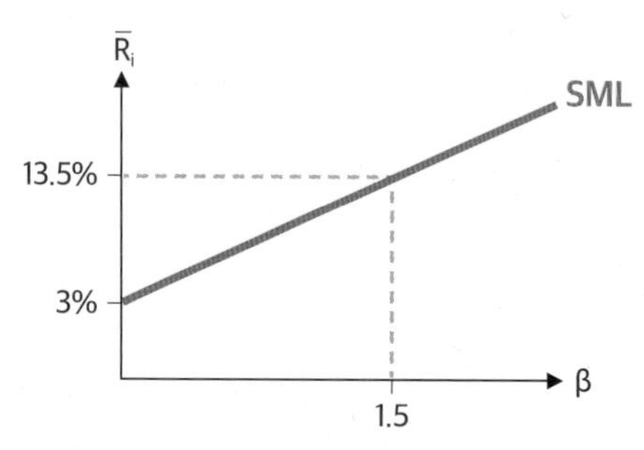

$$\bar{R}_i = 3\% + 1.5 \times (10\% - 3\%) = 13.5\%$$

어떤 증권 또는 자산의 위험, 즉 베타를 알면 CAPM을 이용하여 그 증권 또는 자산의 기대수익률을 구할 수 있다. 이러한 기대수익률이 앞서 (투자결정을 위해) 프로젝트의 현금흐름할인을 위해 사용한 바로 그 이자율이다. 할인율의 크기는 프로젝트의 위험을 반영한다.

T3. MM 이론

MM 모형의 가정

모든 이론은 처음에는 여러 가정하에 단순한 세팅으로 시작한다. MM도 마찬가지로 다음 가정하에 자본구조와 기업가치의 관계를 증명하였다. (1) 모든 사람은 미래 수익률과 위험에 대한 동질적인 기대를 지닌다. (2) 기업의 현금흐름은 영구적이다. (3) **완전자본시장(perfect capital market)**을 가정한다(완전경쟁을 가정한다, 기업과 투자자는 같은 이율로 차입하거나 대출할 수 있다, 모든 관련 정보에 동등한 접근이 가능하다, 거래비용이 없다, 세금이 없다). 특히 마지막 세금이 없다는 가정에 주목하자. 이러한 여러 가정하에 MM은 '**자가레버리지(homemade leverage)**'라는 개념을 사용하여 자본구조는 기업가치, 즉 주주가치에 영향을 주지 않는다는 것을 증명한다.

자가레버리지

예를 들어 살펴보자. 먼저 당신은 $1,200의 투자금(자기자본)을 가지고 있으며 자가레버리지를 이용하여 자금을 추가로 확보한다. 즉, 은행이나 증권회사로부터 $800를 8% 이율로 자신이 직접 빌린다고 가정한다. 그러면 자신의 투자금과 차입금을 합쳐서 총 $2,000로 11장 **표 11-1**에 언급된 (현재 자본구조) 부채가 없는 기업의 주식 40주를 주당 $50에 매입할 수 있다. 이 기업의 자기자본은 $20,000이며 발행주식수는 400주이므로 주당 가격은 $50라는 것을 이미 알고 있다. **표 T3-1**의 첫째 행에서 앞서 표 **표 11-2**에서 계산한 부채가 없는 기업의 EPS를 세 가지 경기 시나리오하에서 다시 보여 준다. EPS는 각 시나리오에서 $2.50, $5.00, $7.50였다.

표 T3-1 자가레버리지 사용 시 주주 이익

	침체	기대	확장
EPS	$2.5	$5.0	$7.5
40주 보유이익	$100	$200	$300
$800에 대한 이자(8%)	$64	$64	$64
순이익	$36	$136	$236
ROE(순이익/$1,200)	3.0%	11.3%	19.7%

이 주식 40주를 사게 되면 40주에 대한 이익은 경기 침체에서는 $100(= $2.50 × 40), 기대에서는 $200(= $5.00 × 40), 확장에서는 $300(= $7.50 × 40)가 된다. 그리고 차입금 $800에 대한 8% 이자 $64는 경기에 관계없이 갚아야 한다. 따라서 순이익은 각각 $36, $136, $236가 된다. 그러면 주주의 이익을 대변하는 ROE는 얼마인가? 즉, (순이익/투자금액 $1,200)는 각각 3.0%, 11.3%, 19.7%가 된다.

투자자가 자가레버리지를 사용해서 실현한 이들 이익의 수치를 **표 11-3**에서 계산한 자본구조 조정 후의 ROE 수치와 비교해 보자. 놀랍게도 이들 수치는 각각 3.0%, 11.3%, 19.7%로 완전 동일하다. 즉, 투자자가 자신의 투자금 $1,200로 그냥 부채기업의 주식을 사는 경우(**표 11-1**에서 부채기업은 전체 자기자본이 $12,000이므로 투자자는 이 기업 주식의 1/10을 살 수 있다)와 동일한 이익을 거둘 수 있다.

다시 말하면 두 전략, 즉 자신의 투자금 $1,200에 자가레버리지로 $800를 빌려 부채가 없는 기업에 투자하는 전략과 자신의 투자금 $1,200를 그냥 부채가 있는 기업에 투자하는 전략은 주주입장에서 수익률이 동일하다. 따라서 **표 11-1**에서처럼 현재 자본구조나 제안 자본구조하에서 주가($50)와 기업가치($20,000)는 동일해야 한다. 여기서 질문이 생긴다. 투자자는 자가레버리지의 차입금액 규모를 어떻게 정하는가? 답은 반드시 부채기업의 부채비율 2/3(= $8,000/12,000)와 동일한 비율이 되도록 차입해야 한다는 것이다. 즉, 투자 원금이 $1,200이므로 $800를 차입하면 부채비율과 같아진다. 본 예가 의미하는 바는, 기업은 자본구조 조정을 통해서 주주에게 이익을 주거나 손해를 입히지 못한다는 것이다. 왜냐하면 투자자는 자가레버리지로 부채가 없는 기업에 투자함으로써 부채가 있는 기업의 현금흐름(ROE)을 정확히 모방할 수 있기 때문이다. MM은 만일 시장에서 부채기업이 더 비싸다면 합리적인 투자자는 무부채기업의 주식을 사기 위해 자신 스스로 차입할 것이라는 아주 단순한 논리를 제시하였다.

MM 명제 II(법인세가 없는 경우)

$$R_S = R_0 + \frac{B}{S}(R_0 - R_B)$$

여기서 R_S는 부채기업의 자기자본수익률(자기자본비용), R_0는 부채가 없는 무부채기업의 자기자본수익률(자본비용), R_B는 이자율(부채비용), B는 부채의 가치, S는 자기자본의 가치를 나타낸다.

이 식을 유도해 보자. 식의 MM 명제 II의 유도는 이미 입증된 MM 명제 I을 전제로 한다. MM 명제 I은 기업가치는 자본구조에 의해 영향을 받지 않는다는 것이며 이 말은 기업의 가중평균자본비용(WACC)은 자본구조에 관계없이 주어진 기업에 대해서 일정하다는 말과 맥락이 같다. 먼저 기업의 WACC는 아래와 같이 표현될 수 있음을 알고 있다.

$$WACC = \frac{S}{S+B} \times R_S + \frac{B}{S+B} \times R_B$$

MM 명제 I에 의하면 부채가 있든 없든 자본비용은 일정해야 하므로 WACC를 부채가 없는 기업의 자본비용인 R_0로 대체해도 MM 명제 I은 성립한다. 그리고 양변에 $\frac{S+B}{S}$를 곱하면 아래와 같이 된다.

$$\frac{S+B}{S} \times R_0 = \frac{S+B}{S} \times \frac{S}{S+B} \times R_S + \frac{S+B}{S} \times \frac{B}{S+B} \times R_B$$

이를 R_S에 대해서 재정렬하면 명제 II에서처럼 레버리지의 함수로 표현된다.

자본구조의 교환이론

법인세 존재하에 MM 명제는 기업이 부채를 사용하면 할수록 세금혜택이 늘어나므로 자본조달을 100% 부채로 한다면 기업가치가 극대화된다는 것을 의미한다. 그러나 이러한 주장은 현실세계에서 기업의 자본구조와 부합하지 않는다. 실제 세계에서 기업은 그렇게 과도하지 않은 레버리지를 사용한다.

재무곤경의 비용 기업의 부채사용을 제한하는 요인 중 하나는 **파산비용(bankruptcy cost)**이다. 부채비율이 증가함에 따라 기업이 채권자에게 약속했던 것을 지급할 수 없을 가능성도 증가한다. 경우에 따라서는 기업자산의 소유권이 주주로부터 채권자에게로 넘어가게 된다. 즉, 그 기업은 파산하게 된다. 문제는 기업이 파산을 하는 데는 비용이 아주 많이 든다는 것이다. 한 기업이 채무를 이행하는 데 있어서 중대한 문제를 가지고 있다면, 그 기업은 재무적 곤경(financial distress)을 겪고 있다고 말한다. 재무적 곤경에 처한 기업들 중 일부는 결국 파산을 신청하지만, 대부분은 이를 극복하고 살아남을 수 있기 때문에 파산신청으로 가지 않는다.

재무곤경에 처한 기업이 파산신청으로 가거나 이를 피하는 과정에서 지불하거나 떠안게 되는 모든 직간접비용을 **재무곤경비용(financial distress cost)**이라 부른다. 파산신청 후 파산과정에서 지불해야 하는 법적이고 행정적인 비용이 직접파산비용이며 파산을 피하려는 과정에서 떠안게 되는 비용이 간접파산비용이다.

파산과정에서 수반되는 직접파산비용의 예를 들면, 변호사, 회계사, 컨설턴트, 기타 전문가에게 지급하는 보수, 수당, 수수료 등이 이에 해당한다. 이러한 비용은 2008년에 파산을 신청한 미국의 거대 금융그룹인 Lehman Brothers의 경우에 $59억에 달했으며, 또 2001년 파산을 신청한 미국 거대 에너지 회사 Enron의 경우는 약 $10억가 소요되었다고 한다. 이들 직접파산비용이 파산 직전 기업가치에서 차지하는 비중은 약 2~4%로 알려져 있다.

파산신청을 피하려는 과정에서 떠안게 되는 간접파산비용을 살펴보자. 예를 들면, 정상적 영업 중단, 매출 감소, 공급망 손상, 귀중한 종업원의 이직 등이다. 한 연구에 의하면, 직접파산비용과 간접파산비용 모두를 포함하는 재무곤경비용은 기업가치의 20%를 상회한다고 한다. 엄청난 비용이다. 이렇듯 기업자산의 일부분은 파산의 법적 과정에서 사라진다. 이러한 잠재적 비용으로 인해 기업은 자본조달을 위해 과도한 부채의 사용을 꺼리게 된다.

세금효과와 재무곤경비용의 통합 MM은 법인세의 존재하에서 기업가치는 레버리지가 높을수록 증가한다고 주장한다. 그러나 이 이론은 기업이 가치 극대화를 위해서는 최대한의 부채사용을 의미하기 때문에 현실세계에서 기업의 행태와 부합하지 않는다. 방금 논의한 바와 같이 과도한 부채사용은 잠재적 재무곤경비용 또는 파산비용을 증가시켜 기업의 가치를 감소시킬 것이다. 따라서 기업은 차입을 많이 하면 법인세를 많이 절감할 수 있지만 파산비용을 지불해야 할 가능성도 커진다는 교환관계에 직면하게 된다. 그러므로 기업의 최적 자본구조는 부채의 세금혜택과 재무곤경비용 사이의 교환관계를 고려하여 결정되어야 한다. 이를 **자본**

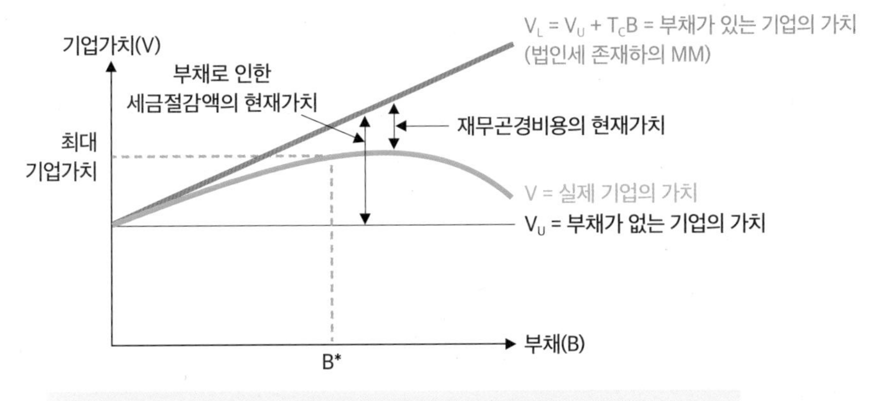

세금절감액은 부채기업의 가치를 증가시킨다. 재무곤경비용은 부채기업의 가치를 감소시킨다. 두 요인이 상쇄되면서 B*가 최적부채수준이 된다.

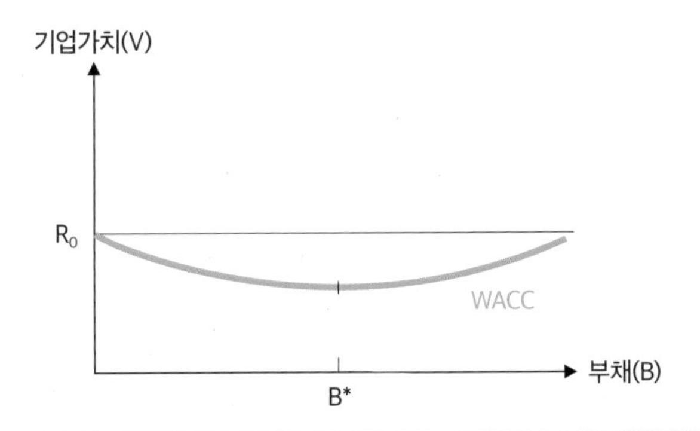

정태적 이론에 따르면 WACC는 부채로 인한 세금혜택 때문에 처음에는 하락한다. 그러나 B*를 지나면 재무곤경비용 때문에 WACC는 다시 상승하기 시작한다.

그림 T3-1　최적부채수준과 기업가치

구조의 교환이론(trade-off theory of capital structure)이라고 부른다. **그림 T3-1**은 부채사용에 따른 세금효과와 재무곤경비용을 통합하여 보여 준다.

위쪽 그래프의 X축은 부채비율이고 Y축은 기업가치이다. 부채가 없는 기업의 가치(V_U)는 맨 아래 평행선으로 나타난다. 맨 위 빨간색 직선은 파산비용이 없는 세계에서 법인세가 존재하는 경우 기업가치를 나타내며 MM 명제에서 의미하듯이 기업가치(V_L)는 부채사용이 증가함에 따라 계속 증가한다. V_U와 V_L의 차이는 부채사용으로 인한 세금절감액의 현재가치다.

연두색 곡선이 바로 법인세와 파산비용이 있는 경우 실제 세계에서 기업가치로 우리가 관심을 가져야 하는 부분이다. 이 곡선에서 기업가치는 부채사용이 적을 때는 증가한다. 왜냐하면 재무곤경의 확률이 낮아 재무곤경비용이 사소하기 때문이다. 그러나 부채가 늘어남에 따라 재무곤경비용도 늘어나게 되며 어느 점에 이르러서는 부채를 늘림으로써 누릴 수 있는 세금절감액(증가분)이 재무곤경비용(증가분)과 같게 된다. 바로 이 점이 기업가치를 극대화하는 부채의 수준이며 그림에서는 X축에 B*로 표시되어 있다. 다시 말하면 B*는 기업의 최적부채수준(optimal debt level)이 된다. 이 점을 지나면 파산비용은 세금절감액보다 더 빨리 증가하게 되어 더 이상의 레버리지는 기업가치를 감소시킨다.

아래쪽 그림을 보면, 앞서 MM에서 학습한 바와 같이 가중평균자본비용은 부채가 자본구조에 추가됨에 따라 (자기자본비용이 세금혜택의 효과로 상대적으로 적게 상승하기 때문에) 처음에는 하락한다. 그러나 B*를 지나게 되면 재무곤경비용이 세금혜택보다 더 커져서 자본비용은 다시 상승하기 시작한다. 따라서 기업가치가 극대화되는 최적부채수준에서 가중평균자본비용도 최저가 된다는 것을 보여 준다.

기업의 자본구조는 부채의 세금혜택과 재무곤경비용 사이의 교환관계에서 결정된다는 자본구조의 교환이론은 어떠한 기업에도 최적의 부채수준이 존재함을 의미한다. 그럼에도 불구하고 재무곤경비용을 정확히 산출할 수 없기 때문에 기업의 최적부채수준을 정확히 결정하기 위한 공식은 아직 존재하지 않는다.

파이모형의 재평가 세금과 파산비용과 같은 실제 세계의 요인들을 감안하여 파이모형을 재평가해 보자. MM에서 주주와 채권자는 기업의 현금흐름에 대한 청구권을 지니고 있다. 세금과 파산비용도 기업의 현금흐름에 대한 또 다른 청구권으로 볼 수 있다. G를 기업이 정부에 내는 세금의 가치, L을 기업이 파산변호사에게 지불하는 현금흐름의 가치라고 하자. 그러면 현금흐름 측면에서 기업의 총가치(V_T)를 광의로 다음과 같이 다시 정의할 수 있다.

$$V_T = S + B + G + L$$

여기서 S는 주주 청구권의 가치, B는 채권자 청구권의 가치, G는 세금 청구권의 가치, L은 파산 청구권의 가치다.

그림 T3-2는 실제 세계 요인을 감안한 새로운 파이모형이다.

기업의 현금흐름이라는 하나의 원천에서 여러 청구권이 지불된다. 이 파이는 얼마나 많은 조각으로 자르고 누가 이 조각들을 가져가더라도 이들의 합인 총현금흐름은 동일하다. 즉, MM의 직관은 자본구조는 현금흐름을 조각으로 자를 뿐이며 기업의 총가치, 즉 전체 청구권의 가

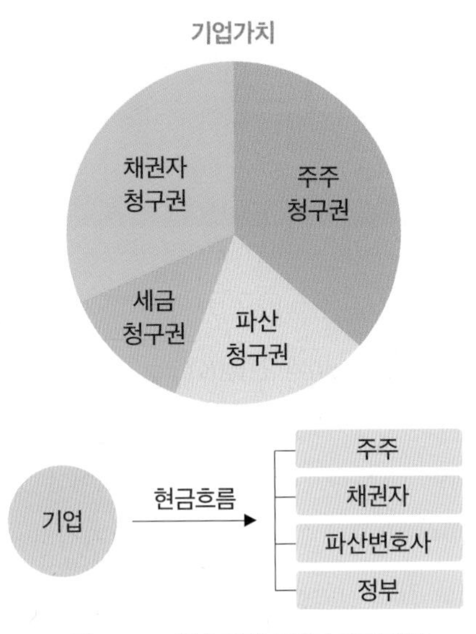

그림 T3-2 실제 세계 요인과 파이모형

치는 자본구조에 의해 영향을 받지 않는다는 것이다. 단지 청구권의 상대적 가치가 부채가 증가함에 따라 변할 뿐이다. 따라서 경영자는 기업가치, 즉 주주와 채권자의 가치를 극대화하는 자본구조를 선택해야 할 것이다.

T4. 파생상품

대표적인 파생상품으로는 **옵션(options)**과 **선물(futures)**이 있다. 옵션상품은 미래현금흐름이 정규분포와 같이 우리에게 익숙한 분포를 따르지 않고 한쪽이 단절된 특이한 분포를 따른다. 한편 선물은 현물과 연결되어 있어 두 가격이 균형에서 벗어날 경우 재정거래 또는 **차익거래(arbitrage)**의 기회가 발생한다. 옵션과 같은 특징을 가진 자산의 가격은 현금흐름할인법으로 구할 수 없고, 선물의 특징을 가진 자산은 차익거래기회의 제거라는 시장의 작동원리를 통해 쉽게 균형가를 구할 수 있다. 파생상품은 상품의 구조를 이해하고 거래에 참여하는 방법을 배우는 것도 중요하지만, 동시에 가격이 어떻게 결정되는지를 이해하는 것도 중요하다. 여기서는 간략하게 각 상품의 구조와 가격결정 방법에 대해 설명하도록 한다.

콜옵션의 의미와 가격

옵션은 두 사람 A와 B가 만나 특정 자산에 대해 미래 시점의 가격을 두고 내기하는 것과 같다. 그런데 보통 내기와 다른 점은 내기를 거는 사람(A)은 내기에서 지면 상대방(B)에게 돈을 지불하지만 내기에서 이길 때는 상대방(B)으로부터 돈을 받지 못한다는 사실이다. 일견 바보 같은 내기로 보일 수 있지만, 대신 내기를 거는 사람(A)은 내기를 받는 사람(B)으로부터 처음에 입장료를 받는다는 점에서 B에게 일방적으로 유리한 구조는 아니다. 즉, A는 내기의 성패와 상관없이 항상 입장료를 챙기는 것이고, B는 내기에서 이겨야만 이익을 보는 구조다.

가령 삼성전자의 한 달 후 내기 가격을 10만원으로 정했다고 하자. 만약 15만원이 되면 그 차액인 5만원을 A가 B에게 지불한다. 반대로 10만원 이하가 되면 A도 B도 서로 상대방에게 한 푼도 지불하지 않는다. 하지만 가령 입장료가 3만원이라고 하면, B가 마냥 좋아할 수는 없을 것이다.

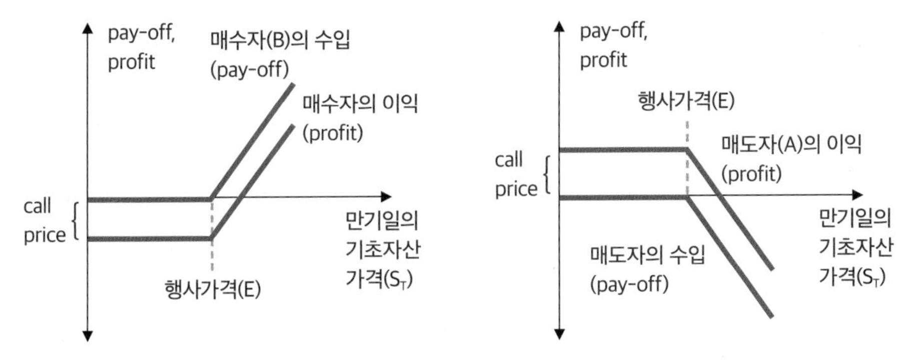

그림 T4-1 콜옵션 pay-off와 profit

이러한 내기에서 매도자(A)와 매수자(B)의 한 달 후 수입(pay-off)과 이익(profit)은 **그림 T4-1**과 같다.

보는 바와 같이 B의 한 달 후 수입은 0원에서부터 무한대까지 올라갈 수는 있으나 0원 이하로는 내려갈 수 없는 단절된 분포를 가진다. 이렇게 상방이익은 무한히 열려 있고 하방손실은 닫혀 있는 미래현금흐름의 오늘 가격은 얼마인가? 바로 B가 오늘 내기에 들어오면서 A에게 지불한 입장료 3만원이 그 가격이며, 동시에 콜옵션의 가격 또는 콜프리미엄이라고 부른다. 옵션은 특이한 미래현금흐름의 오늘 가치를 알게 한다는 점에서 이론적으로도 매우 중요하다.

위에 설명한 내기를 옵션계약으로 옮겨 보자. 위의 내기가 매도자(A)와 매수자(B)에게 주는 현금흐름의 결과는 다음과 같은 계약으로 똑같이 복제될 수 있다.

계약내용 : "한 달 후 삼성전자 주식을 10만원에 A로부터 살 수 있는 권리를 A가 B에게 판다."

여기서 B가 취득한 권리를 **콜옵션**(call option)이라 하며, 계약내용에 나온 각 조건에 대한 옵션의 용어는 다음과 같다. A : 매도자(writer), B : 매수자(buyer), 한 달 후 : **만기**(maturity), 삼성전자 주식 : **기초자산**(support), 10만원 : **행사가**(exercise price : *E*). 그리고 B가 A에게 지불한 입장료 3만원은 **콜프리미엄**(call premium : *c*)이라고 한다.

매수자(B)는 권리를 가지고 있기 때문에 한 달 후에 권리를 행사할지 안 할지는 B에게 달려 있다. 만약 삼성전자 주가가 15만원이 되면 권리를 행사하며 삼성전자 주식을 10만원에 매도자(A)로부터 매수하고, 바로 시장에서 15만원에 팔아 5만원의 수입을 가져갈 것이다. 그리고 매도자(A)는 삼성전자 주식을 시장에서 15만원에 사서 바로 매수자(B)에게 10만원에 인도해야 되니 결국 5만원의 손해를 져야 한다. 만약 한 달 후 주가가 10만원 이하로 떨어진다면 매수자(B)는 권리를 행사하지 않을 것이다. 이 간단한 콜옵션의 구조는 앞서 말했던 내기와 같은 결과를 가져온다.

이제 삼성전자의 현재 주가와 만기 주가, 콜의 행사가를 각각 S_0, S_T, E라고 하면, 만기시점에서 매수자의 수입과 이익은 다음과 같은 식으로 요약될 수 있다.

$$\text{콜옵션의 만기 수입(payoff)} = \text{Max}[S_T - E, 0]$$

그리고 콜프리미엄은 다음과 같은 블랙(Black)과 숄즈(Scholes)의 **옵션가격결정모델**(option pricing model : OPM)로 구할 수 있다.

$$c = S_0 \times N(d_1) - E \times e^{-rt} \times N(d_2)$$
$$d_1 = [\ln(S/E) + (r + \sigma^2/2) \times t/\sqrt{\sigma^2 t}$$
$$d_2 = d_1 - \sqrt{\sigma^2 t}$$

여기서, N(.) : 표준정규분포의 누적확률, σ : 기초자산 수익률의 표준편차, r : 무위험수익률

OPM은 복잡해 보이지만, 사실은 오늘의 삼성전자 주가(S_0)와 행사가격의 현재가($E \times e^{-rt}$) 사이의 차액을 여러 확률적인 요소로 교정한 것이라고 간단히 이해할 수 있다. 이 확률적인 교정은, 주식의 수익률은 일정한 기울기(μ)와 표준편차(σ)를 가진 분포를 따라 **임의보행**(radom walk)을 한다는 가정하에서 만기일에 주가가 행사가격보다 높이 끝날(in the money) 확률, 위험을 헤지(hedge)하기 위한 전략 등을 수학적으로 반영한 것이다.

OPM은 어떤 요인들이 옵션프리미엄을 결정하며 또한 각각의 요인이 어느 방향으로 영향을 미치는지를 알게 한다는 점에서도 매우 요긴하다. 각 요인으로 OPM을 편미분하면 **표 T4-1**과 같은 부호가 나오는데, 부호가 (+)이면 해당 요인의 값이 오를 때 옵션프리미엄도 상승하고,

표 T4-1 옵션프리미엄 결정요인과 부호

	Call	Put
기초자산의 오늘 가격(S_0)	+	-
행사가격(E)	-	+
기초자산 수익률의 표준편차(σ)	+	+
만기(t)	+	+
무위험수익률(r)	+	-

부호가 (−)이면 요인의 값이 오를 때 프리미엄은 하락한다.

풋옵션의 의미와 가격

콜옵션과는 반대로 매수자가 기초자산을 만기에 팔 수 있는 권리를 갖도록 하는 풋옵션을 만들 수 있다.

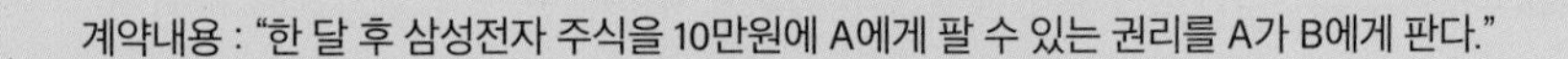

계약내용 : "한 달 후 삼성전자 주식을 10만원에 A에게 팔 수 있는 권리를 A가 B에게 판다."

여기서 권리를 풋옵션(put option)이라 하고, B가 A에게 지불한 입장료는 풋프리미엄(put premium : *p*)이라고 한다. 풋옵션에서 매수자는 하방수입이 행사가만큼 올라갈 수 있고 상방손실은 전혀 없는 현금흐름을 가진다. 풋의 매수자와 매도자의 수입과 이익은 **그림 T4-2**와 같다.

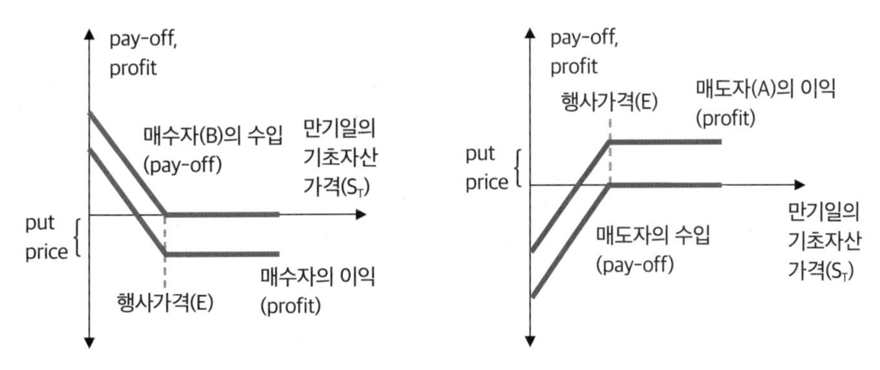

그림 T4-2　풋옵션 pay-off와 profit

만기시점에서 풋 매수자의 이익은 다음의 식으로 요약된다.

$$\text{콜옵션의 만기 수입(payoff)} = \text{Max}[E - S_T, 0]$$

풋-콜 등가식과 의미

풋과 콜 그리고 기초자산과 무위험채권을 합성하여 포트폴리오를 만들면 재미있는 결과가 나온다. 그 대표적인 예가 **풋-콜 등가식(put-call parity)**이다.

$$S_0 + p = c + Ee^{-rT}$$

S_0 : 기초자산의 현재가격, p : 풋의 가격, c : 콜의 가격, e : 자연상수

Ee^{-rT} : 콜-풋의 행사가격과 액면가가 동일하고 만기도 동일한 무위험채권의 현재가

특히 $S_0 + p$ 포트폴리오는 **방어적 풋(protective put)**이라고 부른다. 그러면 방어적 풋의 만기 현금흐름(pay-off)은 콜계약과 무위험채권을 매입하는 포트폴리오의 만기 현금흐름과 동일하다. 따라서 두 포트폴리오의 오늘의 가격도 같아야 한다는 것이다. 여기서 풋과 콜은 모두 같은 기초자산 위에 쓰였으며 만기도 동일해야 한다.

콜가격을 OPM을 사용해서 구했다면 풋의 가격은 이 등가식을 사용해서 쉽게 구할 수 있다. 또한 풋-콜 등가식은 기업의 자본가치를 구하는 데도 아주 유용하게 사용된다. 특히 기업의 전체 자산가치가 주어졌을 때, 사업의 위험도에 따라 주주와 채권자 간의 부의 배분 또는 이전이 어떻게 일어나는지를 명쾌하게 알려 준다. 이에 대한 자세한 이야기는 이어지는 T5. 리얼옵션과 자본구조에서 살펴보도록 한다.

선도와 선물의 의미와 가격

선도(forward)는 두 계약자 간에 미래 어느 시기에 어느 가격으로 거래하기로 약속하는 계약을 뜻한다. 특히 농작물이나 선박의 건조처럼 생산시간이 길어 대상물이 건네지는 시점이 먼 미래일 때는, 그 시점에서 농산물 가격이나 환율이 얼마가 될지 불확실성이 높다. 이때 선도계약을 한다면, 두 계약자는 서로 가격위험으로 자유로울 수 있는데, 이를 **위험헤지(risk hedge)**라고 한다. 선도는 위험헤지 수단으로 자주 사용된다. 가령 고추장을 만드는 기업 A는 올해 냉해를 예상하고 고추 값이 높아질 것이라고 전망했다고 하자. 원가가 얼마나 올라갈지 알 수가 없으니 지금 자금계획을 세우는 데 불편이 많다. 그럼 기업 A는 고추밭을 경작하는 농장 B와 경작계약

을 할 때 추수가 끝나 고추를 인도할 시점의 행사가격을 지금 미리 정해 놓는다면, 자금계획을 안전하게 세울 수 있을 것이다. 물론 만기에 고추의 현물가격이 행사가격보다 낮다면 기업 A는 손해를 보고 농장 B는 이익을 보겠지만, 이는 안전한 자금운영에 대한 대가라고 이해해야 한다.

선도는 쌍방 간의 자유로운 계약에 의하기 때문에 만기에 계약이 이행되지 않을 수도 있다는 위험이 존재한다. 이러한 위험을 완전히 제거한 것이 **선물(future)**이다. 선물거래는 상품의 미래 가격을 약속한다는 점에서 선도와 같으나, 구조가 표준화되어 있으며, 거래소에서 매일 선물의 행사가격과 현물가격 간의 차이가 쌍방에게 정산된다는 점에서 선도와 큰 차이가 있다. 일일정산으로 인해 만기에 행사가격과 현물가격 간에 차이가 난다고 해도 채무불이행의 위험은 전혀 없다. 왜냐하면 손해를 보게 되는 자는 그동안의 일일정산을 통해 이미 자신의 손해가 대부분 현실화되었기 때문이다.

선물은 현물과의 차익거래를 통해 균형가격을 찾을 수 있다는 점에서 이론적으로도 재미있는 주제다. 선물의 이론적인 가격은 다음과 같다.

$$F_0 = S_0 \times e^{-rT}$$

F_0 : 오늘의 선물가격, S_0 : 오늘의 **현물가격(spot price)**, r : 무위험수익률

선물의 균형가격은, 시장은 차익거래를 제거하려 한다는 원리를 사용하여 쉽게 찾을 수 있다. 가령 금의 현물가격이 1,000원이고 무위험수익률(r)이 10%라고 하자. 만약 만기가 1년 남은 금 선물계약의 오늘 실제 가격(1,200원)이 균형가격(1,105.17원)보다 높다면, 10% 이자로 현물가격만큼 빌려서 현물을 매입(금 1,000원어치 매입)하고, 동시에 선물을 오늘 실제가격(1,200원)으로 매도한다. 1년 후 만기시점에서 가지고 있던 금을 1,200원에 매도하고 그 매각대금으로 빚과 이자를 갚으면(1,105.17원), 94.83원이라는 무위험 이익 또는 **재정거래차익(arbitrage gain)**을 얻게 된다. 위험을 감당하지도 않으면서 이러한 **공짜점심(free lunch)**을 얻을 수 있다면 누구든 위의 금 선물계약을 매도하려 할 것이다. 그러면 선물계약의 실제 가격이 점점 내려가 결국 균형가격에 이르게 될 것이다. 이처럼 선물은 '시장은 재정거래차익을 허용하지 않는다'는 작동원리를 적용해 균형가격을 찾는 대표적인 예라고 할 수 있다.

파생상품은 계약의 쌍방 중 한 명이 이익을 보면 다른 한 명은 손해를 보는 **제로섬 게임(zero-sum game)**이라고 할 수 있다. 또한 파생상품을 위험헤지보다는 **투기(speculation)**의 목적으로 사용할 수도 있다. 그럼에도 불구하고 파생상품의 거래가 시장에서 받아들여지는 이유는, 시장이 스스로 균형가격을 빠르게 찾아가는 데 파생상품의 도움이 절실히 필요하기 때문이

고, 또한 파생상품은 시장을 촘촘하게 또는 완전(complete)하게 만드는 데 매우 중요한 역할을 하기 때문이다. 시장이 모든 상품과 경우에 대해 균형가격을 정할 수 있으면 이를 **시장의 촘촘함**(market completeness)이라고 한다. 시장경제에서 균형가격은 매우 중요한 역할을 한다. 만약 시장참여자가 현재 제시된 자동차 가격이 적정가격인지 확신이 없다면 그만큼 자동차 시장에서 거래는 줄어들게 되고, 결국 국민경제가 위축될 것이기 때문이다. 시장이 촘촘할수록 모든 상품이 모든 경우에 균형가격을 갖게 되고 그만큼 거래가 효율적으로 일어나서 경제는 발전하게 된다. 시장을 촘촘하게 만든다는 점에서 파생상품은 경제발전의 숨은 조력자라고 할 수 있다.

T5. 리얼옵션과 자본구조

어떤 실물자산에서 창출된 미래현금흐름이 옵션의 현금흐름(pay-off)과 같이 한쪽이 단절된 분포를 따를 때 투자자에게 이 실물자산은 **리얼옵션**(real option)이라 하고, 이 자산의 가치를 측정할 때는 **옵션가격결정모델**(OPM)을 적용할 수 있다. 실제로 옵션의 현금흐름 분포를 따르는 사업안은 매우 많다. 어떤 사업안을 시작해 보고 나중에 실적이 안 좋으면 포기하기로 했다면, 이 사업안은 상방이익은 무한히 열려 있지만 하방손실은 단절된 옵션식 현금흐름을 갖는다. 시작할 준비만 하다가 상황이 우호적으로 바뀌면 그때 론칭하겠다는 사업안도 리얼옵션이다. 주주의 현금흐름도 옵션식 분포를 따른다. 주주는 유한책임을 가지고 있기 때문에 기업가치가 하락하다가 채권의 액면가보다도 낮아지면, 주주는 파산을 선포하고 더 이상 손실을 감내하지 않는다. 전형적인 옵션식 현금흐름이다. 따라서 기업의 자기자본은 OPM을 이용해서 그 가치를 구할 수 있다.

하지만 실물자산에 리얼옵션을 적용하기 위해서는 OPM에서 등장하는 여러 변수와 상응되는 실물자산의 특성을 모두 찾아내야 한다는 어려움이 있다. 특히 실물자산 수익률의 표준편차를 찾는 것은 쉽지 않다. 이러한 어려움을 피하기 위해 시간이 지남에 따라 현금흐름과 할인율이 불연속적으로 변한다는 상황을 가정하고 가능한 한 사건별로 현금흐름할인법을 사용하여 현재가치를 측정하는 방법이 제안되었다. 여러 상황이 옵션식으로 정의될 수 있기 때문에 연기옵션, 포기옵션, 성장옵션, 가격변동옵션, 생산변동옵션 등 많은 변형이 있다.

여기서는 투자를 준비하긴 하지만 시작 시점은 연기할 수 있는 **연기옵션**(option to delay)을 상정하고 여기에 현금흐름할인법과 OPM을 적용하는 방법을 설명한다. 마지막으로 기업의 자본가치에 OPM을 적용하도록 한다.

연기옵션의 현금흐름할인법

현금흐름할인법을 사용한 리얼옵션에서 한 가지 특징은, 새로운 정보가 유입되면 할인율 또는 요구수익률이 조건부확률처럼 변한다는 점이다. 즉, 시간이 지나면서 새로운 정보가 들어오면 불확실성과 위험이 줄어들면서 적용되는 요구수익률도 내려간다는 가정이다. 또 하나의 특성은 미래의 가능한 상황마다 별도의 현금흐름을 가지게 된다는 가정이다. 이 두 번째 가정을 통해 해당 실물자산이 투자자에게 한쪽이 단절된 현금흐름 분포를 제공하도록 만들 수 있다.

표 T5-1의 예는 이러한 두 특징을 잘 나타내고 있다. 1기에는 향후 좋은 상황이 될지 나쁜 상황이 될지 모르기 때문에 할인율 20%가 적용된다. 2기 초에 현금흐름을 받으면서 상황이 결정되면 할인율은 10%로 내려가고, 각 상황에 따라 사업의 현금흐름이 고정되면서 영원히 지속된다. 여기서 투자자는 2기 초에 200원을 벌어 앞으로 좋은 상황이 계속될 것을 알게 되면 투자를 집행하고 3기 초부터 매년 200원의 현금흐름을 벌게 된다. 반대로 2기 초에 100원을 벌게 되어 상황이 나쁘다고 판단하면 투자를 포기하고 3기 초부터는 아무런 현금흐름도 발생하지 않는다. 즉, 투자자의 미래현금흐름이 3기 초부터는 옵션식으로 한쪽이 단절된 분포를 따르도록 만든 것이다. 그럼 우리의 관심은 1기에 비록 투자를 하지 않더라도 자금조달을 위한 준비를 하고 있어야 할지 아니면 기각하고 준비를 하지 말지를 결정하는 것이다.

먼저 기존의 방법으로 1기 초 시점에서의 NPV를 구해 보자. 두 상황에 대해 3기 초부터 받게 될 현금흐름과 10%의 할인율을 가지고 2기 초 시점에서의 현재가치를 구하면 좋은 상황에서는 4,000원 나쁜 상황에서는 2,000원이 된다. 여기에 상황별로 2기 초에 받았던 현금흐름, 각 상황의 발생확률, 그리고 20%의 할인율을 가지고 1기 초 시점에서의 현재가치 기댓값을 구하

표 T5-1 연기옵션의 예

	1기	2기	
		좋은 상황	나쁜 상황
발생확률	100%	50%	50%
할인율	20%	10%	10%
사업의 현금흐름	0월	200원	100원
전략	준비	투자	기각
투자금	1기에 투자하면 3,000원, 2기에 투자하면 0	3,000원	0
투자자의 현금흐름	0	200원	0

면 2,813원이 된다. 그러면 투자를 1기에 하는 전략은 NPV가 −187로 음수가 되어 기각되어야 한다.

이제 투자를 연기할 수 있는 옵션이 있다고 하자. 그러면 투자는 2기 초에 실행되기 때문에 2기 초 시점에서 좋은 상황에서의 NPV는 1,000원이 되고 나쁜 상황에서의 NPV는 −1,000원이 된다. 마지막으로 나쁜 상황에서는 투자를 하지 않고 사업을 기각한다는 점, 좋은 상황이 도래할 확률은 50%라는 점, 그리고 1기의 할인율이 20%라는 점을 사용하면, 1기 초 시점에서 NPV는 446원이 된다. 사업안은 채택되어야 한다. 1기 초 시점에서 연기옵션이 없었을 때는 사업안을 기각해야 했지만, 연기옵션이 있으면 사업안이 채택됨을 알 수 있다. 이 회사는 1기부터 준비를 해야 하는 것이다.

연기옵션의 OPM 적용

리얼옵션에 적용하는 현금흐름법은 상황마다 다르고 고려해야 할 사항이 많아 실제로 사용하는 데 한계가 있다. 이제 OPM이 필요로 하는 변수의 값을 **표 T5-2**와 같이 모두 알고 있다고 가정하고 위의 예에 OPM을 적용해 보자.

OPM을 적용할 때는 더 이상 현금흐름이 불연속적으로 변하지 않고 연속성을 띤다고 가정한다. 즉, 1기 초에 예측된 사업의 가치가 2기 초까지 새로운 정보가 도착하고 회사의 운영이 진전되면서 계속 변한다. 그러다가 2기 초 시점에서 사업의 가치가 투자해야 하는 금액보다 높다면 사업안을 채택하고 투자를 실행하고, 그 반대의 경우면 투자를 기각한다.

표의 변수값 이외에 현재 사업안의 가치가 필요하다. 위의 현금할인법에서 연기옵션이 없을 때 현재가치 기댓값인 2,813원을 기초자산의 현재가(S_0)로 사용하고, 표의 변수값을 앞 절에서 배운 OPM에 적용하면 아래의 결과를 얻는다.

$$d_1 = 0.5810,\ d_2 = 0.4910,\ N(d_1) = 0.7194,\ N(d_2) = 0.6883,\ c = 622.06.$$

표 T5-2 리얼옵션의 변수값

무위험수익률(r)	5%	행사가(= 투자금)(E)	3,000원
수익률의 표준편차(σ)	0.0900	만기(t)	1년

결국 리얼옵션의 가치는 622.06원이 된다. 현금할인법의 예에서 연기옵션의 가치는 634원 [= 연기옵션 있을 때의 NPV(446원) − 연기옵션 없을 때의 NPV(−187)]이었다. 이렇게 비슷한 결과가 나온 이유는 이렇게 나오도록 무위험수익률과 수익률의 표준편차를 조정했기 때문이다. 만약 표준편차를 0.0500으로 낮춘다면 옵션가치는 음수로 변하게 된다. 이처럼 옵션가치는 수익률의 변동성에 민감하다는 점을 고려하면, 사업의 변동성을 무시한 현금할인법은 뚜렷한 한계가 있음을 알 수 있다.

부채기업의 자기자본과 OPM 적용

부채를 가지고 있는 기업도 주주의 현금흐름을 보면 콜옵션 매수자의 현금흐름과 같음을 알 수 있다. 자본과 부채를 합친 기업가치를 기초자산으로 하고, 행사가를 부채의 액면가와 동일하게 정하고, 부채의 만기와 동일한 만기를 가진 콜옵션을 상상해 보자. 만기에 기업가치가 부채의 액면가보다 낮으면 주주는 콜옵션을 행사하지 않아 수입(pay-off)이 0이 되고, 기업가치가 부채의 액면가보다 높으면 콜옵션을 행사하여 수입은 (기업가치 − 부채의 액면가)가 된다. 콜의 매수자와 수입이 똑같다.

따라서 앞서 설명했던 풋-콜 등가식을 사용해서 기업가치, 부채가치, 자기자본가치 간의 관계를 다음과 같이 설명할 수 있다.

풋-콜 등가식 : $c_0 = S_0 + p_0 - Ee^{-rT}$

자기자본가치 : $S_0 = V_0 + p_0^V - Be^{-rT}$

여기서, S_0 : 자기자본가치, V_0 : 기업가치, p_0^V : 기업가치를 기초자산가치로 갖는 풋,

Be^{-rT} : 액면가가 B인 부채의 현재가

즉, 원래 풋-콜 등가식의 변수들이 $c_0 \rightarrow S_0$, $S_0 \rightarrow V_0$, $p_0 \rightarrow p_0^V$, $E \rightarrow B$로 대체되면서, 주주의 수입과 콜매수자의 수입(pay-off)은 같은 모양을 유지하기 때문에 등식도 유지되는 것이다. 이를 **그림 T5-1**과 같이 다시 변형하면 주주와 채권자 간의 관계를 좀 더 명확하게 나타낼 수 있다.

주주의 부는 자산가치에서 부채의 가치를 차감한 잔여가치임은 이미 알고 있다. 그런데 리

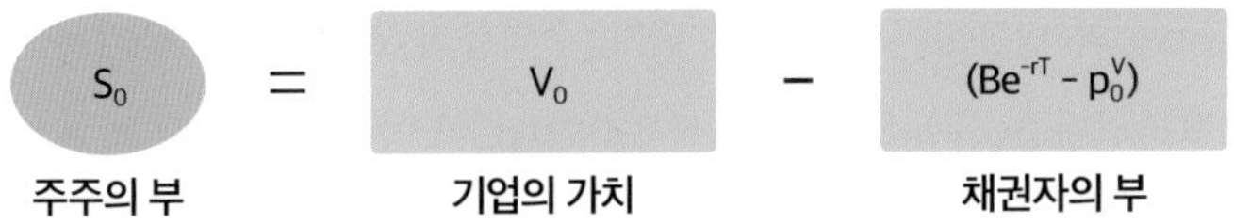

S_0 = V_0 − $(Be^{-rT} - p_0^V)$

주주의 부 기업의 가치 채권자의 부

그림 T5-1 법인 주주의 부

얼옵션이 알려 주는 것은, 주주의 유한책임으로 인해 부채의 가치가 p_0^V만큼 줄어들고 주주의 부가 동일 금액만큼 늘어났다는 점이다. 이렇게 채권자로부터 주주로 이전되는 부의 크기는 정확히 p_0^V로 측정된다.

이를 좀 더 쉽게 이해할 수 있는 방법은 주주의 유한책임이 없을 때를 상정해 보는 것이다. 사업주가 사업체를 법인으로 등록하지 않아 개인사업자로 남아 있다면, 부채는 사업주의 명의로 빌려야 하며, 사업주 개인재산을 담보로 빌렸을 수도 있다. 그렇다면 사업이 부채를 갚지 못할 정도로 망가졌을 때, 채권자는 부채의 원금을 회수하기 위해 사업주의 담보물건을 차압할 수 있다. 즉, 이론적으로 주주의 유한책임이 없는 개인사업자에게 대출해 준 채권자는 부채의 원금 또는 액면가(B)까지 모두 회수할 수 있다. 그러면 사업주의 부는 **그림 T5-2**와 같이 표현된다.

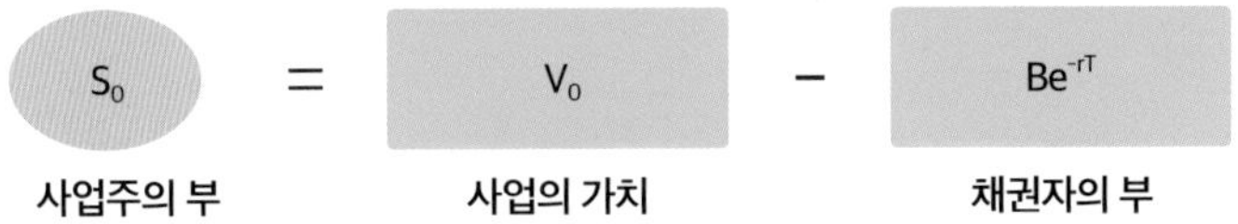

S_0 = V_0 − Be^{-rT}

사업주의 부 사업의 가치 채권자의 부

그림 T5-2 개인사업주의 부

법인에 투자한 주주의 부와 개인사업을 하는 사업주의 부를 비교해 보면, 확실히 p_0^V만큼 채권자로부터 주주로 이전됐음을 알 수 있다.

법인에 대출해 준 채권자는 법인이 소유한 자산으로 자신의 원금을 회수하지 못해도 법인의 주주에게 청구권을 행사할 수 없다. 원금손실은 채권자가 감내해야 한다. 하지만 개인에게 대출해 준 채권자는 (만약 개인이 사업체 이외의 담보재산을 충분히 보유한다면) 사업이 망가져도 원금을 모두 회수할 수 있다. 이 둘의 차이는 사업체 위에 쓴 풋으로 정확히 측정된다. 다시 말해, 개인사업체를 법인으로 전환시켜 주주가 된다는 법적인 사건을 재무적으로 해석하면, 사업주가 채권자를 상대로 풋의 권리를 하나 갖게 된다는 뜻이 된다.

주주의 부를 콜옵션으로 설명할 수 있다면, 콜의 가치를 결정하는 요인이 주주의 부에도 똑같이 작용할 것이다. 가령 기업의 경영권을 가지고 있는 주주가 갑자기 위험한 사업을 시작했다면 기업 현금흐름의 변동성이 높아지게 된다. 수익률의 표준편차가 올라가면 콜프리미엄과 풋프리미엄이 올라간다는 사실을 여기에 적용하면, p_0^V이 높아지면서 결국 채권자로부터 주주로 더 많은 부가 이전될 것임을 알 수 있다(S_0도 상승). 리얼옵션은 이처럼 주어진 기업가치 내에서 주주와 채권자 간 부의 배분이 어떤 요인에 의해 어느 방향으로 영향을 받게 되는지 쉽게 예상할 수 있게 한다.

T6. 핀테크와 AI

핀테크(fintech)는 금융기술(financial technology)의 합성어다. 이름에서 알 수 있듯이, 최근에 등장한 인터넷 또는 모바일 기반의 디지털기술을 기존 금융서비스에 접목하여 기존 금융상품을 더욱 사용자 친화적으로 만들어 고객 저변을 확대한다. 또는 가상화폐와 같이 이전에는 없었던 새로운 금융상품을 만들어 고객에게 제공하는 결과를 낳는다. 특히 핀테크 기업이 기존 금융상품을 고객친화적으로 만드는 데 약진하고 있다면, 이는 곧 기존 금융기관의 시장을 잠식하고 있다는 뜻이기 때문에, 기존 금융기관에게는 큰 도전이 아닐 수 없다. 더구나 대형 금융기관은 어느 나라에서든 규제를 많이 받는 데 반해 핀테크 기업은 각 나라마다 기술발전의 이유로 완화된 규제를 적용하고 있어, 대형 금융기관으로부터 핀테크와의 경쟁은 기울어진 운동장이라는 불평이 나오고 있다.

핀테크의 발전속도가 매우 빠르고, 특히 젊은 층은 기존 금융기관보다는 핀테크 기업을 통해 금융활동을 하려는 경향이 강하기 때문에, 향후 기업재무에서도 핀테크는 적지 않은 변화를 가져올 수 있다. 가령 대기업도 투자은행을 통하지 않고 핀테크를 통해 일반투자자를 대상으로 공모를 통해 채권을 대량으로 발행한다든지, 신주를 발행할 때도 핀테크를 사용하여 더치옥션 방식으로 주주에게 직접 발행하는 것도 가능할 수 있다. 투자은행이 담당하던 실물실사와 수요예측과 고객모집을 핀테크가 온라인 실사와 온라인 모집으로 대체할 수 있는 환경이 도래한다면, 기존 금융기관뿐만 아니라 비금융 기업에도 커다란 변화일 것이다.

핀테크를 설명할 때는 적용되는 기술을 우선 언급하는 경우가 많다. 그러나 재무에서 중요한 것은 기술의 이해가 아니고 이 기술이 기업과 소비자의 금융활동에 어떤 영향을 주고 있으며 향후 어떻게 발전할지를 예측하는 것이다. 따라서 여기서는 기술에 대한 설명은 생략하고, 주요 핀테크 기업이 어떤 사업을 하고 있으며, 이들은 어떻게 현금흐름을 창출하는지를 바로 설명하기로 한다.

핀테크기업 사례

대표적인 핀테크기업은 대부분 인터넷이나 모바일을 기반으로 발전하고 있다. 인터넷과 모바일의 이점이 금융활동에 접목되었을 때 어떤 사업모델이 지속가능한지는 성공한 핀테크기업의 사업을 보면 알 수 있다. 이렇게 확인된 사업은 결제/송금 시스템의 자동화, 은행의 온라인화(네오뱅크), P2P 대출의 확대, 인터넷 거래소의 등장, 여러 금융분야의 통합, 투자자문의 자동화, 금융자료의 상품화 등 다양하다.

최근에는 핀테크기업이 제공하는 서비스가 확대됨에 따라, **표 T6-1**에서 금융활동별로 할당된 대표 핀테크기업은 업무가 상당히 겹치는 경우가 많아졌다.

결제/송금 Square는 기존 금융권에서 소외되고 있던 식당 등 소규모 사업장, 기업에게 저렴하고 손쉬운 결제시스템인 POS(point-of-sale)를 제공해 주고 있다. 또한 일반소비자 간 간편한 지불시스템도 제공한다. 주로 가맹업체로부터 구독료 형태로 업자수수료(merchant fee 또는 interchange free)를 받는다.

PayPal은 온라인 결제 플랫폼의 선두주자라고 할 수 있다. 결제 외에도 송장의 생성 및 전송, 국제전신환, 통화환전, 신용제공 등 소규모 상인도 저렴하게 사용할 수 있는 금융서비스를 제공한다. 결제마다 금액과 조건에 따라 요율이 다른 수수료를 소비자(consumer fee)와 업자(merchant fee)로부터 받으며, 환전 시에는 환전료도 받는다.

표 T6-1 핀테크기업의 주요 사업

범주	금융활동	대표 핀테크기업
혁신되는 기존 금융활동	신용카드	Brex, Square, Stripe
	결제 및 송금	Square, Stripe, PayPal, Adyen, Paid
	금융투자, 거래소, 자문	Robinhood, Wealthfront
	개인뱅킹	Chime, Revolut, Varo, N26
	개인간 대출(P2P lending)	LendingClub, Prosper
창출되는 새로운 금융활동	금융통합플랫폼	Revolut, SoFi, Brex 외
	로보어드바이저/상품비교	Wealthfront, SoFi, NerdWallet
	데이터/금융SW 판매	Paid, Yodlee, Intuit
	가상화폐 거래소	Coinbase, Binance

Stripe는 온라인거래의 결제 플랫폼을 제공한다. 거래상대방에 대한 온라인 확인도 해 주며 계산서 발부 등의 주변 서비스도 제공한다. 이에 병행하여 대출업무도 담당한다. 구독료 없이 수수료만 받는 서비스도 있고, 구독료를 받는 서비스도 있다. 이와 함께 대출이자도 수입원으로 가지고 있다.

Adyen은 온라인 국제결제도 가능한 결제시스템을 제공한다. 가맹기업은 모바일 결제 또는 사업장 결제도 가능하며, 금융사기 방지를 위한 자문, 기업재무분석 및 기타서비스를 받을 수 있다. 결제수수료와 서비스료를 받아 운영하며, 구독료는 받지 않는다.

Paid는 업자가 Paid 플랫폼에서 온라인 상점을 개설하고, 상품의 운송과 결제까지 모두 할 수 있는 통합 서비스를 제공한다. 서비스의 수준에 따라 요율이 결정되는 기간별 구독료, 운송료 등이 주요 수입원이다.

네오뱅크/카드 Chime은 고객의 수수료를 낮추기 위해 온라인으로만 운영되는 네오뱅크(neobank)이다. 입출금통장, 예금통장, 직불카드에 수수료를 받지 않으며, 신용한도도 $200까지는 수수료가 없다. 대신 고객이 직불카드로 물건을 구매할 때 사업자로부터 거래료를 받아 주 수입원으로 삼는다. 이로 인해 젊은 층에서 선호도가 매우 높다.

Revolut는 선불카드(prepaid debit card)를 필두로 모바일을 통해 다양한 금융서비스를 제공한다. 환전, 소비자 간 송금/결제, 가상화폐거래 등의 개인금융활동이 모바일로 통합되어 빠르고 연속적으로 일어날 수 있도록 한다. 초기에는 환전이나 해외송금을 수수료를 받지 않고 무료로 제공하면서 시장점유율을 높였고, 이에 필요한 비용은 출자를 받아 충당했었다. 현재는 개인이나 사업자로부터 구독료를 받는 서비스와 수수료를 받는 서비스가 모두 존재한다.

SoFi는 주로 기존 학자금대출을 더 좋은 조건으로 재융자해 주는 사업에 주력하였으나 이후 다른 분야로 사업범위를 넓혀 가고 있다. 주택담보대출의 재융자, 로보어드바이저를 통한 투자자문, 주식과 가상화폐 거래플랫폼, 입출입-예금 통합계좌, 신용카드, 현금관리, 다양한 보험상품 연결 등 원스톱 온라인 개인금융기업으로 성장하고 있다. 주 수입원은 차용자로부터 받는 융자개시수수료(origination fee)와 대출이자다. 그 외에도 각 서비스마다 다양한 수익모델이 존재한다.

N26은 처음에 10대 청소년을 위한 선불카드로 시작했다가 현재는 네오뱅크로 성장하고 있다. 여러 서비스 종류에 따라 결정되는 구독료, 보험상품 구매 시 파트너 보험사가 N26에게 지

불하는 **소개료**(referral fee), 개인대출이자, 고객 현금예금에서 발생하는 순이자 등이 주요 수입원이다.

Varo는 모바일로만 운영되는 네오뱅크이다. 기타 네오뱅크와 거의 같은 서비스를 제공하며, 고객의 예금에 대한 예대마진, 고객이 Varo의 직불카드를 사용할 때 발생하는 업자수수료, 현금인출, 선지급금, 연체수수료 등이 수입을 발생시킨다.

Brex는 소규모 스타트업의 금융요구를 소구하려는 목적으로 사업을 설계해 왔다. 개인보증이 필요 없고 한도가 높은 스타트업용 법인카드, 높은 예금이자의 입출입-예금통합계좌, 무료송금, 비용추적 및 재무상황 실시간 자동보고, 매입채무-결제 통합관리, 스타트업 맞춤 신용한도 등 스타트업 금융의 통합을 지원한다. 주 수입원은 고객이 카드를 사용할 때 사업자가 지불하는 업자수수료(merchant fee)다.

P2P 대출 Prosper는 미국 최초의 P2P 대출 플랫폼이다. 처음에는 대출이자가 플랫폼에서 경매형식으로 결정되었으나, 빅데이터 기술의 발전으로 신용심사가 용이하게 됨에 따라 플랫폼이 건별로 대출이자를 제시하는 사업모델로 변경되었다. 무담보 P2P 대출 이외에도 주택담보대출(home equity loan), 주택담보한도(home equity line of credit), **저금리 대환대출**(debt consolidation loan) 등의 서비스도 제공한다. 차용자로부터 받는 융자개시수수료(origination fee)와 투자자로부터 받는 이용료가 주 수입원이다.

LendingClub은 P2P 대출 플랫폼 기업이다. 차용자는 담보를 제공하지 않는 대신 자신의 재무정보를 LendingClub 플랫폼에 올린다. LendingClub이 차용자의 신용을 심사하여 6~26% 사이의 이자율을 지정하면, 대출자는 사이트에서 자신이 선택한 차용자에게 대출자가 각자 원하는 금액을 빌려 주는 방식으로 매칭이 일어난다. 한 명의 차용자는 다수의 대출자로부터 대출을 받을 수 있다. P2P 대출이 약간의 어려움을 겪으면서 LendingClub은 수익모델의 변화를 도모해야 했지만, 성장을 거듭하여 2020년에는 기존 은행인 Radius Corp.을 인수하여, 핀테크기업이 금융기관을 자회사로 갖는 첫 사례가 되었다. 차용자로부터 받는 융자개시수수료와 투자자로부터 받는 이용료가 주 수입원이다.

거래소 Robinhood는 수수료를 받지 않는 증권과 가상화폐 거래소로 유명세를 타면서 젊은 층에서 큰 인기를 얻으며 빠르게 시장점유율을 높였다. 개인투자자에게는 기존 증권회사의 거래사이트보다 고객친화적인 화면과 완화된 거래자격요건 등으로 인해 높은 접근성을 제공한다. Robinhood의 시장접근 방법이 기존의 규범과 다른 점이 있어 공정성에 의심을 사기도 하였다. 대부분 무료이나 골드라고 하는 마진계좌나 제3자수수료(third-party fee) 등 일부 서비스에서는 수수료가 발생한다.

Coinbase는 주요 가상화폐 거래소 중 하나이다. 거래를 위해 현금이나 가상화폐를 예치해 둘 수 있는데, 예치금(primary balance)에 대해서는 수수료가 발생하지 않는다. 그러나 가상화폐의 매매, 가상화폐를 Coinbase로부터 출고할 때와 현금의 입출금 시에는 수수료가 발생한다. 예치된 가상화폐를 담보로 Coinbase로부터 현금을 대출받을 때, 가상화폐를 현금으로 전환할 때도 수수료를 내야 한다. 현금을 은행에 예금해 두면 이자가 붙는 것처럼, 가상화폐도 거래소에 **지분예치**(staking)를 할 수 있고 이에 대해 보상을 받는다. 하지만 지분예치를 할 수 있는 가상화폐는 **지분증명**(proof of stake) 방법을 사용해서 **합의알고리즘**(consensus algorithm)을 구축한 가상화폐에 국한된다. 이때 거래소는 지분예치 수수료(staking fee)를 받는 경우가 있는데, Coinbase에서는 지분예치 수수료를 받지 않는다.

Binance는 주요 가상화폐 거래소 중 하나다. 가상화폐의 매매, 다른 디지털자산과의 교환, 법적통화로의 환전, 지분예치 등 거래소의 모든 기능을 수행하고 있다. Binance가 자체적으로 발행한 **원주코인**(native coin)인 BNB는 상위권에 속하며 이더리움의 **가스비**(gas fee)를 지불하는 수단으로도 사용된다. 예치금에 대해서는 수수료가 발생하지 않으나, 가상화폐의 매매, 가상화폐의 출고, 현금의 출금 시에 발생하는 수수료가 주 수입원이다. 가상화폐 담보대출, 마진(margin)계좌에 대한 이자, 마이닝에 관련된 수수료가 기타 수입원이다.

기타 Wealthfront는 투자상담을 AI에 접목한 로보어드바이저의 선두주자다. 개인투자성향 맞춤 포트폴리오 추천 및 운용, 세금최소화를 위한 이익조정 방안, 개인 생애전주기 재무설계 등의 자문을 하며, 고금리 입출입통장 및 신용한도 운용과 무료 송금 등의 금융업무도 취급한다. 운용자산(asset under management : AUM)에 대해 운용수수료를 받고 고객 현금계좌를 운용하며 예대마진을 얻는다. Wealthfront는 고객에게 높은 예금이자율의 혜택을 주는 것으로 유명하다.

Yodlee는 금융기관과 핀테크기업을 위해 자료통합(data aggregation) 서비스를 하는 회사다. **데이터분석**(data analytics) 및 고객의 니즈에 맞춘 솔루션도 제공한다. 요율이 정해져 있지 않으며 고객에게 제공하는 서비스에 기초해 가격이 협상된다.

NerdWallet은 금융상품 비교 사이트다. 신용카드, 은행예금, 주택담보대출, 개인대출, 보험상품을 비교할 수 있고, 소규모기업에 대한 대출도 한다. NerdWallet을 통해 소비자가 금융상품을 구매하면 해당 금융회사로부터 소개료를 받는다.

Intuit는 개인이나 기업이 사용할 수 있는 회계/재무/세무관리 프로그램을 개발하여 서비스한다. 사용할 때마다 사용료를 받는 소프트웨어도 있고 QuickBooks와 같이 사용기간 구독료를 받는 소프트웨어도 있다.

핀테크의 출현 이유와 수익모델

위에서 살펴본 핀테크기업을 분석해 보면 핀테크가 시장에서 성공하게 된 이유는, 기존 금융기관이 만족시켜 주지 못했던 시장의 욕구를 핀테크기업이 새로운 기술을 이용하여 충족시켰기 때문임을 쉽게 알 수 있다. 이를 요약하면 **표 T6-2**와 같다.

핀테크는 먼저 소비자가 지불해야 하는 이자와 수수료를 낮췄다. 금융산업에서 이는 가격경

표 T6-2 핀테크기업이 해결한 문제들

범주	기존의 문제	해결 방안	해당 핀테크기업
높은 비용	높은 이자 높은 수수료	자동화된 지원/심사/연결/분배 절차를 통해 비용을 절감하고, 소비자에게 낮은 이자와 낮은 수수료의 혜택을 선사	Revolut, Robinhood, LendingClub, Chime
소기업 진입장벽	높은 신용도 요구 개인보증 요구	빅데이터, AI 등 신기술로 사업의 위험도를 자동 계산하여, 개인보증과 과거 신용 없이도 자금조달 가능	Brex, Square, LendingClub
단절된 서비스	예금/보험/대출 분리 문의할 곳 부재	하나의 앱에서 모든 서비스 제공, AI 기반의 고객별 맞춤 서비스, 고객이 서비스 모듈을 직접 조합	Revolut, Sofi, Wealthfront, Paid
뒤처진 서비스	스타트업 금융 부재 젊은 세대 금융 부재	벤처생태계와 신소비패턴에 따른 금융니즈에 맞춰 기존 금융기관보다 앞서 상품 출시	Brex, Intuit, Revolut, Chime
복잡한 사용법	처음 보는 명령용어 복잡한 인터페이스	사용자 친화적 디자인, 상세한 설명 제공	Robinhood, Stripe, Coinbase
새로운 투자상품	해킹에 대한 불안 투기적 상품	암호화기술의 접목, 토큰·코인·가상화폐의 등장	Coinbase, Stripe, Binance

쟁의 시작으로 해석할 수 있다. 또한 사업자와 투자자 사이에 있었던 정보불균형을 데이터 기술로 상당히 극복하면서 자금조달을 쉽게 만들었다. 예전에 흔히 사용되던 정보불균형 완화방법은 차용자의 과거 거래내역과 보증능력이었다. 이런 방법은 완벽하지 못했고 자금을 효율적으로 사용할 수 있는 차용자도 심사과정에서 떨어지게 만들었고, 그것은 시장참여자에게 상당한 불만이었다. 이 불만을 핀테크가 잠재우면서 고객저변을 확대하고 있다고 볼 수 있다. 또한 보안이 약속된 투기적 상품을 시장이 기다리고 있었다는 점도 재미있는 발견이다. 이미 로또, 경마, 카지노 등을 통해 투기적 상품이 존재하고 있었으나, 오늘날의 코인에 비하면 접근성, 유동성에서 많이 뒤처진다. 사행성 산업으로 터부시될 수 있는 투기적 상품이 기술발전의 이유로 합리화되고 가상화폐 거래소로 유동성이 급속히 확대되자 특히 젊은 투자자들의 자금이 모여들게 되었다.

신기술이 없었으면 도저히 들어줄 수 없었던 이러한 요구들이 신기술의 등장으로 오히려 새로운 사업모델의 기초가 되고 있다는 사실은, 기업이 더 좋은 양질의 자금을 더 저렴하게 조달하려는 요구도 계속 충족될 수 있음을 뜻한다. CFO는 이렇게 빠르게 변화하고 있는 금융환경을 신속히 따라가지 않으면, 어느 날 갑자기 경쟁사에 비해 높은 조달비용을 지불하고 있는 자신의 회사를 발견하게 될지도 모른다.

그렇다 해도 블록체인 관련 상품을 제외하면, 신기술의 등장으로 사업모델이 크게 달라진 것은 없다. 기존 금융기관이나 핀테크나 모두 예금, 카드, 결제, 대출, 투자, 보험 등 동일한 금융활동에 서비스를 제공한다. 또한 이를 통해 수입을 얻는 수익모델도 거의 차이가 없다. 대부분이 대출이자, 업자수수료, 소비자수수료, 소개료 등이다. 다만 핀테크로 인해 금융산업에서도 구독료의 비중이 높아지고 있다는 사실은 특이한 점이다. 이는 기존의 금융기관도 조직의 유연성을 높이고 제도적인 어려움을 제거한다면 핀테크를 도입하는 데 적극적일 수 있음을 시사한다.

AI 기업 사례

기업재무와 금융에 있어서 인공지능(artificial intelligence : AI)은, 아직까지는 앞서 보았던 핀테크를 빠르게 강화하는 데 사용되는 기술이라고 할 수 있다. AI가 계속 발전하면서 의미 있는 변화가 나타나는 금융분야는 다음과 같다.

- 알고리즘 매매(algorithmic trading), 특히 초단타매매(high-frequency trading : HFT)는 AI가 접목되면서 더욱 강화되고 있다. 가격의 괴리, 패턴의 변화 등을 순간적으로 포착하고 또한 계속 배워 가면서 AI의 초단타매매 능력이 계속 향상될 것으로 기대된다. Hudson River Trading은 초단타매매에 AI를 사용하고 있고, Two Sigma는 AI를 이용하여 퀀트투자(quantitative investment)를 하는 헤지펀드이다.
- 사기성 거래 감시와 탐지에 AI가 활용된다. 사기로 드러난 거래자료에 더 많이 노출될수록 AI는 탐지기능을 더 높일 수 있다. AI가 실시간 모니터링을 하면 관리자에게 빨리 경고를 줄 수 있고, 또한 사기사건 발생 시 주변자료도 수집하여 탐지능력이 배가된다. Feedzai는 AI를 기반으로 사기성 거래 탐지 솔루션을 개발하는 회사이고, Darktrace는 AI를 사용하여 해킹 등의 위험을 탐지하는 솔루션을 금융기관에 제공한다.
- 신용평가(credit scoring)에 AI가 접목되면 기존의 심사기준 이외에도 차용자의 보고된 행동, 인구통계학적 특성 등 사회적 요인도 고려한 프로파일링이 가능하며, 그 결과가 신용심사에 사용되면서 더 정확한 평가가 나올 수 있다. AI를 사용하여 신용평가를 하는 회사로는 Upstart와 Zest AI 등이 있다.
- AI로 가능해진 챗봇(chatbot)은 수많은 문의에 은행직원이 답하던 것을 많은 사람들에게 동시에 할 수 있다. 또한 AI가 직원을 대신하여 계좌거래와 관리도 할 수 있으며 고객에게 맞춤형 자문도 할 수 있다. Kasisto나 Clinc는 대화형 AI 플랫폼을 개발하여 금융기관에 서비스를 제공하는 회사다.
- 은행뿐만 아니라 증권회사도 AI를 이용하여 로보어드바이저(robo-advisor)를 빠르게 도입하고 있다. 고객별 투자성향에 따라 최적의 포트폴리오를 추천할 수 있다. 경우에 따라서 가격추이에 따라 미래 가격을 예측하는 데 사용되기도 한다. 로보어드바이저로 유명한 핀테크기업으로는 Betterment, Wealthfront 등이 있다.
- AI는 금융기관이 내부통제와 준법감시를 하는 데도 사용된다. 소위 반자금세탁(anti-money laundering : AML) 감시와 사기성 고객탐지(know your customer : KYC)에 AI가 큰 도움을 줄 수 있다. 관련 법안이 바뀔 때마다 AI는 이를 고려한 준법기준을 자동적으로 매 거래에 적용하여 준법위험을 최소화한다. 금융기관이나 기타 규제산업의 기업에게 AML, KYC, 반테러금융(counter-terrorist financing : CTF) 솔루션을 제공하는 기업으로는 ComplyAdvantage, Trulioo 등이 있다.

- 보험에서도 AI를 사용하여 효율을 높일 수 있다. 보험청구서의 접수부터 처리까지 AI가 자동적으로 처리할 수 있고, 보험계약을 평가하고 가격을 책정(underwriting)할 때도 AI가 이용되면 더 효율적으로 작업을 처리할 수 있다. Lemonade는 AI를 통해 보험청구서를 처리하는 보험회사이고, Hippo Insurance는 주택관련 보험계약을 작성할 때 AI를 사용하여 가격을 책정하는 보험회사다.

결과적으로 AI는 금융활동의 효율성, 정확도, 속도를 높이는 데 크게 기여한다. 이는 금융관련 의사결정의 품질을 높이며, 비용절감, 고객만족도 향상으로 이어진다. 금융분야에서 AI의 접목은 핀테크를 비롯한 기존 금융기관에게도 혁신의 원동력이고 경쟁력 강화의 주된 도구라고 할 수 있다.

T7. ESG투자와 재무

ESG투자의 개요

"착한 기업이 살아남는다." 또는 "다양한 이해관계자의 신뢰를 바탕으로 지속성장 가능한 기업을 지향한다."라는 주장이 있다. 기업이 지속성장하기 위해서는 재무적인 성장뿐만 아니라 사회적인 책임(corporate social responsibility : CSR)도 필요하다는 말이다. 기업의 CSR 활동을 확인하기 위해 실무에서는 종종 ESG 지표가 사용된다. ESG는 기업의 3대 비재무적 요소인 환경(environment), 사회(social), 지배구조(governance)를 지칭하는 약어다. ESG 활동은 기업이 환경과 사회에 암암리에 가할 수 있는 불이익을 최소화하고 지배구조의 효용성을 극대화함으로써 기업의 지속가능성과 장기가치에 영향을 주는 요인으로 인식된다.

ESG 지표는 일부 기관투자자(가령 미국의 거대 펀드인 MSCI)나 금융미디어에 의해 빠르게 보급되었다. 특히 중장기로 투자해야 하는 기관투자자는 주가의 부침이 심한 기업보다는 지

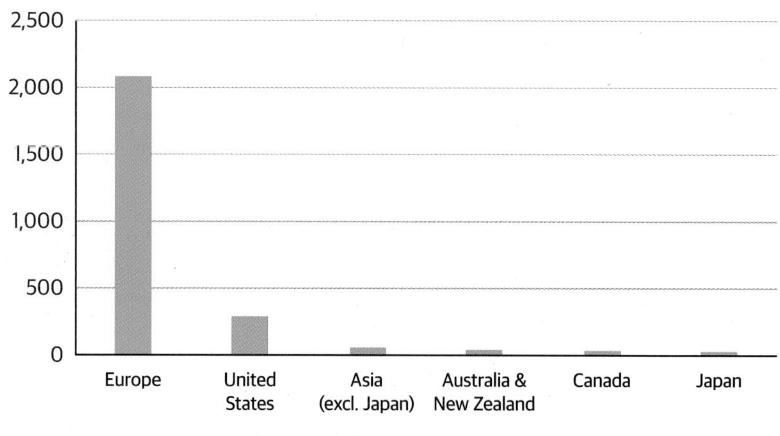

그림 T7-1 지속가능펀드의 지역별 규모
자료 : ESG Clarity

속적으로 성장이 가능한 기업에 투자할 필요를 느낀다. 한 기업의 지속성장 가능성은 현재의 재무제표를 살펴보거나 1년 후 주당이익을 전망한다고 나오지 않는다. 현재는 부정적인 영향이 없어 보이지만 한번 영향이 가시화되면 영업에 큰 지장을 가져오는 특성들을 봐야 한다. 이러한 특성은 현재 온실가스나 폐수를 심하게 배출하거나(환경), 불법적으로 아동노동을 사용하거나(사회), 경영진 감시체계가 없어 대리인비용이 높아질 수 있는 상황(지배구조)이다. 일부 기관투자자는 재무제표에서 찾아볼 수 없는 이러한 비재무적인 특성을 ESG 지표로 만들어 따로 관리하면서 지속성장이 가능한 투자처를 찾을 수 있다고 믿는다. 이러한 펀드는 주로 신·재생에너지나 환경에 대해 민감한 서유럽을 중심으로 분포되어 있으며, 자동차, 항공, 석유 등의 산업이 목소리가 큰 미국에서는 시장규모에 비해 비교적 적은 편이다.

ESG의 명암

하지만 ESG 지표는 회계지표나 시장지표에 비해 임의성이 매우 높을 수밖에 없다는 단점을 가진다. ESG 지표를 어떻게 만들고 어떻게 사용하냐에 따라 주주의 이익보다는 기관투자자의 의제나 ESG를 사용하는 다른 권력기관의 의제가 우선시될 수 있다. 실제로 ESG가 주주의 이익을 대변했는지는 기관투자자가 운용하는 ESG 펀드의 실현수익률을 측정해 보면 판단할 수 있

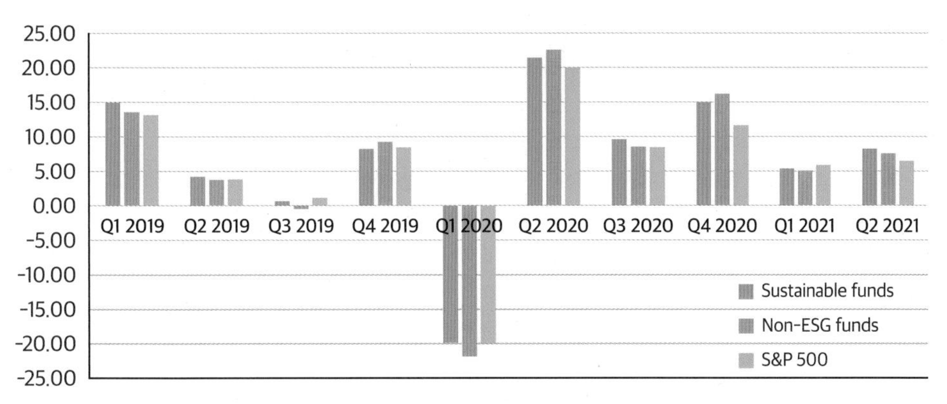

그림 T7-2 ESG 펀드와 기타 펀드 수익률
자료 : MorningStar, Deutsche Bank

ESG의 명암

2020년, BlackRock의 CEO인 래리 핑크(Larry Fink)는 피투자회사의 CEO들에게 세계 기후변화는 인류의 생사가 달린 문제이기 때문에 앞으로 BlackRock이 투자처를 고를 때는 지속가능 성장을 중요한 잣대로 사용할 것이라고 선언하였다. 이후 수많은 기업체가 탄소제로협약에 가입하였고 수많은 기관들이 ESG 요인을 포함한 펀드를 출시하였다. 그러나 3년이 지난 2023년, 핑크는 예전만큼 ESG를 강조하지 않고, 오히려 화석연료 업체에 큰 투자를 하면서 그 이유는 회사의 높은 미래수익률이 전망되기 때문이라고 말했다.

ESG가 금융계와 산업계를 휩쓸 것 같던 분위기가 이렇게 역전된 것은 2021년 헤지펀드 Engine No 1이 Exxon Mobil 정유사에 3명의 사외이사를 선임하면서 시작되었다. 헤지펀드가 사외이사를 선임하며 제시했던 명분은 Exxon Mobil 정유사가 석유와 가스사업을 축소하지 않아 미래의 기후변화로부터 주주들을 충분히 보호하지 못했다는 것이었다. 당시 Exxon Mobil 정유사의 7% 지분을 보유하고 있던 BlackRock도 이를 적극 지지하였다. 이러한 주장은 미국 내 기존직장을 걱정하는 많은 유권자들을 불안하게 만들었고, 이를 계기로 공화당은 그동안 이해관계자 자본주의를 주창해 오던 핑크를 비판하기 시작하였다. 비판의 주요 내용은 펀드매니저들이 고객자산 가치제고라는 원래의 역할을 넘어 자신들이 추구하는 사회적 어젠다를 기업에게 강요하기 시작했다는 것이다. 그리고 이 사회적 어젠다는 실제로 투자자가 원하는 바가 아니라 핑크가 원하는 것이라고 꼬집었다. 결국, ESG가 기관투자자들의 대리인문제를 합리화하는 수단으로 사용되고 있다는 주장이다.

이를 계기로 텍사스 등 몇 개 주에서는 ESG를 부추기는 기관들에 대한 보이콧 명단을 작성하였다. 심지어 공화당이 다수인 플로리다 등 18개 주는 ESG를 견제하는 법안까지 통과시켰다. ESG 펀드에 대한 압력은 정치권에서만 나오는 것이 아니었다. 아직도 많은 ESG 펀드가 건재하지만, 실제로 최근 ESG 펀드의 수익률이 형편없었다. 이 때문에 2022년 웨스트버지니아의 재경부가 BlackRock에서 자금을 회수하였고, 전체적으로 ESG 펀드로 유입되는 총자금도 2022년부터 반 이상 줄어들었다.

이러한 정치권의 반ESG운동과 일부 투자자의 냉소는 펀드매니저들이 ESG로부터 거리를 두게 만들었다. Allianz, Lloyd's, Vanguard 등 유명한 펀드들이 탄소제로협약에서 탈퇴하였고, JPMorgan Chase도 기후변화를 재해석하면서 기존의 ESG 논리에서 거리를 두기 시작했다. BlackRock의 핑크도 현재 ESG가 너무 무기화되었다면서 더 이상 ESG이라는 이름을 사용하지 않을 것이라고 선언하였다. 특히 주주총회에서 펀드의 의결권 행사에 많은 영향을 주었다. BlackRock은 2022년에 ESG관련 주주제안 중 47%를 찬성한 반면, 2023년에는 7%만 찬성하였다. 또한 미국 대기업의 20%가량 지분을 보유하고 있는 BlackRock, Vanguard, State Street 등 대형기관은 피투자회사의 주주총회에서 자기들에게 돈을 맡긴 투자자들이 직접 의결권을 행사할 수 있는 프로그램을 도입하였다.

ESG는 상승장에서는 인기를 얻을 수 있다. 특히 ESG의 점수를 높게 받을 수 있는 신·재생에너지 등의 업종은 신기술을 이용하는 기업들이 많이 몰려 있고, 이들은 저금리의 상승장에서 높은 시장평가를 받기 때문이다. 하지만 최근 금리가 올라가고 지정학적 위기가 높아진 상황에서는 신기술 기반의 기업은 높은 평가를 받을 수 없다. 이를 반영하듯 2022년 미국의 ESG 펀드에서 $140억가 유출되었다.

자료 : Financial Times, 2023년 12월 4일 자 요약 및 재구성

을 것이다.

그림 T7-2는 2019~2021년 2분기까지의 ESG 펀드와 기타 펀드의 수익률을 나타낸다. ESG 펀드의 각 분기 수익률은 기타 펀드나 S&P 500 지수와 비교해 우월하다고 주장하기는 어렵다. ESG 펀드의 수익률이 우월하지 않다는 점은 주주이익을 중시하는 미국시장에서 ESG 펀드의 비중이 높지 않은 또 하나의 이유이기도 하다. 그러나 ESG가 장기투자 가능성을 예측하기 위한 지표이기 때문에 ESG 펀드의 성과에 대한 평가는 장기수익률로 판단해야 할 것이다. 하지만 장기수익률 자료는 아직 쌓이지 않았기 때문에 ESG 펀드의 성과에 대한 판단은 유보할 필요가 있다.

ESG가 기업경영에 도움을 주는지는 세계적으로 논쟁의 대상이다. 이미 학계에서는 "착한 기업이 실적이 좋다."는 명제와 "실적이 좋아야 착한 기업이 될 수 있다."는 명제를 두고 그간 실증적인 연구를 해 왔으나, 아직 결론을 내리지 못하고 있다. 실적도 뛰어나지 않은데, 거기에 ESG를 구실로 이해관계자 자본주의를 주장하는 펀드매니저들이 많아지자 이에 대한 거센 비판도 가세돼, 최근 미국에서는 대형펀드를 중심으로 ESG로부터 멀어지려는 현상이 발견된다.

ESG 측정방법

ESG의 측정은 표준화되어 있지 않다. 각 펀드, 기관, 국가마다 각자의 방식으로 측정한다. 하지만 측정 대상은 전체적으로 수렴하는 것으로 보인다. 환경 요인으로는 탄소, 폐기물, 신·재생에너지 등이 주요 평가대상이 되고, 사회 요인으로는 제품안정성, 직원복지, 사회약자채용, 기부금이 평가대상이고, 지배 요인으로는 법정소송, 독과점, 투명성 등이 평가대상이다. 각 평가체

표 T7-1 KLD의 ESG 측정방법

강약 분야	약점(concern)	강점(strength)
지역사회 (community)	• 지역사회 관련 소송, 과태료 등 • 계약파기, 공장폐쇄 등 지역사회와 갈등 • 금융기업의 경우 투자갈등	• 지역사회에 세전이익의 1.5% 이상 기부 • 서민주거를 돕는 활동/기부 • 지역사회의 교육과 직업훈련에 장기기여
다양성 (diversity)	• 사회약자 배려정책 관련 불화/벌금 • 여성임원 부재	• CEO가 여성 혹은 소수자 • 여성과 소수자 승진 배려정책 • 이사회 구성원의 다양성 • 근무환경/가정에 대한 혜택 • 여성과 소수자 기업으로부터 조달 • 성소수자와 장애자 고용
직원 (employee relations)	• 나쁜 노사관계 • 안전사고 관련 벌금/갈등 • 최근 1년간 15%, 2년간 25% 해고 • 직원연금 보조 부족	• 좋은 노사관계 • 흑자기업의 경우 직원과 현금 나누기 • 사업결정, 이익분배, 소유분배에 직원 참여 • 은퇴 시 충분한 퇴직금 및 혜택
환경 (environment)	• $3,000만 이상의 환경오염 관련 책임 • 환경오염 관련 범칙금, 관련법규 위반, 갈등 • 오존층을 상해하는 물질 발생 • 산성비를 촉발하는 물질 발생 • 화학비료 생산	• 재활용, 재건 관련 상품의 매출비중 • 생산에 재활용 자재의 사용 비율 • 에너지 효율이 높은 상품의 매출비중 • 환경친화적인 설비 및 시설
제품 (product)	• 제품 관련 소송 • 광고 관련 소송 • 독과점 범칙금 및 행정명령	• 업종 내 우수한 품질관리 • 업종 내 R&D 선두 • 경제적 약자에게 도움이 되는 제품
약점 분야	**약점**	
남아공 (South Africa)	• 남아공 기업의 지분소유 혹은 현지 생산 및 영업	
군사 (military)	• $1,000만 이상의 무기관련 계약 • 무기관련 연루 • $5,000만 이상의 국무성과 계약(무기관련 연료 및 부품) • 첨단무기 개발에 사용될 전자제품 제작	
핵발전 (nuclear Power)	• 핵발전소의 지분소유 • 핵발전소에서 생산된 전기 공급 • 우라늄 광산, 처리 • $100만 이상의 핵발전소 부품납품	

계마다 각 요인의 소속 범주나 채택 여부가 달라진다.

처음 ESG 지표라고 할 수 있는 평가항목과 방법은 1990년 미국의 KLD(Kinder, Lydenberg, Domini)에 의해 개발되었다. MSCI의 후원 아래 더욱 체계적인 지표로 발전하면서, 펀드매니저들이 기업을 평가할 때 쉽게 사용할 수 있는 대표적인 비재무 지표로 자리 잡게 되었다. 현재는 MSCI KLD 400 Social Index로 알려져 있다. MSCI KLD 400은 홈페이지에서 측정방법에 대해 공지하고 있으나, 세부항목까지 발표하지는 않는다. 따라서 상세한 측정항목을 보려면 KLD가 1990년대에 발표했던 내용을 살펴봐야 한다.

KLD는 지역사회, 다양성, 직원, 환경, 제품 등 5개 분야에서 각각의 강점과 약점을 측정하여 강점에 대해서는 가점을 하고, 약점에 대해서는 감점을 하는 방식을 취하였다. 특이하게도 이외에 남아공, 핵발전, 군사 등 3개 분야도 첨가했는데 이들은 오직 감점의 대상이다. 이를 요약하면 **표 T7-1**과 같다.

ESG에 대한 평가

앞서 KLD 측정방법에서 보았듯이, KLD 지표에서 만점을 받기 위해서는 임원을 뽑을 때 능력 이외에 인구통계학적인 특성도 고려해야 하고, 노조가 경영에 참여해야 하고, 순이익이 발생했을 때 이를 직원들과 일부 나눠야 하고, 지역사회 발전을 일부 책임져야 하고, 재생에너지만 사용해야 하고, 군수산업과 핵발전산업에는 관여하지 말아야 한다. 또한 당시에는 인종차별로 인권을 무시했던 남아프리카에는 투자하면 안 되었다. 현재에 이러한 잣대를 적용한다면, 군사독재를 하는 미얀마, 인민의 자유를 통제하는 중국, 우크라이나를 침공한 러시아에 투자하면 안 된다는 말이 된다.

이러한 투자의사결정은 우리가 배웠던 자본예산의 방법과 많은 차이가 있으며, 원가절감과 자산효율화를 통해 ROE를 높이는 관리방법과도 큰 차이를 보인다. 또한 순이익이 발생했을 때 이를 직원과 나눠야 한다면, 노동시장에서 결정된 임금가격과 주주 법인 간 체결되었던 잔여이익 관련 계약을 무시하는 결과를 낳을 수 있다.

기업이 ESG의 지침대로 투자와 관리를 했을 때 장기적으로 주주의 미래현금흐름도 늘어날지는 실증적으로 분석을 해 보아야 한다. 하지만 분석에 필요한 장기자료는 충분하지 않아 이에 실증적인 답을 얻기 어렵다. 아직 과학적으로나 경험적으로 지지되지 않는 투자의사결정 방법과 경영관리 방법을 무작정 도입하려는 기업은 많지 않을 것이다. 하지만 ESG는 이를 도입한 회사에게 기관투자자가 더 많은 투자를 해야 한다고 주장한다. 과연 내가 투자할 펀드를 고를 때, 어떤 펀드가 주장하길 "세상을 살기 좋게 만들기 위해 당장은 수익률이 낮은 회사에 투자하겠다"고 하면, 나의 돈을 그 펀드에 맡겨야 할까? 살기 좋은 세상에 대해 나와 펀드매니저가 다른 생각을 가지고 있다면 어떻게 해야 할까? 그럼 투자자와 펀드매니저 사이에 대리인문제가 심각해지지 않을까? 특히 나의 돈을 운용하는 펀드가 내가 선택할 수 있는 펀드가 아니고 제도에 의해 내가 의무적으로 가입해야 하는 펀드라면 이러한 문제는 더욱 심각해질 것이다.

재무에서 선한 회사는 모든 이해관계자에게 약속을 지키는 회사다. 어떤 회사가 그 약속을 지킬 능력과 의도가 있는지 사전적으로 판단하는 데 비재무적인 지표가 필요할 수 있다. 그렇다면 이 지표가 어떻게 측정되고 어떻게 사용되는지에 대해 투명한 공시가 앞서야 한다.

Present Value of an Annuity of $1 per Period for t Periods = $[1-1/(1+r)^t]/r$

Number of Periods	Interest Rate								
	1%	2%	3%	4%	5%	6%	7%	8%	9%
1	0.9901	0.9804	0.9709	0.9615	0.9524	0.9434	0.9346	0.9259	0.9174
2	1.9704	1.9416	1.9135	1.8861	1.8594	1.8334	1.8080	1.7833	1.7591
3	2.9410	2.8839	2.8286	2.7751	2.7232	2.6730	2.6243	2.5771	2.5313
4	3.9020	3.8077	3.7171	3.6299	3.5460	3.4651	3.3872	3.3121	3.2397
5	4.8534	4.7135	4.5797	4.4518	4.3295	4.2124	4.1002	3.9927	3.8897
6	5.7955	5.6014	5.4172	5.2421	5.0757	4.9173	4.7665	4.6229	4.4859
7	6.7282	6.4720	6.2303	6.0021	5.7864	5.5824	5.3893	5.2064	5.0330
8	7.6517	7.3255	7.0197	6.7327	6.4632	6.2098	5.9713	5.7466	5.5348
9	8.5660	8.1622	7.7861	7.4353	7.1078	6.8017	6.5152	6.2469	5.9952
10	9.4713	8.9826	8.5302	8.1109	7.7217	7.3601	7.0236	6.7101	6.4177
11	10.3676	9.7868	9.2526	8.7605	8.3064	7.8869	7.4987	7.1390	6.8052
12	11.2551	10.5753	9.9540	9.3851	8.8633	8.3838	7.9427	7.5361	7.1607
13	12.1337	11.3484	10.6350	9.9856	9.3936	8.8527	8.3577	7.9038	7.4869
14	13.0037	12.1062	11.2961	10.5631	9.8986	9.2950	8.7455	8.2442	7.7862
15	13.8651	12.8493	11.9379	11.1184	10.3797	9.7122	9.1079	8.5595	8.0607
16	14.7179	13.5777	12.5611	11.6523	10.8378	10.1059	9.4466	8.8514	8.3126
17	15.5623	14.2919	13.1661	12.1657	11.2741	10.4773	9.7632	9.1216	8.5436
18	16.3983	14.9920	13.7535	12.6593	11.6896	10.8276	10.0591	9.3719	8.7556
19	17.2260	15.6785	14.3238	13.1339	12.0853	11.1581	10.3356	9.6036	8.9501
20	18.0456	16.3514	14.8775	13.5903	12.4622	11.4699	10.5940	9.8181	9.1285
21	18.8570	17.0112	15.4150	14.0292	12.8212	11.7641	10.8355	10.0168	9.2922
22	19.6604	17.6580	15.9369	14.4511	13.1630	12.0416	11.0612	10.2007	9.4424
23	20.4558	18.2922	16.4436	14.8568	13.4886	12.3034	11.2722	10.3741	9.5802
24	21.2434	18.9139	16.9355	15.2470	13.7986	12.5504	11.4693	10.5288	9.7066
25	22.0232	19.5235	17.4131	15.6221	14.0939	12.7834	11.6536	10.6748	9.8226
30	25.8077	22.3965	19.6004	17.2920	15.3725	13.7648	12.4090	11.2578	10.2737
40	32.8347	27.3555	23.1148	19.7928	17.1591	15.0463	13.3317	11.9246	10.7574
50	39.1961	31.4236	25.7298	21.4822	18.2559	15.7619	13.8007	12.2335	10.9617

Number of Periods	Interest Rate									
	10%	12%	14%	15%	16%	18%	20%	24%	28%	32%
1	0.9091	0.8929	0.8772	0.8696	0.8621	0.8475	0.8333	0.8065	0.7813	0.7576
2	1.7355	1.6901	1.6467	1.6257	1.6052	1.5656	1.5278	1.4568	1.3916	1.3315
3	2.4869	2.4018	2.3216	2.2832	2.2459	2.1743	2.1065	1.9813	1.8684	1.7663
4	3.1699	3.0373	2.9137	2.8550	2.7982	2.6901	2.5887	2.4043	2.2410	2.0957
5	3.7908	3.6048	3.4331	3.3522	3.2743	3.1272	2.9906	2.7454	2.5320	2.3452
6	4.3553	4.1114	3.8887	3.7845	3.6847	3.4976	3.3255	3.0205	2.7594	2.5342
7	4.8684	4.5638	4.2883	4.1604	4.0386	3.8115	3.6046	3.2423	2.9370	2.6775
8	5.3349	4.9676	4.6389	4.4873	4.3436	4.0776	3.8372	3.4212	3.0758	2.7860
9	5.7590	5.3282	4.9464	4.7716	4.6065	4.3030	4.0310	3.5655	3.1842	2.8681
10	6.1446	5.6502	5.2161	5.0188	4.8332	4.4941	4.1925	3.6819	3.2689	2.9304
11	6.4951	5.9377	5.4527	5.2337	5.0286	4.6560	4.3271	3.7757	3.3351	2.9776
12	6.8137	6.1944	5.6603	5.4206	5.1971	4.7932	4.4392	3.8514	3.3868	3.0133
13	7.1034	6.4235	5.8424	5.5831	5.3423	4.9095	4.5327	3.9124	3.4272	3.0404
14	7.3667	6.6282	6.0021	5.7245	5.4675	5.0081	4.6106	3.9616	3.4587	3.0609
15	7.6061	6.8109	6.1422	5.8474	5.5755	5.0916	4.6755	4.0013	3.4834	3.0764
16	7.8237	6.9740	6.2651	5.9542	5.6685	5.1624	4.7296	4.0333	3.5026	3.0882
17	8.0216	7.1196	6.3729	6.0472	5.7487	5.2223	4.7746	4.0591	3.5177	3.0971
18	8.2014	7.2497	6.4674	6.1280	5.8178	5.2732	4.8122	4.0799	3.5294	3.1039
19	8.3649	7.3658	6.5504	6.1982	5.8775	5.3162	4.8435	4.0967	3.5386	3.1090
20	8.5136	7.4694	6.6231	6.2593	5.9288	5.3527	4.8696	4.1103	3.5458	3.1129
21	8.6487	7.5620	6.6870	6.3125	5.9731	5.3837	4.8913	4.1212	3.5514	3.1158
22	8.7715	7.6446	6.7429	6.3587	6.0113	5.4099	4.9094	4.1300	3.5558	3.1180
23	8.8832	7.7184	6.7921	6.3988	6.0442	5.4321	4.9245	4.1371	3.5592	3.1197
24	8.9847	7.7843	6.8351	6.4338	6.0726	5.4509	4.9371	4.1428	3.5619	3.1210
25	9.0770	7.8431	6.8729	6.4641	6.0971	5.4669	4.9476	4.1474	3.5640	3.1220
30	9.4269	8.0552	7.0027	6.5660	6.1772	5.5168	4.9789	4.1601	3.5693	3.1242
40	9.7791	8.2438	7.1050	6.6418	6.2335	5.5482	4.9966	4.1659	3.5712	3.1250
50	9.9148	8.3045	7.1327	6.6605	6.2463	5.5541	4.9995	4.1666	3.5714	3.1250

ㅂ

ㅅ

ㅇ

ㅈ

F

G

H

I

J

K

L

M

N

O

P

Q

R

S

T

U

V

W

Y

Z